【KJ】会计学专业系列教材

KUAIJIXUE ZHUANYE
XILIE JIAOCAI

高级财务会计 第二版

GAOJI CAIWU KUAIJI

主 审 ◎ 付 磊
主 编 ◎ 栾甫贵　李百兴　刘 丹

首都经济贸易大学出版社
Capital University of Economics and Business Press
·北京·

图书在版编目(CIP)数据

高级财务会计 / 栾甫贵, 李百兴, 刘丹主编. -- 2 版. --北京：首都经济贸易大学出版社, 2022.10
 ISBN 978-7-5638-3399-3

Ⅰ.①高… Ⅱ.①栾… ②李… ③刘… Ⅲ.①财务会计 Ⅳ.①F234.4

中国版本图书馆 CIP 数据核字(2022)第 147514 号

高级财务会计(第二版)
主　审　付　磊
主编　栾甫贵　李百兴　刘　丹

责任编辑	陈雪莲
封面设计	
出版发行	首都经济贸易大学出版社
地　　址	北京市朝阳区红庙（邮编 100026）
电　　话	（010）65976483　65065761　65071505（传真）
网　　址	http://www.sjmcb.com
E - mail	publish@cueb.edu.cn
经　　销	全国新华书店
照　　排	北京砚祥志远激光照排技术有限公司
印　　刷	唐山玺诚印务有限公司
成品尺寸	185 毫米×235 毫米　1/16
字　　数	533 千字
印　　张	26.5
版　　次	2017 年 10 月第 1 版　**2022 年 10 月第 2 版**　2022 年 10 月总第 2 次印刷
书　　号	ISBN 978-7-5638-3399-3
定　　价	55.00 元

图书印装若有质量问题，本社负责调换

版权所有　侵权必究

会计学专业系列教材
编审委员会

主　任　崔也光

副主任　硕奋玲　李百兴

委　员　(按姓氏笔画排序)

马元驹　王国生　王海林

付　磊　刘　丹　刘文辉

闫华红　许江波　汪　平

杨世忠　赵天燕　袁小勇

栾甫贵　蔡立新

总　序

　　本套书是首都经济贸易大学会计学院会计学专业系列教材的第五次编写发行。首都经济贸易大学会计学专业系列教材1989年首次编写出版,1995年第二次编写,2001年第三次编写,2007年第四次编写。多年来,为了培养更多更好的会计人才,我们编写的会计学专业系列教材紧密结合我国社会主义市场经济和资本市场的特征及运行规律,适应我国会计改革的新形势、新变化,不断地对教材加以修订,力争为学生和社会读者提供满意的学习用书。我们的努力得到了广大读者的充分肯定,在同类教材中,本系列教材保持着较高的发行总量,不仅几十所院校将本系列教材选作教学用书,更有大量在职人员将本套教材作为系统学习会计知识的良好读物。同时,本系列教材还获得了诸多荣誉,例如:1989年版的《企业财务管理》被教育部评为全国优秀教材;1995年版的《现代企业财务管理》被教育部确定为全国高等财经院校推荐用书;2001年版的《审计学》被评为北京市高等教育精品教材;2001年版全套教材获北京市教育教学(高等教育)一等奖;2007年版的《审计学》和《会计学》被评为北京市高等教育精品教材。

　　在继承前四次编写成就的基础上,新版本的系列教材有了进一步的完善,具备两个突出的特点:

　　1.在内容上,本套教材借鉴和吸收了最新的会计、财务管理和审计领域理论与实践成果,充分反映了近年来财政部颁布及修订的企业会计准则、中国注册会计师执业准则、管理会计基本指引的精髓,体现了财政部、审计署等五部委颁布的企业内部控制基本规范的精神,同时着力阐明各种会计、财务管理及审计的基本理论和实务做法,并适当介绍一些经济发达国家和地区财务会计活动与审计工作的规范和做法,以开阔读者的视野,深化对会计、财务管理和审计的认识和理解。

　　2.在编写体例上,为与最新的教育教学方法(如慕课、微课、翻转课堂等)相适应,增加了较大篇幅的教学辅导资料,其内容包括教师参考资料(教学目标、教学内容),学生学习资料(专业术语、思考题、练习题)等部分。这样安排,是为了更好地体现本系列教材一贯遵循的"方便教师教学,方便学生自学"的原则。

虽然我们尽了最大的努力,但疏漏在所难免,本套教材还会存在很多不足,恳请专家和广大读者不吝指教,以便我们进一步修订和完善。

会计学专业系列教材编委会

2017 年 7 月

第二版前言

随着我国企业会计准则与国际会计准则的全面、持续趋同,自本书 2017 年出版第一版以来,我国企业会计准则又发生了较大变化,新发布了《企业会计准则第 42 号——持有待售的非流动资产、处置组和终止经营》(2017),修订了《企业会计准则第 14 号——收入》(2017)、《企业会计准则第 16 号——政府补助》(2017)、《企业会计准则第 22 号——金融工具确认和计量》(2017)、《企业会计准则第 23 号——金融资产转移》(2017)、《企业会计准则第 37 号——金融工具列报》(2017)、《企业会计准则第 21 号——租赁》(2018)、《企业会计准则第 7 号——非货币性资产交换》(2019)、《企业会计准则第 12 号——债务重组》(2019)等具体会计准则,2020 年 3 月 1 日实施了修订后的《中华人民共和国证券法》,最高人民法院于 2022 年 1 月 21 日发布实施了《最高人民法院关于审理证券市场虚假陈述侵权民事赔偿案件的若干规定》,有关增值税税率等也发生了较大变化。上述有关法律规章的发布实施,使得相关交易事项的确认、计量、记录、报告等方面发生了较大甚至深刻的变化。有鉴于此,结合教学中的体会,我们进行了本次修订,其主要变化包括:

第一,针对会计准则等相关法律规章的修订内容,重点调整补充了非货币资产交换、套期会计、租赁、债务重组、上市公司信息披露等内容。

第二,在每一章引言中说明了该章主要应用的具体会计准则及相关规定,以引导学生对应学习相关会计准则和制度规定。

第三,修改调整了练习题的内容。

第四,每章"思考与练习题"后,结合该章主体内容,增加一个小案例"进一步思考",更加贴近实务,体现课程思政的基本要求。

第五,根据本书文字方面的缺陷,修正了相关笔误,完善了相关语言表述,以增强表述的准确性、合理性、可读性与可理解性。

本书由栾甫贵、李百兴担任主编,付磊担任主审,参与本书编写的作者及其分工是:刘瑛,第一章"外币业务";赵天燕,第二章"所得税";刘丹,第三章"非货币性资产交换";李百兴,第四章"套期会计";黄亮华,第五章"租赁";栾甫贵,第六章"债务重组与破产清算";林光泽,第七章"企业合并"、第八章"合并财务报表";张馨艺,第九章"上市公司信息披露"。

  本次修订内容繁杂且时间紧迫,如有疏漏甚至错误之处,敬请读者批评指正。

作者

2022 年 4 月 10 日

前　言

作为会计学两大分支之一的财务会计,主要承担着财务会计信息的披露任务,设置了基础会计、中级财务会计、高级财务会计等课程。然而,什么是高级财务会计?高级财务会计有哪些特点以及应该包括哪些内容?该课程在学习方法上有何特殊之处?如何学好高级财务会计?这些都是长期困扰我们的重要难题。市场出现了若干不同版本的高级财务会计教材,既体现了百家争鸣,也说明这一课程内容的不确定性,其相关理论与实务值得我们进一步探讨。

一、高级财务会计的含义及内容

迄今为止,尚没有一致公认的关于高级财务会计的定义,主要原因之一在于对这一课程内容的复杂性、动态性以及人们认识角度的差异性,大致可以归纳为以下三类观点:

一是会计专题论:认为高级财务会计是针对中级财务会计没有涉及的内容采用专题方式加以更深层次的阐述探讨(汤云为,1995);是对比较深奥的会计课题展开论述(常勋,1995);创立新的会计理论与方法,解决新经济环境下企业中出现的新经济问题(汤湘希,2008)。

二是特殊业务论:认为高级财务会计是复杂财务会计或特殊业务会计(张文贤,2003;耿建新、戴德明,2016);主要阐述企业会计中的一些特殊问题,包括理论上争议较大、实务操作较难的,新出现、有特殊性的会计业务(王治安,2004);体现"难""特""新"三个方面(石本仁,2007);是利用财务会计的固有方法,对企业会计中的复杂业务、需要进行深入探讨的业务、新产生的一些特殊业务进行反映与监督的会计(梁莱歆,2007);主要解决一般财务会计问题以外的特殊财务会计问题(余国杰,2008);是对企业特殊业务进行的会计核算与监督,亦可称之为特殊业务会计,是中级财务会计内容的深化与延伸(栾甫贵,2008)。

三是特殊角度论:认为高级财务会计阐述的是中级财务会计难以容纳的,且在理论基础、操作方法上都存在差别的特殊业务事项,包括特殊组织会计、特殊业务会计以及特殊时期会计等方面(尚洪涛等,2008);是在中级财务会计的基础上,对"特殊业务、特殊行业、特殊呈报"等会计理论与实务进行阐述(张劲松等,2008)。

上述高级财务会计含义的观点,可以通过教材的内容安排显现出来,现举例如表1所示。

表1　　　　　　　　高级财务会计教材内容

内容	教材版本								
	(1)	(2)	(3)	(4)	(5)	(6)	(7)	(8)	(9)
企业合并	√	√	√	√	√		√	√	√
合并财务报表	√	√	√	√	√	√	√	√	√
合伙	√		√		√		√	√	
分支机构会计	√		√		√		√		
外币业务	√	√	√	√	√			√	√
租赁	√	√	√	√				√	
衍生金融工具	√	√	√	√		√		√	
所得税				√		√		√	
非货币性资产交换				√					
公允价值计量						√			√
养老金会计	√							√	
物价变动会计			√				√	√	
债务重组、企业重组	√			√				√	
清算会计	√	√	√	√	√	√	√	√	√
会计政策、会计估计变更和差错更正						√		√	
分部报告与中期财务报告	√	√	√				√		
信息披露	√				√				√
资产减值						√		√	
长期股权投资					√				
无形资产								√	
股份支付		√		√					
生物资产会计								√	
矿产资源会计								√	
特殊行业会计		√							
政府会计					√				
非营利组织会计					√				

表1中的教材版本分别为：①陈信元主编．高级财务会计．上海财经大学出版社，2009年；②刘永泽、傅荣主编．高级财务会计（第四版）．东北财经大学出版社，2014年；③梁莱歆主编．高级财务会计（第三版）．清华大学出版社，2011年；④耿建新、戴德明主编．高级会计学（第七版）．中国人民大学出版社，2016年；⑤石本仁主编．高级财务会计（第三版）．中国人民大学出版社，2015年；⑥汤湘希主编．高级财务会计（第二版）．经济科学出版社，2013年；⑦王竹泉等主编．高级财务会计．立信会计出版社，2013年；⑧裘宗舜主编．高级财务会计（第四版）．东北财经大学出版社，2011年；⑨张宏亮、胡燕主编．高级财务会计（第四版）．经济科学出版社，2015年。

不难看出，上述各版本教材中主要内容集中在企业合并、合并财务报表、外币业务、清算会计、金融工具，对其他内容是否列入高级财务会计的理解则各有千秋，其中不乏列入特殊行业会计、政府会计、非营利组织会计、股份支付等内容，但特殊行业会计并未摆脱中级财务会计框架，仍然属于中级财务会计性质，这是我们将制造业作为中级财务会计背景的结果。如果将除了制造业以外的行业称之为特殊行业，那么农业、商品流通业、交通运输业、建筑施工业、旅游服务业等业别会计是否也应该纳入高级财务会计？政府与非营利组织会计则属于营利组织会计之外的另一财务会计分支，也应是中级财务会计的一部分。

高级财务会计源于西方"Advanced Financial Accounting"，其中"Advanced"有先进、超前、高等、高深、现代等含义，高级财务会计显然是随着时代发展进步而不断更新、成熟的财务会计，由于这一特点决定了其内容具有专题性、复杂性、动态性、不稳定性等特征，其相关理论及方法具有对常规财务会计的补充、挑战、完善等特性，其主体框架应该是具有现代性、前瞻性、复杂性的特殊业务会计。有鉴于此，我们安排了本教材的内容。

二、高级财务会计的性质

1. 高级财务会计是财务会计的组成部分。财务会计作为对外报告为主的会计，目标在于反映报告主体受托责任履行情况，披露的会计信息有助于使用者的经济决策。中级财务会计系统、完整地围绕会计要素进行确认、记录、记录和报告，按照资产、负债、所有者权益、收入、费用、收益分配及财务会计报告等顺序讲解，具有稳定的内容和系统的体系。高级财务会计虽然内容不稳定、体系不完整，但并未脱离营利组织会计要素及信息披露要求的约束。

2. 高级财务会计是特殊业务的财务会计。这里的特殊业务是指日常业务以外的业务，人们通常将其分为特殊事项会计业务（如外币折算、所得税、套期保值、非货币资产交换、租赁、债务重组）、特殊主体会计业务（如企业合并、合并财务报表、分部报告、分支机构会计、合伙会计）、特殊时期会计业务（如物价变动会计、清算会计）。这些业务显然不是每个主体经常要面对的业务,展现了不同角度特殊业务的会计处理要求与特点。随着经济的不断发展、交易事项的不断创新和复杂化,也会产生更新的特殊业务,因此高级财务会计的内容也在不断创新和发展,但不宜将任何新的会计领域及新的会计业务均纳入高级财务会计范畴。例如,随着人们对环境保护、生态保护的深入认识,产生了环境会计、碳会计;由于互联网的发展以及信息化的普及,催生了网络会计;在法治制度的推动下,创立了法务会计;在相关者利益理论指导下,诞生了社会责任会计……可以说,这些会计新领域均具有独特性,与传统的财务会计既有联系又有区别,能否也因其属于财务会计范畴而列入高级财务会计呢?我们认为,这些会计新领域不是"业务",具有完整的会计理论及方法体系,形成了不同的财务会计分支,实际上属于行业会计的延伸,如同制造业会计以外的行业会计、政府与非营利组织会计一样,应单设"行业会计"或"会计专题"课程,或由同学自学解决。将中级财务会计以外的所有财务会计均纳入高级财务会计,将使高级财务会计变成大杂烩式的"垃圾筐",不利于高级财务会计的优化与发展,不利于会计学科的发展。

3. 高级财务会计是中级财务会计的延伸、补充、拓展。中级财务会计主要关注企业正常、持续经营状态下的常规会计处理,高级财务会计对其进行延伸、补充、拓展,主要体现为:

第一,持续经营延伸至终止经营。高级财务会计中的清算会计将持续经营转为终止经营,延伸了中级财务会计的范围。一般认为,企业一旦进入清算阶段,已经不存在经营,不应称之为"终止经营"。不可否认,企业进入清算则意味着清理财产、股价变现财产、清偿债务、分配剩余财产,不存在再生产过程,不应再有经营活动。实际上,财产估价方法、变现方式的选择,债权人的债权确认与受偿方式选择,在产品与半成品是否继续加工为商品的选择,未履行完毕的合同是否继续履行的决策等,也属于经营行为,目的在于最大限度地增大债权人的债权受偿比例及投资人的资本回收比例,只是这些经营行为不具有循环、周转的特点而已。

第二,补充中级财务会计的不足。由于课程教学时数、教学内容限制,某些经常发生但需要延伸的交易事项(如租赁、债务重组、所得税、非货币性资产交换等),在中级财务会计中难以细化,高级财务会计则对此进行了较为详尽的阐述,并引入了合伙、分支机构等非公司制企业或单位的会计处理,弥补、细化了中级财务会计的不足。

第三,拓展中级财务会计的视野。中级财务会计立足于单个会计主体、币值稳定基础以及常规金融工具的核算。高级财务会计则在此基础上拓展为多个会计主体的企业合并及合并财务报表,币值变动的外币折算、物价变动(通货膨胀)会计处理,层出不穷的期权、期货、互换等衍生金融工具的会计处理,从而大大拓展了中级财务会计的视野,对其会计理论和方法也产生了较大的冲击、补充和修正,表现出自身的特殊性。

三、高级财务会计的特征

1. 高级财务会计内容的前沿性。随着经济、社会的发展,不断出现新的交易事项,催生和发展了高级财务会计,使得高级财务会计不断创新、发展,一直处于学科的前沿位置。早在 1936 年,亨利·W. 斯威尼(Henery W. Sweeney)以其博士论文为基础,出版了《稳定币值会计》专著,提出了对通货膨胀的会计处理方法,开启了挑战传统财务会计的高级财务会计的序幕。第二次世界大战后的欧美经济发展过程中,产生了融资租赁业务,爆发了更大规模、更频繁的企业并购浪潮,同时也出现了严重的通货膨胀,为此美国会计程序委员会(CAP)分别于 1953 年、1959 年发布了融资租赁会计处理、合并财务报表的会计研究公告,美国会计原则委员会(APB)于 1960 年发表了"重编一般物价水准变动的财务报表"的公告,大学中设置了高级财务会计课程并编写出版了相关教材。20 世纪 70 年代后,随着跨国公司的普遍化、普及化,提出了外币交易及外币报表折算的会计处理要求,美国财务会计准则委员会(FASB)于 1973 年发布了"外币交易和外币财务报表换算的会计处理"的公告;为适应期货交易的诞生和发展,该机构于 1984 年发布了"期货合同的会计处理"的公告。国际会计准则委员会也于 1977 年发布了"会计对物价变动的反映"的公告,以满足西方严重的通货膨胀对会计的要求。20 世纪 80 年代后,随着金融衍生品的开发、发展,产生了衍生金融会计等新的会计业务。

2. 高级财务会计视野的广阔性。毫无疑问,高级财务会计内容的前沿性不仅拓展了会计的疆域,同时也开阔了会计的视野,更新了会计理念。例如,企业合并与合并财务报表的会计处理,跳出了单一会计主体的限制,以更高、更宽阔的视野重新审视会计主体;所得税会计从利润表债务法转为资产负债表债务法,以过去完成时的利润表为基础确定的当期所得税,扩展为以现在拥有或控制的资产、现在承担的债务为依据,确定未来的递延所得税,从而在完整的时间序列中综合、全面地考虑和确认所得税费用,实现对净利润计量的可靠性、合理性;债务重组会计通过不同重组方式的会计处理,引入了清理债权债务关系的不同方式、途径;非货币资产交换从交换是否具备商业实质的判断,引入了市场的概念与思维;清算会计则从企业寿命周期角度,展示了企业寿命终了期间的会计处理内容、特点、方法。

3. 对常规财务会计理论的创新性。高级财务会计不仅丰富了传统财务会计的内容、拓展了视野,也对会计假设、会计要素、会计确认及报告等基本会计理论产生了较大的冲击,修正、补充了相关理论。

第一,对会计假设的冲击。合并财务报表、分支机构会计、分部报告,跨越了单一主体的会计假设;合伙会计突破了有限责任会计主体的限制;外币、物价变动会计,突破了货币计量中的币值稳定假设;清算会计则突破了持续经营及固定会计分期假设。

第二,对会计要素的冲击。由于不存在资金的循环与周转,所以清算会计体现为资金运动的一次性、终极性,其会计要素可以简化为资产、负债、损益,不设置收入、费用要素。

第三,对会计确认、计量的冲击。我们现行会计要素定义的核心是"经济利益",强调"过去的交易或事项",然而在衍生金融工具确认中,存在诸多依据合约形成的衍生金融资产或负债,依赖于未来的交易或事项(交割)。

第四,对财务报告的冲击。合并日(购并日)合并财务报表的编制,突破了财务报表定期编制的限制;内部交易事项的抵消,突破了单一财务报表的编制方法;合并资产负债表中合并商誉的体现,突破了个别资产负债表不体现这一商誉的限制。

四、学习高级财务会计的方法

高级财务会计的内容、性质、特征,对这一课程的学习产生了较大影响。为此,在学习过程中,建议注重和把握以下方法:

1. 以中级财务会计为基础。高级财务会计的内容尽管比较零散,但大多建立在中级财务会计基础上,如企业合并、合并财务报表、所得税、债务重组、非货币性资产交换等。因此,回顾和结合相关中级财务会计的基本方法,进行课程前后联系、比较学习,更容易理解课程内容、理论及方法的来龙去脉,完整把握高级财务会计,可收到事半功倍之效。

2. 注重理论与实务的结合。任何会计实务操作均有背后的理论支持,关注、理解实务操作的会计理论,是更好理解和学好高级财务会计的基础,对此可以结合基础会计中的会计目标、会计假设、会计要素及其确认、计量与报告等方面的基础理论,论证和理解高级财务会计中的相关规则与方法,更有助于增强对高级财务会计的整体把握。

3. 进行专题研究。高级财务会计中的内容大多属于专题性质,学习过程中以某个专题为中心,进行会计、财务、税务、法律、经济、管理等方面相关知识的梳理、整理,有助于更深入、全面地认识所学知识,开阔视野,提高综合运用相关知识的能力,从经济、管理、法律等不同视角理解会计的不同作用。

4. 加强案例分析。高级财务会计内容的新、难、特,为准确、完整领悟相关内容带来了较大难度,为此除了重视课后习题外,应重视与相关内容密切联系的新闻、案例的收集与分析,尤其是较难理解的衍生金融工具会计、合并财务报表等较难内容的学习,更应关注实务案例、相关法律法规的规定及其变化,以便更深入理解、运用相关会计理论和方法。

5. 结合日常生活经验。将日常生活经验融入相关课程内容中,是学好高级财务会计的有效方法之一。例如,在合并财务报表中,可以用家族内部的相关交易理解集团内部相关交易抵消的原理;用一袋食盐已经消费的数量、尚有消费的数量,理解递延所得税原理;用10公斤面粉交换10公斤苹果而产生的补价,理解非货币性资产交换的会计处理原理等。

  本书由栾甫贵、李百兴担任主编,付磊担任主审,参与本书编写的作者及其分工是:刘瑛,第一章"外币业务";赵天燕,第二章"所得税";任梦杰,第三章"非货币性资产交换";李百兴,第四章"套期保值";黄亮华,第五章"租赁";栾甫贵,第六章"债务重组与破产清算";林光泽,第七章"企业合并"、第八章"合并财务报表";张馨艺,第九章"会计信息披露"。

  由于作者对相关会计理论、会计实务以及会计准则理解的局限,加之时间仓促,本书可能存在诸多疏漏、不当之处,敬请读者批评指正。

作者

2017年6月

目　录

1	第一章　外币业务
1	第一节　外币与外币业务概述
8	第二节　外币交易会计处理
20	第三节　外币会计报表折算
35	第二章　所得税
35	第一节　所得税会计概述
40	第二节　资产、负债的计税基础及暂时性差异
52	第三节　递延所得税资产和递延所得税负债的确认与计量
66	第四节　所得税费用的确认与计量
77	第三章　非货币性资产交换
77	第一节　非货币性资产交换概述
81	第二节　非货币性资产交换的确认和计量
84	第三节　非货币性资产交换的会计处理
101	第四章　套期会计
101	第一节　金融工具概述
107	第二节　套期概述
115	第二节　套期的确认和计量
131	第五章　租赁
131	第一节　租赁概述
140	第二节　承租人会计处理
150	第三节　出租人会计处理

目　录

158	第四节　特殊租赁业务的会计处理
170	**第六章　债务重组与破产清算**
170	第一节　债务重组
183	第二节　破产清算
216	**第七章　企业合并**
216	第一节　企业合并的含义及分类
222	第二节　同一控制下企业合并
231	第三节　非同一控制下企业合并
249	**第八章　合并财务报表**
249	第一节　合并财务报表概述
260	第二节　购并日合并财务报表的编制
289	第三节　购并当年的合并财务报表
327	第四节　购并第二年以后的合并财务报表
355	第五节　合并财务报表的特殊问题
377	**第九章　上市公司信息披露**
377	第一节　上市公司信息披露的意义
380	第二节　上市公司信息披露的框架
389	第三节　上市公司信息披露的要求
404	参考文献

第一章

外币业务

本章主要阐述外币业务会计的基本理论与方法。外币业务会计主要涉及外币交易的会计处理及外币财务报表的折算。外币交易的会计处理又分为日常会计处理和期末或结算日会计处理。本章内容对应的企业会计准则是《企业会计准则第 19 号——外币折算》。通过本章的学习,学生应理解和掌握外汇、汇率和外币记账方法等基本定义、我国外币交易日常会计处理方法、期末或结算日不同项目汇兑差额的计算及其会计处理,了解不同外币财务报表折算方法的理论依据及其特点、外币财务报表折算损益的性质及其处理方法、我国外币财务报表折算的具体编报方法以及恶性通货膨胀经济对外币财务报表折算的影响。

第一节 外币与外币业务概述

为拓展生产经营规模,企业将不断增加对外进出口贸易及对外投资、融资等外币业务活动。国际经济全球化的迅猛发展,也使得一些跨国公司在境外设立分支机构或子公司从事境外经营活动。这些分支机构或子公司提供的以所在国或地区货币编制的外币财务报表,必须在汇总或合并报表时,折算为母公司或总公司所在地统一的报告货币。一国国内以外币为记账本位币的企业,也需要进行外币报表折算。因此,外币业务会计主要涉及外币业务的核算及外币报表的折算。

一、外汇

外汇通常是指以外国货币表示的用于国际结算的支付手段。国际货币基金组织曾将外汇一词解释为："外汇是货币行政当局（中央银行、货币机构、外汇平准基金组织及财政部）以银行存款、国库券、长短期政府债券等形式保有的在国际收支逆差时可以使用的债权。"

根据我国外汇管理的规定，外汇具体包括：①外国货币，包括纸币和铸币等；②外币有价证券，包括外国政府公债、外国国库券、外币公司债券、外币股票、外币息票等；③外币支付凭证，包括外币票据（支票、汇票和期票）、外币银行存款凭证、外币邮政储蓄凭证等；④其他外汇资金。

二、汇率

汇率全称为外汇汇率，因其可作为外汇买卖时的价格，又称为汇价。它是指一国货币兑换为另一国货币的比率，也称两种不同货币之间的比价。

（一）汇率标价方法

汇率表示不同货币的价格比值，按照其是以本国货币还是以外国货币作为折算标准，分为直接标价法和间接标价法两种表述方式。

1. 直接标价法（也称直接汇率或应付标价法）。它是以一定数量的其他货币单位为标准折算为本国货币金额的计价汇率。例如，人民币对美元的直接标价为 1 美元＝8.27 元人民币。在直接标价法下，外币金额标准固定不变，而由本国货币的币值升、降变化表明汇率的变动。如果换取等量外币需支付的本国货币比以前多，表明外币的币值上升，本国货币币值下降；反之，则表明外币贬值，本币升值。目前，世界上绝大多数国家包括我国在内，都采用这一国际惯例的直接标价法。

中国人民银行自 1995 年 4 月 1 日起，只公布人民币对美元、日元、港元和欧元等 4 种货币的基准汇率，不再公布对其他货币的基准汇率。发生其他货币的外币业务时，应采用下列套算汇率方法，确定该项货币对人民币的汇率及不同货币之间的汇率。

（1）美元、日元、港元和欧元以外的其他货币对人民币的汇率套算。美元、日元、港元和欧元以外的其他货币对人民币的汇率，应根据美元对人民币的基准汇率和国家外汇管理局公布的纽约外汇市场美元对其他主要外币的汇率进行套算，从而确定套算后的相应汇率。套算公式如下：

$$\text{其他货币对人民币的汇率} = \frac{\text{美元对人民币的基准汇率}}{\text{美元对该种货币的汇率}}$$

例如,××××年×月×日,中国人民银行公布的外汇汇率:1美元=6.26元人民币。当日纽约外汇市场美元对新加坡元的汇率:1美元=1.54新加坡元。运用上述公式可套算出新加坡元对人民币的汇率:

$$1\text{新加坡元} = \frac{6.26}{1.54} = 4 \text{元人民币}$$

(2)涉及人民币以外的其他货币之间的汇率套算。外币交易涉及人民币以外的其他货币之间的汇率,可直接采用国家外汇管理局公布的纽约外汇市场美元对其他主要外币的汇率进行套算,从而确定套算后的相应汇率。套算公式如下:

$$\frac{\text{货币 A 对}}{\text{货币 B 的汇率}} = \frac{\text{美元对货币 B 的汇率}}{\text{美元对货币 A 的汇率}}$$

设货币 A 为瑞士法郎,货币 B 为新加坡元。当日纽约外汇市场美元对瑞士法郎的汇率:1美元=1.24瑞士法郎,其他资料同上例。运用上述公式可套算出瑞士法郎对新加坡元的汇率:

$$1 \text{瑞士法郎} = \frac{1.54}{1.24} = 1.24 \text{新加坡元}$$

2. 间接标价法(也称间接汇率或应收标价法)。它是以一定数量的本国货币为标准折算为其他货币金额的计价汇率。例如,人民币对美元的间接标价为1元人民币=12.09美元。在间接标价法下,本国货币金额标准固定不变,而由外币的币值升、降变化表明汇率变动。如果换取等量本国货币需收取的外币比以前多,表明外币的币值下降,本国货币币值上升;反之,则表明外币升值,本币贬值。英国作为最早发展起来的资本主义国家,一直实行间接标价法。从1978年起,美国为与国际外汇市场对美元的标价一致,也改用间接标价法对外汇汇率进行标价。

(二)汇率种类

外汇汇率可以根据不同标准进行分类。本书汇率分类如下:

1. 现行汇率、历史汇率和平均汇率。现行汇率是指外币业务发生日现时的汇率;历史汇率是指过去某一时点的汇率;平均汇率是对现行汇率或历史汇率的简单或加权平均数。现行汇率与历史汇率是相对的,当日的现行汇率相对于次日而言就是历史汇率。

2. 买入价、卖出价和中间价。买入价是指银行买入其他货币的价格;卖出价是指银行出售其他货币的价格;中间价是指银行买入价与卖出价之间的平均值。无论是外币买入价还是卖出价,均立足于银行的角度。卖出价高于买入价的差额是银行买卖外汇的业务收益。

3. 即期汇率、即期汇率的近似汇率与远期汇率。即期汇率是指外汇交易中的现实汇率,通常是指中国人民银行公布的当日人民币外汇牌价的中间价。企业发生的外币兑换业务或涉及外币兑换的交易事项,应当按照交易实际采用的汇率(银行买入价或卖出价)折算。即期汇率的近似汇率是指按照系统合理的方法确定的、与交易发生日即期汇率近似的汇率,通常采用当期平均汇率或加权平均汇率等。远期汇率是指外汇期汇交易双方成交后依合同约定在以后一定期限内交割时使用的约定汇率,又称为期汇汇率。

同一时点上的远期汇率可能高于即期汇率,也可能低于即期汇率。影响远期汇率最主要的因素是不同币别之间的利率差别。远期汇率与即期汇率的差额称为升水或贴水。在直接标价法下,远期汇率高于即期汇率的差额为升水,反之则为贴水。在间接标价法下,升水和贴水的计算与直接标价法正好相反。

三、记账本位币

记账本位币指企业经营所处的主要经济环境中的货币,即功能货币。我国企业通常应选择人民币作为记账本位币。业务收支以人民币以外的货币为主的企业,可以按规定选定其中一种货币作为记账本位币。但是,财务报表的编报应当折算为人民币。

(一)企业记账本位币的确定

企业选定记账本位币应考虑下述两个因素:①该货币主要影响商品和劳务销售价格,通常以该货币进行商品和劳务销售价格的计价和结算,例如,大华贸易公司90%以上的销售收入以人民币计价和结算,人民币就是主要影响大华贸易公司商品和劳务销售价格的货币;②该货币主要影响商品和劳务所需人工、材料和其他费用,通常以该货币进行上述费用的计价和结算,如大中制造公司所需机器设备、厂房、人工,以及原材料等在国内采购,并以人民币计价和结算,则人民币是主要影响商品和劳务所需人工、材料和其他费用的货币。

如果综合考虑了上述两个因素后,仍然难以判定应选择的记账本位币,则需要兼顾考虑以下因素以确定记账本位币:融资活动获得的资金以及保存从经营活动中收取款项时所使用的货币。

例如,大山公司主营婴儿配方奶粉加工,其原材料牛奶全部来自澳大利亚,主要加工技术、机器设备及主要技术人员均由澳大利亚方面提供,生产的婴儿配方奶粉面向国内出售。企业依据上述两个因素难以确定记账本位币,需要考虑第三个因素。假定为满足采购原材料牛奶等所需澳元的需要,大山公司向澳大利亚A银行借款10亿澳元,期限为20年,该借款是大山公司当期流动资金净额的4倍。由于原材料采购以澳元结算,且企业经营所需要的营运资金,即融资获得的资金也是澳元,因此,大山公司应当以澳元作为记账本位币。

在确定企业的记账本位币时,需要企业管理层根据实际情况进行判断;但企业管理层不可以根据需要随意选择记账本位币,确定的记账本位币只能有一种货币。

(二)境外经营记账本位币的确定

境外经营包括两个方面:其一是指企业在境外的子公司、合营企业、联营企业、分支机构;其二是指企业在境内的子公司、联营企业、合营企业或者分支机构,选定的记账本位币不同于企业的记账本位币的,也应当视同境外经营。确定境外经营,不是以企业位置是否在境外为判定标准,而要看企业选定记账本位币是否与其记账本位币相同。

企业选定境外经营的记账本位币时,不仅要考虑一般因素,还应考虑下列因素:

一是境外经营对其所从事的活动是否拥有很强的自主性。如果境外经营所从事的活动视同企业经营活动的延伸,构成企业经营活动的组成部分,该境外经营应当选择与企业记账本位币相同的货币作为记账本位币;如果境外经营所从事的活动拥有极大的自主性,境外经营不能选择与企业记账本位币相同的货币作为记账本位币。

二是境外经营活动中与企业的交易是否在境外经营活动中占有较大比重。如果境外经营与企业的交易在境外经营活动中所占的比例较高,境外经营应当选择与企业记账本位币相同的货币作为记账本位币,反之,选择其他货币。

三是境外经营活动产生的现金流量是否直接影响企业的现金流量,是否可以随时汇回。如果境外经营活动产生的现金流量直接影响企业的现金流量,并可随时汇回,境外经营应当选择与企业记账本位币相同的货币作为记账本位币,反之,选择其他货币。

四是境外经营活动产生的现金流量是否足以偿还其现有债务和可预期的债务。在企业不提供资金的情况下,如果境外经营活动产生的现金流量难以偿还其现有债务和正常情况下可预期的债务,境外经营应当选择与企业记账本位币相同的货币作为记账本位币,反之,选择其他货币。

综上所述,企业确定本企业记账本位币或其境外经营记账本位币受多种因素影响时,应当优先考虑(一)中的①②项因素,然后考虑融资活动获得的货币、从经营活动中收取款项时所使用的货币,以及(二)中的因素,以确定记账本位币。

(三)记账本位币的变更

企业记账本位币一经确定,不得随意变更,除非企业经营所处的主要经济环境发生重大变化。企业因经营所处的主要经济环境发生重大变化,确需变更记账本位币的,应当采用变更当日的即期汇率将所有项目折算为变更后的记账本位币,折算后的金额作为新的记账本位币的历史成本。由于采用同一即期汇率进行折算,因此不会产生汇兑差额。

四、汇兑损益

汇兑损益原指因汇率变动造成的外汇兑换损失和利得。在外币业务会计中,往往将外币业务处理以及外币报表编制过程中因汇率变动而产生的差额统称为汇兑损益。

(一) 外币交易损益

外币交易损益是指企业以记账本位币以外的其他货币进行款项收付、往来结算和计价的经济业务时,因业务交易发生日与款项结算日的汇率不同而产生的汇兑损益。例如,大华公司向国外客商出口一批产品,售价10 000美元,采用托收方式结算货款。当年12月20日办理出货交单手续,当日汇率为1美元=6.26元人民币。第二年1月15日收到外币货款,收汇日汇率为1美元=6.271 3元人民币。从中可以看出,此项出口交易因汇率变动而形成113元人民币[10 000×(6.271 3-6.260 0)]的汇兑利得。

如果考虑外币交易跨期结算及会计分期编制报表的需求,还可以将外币交易损益进一步区分为已结算交易损益和未结算交易损益。

已结算交易损益是指因外币款项结算时,结算日即期汇率不同于该项账款账面记录的即期汇率而实际发生的损益数额。

未结算交易损益是指在期末编制财务报表时,为使报表信息数据真实反映企业资产及负债价值,对尚未结算的账款余额按报表日即期汇率进行表述而产生的损益调整数额。

仍以上项交易为例:设第一年12月31日汇率为1美元=6.264 5元人民币,年末编制财务报表时,因汇率变动而形成此项未结算交易汇兑利得45元人民币;同时,此项外币债权在资产负债表上应表述为应收账款62 645元人民币。第二年1月15日,实际收汇日发生已结算交易利得68元人民币,该项外币交易分前后两期形成的汇兑收益共计113元。在会计实务操作中,对上述两种交易收益并未区分处理,但理论界对未结算交易损益的性质及其应否确认为当期损益尚存争议。

(二) 外币报表折算损益

外币报表折算损益是指对外币报表进行折算时,由于报表的不同项目采用不同汇率折算而产生的资产与权益的差额。这种因对外币报表折算而产生的差额,其性质与内容均有别于外币交易损益。除不同报表项目与报表折算时反映的汇率变动方向不同而形成差额外,选用不同的折算方法、对不同项目采用不同的汇率折算,也是导致外币报表折算损益的主要原因。对外币报表折算汇率的选择以及对折算损益的认识及处理,一直是外币业务会计中不断探讨的较复杂的问题之一,目前会计理论与实务界尚未形成统一结论。

对外币报表折算损益的会计处理,会计学界存在两种主要观点:一是作为资产负债表调整项目递延到以后各期;二是作为当期损益列入利润表项目。

1. 作为递延项目处理。这种观点认为,外币报表折算损益的实质并非企业真实的利得或损失,只是以不同币别对资产、权益重新计量过程中产生的调整数额,而且本期折算差额还会因下期折算差额而发生抵补变化,如果将其作为已实现的损益计入当期损益,很可能给报表使用者提供不实信息而导致误解。因此,将折算差额作为递延项目,有利于保持原有外币报表的比例关系,同时也有助于对不同期间报表的比较分析。

2. 作为当期损益处理。将外币报表折算损益作为当期损益项目列入利润表内,是基于对汇率变动影响的一致认识:既然外币报表折算差额是因汇率不同而产生出来的未实现汇兑损益,那么外币交易损益中,包括已实现和未实现汇兑损益两部分内容,都是汇兑损益,其处理也应保持一致。这是客观存在的差异现象,不应回避或掩盖这一损益现实,只有在利润表中如实列报,才能给报表使用者提供真实可靠的会计信息。

《国际会计准则第 21 号——汇率变动影响》规定:采用现行汇率法形成的报表折算损益,作为递延处理;采用时态法形成的报表折算损益,列为当期损益。我国《企业会计准则2006——19 号外币折算》对外币报表的折算及会计处理选择了递延处理方法。

五、外币记账方法

外币业务的记账方法分为外币统账制和外币分账制。外币统账制又称记账本位币法,是指企业必须将发生的外币业务按照选定的汇率统一折算为记账本位币登记入账,并以此编制财务报表。外币业务在初始确认时,可以采用外币交易发生日的即期汇率将外币金额折算为记账本位币金额;也可以采用按照系统合理的方法确定的、与交易发生日即期汇率近似的汇率折算。为客观反映外币业务的实际发生额,通常采用复币式记账方式,即在登记记账本位币金额的同时,也登记相应的外币金额(复币式账户参见表 1-1)。

表 1-1　　　　　　　　　　银行存款(美元户)

日期	摘要	借方			贷方			余额		
		原币	汇率	人民币	原币	汇率	人民币	原币	汇率	人民币

采用外币统账制记录外币业务时,平时除外币兑换业务外,不确认汇兑损益。但月份(或季度、年度)终了时,应当按照资产负债表日即期汇率,将各外币货币性项目的外币期末余额调整折算为记账本位币的金额,该项目因当日即期汇率与初始入账时或前

一资产负债表日即期汇率不同而产生的差额,确认为本期发生的汇兑损益,进行相应的账务处理。

外币分账制,是指企业对外币业务在日常核算时按照外币原币进行记账,并区别不同的外币币种分别核算其所实现的损益,编制各种货币币种的财务报表,资产负债表日再按当日即期汇率一次性地将外币财务报表折算为记账本位币表示的报表,并与记账本位币业务编制的财务报表汇总形成整个企业一定会计期间的财务报表。

目前,我国绝大部分企业采用外币统账制方法核算其外币业务。本章外币业务核算处理也采用了外币统账制方法。外币分账制一般只在外币交易频繁、外币币种较多的银行等少数金融企业采用。

第二节 外币交易会计处理

外币是企业记账本位币以外的货币。外币交易是指以外币计价或者结算的交易,主要包括买入或者卖出以外币计价的商品或者劳务、借入或者借出外币资金和其他以外币计价或者结算的交易。

买入或者卖出以外币计价的商品或者劳务,通常情况下指以外币买卖商品,或者以外币结算劳务合同。商品既可以是有实物形态的存货、固定资产等,也可以是无实物形态的无形资产、债权或股权等。例如:以人民币为记账本位币的大华贸易公司向国外公司出口商品,以美元结算货款;企业与银行发生货币兑换业务,都属于外币交易。

借入或者借出外币资金是指企业向银行或非银行金融机构借入以记账本位币以外的货币表示的资金,或者银行或非银行金融机构向人民银行、其他银行或非银行金融机构借贷以记账本位币以外的货币表示的资金,以及发行以外币计价或结算的债券等。

其他以外币计价或者结算的交易是指以记账本位币以外的货币计价或结算的其他交易。例如,接受外币现金捐赠等。

外币交易会计处理主要包括企业对外币交易的初始确认,即企业按外币统账制进行外币折算及相关核算处理,以及资产负债表日及结算日对相关项目进行汇兑差额的计算及核算处理。

一、外币交易会计核算的两种观点

外币业务会计处理需要解决的主要问题是如何认识外币业务性质及如何处理外币交易中发生的汇兑损益。对此,持有"一笔交易观点"和"两笔交易观点"。

(一)一笔交易观点

一笔交易观点,也称单一交易观点,它是将某项交易的发生和随后的账款结算视为一项完整业务。该观点认为,由于外币业务中汇率变动的影响是客观存在且不可预知的,那么该项交易必须在账款结算后才能完成;此前因不同时点汇率的变动所产生折合记账本位币的差额,都应作为已入账的存货购入成本或销售收入的调整额,而不应作为当期汇兑损益处理。

下面仍以第一节中的交易为例(该企业记账本位币为人民币),说明在一笔交易观点下所作的会计处理。

1. 出口交易发生日:12月20日出口销售10 000美元产品,当日汇率1美元=6.26元人民币,暂作销售处理。会计处理如下:

借:应收账款——美元　　　　　　　　　　　　　　　　　　62 600
　　贷:主营业务收入　　　　　　　　　　　　　　　　　　　62 600

2. 资产负债表日:12月31日当日汇率为1美元=6.264 5元人民币,因交易日与报表日汇率变动而发生折算人民币差额为45元人民币,应据以调整已入账销售收入和应收账款。会计处理如下:

借:应收账款——美元　　　　　　　　　　　　　　　　　　　　45
　　贷:主营业务收入　　　　　　　　　　　　　　　　　　　　　45

3. 次年收汇结算日:1月15日当日汇率为1美元=6.271 3元人民币,将当日收讫的外币货款结汇入账;同时,按当日即期汇率调整账面销售收入和应收账款68元人民币。会计处理如下:

(1)借:应收账款——美元　　　　　　　　　　　　　　　　　　68
　　　贷:主营业务收入　　　　　　　　　　　　　　　　　　　　68

(2)借:银行存款——美元　　　　　　　　　　　　　　　　　62 713
　　　贷:应收账款——美元　　　　　　　　　　　　　　　　62 713

从本例可以看出,一笔交易观点下的外币交易损益被作为销售收入的一部分进行调整。虽然从理论上说,一笔交易观点较客观地反映了交易最终入账价值,但与企业执行的会计准则中有关交易发生的确认标准相矛盾,且实务操作中将一笔交易跨期调整亦显烦琐,会计处理中无法反映外币交易的汇率风险,不利于管理部门分析监督。

(二)两笔交易观点

两笔交易观点,也称两项交易观点,是将某项交易的发生和随后的账款结算视为两项业务。在此观点下,交易按一定标准及即期汇率确认发生后不再更改,并将此后账款结算过程中产生的汇率变动差额作为当期汇兑损益处理。

仍使用第一节中的交易资料,说明两笔交易观点的会计处理。

1. 出口交易发生日确认销售。会计处理如下:

借:应收账款——美元　　　　　　　　　　　　　　　　　　62 600
　　贷:主营业务收入　　　　　　　　　　　　　　　　　　　62 600

2. 资产负债表日调整结算账户并确认当期汇兑损益。会计处理如下:

借:应收账款——美元　　　　　　　　　　　　　　　　　　　　45
　　贷:财务费用　　　　　　　　　　　　　　　　　　　　　　　45

3. 次年收汇结算日,按当日汇率调整结算账户确认汇兑损益;同时,将收讫的外币货款结汇入账。会计处理如下:

(1)借:应收账款——美元　　　　　　　　　　　　　　　　　　68
　　　贷:财务费用　　　　　　　　　　　　　　　　　　　　　　68

(2)借:银行存款　　　　　　　　　　　　　　　　　　　　62 713
　　　贷:应收账款——美元　　　　　　　　　　　　　　　　62 713

两笔交易观点符合有关交易发生确认的标准;同时,对汇兑损益的单独处理也能明确地揭示外币业务中因汇率变动而产生的风险影响,有助于企业对外汇风险进行分析与防范。

目前,包括我国在内的绝大多数国家在外币业务会计处理中采用两笔交易观点。

二、外币交易的会计处理

外币交易会计处理主要包括两方面内容:首先是在交易日对已发生的外币交易进行初始确认,将外币金额折算为记账本位币金额,并作相关账务处理;其次是在资产负债表日,对外币资产负债因汇率变动产生的折算差额,进行账务处理。

企业对外币业务进行会计处理时,应当设置相应的外币账户,具体包括:"库存现金(外币专户)""银行存款(外币专户)"、外币结算的债权账户(如"应收账款""应收票据""预付账款"等)和外币结算的债务账户(如"短期借款""长期借款""应付账款""应付票据""应付职工薪酬""预收账款"等)。

(一)折算汇率

无论是在交易日对外币交易进行初始确认,还是在资产负债表日对外币交易余额进行处理,抑或对外币财务报表进行折算,都需要选择折算汇率,外币折算准则规定即期汇率和即期汇率的近似汇率两种折算汇率。

1. 即期汇率。无论买入价还是卖出价,如果是立即交付的结算价格,就是即期汇率。即期汇率一般指当日中国人民银行公布的人民币汇率的中间价。即期汇率是相对于远期汇率而言的,远期汇率是在未来某一日交付时的结算价格。

中国人民银行每日仅公布银行间外汇市场人民币兑美元、欧元、日元、港元的中间价。企业发生的外币交易只涉及人民币与这四种货币之间折算的,可直接采用公布的人民币汇率的中间价作为即期汇率进行折算;企业发生的外币交易涉及人民币与其他货币之间折算的,应以国家外汇管理局公布的各种货币对美元折算率采用套算的方法进行折算;企业发生的外币交易涉及人民币以外的货币之间折算的,可直接采用国家外汇管理局公布的各种货币对美元折算率进行折算。

2. 即期汇率的近似汇率。当汇率波动不大时,为简化核算,企业在外币交易日或对外币报表的某些项目进行折算时也可以选择即期汇率的近似汇率折算。即期汇率的近似汇率是"按照系统合理的方法确定的、与交易发生日即期汇率近似的汇率",通常是指当期平均汇率或加权平均汇率等。以美元兑人民币的周平均汇率为例,假定美元兑人民币每天的即期汇率为:周一6.8,周二6.9,周三6.1,周四6.2,周五6.15,周平均汇率为6.43[(6.8+6.9+6.1+6.2+6.15)÷5]。月平均汇率的计算方法与周平均汇率的计算方法相同。月加权平均汇率需要采用当月外币交易的外币金额作为权重进行计算。

无论是采用平均汇率还是加权平均汇率,或者其他方法确定的即期汇率的近似汇率,应在前后各期保持一致。如果汇率波动使得采用即期汇率的近似汇率折算不适当时,应当采用交易发生日的即期汇率折算。对于"何时不适当"的职业判断,企业通常根据汇率变动情况及计算即期汇率的近似汇率方法等因素进行。

(二)外币交易日的会计处理

外币交易应当在初始确认时,采用交易发生日的即期汇率或即期汇率近似的汇率将外币金额折算为记账本位币金额。企业通常应当采用即期汇率进行折算。在汇率波动不大时,也可以采用即期汇率的近似汇率进行折算。

1. 外币兑换业务的会计处理。外币兑换业务是指企业从银行等金融机构购入外币或向银行等金融机构售出外币。

企业兑换外币时,一方面登记实际收取或付出的记账本位币(按照交易日外币买入价或卖出价折算)金额;另一方面登记卖出或买入的外币(按照外币账面即期汇率折算)金额,两者差额记入当期损益。

(1)企业购入外币。企业通常是按外汇卖出价从银行购买外币,即按照外汇卖出价计算支付记账本位币的数额;同时,将买入的外币按照交易日即期汇率(中间价)折算为记账本位币登记入账。因汇率标准不同,实际支付的记账本位币数额与收入外币折算入账的记账本位币数额之间出现了差额,这一差额应作为当期汇兑损益处理。

【例1-1】华益股份有限公司的记账本位币为人民币。公司从银行购入100 000美元,当日银行美元卖出价为1美元=6.88元人民币,当日即期汇率为1美元=6.70元人民币。该公司采用交易日即期汇率进行会计处理。会计分录如下:

借:银行存款——美元　　　　　　　　　　　　　(100 000×6.70)670 000
　　财务费用——汇兑差额　　　　　　　　　　　　　　　　　　18 000
　　贷:银行存款——人民币　　　　　　　　　　　(100 000×6.88)688 000

(2)企业售出外币。企业通常是按外汇买入价向银行卖出外汇,即按照外汇买入价计算收入记账本位币的数额;同时,将卖出的外币按照账面即期汇率折算为记账本位币金额转出。实际收入的记账本位币数额与付出外币折算的记账本位币数额之间的差额,作为当期汇兑损益处理。

【例1-2】华益股份有限公司的记账本位币为人民币。公司将5 000美元(账面汇率为1美元=6.65元人民币)向银行兑换为人民币,当日银行美元买入价为1美元=6.35元人民币。会计分录如下:

借:银行存款——人民币　　　　　　　　　　　　　　(5 000×6.35)31 750
　　财务费用——汇兑差额　　　　　　　　　　　　　　　　　　　1 500
　　贷:银行存款——美元　　　　　　　　　　　　　(5 000×6.65)33 250

2. 购买或销售以外币计价的商品或劳务的会计处理。

(1)企业进口采购业务。企业以外币计价从国外或境外购进存货、引进设备时,需执行会计准则中有关存货或设备入账价值的确认标准,同时将应支付的外币债务按照当日的即期汇率折算为记账本位币登记入账。

【例1-3】华尔公司记账本位币为人民币,属于增值税一般纳税企业。从日本进口100吨原材料,货款共计1 500 000日元,尚未支付。当日即期汇率为100日元=6.58元人民币,另以人民币存款支付进口关税22 740元人民币,货物增值税23 195元人民币。该项进口原材料入账成本为121 440元人民币(货价+关税)。会计分录如下:

借:材料采购　　　　　　　　　　　　　(1 500 000×0.065 8+22 740)121 440
　　应交税费——应交增值税(进项税额)　　　　　　　　　　　　23 195
　　贷:应付账款——日元　　　　　　　　　　　　(1 500 000×0.065 8)98 700
　　　银行存款　　　　　　　　　　　　　　　　　　　　　　　　45 935

【例1-4】华尔公司从韩国购进一台不需要安装的检测设备,价款为20 000美元,货款尚未支付,当日即期汇率为1美元=6.27元人民币。另以人民币支付进口关税40 698元人民币、增值税16 302元人民币。该项进口设备入账成本为166 098元人民币(货价+关税)。会计分录如下:

借:固定资产——设备　　　　　　　　　　　　　　　　　　　　166 098
　　应交税费——应交增值税(进项税额)　　　　　　　　　　　　16 302

贷:应付账款——美元　　　　　　　　　　　　　　（20 000×6.27）125 400
　　　　银行存款　　　　　　　　　　　　　　　　　　　　　　　　　57 000

　　(2)企业出口销售业务。企业以外币计价出口销售商品或产品时,按照会计收入确认原则,将商品结算金额按当日的即期汇率折算为记账本位币,确认销售收入及出口销售发生的债权。

　　【例1-5】华尔公司出口销售一批产品,出口合同规定货款总额为80 000港币,采用托收方式结算,货款尚未收到,当日即期汇率为1港元=1.06元人民币。该项出口产品免征关税,增值税税率为0。会计分录如下:

　　借:应收账款——港元　　　　　　　　　　　　　（80 000×1.06）84 800
　　　　贷:主营业务收入　　　　　　　　　　　　　　　　　　　　　84 800

　　3. 外币借款业务的会计处理。企业从银行等金融机构取得外币贷款时,应按照借入外币时的即期汇率折算为记账本位币登记入账。

　　【例1-6】华杉公司记账本位币为人民币,且采用外币业务发生时的即期汇率进行会计处理。该企业从银行借入20 000美元贷款,期限9个月,暂存企业存款户。借入日即期汇率为1美元=6.25元人民币。会计分录如下:

　　借:银行存款——美元　　　　　　　　　　　　　　　　　　　　125 000
　　　　贷:短期借款——美元　　　　　　　　　　　　　　　　　　　125 000

　　4. 接受外币资本投资的会计处理。企业收到投资者以外币投入的资本,无论是否有合同约定汇率,均不得采用合同约定汇率和即期汇率的近似汇率折算,而采用交易日即期汇率进行折算。这样,外币投入资本与相应的货币性项目的记账本位币金额相等,不产生外币资本折算差额。

　　【例1-7】华杉公司收到外商投资者投入的外币资本500 000美元,投资合同中约定汇率为1美元=6.10元人民币。收款当日的即期汇率为1美元=6.80元人民币。会计分录如下:

　　借:银行存款——美元　　　　　　　　　　　　　　　　　　　3 400 000
　　　　贷:实收资本　　　　　　　　　　　　　　　　　　　　　　3 400 000

(三)期末或结算日对外币交易余额的会计处理

　　资产负债表日,企业应根据相关规定区分外币货币性项目和外币非货币性项目进行不同的会计处理。

　　1. 货币性项目的处理。货币性项目是指企业持有的货币资金和将以固定或可确定的金额收取的资产或者偿付的负债。货币性项目分为货币性资产和货币性负债。货币性资产包括库存现金、银行存款、应收账款、其他应收款以及准备持有至到期的债券投资等;货币性负债包括短期借款、应付账款、其他应付款、长期借款、应付债券、长期应付款等。

对于外币货币性项目,应采用资产负债表日即期汇率折算。同时,因结算或采用资产负债表日的即期汇率折算与初始确认时或者前一资产负债表日即期汇率不同而产生的汇兑差额,应确认为汇兑损益,同时调增或调减外币货币性项目的记账本位币金额。

外币货币性资产(如外币银行存款、应收账款)和负债(如外币借款、应付账款)因外币汇率变动影响其价值变动而产生的汇兑损益结果是不同的:外币汇率上升时,企业持有的外币货币性资产升值引起汇兑收益,而企业外币货币性负债表现为汇兑损失;相反,外币汇率下降时,企业外币货币性负债因贬值产生汇兑收益,外币货币性资产则表现为汇兑损失。因此,资产负债表日计算不同性质外币账户余额的汇兑损益应有所区别,具体计算公式如下。

外币资产类账户:

账面外币借方余额×期末即期汇率−账面记账本位币借方余额
=期末汇兑损益("+"为收益,"−"为损失)

外币负债类账户:

账面记账本位币贷方余额−账面外币贷方余额×期末即期汇率
=期末汇兑损益("+"为收益,"−"为损失)

对于按上述方法计算得出的期末汇兑损益额,还应进行相应的账务处理:一方面,计算汇兑损益额调整发生差额的各外币资产及负债类账户期末余额,以使各账户外币余额均按资产负债表日即期汇率折算成记账本位币金额;另一方面,对期末产生的汇兑损益额,应根据外币业务的不同性质及会计有关划分收益性支出与资本性支出的原则,将其计入当期损益或作资本化处理。

根据我国《企业会计准则第 19 号——外币折算》,对企业资产负债表日发生的汇兑损益强调应区分不同情况进行处理。对于筹建期间发生的购建固定资产以外的汇兑损益,应当作为开办费用处理。生产经营期间发生的购建固定资产以外的汇兑损益,应当作为当期财务费用处理。对于与购建固定资产等直接相关的汇兑损益,在资产达到预定可使用状态前按规定应予资本化,计入固定资产的购建成本;在资产已达到预定可使用状态后,应将其计入当期损益,作财务费用处理。

应当说明的是,期末计算得出的汇兑损益,既包括已结算交易损益,也包括未结算交易损益。

【例 1-8】华诗股份公司于 2×21 年 3 月 31 日编制期末财务报表。资产负债表日的即期汇率为 1 美元=6.55 元人民币。需按期末当日即期汇率统一折算外币账户记账本位币(人民币)余额,并计算汇兑损益。有关外币账户余额折算及汇兑损益计算如表 1-2。

表 1-2 期末汇兑损益计算表

2×21 年 3 月 31 日　　　　　　　　　　单位:元

项 目	外币账户金额（美元）(1)	期末即期汇率(2)	记账本位币金额（人民币）(3)=(1)×(2)	调整前账面记账本位币金额（人民币）(4)	汇兑损益 (5)=(3)-(4)资产类 (5)=(4)-(3)负债类
银行存款	300 000	6.55	1 965 000	2 276 000	-311 000
应收账款	750 000	6.55	4 912 500	5 715 000	-802 500
短期借款	100 000	6.55	655 000	760 000	105 000
应付账款	500 000	6.55	3 275 000	3 800 000	525 000
合 计					-483 500

（1）依据表内计算结果编制调整分录如下：

借:应付账款——美元　　　　　　　　　　　　　　　　525 000
　　短期借款——美元　　　　　　　　　　　　　　　　105 000
　　财务费用——汇兑差额　　　　　　　　　　　　　　483 500
　贷:银行存款——美元　　　　　　　　　　　　　　　311 000
　　　应收账款——美元　　　　　　　　　　　　　　　802 500

（2）假定该公司于 2×21 年 4 月 21 日收到上月出口销售外币货款 750 000 美元,并于结算日兑换成人民币后直接存入银行,当日银行买入价为 1 美元=6.57 元人民币。会计分录如下：

借:银行存款——人民币　　　　　　　　（750 000×6.57）4 927 500
　贷:应收账款——美元　　　　　　　　　　　　　　　4 912 500
　　　财务费用——汇兑差额　　　　　　　　　　　　　　15 000

（3）假定该公司于 2×21 年 9 月 1 日以人民币归还当年 3 月所借外币贷款,本金及利息一并支付共计 674 450 美元,当日银行卖出价为 1 美元=6.58 元人民币（假设 4 月至 8 月外币汇率不变）。会计分录如下：

①借:短期借款——美元　　　　　　　　　　　　　　　655 000
　　　财务费用——汇兑差额　　　　　　　　　　　　　　3 000
　　贷:银行存款——人民币　　　　　　　　（100 000×6.58）658 000
②借:财务费用——利息支出　　　　　　　　　　　　　16 450
　　贷:银行存款——人民币　　　　　　　　（2 500×6.58）16 450

2. 非货币性项目的处理。非货币性项目是指货币性项目以外的项目,包括存货、交易性金融资产、长期股权投资、固定资产、无形资产、实收资本等。

资产负债表日,对于以历史成本计量的外币非货币性项目,由于已在交易发生日按当日即期汇率折算,应仍采用交易发生日的即期汇率(账面历史汇率)折算,不改变其记账本位币金额。因为这些项目在取得时已按取得时的即期汇率折算,从而构成这些项目的历史成本,如果再按资产负债表日的即期汇率折算,就会导致这些项目价值不断变动,从而使这些项目的折旧、摊销和减值不断地随之变动,这与项目的实际情况不符。但是,对于期末存货按成本与可变现净值孰低计量,且其可变现净值需以外币确定时,应先将可变现净值按资产负债表日即期汇率折算为记账本位币,再与以记账本位币反映的存货成本进行比较。

资产负债表日,对于以公允价值计量的外币非货币性项目,如交易性金融资产(股票、基金等),采用公允价值确定日的即期汇率折算,折算后的记账本位币金额与原记账本位币金额的差额,作为公允价值变动(含汇率变动)处理,计入当期损益。

【例1-9】华坞股份有限公司以人民币为记账本位币。2×21年11月18日公司以每件1 000欧元的价格从境外购入新款A型商品20件,当日即期汇率为1欧元=10.20元人民币,欧元款项已支付。2×21年12月31日,库存尚有12件新型A商品尚未售出,国内市场无同类商品供应,而国际市场新款A型商品价格已降至每件950欧元。当日即期汇率为1欧元=10.25元人民币。假定不考虑增值税等相关税费。

库存新款A型商品市场价格下跌,使得其可变现净值低于成本,应计提存货跌价准备,会计分录如下:

借:资产减值损失   5 550
  贷:存货跌价准备 (1 000×12×10.20−950×12×10.25)5 550

【例1-10】华柳股份有限公司的记账本位币为人民币。2×21年6月1日公司以每股8港元的价格购入甲公司的H股100 000股作为交易性金融资产,当日即期汇率为1港元=0.98元人民币,港元款项已支付。2×21年6月30日,甲公司H股的市值变为每股7港元,当日即期汇率为1港元=0.95元人民币。2×21年7月20日股份公司将所购甲公司H股按当日市价每股8.2港元全部售出,所得820 000港元已存入银行,当日即期汇率为1港元=0.96元人民币,假定不考虑相关税费的影响。会计分录如下:

(1)2×21年6月1日,购入H股股票:

借:交易性金融资产   (100 000×8×0.98)784 000
  贷:银行存款——港元   784 000

(2)2×21年6月30日,按公允价值调账:

借:公允价值变动损益 (784 000−100 000×7×0.95)119 000

  贷：交易性金融资产 119 000
(3)2×21年7月20日，出售H股股票：
借：银行存款——港元 (820 000×0.96)787 200
  贷：公允价值变动损益 119 000
    交易性金融资产 665 000
    投资收益 3 200

(四) 分账制记账方法

  分账制记账方法是一种外币交易的账务处理方法，金融类企业一般采用这种记账方法。通常金融类企业外币交易频繁，涉及外币币种较多，所以采用分账制记账方法进行日常核算。资产负债表日应当分别货币性项目和非货币性项目进行处理：货币性项目按资产负债表日即期汇率折算，非货币性项目按交易日即期汇率折算，产生的汇兑差额计入当期损益。

  分账制记账方法下，为保持不同币种借贷方金额合计相等，需要设置"货币兑换"科目进行核算。实务中又可采取两种方法核算。

  1. 所有的外币交易均通过"货币兑换"科目处理。在这种方法下，会计处理包括以下内容：

  (1)企业发生的外币交易同时涉及货币性项目和非货币性项目的，按相同外币金额同时记入货币性项目和"货币兑换(外币)"科目；同时，按以交易发生日即期汇率折算为记账本位币的金额，记入非货币性项目和"货币兑换(记账本位币)"科目。

  (2)企业发生的交易仅涉及记账本位币外的一种货币反映的货币性项目的，按相同币种金额入账，不需要通过"货币兑换"科目核算；如果涉及两种以上货币，按相同币种金额记入相应货币性项目和"货币兑换(外币)"科目。

  (3)期末，应将所有以记账本位币以外的货币反映的"货币兑换"科目余额按期末汇率折算为记账本位币金额，并与"货币兑换(记账本位币)"科目余额相比较，其差额转入"汇兑损益"科目；如为借方差额，借记"汇兑损益"科目，贷记"货币兑换(记账本位币)"科目；如为贷方差额，借记"货币兑换(记账本位币)"科目，贷记"汇兑损益"科目。

  (4)结算外币货币性项目产生的汇兑差额计入"汇兑损益"。

  【例1-11】假设佳宜银行采用分账制记账方法，选定的记账本位币为人民币并以人民币列报财务报表。2×21年9月，佳宜银行发生以下交易：

  (1)9月5日，收到投资者投入的货币资本100 000美元，无合同约定汇率，当日汇率为1美元=6.8元人民币。

  (2)9月10日，以2 000美元购入一台固定资产，当日汇率为1美元=6.75元人民币。

(3)9月15日，某客户以39 000元人民币购入5 000美元，当日美元卖出价为1美元=6.8元人民币。

(4)9月20日，发放短期贷款5 000美元，当日汇率为1美元=6.85元人民币。

(5)9月25日，向其他银行拆借资金10 000欧元，期限为1个月，年利率为3%，当日的汇率为1欧元=9.5元人民币。

(6)9月30日的汇率为1美元=6.00元人民币，1欧元=10元人民币。

对于上述交易，企业会计处理如下：

(1)9月5日，收到美元资本投入。会计分录如下：

  借：银行存款——美元　　　　　　　　　　　　　　　　　　USD$100 000
   贷：货币兑换——美元　　　　　　　　　　　　　　　　　USD$100 000
  借：货币兑换——人民币　　　　　　　　　　　　　　　　　RMB￥680 000
   贷：实收资本　　　　　　　　　　　　　　　　　　　　　RMB￥680 000

(2)9月10日，以美元购入固定资产。会计分录如下：

  借：固定资产　　　　　　　　　　　　　　　　　　　　　　RMB￥13 500
   贷：货币兑换——人民币　　　　　　　　　　　　　　　　RMB￥13 500
  借：货币兑换——美元　　　　　　　　　　　　　　　　　　USD$2 000
   贷：银行存款——美元　　　　　　　　　　　　　　　　　USD$2 000

(3)9月15日，售出美元。会计分录如下：

  借：银行存款——人民币　　　　　　　　　　　　　　　　　RMB￥39 000
   贷：货币兑换——人民币　　　　　　　　　　　　　　　　RMB￥39 000
  借：货币兑换——美元　　　　　　　　　　　　　　　　　　USD$5 000
   贷：银行存款——美元　　　　　　　　　　　　　　　　　USD$5 000

(4)9月20日，发放美元短期贷款。会计分录如下：

  借：贷款——美元　　　　　　　　　　　　　　　　　　　　USD$5 000
   贷：银行存款——美元　　　　　　　　　　　　　　　　　USD$5 000

(5)9月25日，向其他银行拆借欧元资金。会计分录如下：

  借：银行存款——欧元　　　　　　　　　　　　　　　　　　EUR€10 000
   贷：拆入资金——欧元　　　　　　　　　　　　　　　　　EUR€10 000

"货币兑换（美元）"账户的贷方余额为93 000美元（USD$100 000－USD$2 000－USD$5 000），按月末汇率折算为人民币金额余额为558 000元（93 000×6）。

"货币兑换（人民币）"账户有借方余额627 500元（680 000－13 500－39 000）。

"货币兑换"账户的借方余额合计为627 500元，贷方余额合计为558 000元，借贷方之间的差额为69 500元，即为当期产生的汇兑差额，相应的会计分录为：

借:汇兑损益 RMB￥69 500
　　贷:货币兑换——人民币 RMB￥69 500

2. 外币交易的日常核算不通过"货币兑换"科目,仅在资产负债表日结转汇兑损益时通过"货币兑换"科目处理。在外币交易发生时直接以交易发生的币种进行账务处理,期末,由于所有账户均需要折算为记账本位币列报,因此,所有以外币反映的账户余额均需要折算为记账本位币余额,其中,货币性项目以资产负债表日即期汇率折算,非货币性项目以交易日即期汇率折算。折算后,所有账户借方余额之和与所有账户贷方余额之和的差额即为当期汇兑差额,应当计入当期损益。

【例1-12】接例1-11,日常核算中会计处理如下:
(1)9月5日,收到美元资本投入。会计分录如下:
借:银行存款——美元 USD$100 000
　　贷:实收资本 USD$100 000
(2)9月10日,以美元购入固定资产。会计分录如下:
借:固定资产 USD$2 000
　　贷:银行存款——美元 USD$2 000
(3)9月15日,售出美元。会计分录如下:
借:银行存款——人民币 RMB￥39 000
　　贷:银行存款——美元 USD$5 000
(4)9月20日,发放美元短期贷款。会计分录如下:
借:贷款——美元 USD$5 000
　　贷:银行存款——美元 USD$5 000
(5)9月25日,向其他银行拆借欧元资金。会计分录如下:
借:银行存款——欧元 EUR€10 000
　　贷:拆入资金——欧元 EUR€10 000

资产负债表日,编制账户科目余额(人民币)的调节表:非人民币货币性项目以资产负债表日即期汇率折算,非人民币非货币性项目以交易日即期汇率折算,见表1-3。

表1-3　　　　　　　账户科目余额(人民币)的调节表

借方余额账户	币种	外币余额	汇率	人民币余额	贷方余额账户	币种	外币余额	汇率	人民币余额
银行存款	美元	88 000	6	528 000	拆入资金	欧元	10 000	10	100 000
	欧元	10 000	10	100 000	实收资本	美元	100 000	6.8	680 000

续表

借方余额账户	币种	外币余额	汇率	人民币余额	贷方余额账户	币种	外币余额	汇率	人民币余额
贷款	美元	5 000	6	30 000					
固定资产	美元	2 000	6.75	13 500					
银行存款	人民币			39 000					
人民币余额合计				710 500	人民币余额合计				780 000
汇兑损益									69 500

相应会计分录为：
借：汇兑损益　　　　　　　　　　　　　　　　　　　　　RMB￥69 500
　贷：货币兑换——人民币　　　　　　　　　　　　　　　　RMB￥69 500

需要强调的是，无论是采用分账制记账方法，还是采用统账制记账方法，只是账务处理程序不同，但产生的财务结果应当相同，计算出的汇兑差额也相同。

第三节　外币会计报表折算

外币财务报表折算是指如果企业境外经营选定的记账本位币与企业的记账本位币不同，在满足境外经营与企业会计期间和会计政策相一致的前提下，将企业境外经营的财务报表折算为以企业记账本位币反映的财务报表。

外币报表折算涉及的主要会计问题是：①外币报表中各个项目应按何种汇率进行折算；②因项目折算汇率不同而产生的外币报表折算差额应如何处理。对此，会计理论界和实务界存有不同的观点，致使外币财务报表的折算尚未形成统一的国际惯例，各国报表的折算方法也各不相同。

外币财务报表的折算方法，基本上可划分为单一汇率法和多种汇率法两大类。单一汇率法主要指现行汇率法；多种汇率法主要包括流动性与非流动性项目法、货币性与非货币性项目法和时态法。

一、现行汇率法

现行汇率法，也称期末汇率法，是指外币报表中所有资产、负债项目，所有收入和费用项目,全部统一按期末报表日的即期汇率进行折算的方法。

在现行汇率法下,外币报表中除所有者权益项目采用历史汇率折算外,所有资产和负债项目都按期末即期汇率折算。对于收入和费用项目,理论上应按项目发生时即期汇率折算,但鉴于收支业务的大量化、繁杂性的特点,为简化核算工作,通常采用财务报表当期的平均汇率进行折算。现行汇率法是折算方法中最为简便的一种方法,也是最早开始使用的方法,更是至今各国使用率最高的方法。

现行汇率法除具有简便、易于操作的优点外,还因为这种折算方法折算后的资产负债表各个项目仍能保持原有外币报表中各项目之间的比例关系,没有破坏外币报表的内部结构和各项目之间的经济关系,使用折算后的报表分析数据、计算财务比率基本上符合折算前原有的实际情况,因而被人们广泛接受。

现行汇率法的局限性是:首先,所有外币报表中以历史成本表示的资产项目按照期末即期汇率折算后的数据,既不反映资产的历史成本,也没有反映资产的现行市价,而是以外币表示的资产历史成本与报表编制日即期汇率两个不同时点数字的乘积,在此基础上折算反映的资产价值不能充分表达真实性、可靠性。其次,外币报表中绝大多数非货币性长期资产,其价值并不受现行不断波动汇率的影响(如固定资产),而在现行汇率法下,这些资产折算价值会因各期期末汇率不同而有所变化,当汇率波动大时这些价值就会发生较大的变化,使这类资产的价值随汇率变化发生增减,这不能令人信服。

二、流动性与非流动性项目法

流动性与非流动性项目法是将资产负债表上的资产和负债项目,按其流动性质,划分为流动性项目和非流动性项目两大类,并根据项目的不同性质分别选择不同汇率进行折算。其中,对流动性资产和负债项目,按照报表日期末即期汇率折算;对非流动性资产和负债项目,按其原来入账时的历史汇率进行折算;对于所有者权益类资本项目,仍按原入账历史汇率折算;对于利润表项目,除固定资产折旧和摊销费用等,按其相关资产入账时的历史汇率折算外,其他收益和费用支出项目均按当期平均汇率进行折算。

流动性与非流动性项目法是在分析克服现行汇率法缺点的基础上产生并发展起来的。按此方法折算的外币报表,有助于对营运资金进行分析,同时也在一定程度上反映非流动性资产项目的原始入账价值。

流动性与非流动性项目法的局限性是:首先,对不同项目折算汇率选用的标准缺乏足够的理论依据。其次,流动性项目中有些项目并不受汇率影响,如存货项目,若对该项目按现行汇率法折算,不符合存货按历史成本计价原则;非流动性项目中有些项目会承受汇率变动的风险,如长期借款、长期应付款等项目就非常典型。由此可见,流动性与非流动性项目法折算后的财务报表仍未能准确、客观地反映报表各项目的真实价值。

目前,使用这一折算方法的国家为数不多,即使使用,对一些项目的折算汇率也进行了调整。

三、货币性与非货币性项目法

货币性与非货币性项目法,是按照受汇率变动影响程度,将资产负债表项目划分为货币性项目和非货币性项目,并分别采用不同的汇率进行折算的方法。

货币性项目包括货币性资产和货币性负债。货币性资产是指货币资产及未来期间可收回固定金额的权利,包括库存现金、银行存款、应收账款、应收票据和其他应收款等。货币性负债是指以货币形态存在的、未来期间应付出固定金额的义务,如应付账款、应付票据、长期借款和应付股利等项目。采用这种方法进行外币报表折算时,对于资产负债表上的货币性项目,按报表日期末即期汇率折算;对非货币性项目和所有者权益项目,按原入账时历史汇率折算;利润表折算的方法和流动性与非流动性项目法基本相同。

尽管此种方法在报表项目的分类上比前种方法前进了一步,使折算对象与折算汇率的关系更加紧密,体现了货币性项目承受汇率风险这一事实。但货币性与非货币性项目法仍只注重对外币报表项目的分类,未能关注报表项目计量属性与汇率之间的关系。

四、时态法

时态法,也称时间度量法。其理论依据是,外币报表的折算不应当改变财务报表所反映的经济事实,因此,在选择汇率时,只能改变计量单位,不应当改变原有的计量属性。同货币性与非货币性项目法相比,此种方法更加注意外币报表折算应在项目原有计量属性的基础上,重新表述其不同货币单位的价值。折算汇率的选择不单以项目分类为依据,还要以项目计量属性为基础。

按照时态法的基本原则,在外币报表折算中,对货币性项目统一按现行即期汇率进行折算。但对于非货币性项目,应注意各个项目的计量基础:对于按历史成本计价的非货币性资产必须按历史汇率折算;对于按现行成本计价的非货币性资产,必须按现行汇率折算;对公司所有者权益项目,除未分配利润项目外,均按历史汇率折算,未分配利润项目则为轧算的平衡数;对于收入和费用项目按交易发生时实际汇率或按当期平均汇率折算;对于折旧及摊销费用按相关项目(如固定资产、无形资产)入账的历史汇率折算;对于销售成本应在存货适用汇率折算后计算得出。

采用时态法进行外币报表折算,理论上对报表项目的分析最能体现其性质的本来面目,较忠实于报表项目原有计量属性。但在实务操作上,尚待进一步完善。例如,折算后的报表项目之间的比例与原外币报表不一致;利润表折算的结果因各收入、费用具体项目汇率的不一致,可能与原外币报表损益结果有较大差距。这些都妨碍了此种方法的推广应用。

不同折算方法下的资产负债表项目选用的汇率如表1-4所示。

表1-4　　　　　　　　外币资产负债表汇率选择的方法

项　目	现行汇率法	流动性与非流动性项目法	货币性与非货币性项目法	时态法
现金	C	C	C	C
应收账款	C	C	C	C
存货				
——按成本	C	C	H	H
——按市价	C	C	H	C
投资				
——按成本	C	H	H	H
——按市价	C	H	H	C
固定资产	C	H	H	H
无形资产	C	H	H	H
应付账款	C	C	C	C
长期借款	C	H	C	C
股本	H	H	H	H
留存收益	*	*	*	*

注:C=现行汇率;H=历史汇率;*=平衡数。

五、我国外币报表折算方法

我国《企业会计准则第19号——外币折算》对于外币财务报表的折算方法作了具体规定,主要内容如下。

(一)外币财务报表折算的一般原则及其示例

在对企业境外经营财务报表进行折算前,应当调整境外经营的会计期间和会计政策,使之与企业会计期间和会计政策相一致,根据调整后会计政策及会计期间编制相应货币(记账本位币以外的货币)的财务报表,再按照以下规定对境外经营财务报表进行折算。

1. 资产负债表中的所有资产、负债项目,均按照资产负债表日的即期汇率折算,所有者权益项目除"未分配利润"项目外,其他项目采用发生时的即期汇率折算。"未分配利润"项目以折算后所有者变动表中该项目的金额直接填列。折算后资产类项目与负债类项目和所有者权益类项目合计数的差额,作为外币财务报表折算差额,在资产负债表中所有者权益项目下单独列示。

2. 利润表中的收入和费用项目,采用交易发生日的即期汇率折算;也可以采用按照系统合理的方法确定的、与交易发生日即期汇率近似的汇率折算。

3. 按照上述规定折算产生的外币财务报表折算差额,在资产负债表中所有者权益项目下单独列示。

4. 企业编制合并财务报表涉及境外经营的,如有实质上构成对境外经营净投资的外币货币性项目,因汇率变动而产生的汇兑差额,也应列入所有者权益"外币报表折算差额"项目。

5. 处置境外经营时,应当将并入后的资产负债表中所有者权益项目下列示的、与该境外经营相关的外币财务报表折算差额,自所有者权益项目转入处置当期损益;部分处置境外经营的,应当按处置的比例计算处置部分的外币财务报表折算差额,转入处置当期损益。

6. 比较财务报表的折算比照上述规定处理。

7. 企业选定的记账本位币不是人民币的,应当按照境外经营财务报表折算原则将其财务报表折算为人民币财务报表。

【例1-13】华旗公司的记账本位币为人民币,益生公司是其境外全资子公司,记账本位币为美元。益生公司有关资料如下:

2×21年12月31日的即期汇率为1美元=6.40元人民币。2×21年期初汇率为1美元=6.2元人民币,期末汇率为1美元=6.4元人民币,当期平均汇率为1美元=6.3元人民币。实收资本发生日即期汇率(账面历史汇率)为1美元=6元人民币。该子公司2×21年12月31日外币财务报表中实收资本为500万美元,折算为人民币金额为3 000万元;累计盈余公积为50万美元,折算为人民币金额为315万元;累计未分配利润为120万美元,折算为人民币金额为732万元。

根据上述资料,益生公司外币财务报表折算如表1-5、表1-6和表1-7所示。

表 1-5　　　　　　　　　　　利润表
编制单位:益生公司　　　　　2×21 年度　　　　　　　　　　单位:万元

项　目	期末数（美元）	折算汇率	折算后金额（人民币）
一、营业收入	2 000	6.3	12 600
减:营业成本	1 500	6.3	9 450
税金及附加	40	6.3	252
销售费用	0	6.3	0
管理费用	100	6.3	630
财务费用	10	6.3	63
资产减值损失	0	6.3	0
加:公允价值变动收益	0	6.3	0
投资收益	30	6.3	189
二、营业利润	380	—	2 394
加:营业外收入	40	6.3	252
减:营业外支出	20	6.3	126
其中:非流动资产处置损失	10	6.3	63
三、利润总额	400	—	2 520
减:所得税	120	6.3	756
四、净利润	280	—	1 764
五、每股收益		—	—

表 1-6　　　　　　　　　　　资产负债表
编制单位:益生公司　　　　　2×21 年 12 月 31 日　　　　　　单位:万元

资　产	期末数（美元）	折算汇率	折算后金额（人民币）	负债和所有者权益	期末数（美元）	折算汇率	折算后金额（人民币）
流动资产:				流动负债:			
货币资金	90	6.4	576	短期借款	45	6.4	288
交易性金融资产				应付账款	285	6.4	1 824

续表

资产	期末数（美元）	折算汇率	折算后金额（人民币）	负债和所有者权益	期末数（美元）	折算汇率	折算后金额（人民币）
应收票据				其他流动负债	110	6.4	704
应收账款	190	6.4	1 216	流动负债合计	440		2 816
存货	240	6.4	1 536	非流动负债：			
其他流动资产	150	6.4	960	长期借款	140	6.4	896
流动资产合计	670		4 288	应付债券	80	6.4	512
非流动资产：				其他长期负债	90	6.4	576
长期股权投资	120	6.4	768	非流动负债合计	310		1 984
固定资产	550	6.4	3 520	负债合计	750		4 800
在建工程	80	6.4	512	所有者权益：			
无形资产	50	6.4	320	实收资本	500	6.0	3 000
递延所得税资产				盈余公积	120	—	756
其他非流动资产	30	6.4	192	未分配利润	130	—	795
非流动资产合计	830		5 312	其他综合收益（*外币报表折算差额）			249
				所有者权益合计	750		4 800
资产总计	1 500	—	9 600	负债和所有者权益总计	1 500	—	9 600

注：*系以记账本位币反映的净资产减去以记账本位币反映的实收资本、累计盈余公积及累计未分配利润后的余额。

表1-7　　　　　　　　　　　**所有者权益变动表**

编制单位：益生公司　　　　　　2×21年度　　　　　　　　　单位：万元

项目	实收资本			盈余公积			未分配利润		外币报表折算差额	所有者权益合计
	美元	汇率	人民币	美元	汇率	人民币	美元	人民币		人民币
一、本年年初余额	500	6	3 000	50		315	120	732		4 047

续表

项目	实收资本			盈余公积			未分配利润		外币报表折算差额	所有者权益合计
	美元	汇率	人民币	美元	汇率	人民币	美元	人民币		人民币
二、本年增减变动金额										
(一)净利润							280	1 764		1 764
(二)直接计入所有者权益的利得和损失										249
其中:外币报表折算差额									249	249
(三)利润分配										
1. 提取盈余公积				70	6.3	441	-70	-441		
2. 对所有者的分配							-200	-1 260		-1 260
三、本年年末余额	500	6	3 000	120		756	130	795	249	4 800

(二)包含境外经营的合并财务报表编制的特殊处理

在企业境外经营为其子公司的情况下,企业在编制合并财务报表时,应按少数股东在境外经营所有者权益中所享有的份额计算少数股东应分担的外币报表折算差额,并入少数股东权益列示于合并资产负债表。

母公司含有实质上构成对子公司(境外经营)净投资的外币货币性项目的情况下,在编制合并财务报表时,应分别按以下两种情况编制抵销分录:

1. 实质上构成对子公司净投资的外币货币性项目以母公司或子公司的记账本位币反映,该外币货币性项目产生的汇兑差额应转入"外币报表折算差额"。

2. 实质上构成对子公司净投资的外币货币性项目,以母公司、子公司的记账本位币以外的货币反映,应将母公司、子公司此项外币货币性项目产生的汇兑差额相互抵销,差额计入"外币报表折算差额"。

如果合并财务报表中各子公司之间也存在实质上构成对另一子公司(境外经营)净投资的外币货币性项目,在编制合并财务报表时应比照上述原则编制相应的抵销分录。

(三) 恶性通货膨胀经济中外币财务报表折算

1. 恶性通货膨胀经济的判断。企业应按照以下特征判断境外经营处于恶性通货膨胀经济：

(1) 最近三年累计通货膨胀率接近或超过100%。

(2) 利率、工资和物价与物价指数挂钩，物价指数是物价变动趋势和幅度的相对数。

(3) 公众不是以当地货币，而是以相对稳定的外币为衡量货币金额的基础。

(4) 公众倾向于以非货币性资产或相对稳定的外币来保存自己的财富，持有的当地货币立即用于投资以保持购买力。

(5) 即使信用期限很短，赊销、赊购交易仍按补偿信用期预计购买力损失的价格成交。

2. 恶性通货膨胀经济中外币财务报表折算原则。企业对处于恶性通货膨胀经济中的境外经营外币财务报表进行折算时，应当首先对其财务报表进行重述：对资产负债表项目运用一般物价指数予以重述，对利润表项目运用一般物价指数变动予以重述。然后，再按资产负债表日即期汇率进行折算。

(1) 资产负债表项目的重述。在对资产负债表项目进行重述时，通过协议与物价变动挂钩的资产和负债，应根据协议约定进行调整。货币性项目如货币资金、应收账款、其他应收款等已经以资产负债表日的计量单位表述，不需要对其进行重述。非货币性项目中，有些是以资产负债表日的计量单位列示的，如存货已按可变现净值列示，则资产负债表日就不需要进行重述。其他非货币性项目，如固定资产、投资、无形资产等，应自购置日起以一般物价指数予以重述。但是，对于在资产负债表日以公允价值计量的非货币性资产，例如投资性房地产，以资产负债表日的公允价值列示。

(2) 利润表项目的重述。在对利润表项目进行重述时，所有项目金额都需要自其初始确认之日起，以一般物价指数变动进行重述，以使利润表的所有项目均以资产负债表日的计量单位表述。由于上述重述而产生的差额计入当期净利润。

对资产负债表和利润表项目进行重述后，再按资产负债表日的即期汇率将资产负债表和利润表折算为记账本位币报表。

在境外经营不再处于恶性通货膨胀经济时，应当停止重述，按照停止之日的价格水平重述的财务报表进行折算。

(四) 境外经营的处置

企业可能通过出售、清算、返还股东或放弃全部或部分权益等方式处置其在境外经营中的利益。企业应在处置境外经营的当期，将已列入合并财务报表所有者权益的外币报表折算差额中与该境外经营相关部分，自所有者权益项目转入处置当期损益。如果是部分处置境外经营,应当按处置的比例计算处置部分的外币报表折算差额,转入处置当期损益。

本章小结

在经济全球化的趋势下,资本的跨国流动和国际贸易不断扩大。一方面,外币资本参股内资银行,外资企业在我国内地开办外商独资、合资企业,向内资企业或国内市场不断注入外币资本;另一方面,内资企业与国际市场之间的业务往来不断增加,逐步向国际市场拓展业务,参与国际资本市场竞争的程度和规模呈增长趋势,正在由资本输入向资本输出转变,在这种情况下,企业经常会涉及外币折算业务。

外币业务会计主要涉及外币交易的会计处理及外币财务报表的折算,需要掌握一定的外币业务基本概念。对外币交易的日常会计处理,大多数企业通常采用外币统账制记账方法,金融类企业则采用分账制记账方法。会计期末或结算日应分别外币货币性项目和外币非货币性项目进行处理,对因汇率变动而产生的外币货币性项目的汇兑差额的计算及处理,是外币交易会计的核算重点。不同的外币财务报表折算方法,因对外币报表各个项目选择何种汇率进行折算的理论依据不同而存在差异,尚未形成统一国际惯例。我国《企业会计准则第19号——外币折算》规定以现行汇率法为基础,对企业外币财务报表折算进行规范。

本章关键词

外汇	foreign exchange
汇率	exchangc rate
直接标价法	direct quotation
买入价	buying rate
卖出价	selling rate
即期汇率	spot exchange ratc
即期汇率的近似汇率	approximate exchange rate
记账本位币	recording currency

汇兑损益	exchange gains or losses
货币性项目	monetary items
非货币性项目	non-monetary items
现行汇率法	current rate method
流动性与非流动性项目法	liquid and illiquid project method
货币性与非货币性项目法	monetary and non-monetary project method
时态法	temporal method

思考与练习题

一、思考题

1. 外币交易损益与报表折算损益有何区别？
2. 不同的外币记账方法在日常及期末会计处理上有何不同？
3. 试述期末区分外币货币性项目和外币非货币性项目进行处理的理论依据。
4. 简述外币报表折算方法之间的差异及对报表的影响。
5. 简述我国现行外币报表折算的一般原则及潜在的问题。
6. 外币报表折算差额有哪些处理方法？如何区别？

二、练习题

1.【目的】练习企业外币交易的会计处理。

【资料】某公司记账本位币为人民币，外币业务采用发生时的即期汇率进行折算，并按月计算汇兑损益。2×21年3月31日即期汇率为1美元=6.2元人民币。该公司2×21年3月31日有关外币账户期末余额如表1所示。

表1　　　　　2×21年3月31日有关外币账户期末余额

科　目	外币账户余额(美元)	汇率	记账本位币账户余额(人民币元)
银行存款	30 000	6.20	186 000
应收账款	500 000	6.20	3 100 000
应付账款	20 000	6.20	124 000

该企业4月份发生如下外币业务：

(1)4月3日，收到外商作为资本投入的250 000美元，当日即期汇率为1美元＝6.22元人民币，外商投资合同中约定汇率为1美元＝6.10元人民币。款项已存入银行。

(2)4月8日，将企业现存150 000美元向银行兑换成人民币，当日即期汇率中间价为1美元＝6.24元人民币，当日银行买入价为1美元＝6.23元人民币，当日银行卖出价为1美元＝6.25元人民币。

(3)4月15日，出口销售产品一批，价款共计350 000美元，尚未收回，当日即期汇率为1美元＝6.26元人民币。

(4)4月20日，以外币存款偿付上月发生的应付账款20 000美元，当日即期汇率为1美元＝6.30元人民币。

(5)4月30日，收到3月份发生的应收账款400 000美元，当日即期汇率为1美元＝6.25元人民币。

【要求】

(1)对上述外币业务进行会计处理。

(2)计算4月末外币类账户汇兑损益并进行相应会计处理。

2.【目的】练习企业外币报表折算。

【资料】某公司有一境外子公司，其财务报表编报货币为美元，期初汇率为1美元＝6.3元人民币，期末汇率为1美元＝6.5元人民币，本期平均汇率为1美元＝6.4元人民币。子公司收到投入资本时的历史汇率为1美元＝6.0元人民币。该公司上年外币财务报表中实收资本的数额为5 000 000美元，折算后人民币数额为30 000 000元，盈余公积的数额为600 000美元，折算后人民币数额为3 660 000元，未分配利润为1 000 000美元，折算后人民币数额为6 100 000元。本年计提盈余公积数额为1 050 000美元；向投资者分出利润数额为3 000 000美元。

【要求】根据上述资料，对子公司本年外币财务报表进行折算(见表2、表3、表4)。

表2　　　　　　　　　　　　　　资产负债表　　　　　　　　　　　　　　单位：元

资产	美元金额	折算汇率	人民币金额	负债与所有者权益	美元金额	折算汇率	人民币金额
货币资金	1 350 000			短期借款	700 000		
应收账款	2 850 000			应付账款	4 800 000		
存货	3 000 000			其他流动负债	1 950 000		
其他流动资产	2 250 000			长期借款	2 100 000		
长期投资	1 800 000			应付债券	1 000 000		

续表

资产	美元金额	折算汇率	人民币金额	负债与所有者权益	美元金额	折算汇率	人民币金额
固定资产原值	8 000 000			其他长期负债	1 350 000		
减:累计折旧	1 500 000			实收资本	5 000 000		
固定资产净值	6 500 000			资本公积	0		
在建工程	1 000 000			盈余公积	1 650 000		
无形资产	750 000			未分配利润	1 450 000		
其他长期资产	500 000			外币报表折算差额			
资产合计	20 000 000			负债与所有者权益合计	20 000 000		

表3　　　　　　　　　　　　　　　利润表　　　　　　　　　　　　　　单位:元

项　目	美元金额	折算汇率	人民币金额
一、营业收入	30 000 000		
减:营业成本	22 000 000		
税金及附加	600 000		
销售费用	1 000 000		
管理费用	500 000		
财务费用	150 000		
资产减值损失	—		
加:公允价值变动收益	—		
投资收益	450 000		
二、营业利润	6 200 000		
加:营业外收入	600 000		
减:营业外支出	300 000		
其中:非流动资产处置损失	—		
三、利润总额	6 500 000		
减:所得税	2 000 000		
四、净利润	4 500 000		
五、每股收益	—		

表 4　　　　　　　　　所有者权益变动表　　　　　　　　单位：万元

项　目	实收资本			盈余公积			未分配利润		外币报表折算差额	所有者权益合计
	美元	汇率	人民币	美元	汇率	人民币	美元	人民币		人民币
一、本年年初余额	500	6	3 000	60		366	100	610		3 976
二、本年增减变动金额										
（一）净利润										
（二）直接计入所有者权益的利得和损失										
其中：外币报表折算差额										
（三）利润分配										
1. 提取盈余公积										
2. 对所有者的分配										
三、本年年末余额										

进一步思考

第一财经记者统计A股4 290家上市公司的2020年年报，发现有超过2 600家上市公司披露存在1万元以上汇兑损失，同期披露1万元以上汇兑收益的公司仅有约740家，整体合计汇兑净损失超过200亿元。在这2 600多家公司中，汇兑损失超过1亿元的公司有114家，合计汇兑损失高达348.51亿元。

汇率波动形成的损失严重影响公司业绩，中国电建、中国交建、安道麦A三家公司汇兑损失分别是23.03亿元、13.44亿元、11.12亿元。对比利润指标，中国电建2020年归母公司所有净利润79.87亿元，扣除汇兑损失影响，公司净利润在此基础上能增近三成。安道麦A公司2020年归母公司所有净利润3.53亿元，扣除汇兑损失，公司业绩将在此基础上增加近两倍。

2020年下半年以来，我国复工复产走在全球前列，出口强劲增长，在全球经济低迷情况下"一枝独秀"。但与此同时，人民币对美元汇率也出现了急速升值，部分出口企业利润受到一定侵蚀，很多出口型上市公司出现"增量不增利"的现象。上市公司是中国资质最好的公司群体，但是很多优质的大企业都承担着巨大的汇兑损失。所以说，防范汇率波动的风险将成为中国企业面对的现实问题。

请针对上述情形，思考下列问题：

1. 上述案例中，发生汇兑损失的企业是否进行了汇率风险管理？汇率风险管理主要有哪些方法？
2. 汇兑损益较高的企业，是否实施风险管控？为什么？
3. 市场主体应适应汇率双向波动的常态，怎样理解树立"风险中性"、不走极端的理念？

第二章

所得税

所得税作为企业的一项重要费用支出,在各类企业中均居于重要的地位,相应的会计核算也十分重要。本章内容对应的企业会计准则是《企业会计准则第18号——所得税》。通过本章学习,应掌握以下内容:资产负债表债务法的核算程序;资产、负债的计税基础;暂时性差异的分类及其确定;递延所得税资产和递延所得税负债的确认与计量;所得税费用的确认与计量。其中,应重点理解资产、负债的计税基础和递延所得税等内容。

第一节 所得税会计概述

一、所得税的性质

企业所得税是国家对企业在一定期间内生产、经营所得和其他所得依法征收的一种税。依据我国企业所得税法,在中华人民共和国境内,企业和其他取得收入的组织(以下统称为"企业")为企业所得税的纳税人,应依法就境内和境外的各种所得计算缴纳企业所得税。

对于所得税的性质,国际上存在两种观点:收益分配观(利润分配观)和费用观。

收益分配观认为:企业向政府交纳的各种税金,与向投资者分配的利润或现金股利一样,具有利润分配的性质,是企业的一项利润分配。区别仅在于分配的对象是国家政府,是国家以社会管理者的身份参与企业利润的分配。

费用观认为:企业向国家政府交纳的各种税金与企业其他支出一样,均属于费用性质。国际会计准则委员会(IASC)和世界上的一些主要国家均将所得税作为费用处理,在计算净利润前扣除。

上述两种观点在会计理论和实务中一直存在争议。实际上,有关所得税属性的认识,涉及所依据的权益理论:一种是业主权益理论,它站在企业所有者的角度,关注的是企业最终所得,认为企业的所得税与企业的利息费用、薪酬费用等并无本质的区别,都是企业的一项费用;另一种是企业理论,它站在整个社会的角度,认为所得税是企业的一项利润分配,国家以管理者的身份参与企业的利润分配。

我国在1994年以前,将企业上缴的所得税视为利润分配,列示在企业的利润分配表中,其金额为企业当期依据税法规定应缴纳的所得税。1994年6月财政部颁布《企业所得税会计处理的暂行规定》,要求企业自当年开始,将所得税视为一项费用进行会计处理,列示在利润表中。依据《企业会计准则第18号——所得税》,利润表中的所得税费用由企业当期应交所得税和递延所得税两部分构成。

二、所得税会计核算方法的沿革

长期以来,我国企业所得税会计处理的依据是财政部1994年发布的《企业所得税会计处理的暂行规定》,2001年财政部发布的《企业会计制度》中有关企业所得税的会计处理基本上沿用了上述文件的规定,即企业可以选择应付税款法或以利润表为基础的纳税影响会计法核算所得税。2006年2月财政部发布的《企业会计准则第18号——所得税》,本着与国际惯例趋同的原则,充分借鉴了《国际会计第12号——所得税》的做法,取消了应付税款法,只采用纳税影响会计法中的资产负债表债务法。与原来的所得税会计处理规定相比,所得税准则无论是在理念上还是方法上都有着重大变化。

(一)应付税款法

根据我国1994年《企业所得税会计处理的暂行规定》和2001年《企业会计制度》中有关所得税的处理规定,企业在一定时期的税前会计利润与纳税所得之间,由于计算口径或计算时间不同而产生的差异可分为永久性差异和时间性差异。永久性差异是指某一会计期间,由于会计制度与税法在计算收益、费用或损失时的口径不同,所产生的税前会计利润与纳税所得之间的差异。这种差异在本期发生,不会在以后各期转回。时间性差异则是指由于税法与会计制度在确认收益、费用或损失时的时间不同而产生的企业一定时期的税前会计利润与纳税所得之间的差额。时间性差异发生于某会计期间,但在以后的一期或若干期内可以转回。

应付税款法是将本期税前会计利润与纳税所得之间的所有差异造成的对所得税的影响金额直接计入当期损益,确认为当期的所得税费用,而不递延到以后各期。在此方法下,当期利润表中的所得税费用与按照税法计算的应交所得税一致。显然,应付税款法基于收付实现制的核算基础,不能正确体现会计利润与应纳税所得额不一致情况下企业实际的所得税费用,国际会计准则在20世纪60年代取消了这种方法。

(二)以利润表为基础的纳税影响会计法

纳税影响会计法是将本期税前会计利润与纳税所得之间的时间性差异对所得税的影响金额,递延和分配到以后各期。有关所得税跨期分摊的程度,存在两种不同的观点:一是全面分摊法,主张将全部的时间性差异都进行跨期分摊,即无论是重复发生的还是非重复发生的时间性差异,都应确认其对未来所得税的影响金额;另一种是部分分摊法,主张只对一次性非重复发生的时间性差异做跨期分摊,重复发生的时间性差异因其旧的差异需要转回时又会被新产生的差异所抵销,从而使原确认的时间性差异对所得税的影响数长期不需支付或不可抵减,因而会计上确认今后不能转回的时间性差异对所得税的影响没有意义,也就无须跨期分摊。如固定资产折旧,税法规定采用快速折旧法,会计上采用直线法,在固定资产使用初期会产生应纳税时间性差异,转回时会增加转回期间的纳税所得,但由于又有新购进的固定资产产生新的应纳税时间性差异,抵销了原应转回的时间性差异,故而无须跨期分摊。

在税率变化的情况下,以利润表为基础的纳税影响会计法又有递延法和债务法之分。递延法和债务法各自作为纳税影响会计法的一种,都是将本期由于时间性差异而产生的对所得税的影响金额,保留递延到这一差异发生相反变化的以后期间予以转回。区别在于当税率变化或开征新税时是否调整由于税率变化或开征新税对递延税款余额的影响。递延法下不调整税率变化或开征新税对递延税款余额的影响,发生在本期的时间性差异影响纳税的金额,用现行税率计算,以前各期发生而在本期转销的各项时间性差异影响所得税的金额,应按所转销的时间性差异原来发生时适用的所得税率转销。债务法则相反,当税率变化或开征新税时,应调整税率变化或开征新税对递延税款余额的影响,以前各期发生而在本期转销的各项时间差异影响纳税的金额按当期适用的所得税率转销。

由于递延法下当税率变化或开征新税时,不调整税率变化或开征新税对递延税款余额的影响,因此,递延法下资产负债表中递延税款的余额,并不代表企业真实的收款权利或付款义务,相对于债务法来讲,不够科学。

以利润表为基础的债务法尽管相对于递延法而言较为科学合理,当税率变化或开征新税时，调整税率或开征新税对递延税款余额的影响，客观地反映了税率变动引起的企业所得税收款权利或付款义务，使得这种方法下资产负债表上递延税款的余额，代表企业真实的收款权利或付款义务。但是，由于利润表债务法侧重利润表，用收入/费用观定义收益，强调收益是收入和费用的配比，从而注重会计和税法在收入和费用确认上的时间性差异。但随着经济的不断发展，企业合并等业务不断增多，由此产生了许多不同于时间性差异的暂时性差异，对于这类非时间性的暂时性差异，利润表债务法下无法反映和处理，如企业拥有的其他权益工具投资，期末其公允价值与账面价值变动的差额按规定计入资产负债表的所有者权益中，不构成时间性差异，但属于暂时性差异。因为利润表债务法不能反映所有的暂时性差异对所得税的影响，因此，也就不能充分完整地提供企业所得税的会计信息。1996年国际会计准则委员会在取消递延法的同时也取消了损益表（即利润表）债务法，要求采用资产负债表债务法进行所得税的会计处理。

(三) 资产负债表债务法

资产负债表债务法基于资产负债观。资产负债观认为，企业的收益是企业期末净资产比期初净资产的净增加额，基本公式如下：

$$收益＝（期末资产－期末负债）－（期初资产－期初负债）$$

按资产负债观确认的收益属于经济收益，既考虑交易因素的影响，又考虑非交易因素的影响。它要求企业根据未来期间经济利益流入流出情况对相关资产、负债等进行确认与计量，在有足够证据的前提下，增加了有关所得税的预测性信息，因而，比按照收入费用观确认的收益更为全面，对使用者也更为有用，有助于会计信息的使用者对企业在报告日的财务状况和未来现金流量作出恰当的评价，提高预测价值。

在资产负债表债务法下，确认和计量递延所得税资产和递延所得税负债，能较为完整地体现资产负债观念，在所得税的会计核算方面贯彻了资产、负债的界定。

综上所述，所得税会计的核算方法，从应付税款法、递延法和以利润表为基础的债务法，发展到当今许多国家采用的资产负债表债务法。

三、所得税会计的核算程序[①]

在不同的所得税会计核算方法下，所得税会计的核算程序会有差异。我国企业会计准则规定，采用资产负债表债务法核算所得税。资产负债表债务法是从资产负债表出发，将资产负债表中资产、负债按会计准则确定的账面价值与按照税法规定的计税基础之间的差异，确定为应纳税暂时性差异与可抵扣暂时性差异，确认相关的递

---

① 这部分内容建议在本节只作为概述了解，在以后各节的学习中再深入地理解学习。

延所得税负债与递延所得税资产,并在此基础上确定每一会计期间利润表中的所得税费用。企业采用资产负债表债务法核算所得税,一般应在每一资产负债表日进行所得税的核算。发生特殊交易或事项时(如企业合并),应在确认因交易或事项取得的资产或负债时,确认相关的所得税影响。资产负债表债务法下所得税会计核算的一般程序如下所述。

(一)确定资产和负债的账面价值

企业首先要依据会计准则,确定资产负债表中除递延所得税资产和递延所得税负债以外的其他资产和负债项目的账面价值。资产和负债的账面价值,是指企业按照相关会计准则的规定进行核算后在资产负债表中列示的金额。具体而言,资产的账面价值是其账面余额或账面净值减去已提减值准备后的余额;负债的账面价值通常就是其账面余额。

例如,企业持有的存货账面余额为300万元,企业对其计提了40万元的存货跌价准备,其账面价值260万元,即为存货在资产负债表中列示的金额。

(二)确定资产和负债的计税基础

一项资产或负债的计税基础,是指计税时归属于该资产或负债的金额。从计税的角度看,是企业未来不需要缴纳所得税的资产价值以及未来不可以抵扣的负债价值。企业应依据税收法规,确定有关资产、负债项目的计税基础。

(三)确定暂时性差异

企业应在资产负债表日,分析比较资产、负债的账面价值与其计税基础,两者之间若存在差异,为暂时性差异。对于暂时性差异应分析其性质,分别确认为可抵扣暂时性差异和应纳税暂时性差异。对于在企业合并等特殊交易或事项中取得的资产和负债,企业应在合并日比较其入账价值与计税基础,确定暂时性差异。

(四)计算递延所得税资产和递延所得税负债的确认额或转回额

除准则中规定的特殊情况外,用可抵扣暂时性差异和应纳税暂时性差异乘以适用的所得税税率,即为资产负债表日递延所得税资产和递延所得税负债的期末余额;将其与期初的递延所得税资产和递延所得税负债的余额相比,其差额则为当期应予进一步确认的递延所得税资产和递延所得税负债的金额或应予转回的金额。此确认或转回的递延所得税额,构成利润表中所得税费用的一个组成部分。

(五)计算当期应交所得税

当期应交所得税是企业按照税法规定的当期应纳税所得额和适用的所得税税率计算的应付所得税金额。当期所得税构成了利润表中所得税费用的另一个组成部分。

(六)确定利润表中的所得税费用

企业在分别计算出当期递延所得税和应交所得税后,将两者之和或之差确认为利润表中的所得税费用。所得税费用是当期所得税和递延所得税的总金额。在逻辑顺序上,只有确定递延所得税资产和递延所得税负债的金额,才可计算出当期的所得税费用。

第二节 资产、负债的计税基础及暂时性差异

一、资产、负债的计税基础

资产负债表债务法下,所得税会计的关键在于确定资产、负债的计税基础。资产、负债的计税基础一经确定,即可计算出暂时性差异,并在此基础上确认递延所得税资产、递延所得税负债和递延所得税费用。企业在取得资产、负债时,应严格遵循税收法规中对于资产的税务处理以及可税前扣除的费用等的规定,确定资产和负债的计税基础。

(一)资产的计税基础

资产的计税基础是指企业在收回资产的账面价值过程中,计算应纳税所得额时按照税法规定可以自应税经济利益中抵扣的金额,即某项资产在未来期间使用或最终处置时,依据税法规定,可以税前扣除的总金额。用公式表示如下:

资产的计税基础=未来可税前列支的金额

某一资产负债表日资产的计税基础=该项资产的成本-该项资产以前期间已税前列支的金额

例如,某台设备原值为200万元,折旧70万元已在当期和以前期间计税时扣减,净值130万元将在未来期间通过折旧或处置作为减项从应税利润中抵扣,即未来可税前列支的金额为130万元。因此,该设备的计税基础就是130万元。

资产在初始确认时,其计税基础一般为取得成本,即企业为取得某项资产支付的成本在未来期间准许税前扣除。在持有期间,其计税基础则为资产的取得成本减去以前期间按照税法规定已经税前扣除金额后的余额。此余额表示依据税法规定,该项资产在未来期间计税时仍然可以税前扣除的金额。如固定资产、无形资产等长期资产,在某一资产负债表日的计税基础,就是其成本减去按税法规定已经在以前期间税前扣除的累计折旧额或累计摊销后的金额。

资产负债表中部分资产项目计税基础的确定,将在后文具体介绍。

(二)负债的计税基础

负债的计税基础是指负债的账面价值减去其未来期间计算应纳税所得额时按照

税法规定可予抵扣的金额。用公式表示如下：

负债的计税基础=负债的账面价值-未来期间按照税法规定可予税前扣除的金额

如账面金额为2万元的应付罚款（其他应付款），税法规定计算所得税时该项罚款不可税前扣除，该其他应付款的计税基础就是其账面价值2万元。

一般而言，负债的确认与偿还不会影响企业的损益，也不会影响应纳税所得额，如企业的应付账款、其他应付款等。在未来期间计算应纳税所得额时，依据税法规定可予抵扣的金额为0，因此，其计税基础即为账面价值。但是，某些情况下，负债的确认可能会影响企业的损益，相应地影响不同期间的应纳税所得额，从而使其计税基础与账面价值之间产生差异，如预计负债项目。

资产负债表中部分负债项目计税基础的确定，也将在后文具体介绍。

二、暂时性差异

（一）暂时性差异的概念

暂时性差异是指资产或负债的账面价值与其计税基础之间的差额。未作为资产和负债确认的项目，按照税法规定可以确定其计税基础的，该计税基础与其账面价值之间的差额也属于暂时性差异。

（二）暂时性差异的分类

暂时性差异按照对未来期间应纳税所得额和应交所得税影响的不同，分为可抵扣暂时性差异和应纳税暂时性差异。

1. 可抵扣暂时性差异。可抵扣暂时性差异是指企业在确定未来收回资产或清偿负债期间的应纳税所得额时，将导致产生可抵扣金额的暂时性差异。由于该差异在未来期间转回时会减少未来期间的应纳税所得额，相应减少企业未来期间的经济利益流出（应交所得税额），因此，在可抵扣暂时性差异产生当期，符合确认条件的情况下，应将其对所得税的影响确认递延所得税资产。

可抵扣暂时性差异通常产生于以下两种情况：

（1）资产的账面价值小于其计税基础。资产的账面价值小于其计税基础，表明资产在未来期间依据税法规定允许税前扣除的金额多，其账面价值与计税基础之间存在差额，企业在未来期间可以减少应纳税所得额并相应减少应交所得税，符合确认条件时，应当确认相关的递延所得税资产。如某项存货的账面价值为70万元，计税基础为100万元，表明企业在未来期间就该项存货的应纳税所得额减少30万元，形成可抵扣暂时性差异。该项存货的账面价值、计税基础、暂时性差异以及所产生的暂时性差异类别如表2-1所示。

表 2-1　　　　　　　存货暂时性差异计算表　　　　　　单位：万元

资产	账面价值	计税基础	暂时性差异	暂时性差异类别
存货	70	100	30	可抵扣暂时性差异

（2）负债的账面价值大于其计税基础。一项负债的账面价值表示企业预计在未来期间清偿该项负债时的经济利益流出，而其计税基础表示账面价值扣除税法规定未来期间允许扣除的金额之后的差额。因此，负债账面价值与其计税基础不同所产生的暂时性差异，实质上是该项负债在未来清偿期间计税时可以税前扣除的金额，即与该项负债相关的费用支出在未来期间可予税前扣除的金额。用公式表示如下：

负债产生的暂时性差异＝账面价值－计税基础
　　　　　　　　　　＝账面价值－（账面价值－未来可税前扣除的金额）
　　　　　　　　　　＝未来可税前扣除的金额

某项负债的账面价值大于其计税基础，表明企业在未来期间与该项负债相关的全部或部分支出可以从未来应税经济利益中扣除，从而减少未来期间的应纳税所得额和应交所得税。例如，某企业在销售当期预提产品保修费 150 万元，同时确认预计负债和销售费用。税法规定与产品售后服务相关的费用在实际发生时允许税前扣除，即计税基础为 0，该项预计负债的账面价值与其计税基础之间的差额 150 万元，形成可抵扣暂时性差异，将减少未来实际发生保修费期间的应纳税所得额和应交所得税。该项预计负债的账面价值、计税基础、暂时性差异以及所产生的暂时性差异类别如表 2-2 所示。

表 2-2　　　　　　　预计负债暂时性差异计算表　　　　　　单位：万元

负债	账面价值	计税基础	暂时性差异	暂时性差异类别
预计负债	150	0	150	可抵扣暂时性差异

2. 应纳税暂时性差异。应纳税暂时性差异，是指企业在确定未来收回资产或清偿负债期间的应纳税所得额时，将导致产生应税金额的暂时性差异。由于该差异在未来期间转回时，会增加转回期间的应纳税所得额，相应增加企业未来期间的经济利益流出，即应交所得税额，因此，在应纳税暂时性差异产生当期，将其对所得税的影响确认为递延所得税负债。

与可抵扣暂时性差异相对应，应纳税暂时性差异通常产生于以下两种情况：

（1）资产的账面价值大于其计税基础。资产的账面价值大于其计税基础，表明该项资产在未来期间产生的经济利益不能全部税前扣除，两者之间的差额需要交税，从而产生应纳税暂时性差异。如某项固定资产的账面价值为 100 万元,其计税基础为 80 万元,表明该项固定资产在未来期间可带来的经济利益为 100 万元,未来期间可税前扣除的总额为 80 万元,两者之间的差额 20 万元会导致企业未来期间应纳税所得额和应交所得税的增加,产生应纳税暂时性差异。该项固定资产的账面价值、计税基础、暂时性差异以及所产生的暂时性差异类别如表 2-3 所示。

表 2-3　　　　　　　　　固定资产暂时性差异计算表　　　　　　　　单位:万元

资产	账面价值	计税基础	暂时性差异	暂时性差异类别
固定资产	100	80	20	应纳税暂时性差异

（2）负债的账面价值小于其计税基础。在某项负债的账面价值小于其计税基础的情况下,依据上述"负债产生的暂时性差异"计算公式,该项负债在未来期间可以税前抵扣的金额为负数,意味着其账面价值小于计税基础的差额,应调增未来期间的应纳税所得额和应交所得税额,因此,属于应纳税暂时性差异。

上述所列举的存货、预计负债和固定资产项目产生的暂时性差异,在后文还将详细介绍。

综上所述,资产和负债账面价值与其计税基础不同所产生的暂时性差异种类概括如表 2-4 所示。

表 2-4　　　　　　　　　　暂时性差异的产生及其分类

账面价值与计税基础的关系	资产	负债
账面价值>计税基础	应纳税暂时性差异	可抵扣暂时性差异
账面价值<计税基础	可抵扣暂时性差异	应纳税暂时性差异

(三)资产、负债项目产生的暂时性差异

1. 资产项目产生的暂时性差异。通常情况下,资产在取得时入账价值与计税基础相同,后续计量可能会因会计准则规定与税法规定的不同,账面价值与计税基础之间产生差异。资产负债表中账面价值与其计税基础可能存在差异的资产项目及其所产生的暂时性差异如下。

（1）固定资产产生的暂时性差异。企业采用各种方式取得的固定资产,初始确认时依据会计准则规定确定的入账价值税法基本上认可,即取得时其账面价值一般等于计税基础。

固定资产在持有期间进行后续计量时,由于会计与税法在折旧方法、折旧年限以及

固定资产减值准备的提取等方面处理规定不同,可能会导致固定资产的账面价值与其计税基础之间产生差异。

①因折旧方法和折旧年限不同产生的暂时性差异。会计准则规定,企业应当根据与固定资产有关的经济利益的预期实现方式合理选择折旧方法,既可以按年限平均法计提折旧,也可以按照双倍余额递减法、年数总和法等快速折旧法计提折旧;税法规定,多数情况下可以税前扣除的是按照年限平均法计提的折旧。

税法对于每一类固定资产的折旧年限都作出了规定,会计依据会计准则由企业根据固定资产的性质和使用情况合理确定折旧年限。当企业进行会计处理确定的折旧年限与税法规定不同时,便会导致固定资产的账面价值与其计税基础之间出现差异。

②因计提固定资产减值准备产生的暂时性差异。企业在持有固定资产期间,当某项固定资产预计可收回金额小于其账面价值时,就会依据会计准则对该项固定资产计提减值准备,在对固定资产计提减值准备后,固定资产的账面价值会减少;税法规定企业计提的减值准备在发生实质性损失前不允许税前扣除,这样也会造成固定资产的账面价值和计税基础的差异。

固定资产在持有期间进行后续计量,其账面价值和计税基础的计算用公式表示如下:

固定资产的账面价值=取得成本-累计折旧-固定资产减值准备

固定资产的计税基础=取得成本-依据税法规定已在以前期间税前扣除的折旧额

【例2-1】甲公司2×20年12月1日以200万元购进一项固定资产,估计其使用寿命为10年,会计上采用年限平均法计提折旧,预计净残值为零。假定税法规定该固定资产采用加速折旧法按5年计提的折旧可以税前扣除,该公司在计税时采用双倍余额递减法计提折旧,净残值与会计规定相同。2×21年12月31日,该公司估计该项固定资产的可收回金额为175万元。

本例中,会计的折旧方法、折旧年限与税法处理规定不同。在2×21年12月31日,该项固定资产的暂时性差异计算如下:

账面净值=取得成本-按年限平均法计提的折旧额=200-200÷10×1=180(万元)

由于该项固定资产的可收回金额175万元小于其账面净值,因此,应对该项固定资产计提减值准备5万元。

账面价值=账面净值-已计提的减值准备=180-5=175(万元)

计税基础=取得成本-按双倍余额递减法计提的折旧额=200-200×40%=120(万元)

暂时性差异=175-120=55(万元)

该项固定资产的账面价值大于其计税基础的差额55万元,将于未来期间计入企业的应纳税所得额中,增加未来期间的纳税所得额和应交所得税额,形成应纳税暂时性差异。

如果本例企业采用双倍余额递减法计提折旧,而税法规定采用年限平均法计提折旧,那么该项固定资产在2×21年12月31日的账面价值就会小于其计税基础120万元,形成可抵扣暂时性差异。

(2)无形资产产生的暂时性差异。无形资产在初始确认时,除内部研究开发形成的无形资产外,其他方式取得的无形资产依据会计准则规定确定的入账价值与按照税法规定确定的计税成本之间一般不存在差异。无形资产在后续计量时,账面价值与其计税基础之间的差异主要产生于使用寿命不确定的无形资产以及无形资产减值准备的提取。有关无形资产计提减值准备造成的账面价值与其计税基础之间的差异,可比照固定资产进行会计处理,不再赘述。

①内部研究开发形成的无形资产产生的暂时性差异。无形资产准则规定,企业的内部研究开发活动分为两个阶段:研究阶段的支出全部费用化,计入当期的管理费用;开发阶段的支出符合资本化条件的,自满足资本化条件的时点到无形资产达到预定用途前发生的支出总和计入无形资产的成本。税法上为了鼓励企业自主创新,引导企业增加研发资金投入,提高我国企业的核心竞争力,对企业的研究开发实行税收优惠,规定对企业为开发新技术、新产品、新工艺发生的研究开发费用,未形成无形资产计入当期损益的,在按照规定据实扣除的基础上,按照研究开发费用的75%(制造企业和科技型中小企业为100%)加计扣除;形成无形资产的,按照无形资产成本的175%(制造企业和科技型中小企业为200%)摊销。无形资产的账面价值与计税基础之间产生暂时性差异。

如果该无形资产的确认不是产生于企业合并交易,同时在确认时既不影响会计利润也不影响应纳税所得额,按照所得税会计准则的规定,不确认该暂时性差异的所得税影响。

【例2-2】甲公司(属于制造业企业)2×21年研究开发支出1 200万元,其中研究阶段支出280万元,开发阶段符合资本化条件前发生的支出350万元,符合资本化条件后至达到预定用途前发生的支出570万元。税法规定,企业为开发新技术、新产品、新工艺发生的研究开发费用,未形成无形资产计入当期损益的,按照研究开发费用的50%加计扣除;形成无形资产的,按照无形资产成本的150%摊销。假定开发形成的无形资产在当年年末已达到预定用途(尚未开始摊销)。

本例甲公司2×21年发生的研究开发支出中,630万元(280+350)依据规定应予费用化,570万元形成无形资产的成本,则2×21年末无形资产的账面价值为570万元。依据税法规定,甲公司2×21年可税前扣除的研究开发支出为1 260万元(630+630),当年的研究开发支出所形成的无形资产未来期间可税前扣除的金额为1 140万元(570×200%),则2×21年末该项无形资产的暂时性差异计算如下:

$$账面价值 = 570(万元)$$
$$计税基础 = 1\,140(万元)$$
$$暂时性差异 = 570 - 1\,140 = -570(万元)$$

该项无形资产的账面价值小于其计税基础的差额 570 万元,为可抵扣暂时性差异。依据税法规定,不确认该暂时性差异 570 万元的所得税影响。

②使用寿命不确定的无形资产产生的暂时性差异。无形资产在后续计量时,会计与税法的差异主要产生于是否需要摊销及无形资产减值准备的提取。

会计准则规定,企业在取得无形资产后,应根据无形资产的使用寿命,将无形资产区分为使用寿命有限的无形资产与使用寿命不确定的无形资产。对于使用寿命不确定的无形资产,在持有期间内不需要摊销,但应在每个会计期间进行减值测试,需要计提减值准备的,应计提减值准备;税法上没有界定使用寿命不确定的无形资产,企业取得的所有无形资产成本均应在一定期间内摊销,计税时按照税法规定确定的摊销额允许税前扣除。基于会计与税法对使用寿命不确定的无形资产是否需要摊销的规定不同,使用寿命不确定的无形资产的账面价值与其计税基础之间便产生了暂时性差异。

【例 2-3】乙公司于 2×21 年 1 月 1 日取得某项无形资产,成本为 320 万元,取得该项无形资产后,有确凿证据表明无法合理估计其使用寿命,因此将其作为使用寿命不确定的无形资产。2×21 年 12 月 31 日,对该项无形资产进行减值测试表明其未发生减值。乙公司在计算所得税时,对该项无形资产按照 10 年的期限摊销,摊销金额允许税前扣除。

本例中,该项无形资产在 2×21 年 12 月 31 日的暂时性差异计算如下:

$$账面价值 = 320(万元)$$
$$计税基础 = 取得成本320万元 - 按照税法规定可予税前扣除的摊销额32万元 = 288(万元)$$
$$暂时性差异 = 320 - 288 = 32(万元)$$

该项无形资产的账面价值大于其计税基础之间的差额 32 万元,为应纳税暂时性差异。

(3) 以公允价值计量且其变动计入当期损益的金融资产产生的暂时性差异。会计准则规定,以公允价值计量且其变动计入当期损益的金融资产,在某一会计期末的账面价值为该时点的公允价值,公允价值与账面价值的差额计入当期损益;税法规定资产在持有期间公允价值变动损益在计算所得税时不予考虑,待处置该项资产时一并计算应计入纳税所得的金额,该类金融资产在某一会计期末的计税基础为其取得成本,从而造成在公允价值变动的情况下,该类金融资产的账面价值与其计税基础之间产生暂时性差异。

【例 2-4】2×21 年 11 月 6 日 A 企业在二级市场上支付价款 580 万元,购入某公司的股票,作为交易性金融资产核算。2×21 年 12 月 31 日,该股票的市价为 610 万元。

本例交易性金融资产的期末市价为580万元,依据会计核算,其在2×21年资产负债表日的账面价值为610万元。由于税法规定交易性金融资产在持有期间的公允价值变动不计入应纳税所得额,因此该项交易性金融资产在2×21年资产负债表日的计税基础仍是其当初的取得成本580万元。该项交易性金融资产的账面价值610万元大于其计税基础580万元之间的差异30万元,为应纳税暂时性差异。

如本例所购买的股票在2×21年12月31日市价为560万元,该项交易性金融资产在2×21年12月31日的账面价值、计税基础和暂时性差异如下:

账面价值=560(万元)

计税基础=580(万元)

暂时性差异=560-580=-20(万元)

该项交易性金融资产的账面价值小于其计税基础的差额20万元,为可抵扣暂时性差异,将减少未来期间的应纳税所得额和应交所得税。

(4)以公允价值计量且其变动计入其他综合收益的金融资产产生的暂时性差异。会计准则规定,企业持有的以公允价值计量且其变动计入其他综合收益的金融资产(其他权益工具投资、其他债权投资)在会计期末,与以公允价值计量且其变动计入当期损益的金融资产一样,也按公允价值计量,不同的只是对公允价值变动的处理,前者计入其他综合收益,后者计入当期损益。税法上对于以公允价值计量且其变动计入其他综合收益的金融资产计税基础的确定,与以公允价值计量且其变动计入当期损益的金融资产相同。对于企业持有以公允价值计量且其变动计入其他综合收益的金融资产投资期间公允价值的变动不计入应纳税所得额。

【例2-5】2×21年9月1日B企业从二级市场上购入某公司股票,成本为165万元,作为其他权益工具投资核算。2×21年12月31日,该股票市价为150万元。

本例中,该项其他权益工具投资在2×21年12月31日的账面价值、计税基础和暂时性差异如下:

账面价值=150(万元)

计税基础=165(万元)

暂时性差异=150-165=-15(万元)

该项其他权益工具投资账面价值小于其计税基础的差额15万元,为可抵扣暂时性差异。相反,如果本例中2×21年12月31日,该股票市价为170万元,则其账面价值170万元与计税基础165万元之间的差额5万元,为未来应纳税暂时性差异。

(5)长期股权投资产生的暂时性差异。会计准则规定,企业对于长期股权投资在采用权益法核算的情况下,初始投资成本小于投资时应享有被投资单位可辨认净资产公允价值份额的,应当调整长期股权投资的账面价值;投资持有期间,当被投资单位期末实现净利润或发生净亏损以及其他权益发生变化引起所有者权益发生增减变动时,投资企业应按所享有的份额,调整长期股权投资的账面价值;税法规定长期股权投资的计税基础在持有期间不变,长期股权投资按成本计税。这样,便会产生应纳税暂时性差异或可抵扣暂时性差异。该应纳税暂时性差异或可抵扣暂时性差异分别是长期股权投资的账面价值大于或小于其计税基础的差额。但所产生的暂时性差异是否应确认相关的所得税影响,应当考虑是长期持有还是拟改变意图对外出售,具体的内容将在后文介绍。

(6)投资性房地产产生的暂时性差异。会计准则规定,企业对持有的投资性房地产进行后续计量时,可以采取成本和公允价值两种模式,通常应当采用成本模式计量,满足特定条件时可以采用公允价值模式计量。对于采用成本模式进行后续计量的投资性房地产,其账面价值与计税基础的确定与固定资产、无形资产相同;对于采用公允价值模式进行后续计量的投资性房地产,其计税基础的确定与以公允价值计量且其变动计入当期损益的金融资产类似。

【例2-6】2×21年1月1日甲公司将一栋自用房屋对外出租,该房屋的成本为2 450万元,预计使用年限为20年。该房屋在转为投资性房地产之前已使用6年,企业按照年限平均法计提折旧,预计净残值为零。在该房屋转为投资性房地产核算后,由于能够持续可靠取得该投资性房地产的公允价值,因此甲公司采用公允价值对其进行后续计量。该房屋在2×21年12月31日的公允价值为2 000万元。假定税法规定的折旧方法、折旧年限和净残值与会计规定相同,同时税法规定资产在持有期间公允价值的变动不计入应纳税所得额。

本例投资性房地产在2×21年12月31日的账面价值、计税基础和暂时性差异如下:

$$账面价值 = 2\ 000(万元)$$
$$计税基础 = 取得成本 - 按照税法规定允许税前扣除的折旧额$$
$$= 2\ 450 - 2\ 450 \div 20 \times 7 = 1\ 592.5(万元)$$
$$暂时性差异 = 2\ 000 - 1\ 592.5 = 407.5(万元)$$

该项投资性房地产的账面价值大于其计税基础的差额407.5万元,为应纳税暂时性差异。相反,若该项投资性房地产的账面价值小于其计税基础,会形成可抵扣暂时性差异。

(7)其他计提资产减值准备的各项资产产生的暂时性差异。除上述的固定资产、无形资产和以成本模式计量的投资性房地产外,其他的资产如金融资产、存货、长期股权投资、商誉等,当预计未来现金流量现值或估计可变现净值以及估计可收回金额低于其账面价值时,也应计提相关的减值准备。

有关资产在计提了减值准备后,其账面价值会随之下降。而依据税法规定,预计的减值损失不允许税前扣除,只有在资产发生实质性损失时才允许税前扣除。由于资产的计税基础不会随着减值准备的提取而发生变化,因此便产生了资产在计提减值准备以后账面价值与其计税基础之间的暂时性差异。

【例 2-7】A 企业 2×21 年 12 月 31 日应收账款余额为 2 600 万元,该企业本年末对应收账款计提了 130 万元的坏账准备。税法规定不符合国务院财政、税务主管部门规定的各项资产减值准备不允许税前扣除。假定该企业期初应收账款及坏账准备的余额均为零。

本例 A 企业 2×21 年 12 月 31 日应收账款的账面价值为 2 470 万元(2 600-130),其计税基础为 2 600 万元。应收账款的账面价值小于其计税基础的差额 130 万元为可抵扣暂时性差异,在应收账款发生实质性损失时,会减少未来期间的应纳税所得额和应交所得税。

【例 2-8】B 企业 2×21 年末持有的某项存货的账面余额为 60 万元,估计可变现净值为 55 万元,计提了存货跌价准备 5 万元。

本例中,2×21 年末该项存货计提了存货跌价准备后,账面价值为 55 万元。由于税法规定资产的减值损失在发生实质性损失前不允许扣除,因此,该项存货的计税基础仍为 60 万元。该项存货的账面价值 55 万元与其计税基础 60 万元之间的差额 5 万元则为可抵扣暂时性差异。

2. 负债项目产生的暂时性差异。一般的负债项目,其确认和清偿不影响所得税的计算,如应付账款、应付票据等,计税基础即为其账面价值。某些情况下负债的确认可能会影响损益,并影响不同期间的应纳税所得额,使其账面价值与计税基础之间产生差异。

(1)应付职工薪酬。依据会计准则规定,企业为获得职工提供的服务给予各种形式的报酬以及其他相关支出均应作为企业的成本费用,在支付前确认为负债。税法中对于合理的职工薪酬基本允许税前扣除,但如果规定了税前扣除标准的(企业发生的职工福利费支出和拨缴的工会经费,按不超过工资、薪金总额 14%、2% 的部分准予扣除),按照会计准则规定计入成本费用的金额超过税法规定扣除标准的,应进行纳税调整(未超过标准的按实际数扣除)。

除国务院财政、税务主管部门另有规定外,企业发生的职工教育经费支出,自 2018 年 1 月 1 日起不超过工资、薪金总额 8% 的部分,准予在计算企业所得税应纳税所得额时扣除;超过部分,准予在以后纳税年度结转扣除,产生可抵扣暂时性差异。

【例 2-9】甲公司 2×21 年 12 月计入成本费用的职工工资总额为 50 万元,至 2×21 年 12 月 31 日尚未支付,资产负债表中应付职工薪酬为 50 万元。假定当期计入成本费用用的 50 万元工资支出中,税法允许全额税前扣除,则 2×21 年 12 月 31 日该项应付职工薪酬的账面价值、计税基础和暂时性差异如下：

$$账面价值=50(万元)$$

$$计税基础=账面价值50万元-未来可税前扣除的金额0=50(万元)$$

因应付职工薪酬的账面价值与其计税基础相等，所以不形成暂时性差异。

(2)因销售商品提供售后服务等原因确认的预计负债产生的暂时性差异。依据或有事项准则规定，企业对于预计提供售后服务将发生的支出在满足预计负债的确认条件时，应在销售当期确认为费用，同时确认预计负债；税法规定，与销售产品相关的支出应在发生时税前扣除。因此，企业因销售商品提供售后服务等原因确认的预计负债，期末的计税基础就是其账面价值与未来期间可税前扣除的金额之差0，预计负债的账面价值大于其计税基础之间的差额为可抵扣暂时性差异。

【例2-10】A企业2×21年因销售产品承诺提供3年的保修服务，在当年的利润表中确认350万元的销售费用，同时确认为预计负债，当年未发生任何保修支出。依据税法规定，与产品售后服务相关的费用在实际发生时允许全额税前扣除，该项预计负债在2×21年12月31日的账面价值、计税基础和暂时性差异如下：

$$账面价值=350(万元)$$

$$计税基础=账面价值350万元-未来可税前扣除的金额350万元=0$$

$$可抵扣暂时性差异=350-0=350(万元)$$

但不是所有的预计负债都会产生账面价值与计税基础之间的差异，是否产生暂时性差异取决于税法的规定。企业因上述销售商品提供售后服务以外的其他交易或事项确认的预计负债，应按照税法规定的计税原则确定其计税基础。有些情况下，所确认的预计负债，税法规定其支出无论是否实际发生均不允许税前扣除，即未来期间按照税法规定可予抵扣的金额为0，账面价值等于计税基础，不产生暂时性差异。如某企业因对其关联企业进行债务担保确认了预计负债800万元，该企业就该项担保未收取与相应责任相关的款项。依据税法规定该项预计负债在未来无论是否实际支出，因为没有相应的收入与之相配比，均不允许税前扣除，则该项预计负债账面价值为800万元，计税基础亦为800万元，不产生暂时性差异。

(3)预收账款产生的暂时性差异。企业预收账款时，因不符合会计的收入确认条件，故确认为负债；税法对于收入的确认原则一般与会计规定相同，计税时一般也不计入应纳税所得。因此，这种情况下的预收账款在未来期间计税时可予税前扣除的金额为0，计税基础等于账面价值，不产生暂时性差异。

某些情况下，尽管预收账款在会计上不确认收入，但税法规定应将其计入当期的应纳税所得，这样预收账款在取得当期已经就其经济利益计算交纳了所得税，因此，未来期间依据会计准则确认收入时，不应再计入应纳税所得，给予全额税前扣除，计税基础为0。该预收账款的账面价值大于0的差额,是其在未来期间计税时可抵扣暂时性差异。

【例2-11】甲公司于2×21年12月15日收到客户的预付货款180万元,作为预收账款核算。依据税法规定,该款项应计入取得当期的应纳税所得额中计算缴纳所得税。该项预收账款在2×21年12月31日的账面价值、计税基础和暂时性差异如下:

$$账面价值=180(万元)$$
$$计税基础=账面价值180万元-未来可税前扣除的金额180万元=0$$
$$可抵扣暂时性差异=180-0=180(万元)$$

(4)其他负债。企业的其他负债项目,如应交的罚款和滞纳金等,在尚未支付之前依据会计规定确认为支出,同时作为负债反映。而税法规定罚款和滞纳金不得税前扣除,其计税基础等于账面价值,不形成暂时性差异。

(四)企业合并中产生的暂时性差异

除上述企业在正常生产经营活动过程中取得的资产和负债外,对于某些特殊交易(如企业合并)中取得的资产、负债,因会计准则与税法对企业合并的划分标准和处理原则不同,所以,有些情况下会形成入账价值与其计税基础之间的差异。企业合并中产生的暂时性差异以及相关的所得税处理将在"企业合并"中介绍。

(五)特殊项目产生的暂时性差异

1. 未作为资产、负债确认的项目产生的暂时性差异。某些交易或事项发生后,因为不符合资产、负债的确认条件而未体现为资产或负债,但依据税法规定能够确定其计税基础的,其账面价值零与计税基础之间的差异也构成暂时性差异。

【例2-12】A企业2×21年发生了3 000万元广告费支出,发生时计入当期的销售费用。税法规定,广告费支出不超过当年销售收入15%的部分允许当期税前扣除,超过部分允许向以后年度结转税前扣除。A企业2×21年实现销售收入15 000万元。

A企业在正常生产经营活动开始前发生200万元筹建费用,已计入当期损益。依据税法规定,企业在筹建期间发生的费用,允许在开始正常生产经营活动后5年内分期摊销,税前扣除。

A企业发生的筹建费用按照会计准则在发生时计入当期损益,不形成资产负债表中的资产,若将其视作资产,其账面价值为0。

本例中A企业发生的广告费支出因按照会计准则规定在发生时计入当期损益,不体现为资产负债表中的资产,如将其视为资产,则其账面价值为0。

按照税法规定,当期可税前扣除的金额为2 250万元(15 000×15%),当期未予税前扣除的750万元可以向结转到以后年度税前扣除,其计税基础为750万元。该项资产的账面价值0与其计税基础750万元之间的差异,为可抵扣暂时性差异。

按照税法规定,该筹建费用可在开始正常生产经营活动后五年内分期税前扣除。假定A企业2×21年初开始正常生产经营活动,当期税前扣除了40万元(200÷5),在未来期间可税前扣除的金额为160万元,即2×21年12月31日其计税基础为160万元。

上述账面价值0与其计税基础160万元之间产生的暂时性差异,在未来期间可减少A企业的应纳税所得额,为可抵扣暂时性差异。

2. 可抵扣亏损和税款抵减产生的暂时性差异。为公平税负、鼓励企业发展,各国税法大多允许营业亏损的抵转。其抵转的形式主要有两种:一种是亏损抵前,另一种是亏损抵后。亏损抵前是指企业当年发生的亏损,可抵减以前年度的纳税所得,并申请退回已缴纳的所得税;亏损抵后是指企业当年发生的亏损,可抵减以后年度的应税所得。有些国家则实行既可抵前又可抵后的税收优惠规定。

根据我国企业所得税法,纳税人企业纳税年度发生的亏损,准予向以后年度结转,用以后年度的所得弥补,除另有规定外,结转年限最长不得超过5年。

对于按照税法规定可以结转以后年度的未弥补亏损(即可抵扣亏损)及税款抵减,尽管不是由于资产、负债的账面价值与其计税基础不同产生的,但本质上可抵扣亏损和税款抵减与可抵扣暂时性差异具有同样的作用,均能够减少未来期间的应纳税所得额,相应地减少未来期间的应交所得税,因此,应将其视同为可抵扣暂时性差异。

【例2-13】B企业于2×21年因政策性原因发生经营亏损1 000万元,依据税法规定,该亏损可用于抵减以后5个年度的应纳税所得额。该公司预计其在未来5年期间能够产生足够的应纳税所得额弥补该经营亏损。

本例中,尽管该经营亏损不是因资产、负债的账面价值与其计税基础不同产生的,但从其性质上看可以减少未来期间的应纳税所得额和应交所得税,因此,应视同可抵扣暂时性差异。

第三节 递延所得税资产和递延所得税负债的确认与计量

一、确认递延所得税资产和递延所得税负债的意义

递延所得税资产和递延所得税负债是与当期所得税资产和当期所得税负债相对应的两个概念。

资产负债表日,企业对于当期和以前期间形成的当期所得税,如果未支付,应当按

规定计算预期应交纳的所得税金额,确认为当期所得税负债;如果当期和以前期间已支付的金额超过应付的金额,应当按照税法计算预期应返还的所得税金额,确认为当期所得税资产。递延所得税资产是指根据可抵扣暂时性差异计算的未来期间可以抵扣的所得税金额;递延所得税负债则是指根据应纳税暂时性差异计算的未来期间应交的所得税金额。

递延所得税资产和递延所得税负债的确认体现了资产负债的定义以及权责发生制的核算基础。

首先,企业当期发生的交易或事项会导致未来应纳税金额的减少或增加,从而导致企业未来经济利益发生变化,由此确认的递延所得税资产和递延所得税负债符合资产和负债的定义。

其次,确认递延所得税资产和递延所得税负债,遵循了权责发生制的会计确认、计量和报告基础。依据权责发生制,交易或事项在某一会计期间确认,与其相关的所得税影响也应在该期间内确认。确认递延所得税资产和递延所得税负债更真实地反映了企业的财务成果。

【例2-14】假定某企业每年实现税前利润总额500万元,2×20年预计50万元的产品销售保修费用,2×21年实际支付该保修费。该企业适用的所得税税率为25%。

本例若采用应付税款法核算,不确认递延所得税,2×20年和2×21年的净利润分别为:

$$2×20年净利润=500-(500+50)×25\%=362.5(万元)$$
$$2×21年净利润=500-(500-50)×25\%=387.5(万元)$$

而在采用资产表债务法确认递延所得税的情况下,2×20年和2×21年的净利润分别为:

$$2×20年净利润=500-(500+50)×25\%+50×25\%=375(万元)$$
$$2×21年净利润=500-(500-50)×25\%-50×25\%=375(万元)$$

从以上计算结果可见,是否确认递延所得税对于企业的财务成果具有直接影响,显然,确认递延所得税使得企业各期的财务成果更为合理。

二、递延所得税资产的确认与计量

(一)递延所得税资产的确认

1. 确认递延所得税资产的一般原则。企业存在可抵扣暂时性差异的应按规定确认递延所得税资产。递延所得税资产的确认条件要比递延所得税负债严格。由于递延所得税资产产生于可抵扣暂时性差异,可抵扣暂时性差异在未来期间转回时,会减少未来期间的应纳税所得额和应交所得税额。因此,递延所得税资产给企业带来的经济利益能否实现,取决于企业在未来期间能否产生足够的应纳税所得额。有关递延所得税资产的确认,国际会计准则和一些主要国家的会计准则均持谨慎态度,我国也不例外。依据我国所得税准则,企业在确认递延所得税资产时,应以很可能取得用来抵减可抵扣暂时性差异的应纳税所得额为限。该应纳税所得额应是未来期间企业正常生产经营活动预计能够实现的应纳税所得额,以及因应纳税暂时性差异在未来期间转回相应增加的应纳税所得额两者之和。对于预计的应纳税所得额须提供相应的证据。

资产负债表日,当企业有确凿证据表明未来期间很可能获得足够的应纳税所得额用以利用可抵扣暂时性差异时,应当以很可能取得用来利用可抵扣暂时性差异的应纳税所得额为限,确认以前期间未确认的递延所得税资产。

递延所得税资产期末余额和本期发生额的计算公式为:

递延所得税资产期末余额 = 可抵扣暂时性差异期末余额 × 所得税税率

本期递延所得税资产发生额(增加或减少) = 递延所得税资产期末余额 - 递延所得税资产期初余额

企业在确认可抵扣暂时性差异产生的递延所得税资产时,交易或事项发生时影响到会计利润或应纳税所得额的,相关的所得税影响应作为利润表中所得税费用的构成部分,即确认递延所得税资产同时减少利润表中的所得税费用。资产负债表日,企业按首次确认的递延所得税资产金额或按资产负债表日递延所得税资产的应有余额大于其账面余额的差额,确认递延所得税资产时,应借记"递延所得税资产"账户,贷记"所得税费用——递延所得税费用";资产负债表日递延所得税资产的应有余额小于其账面余额的差额,应编制相反的会计分录。

对产生于直接计入所有者权益的交易或事项的可抵扣暂时性差异,其所得税影响应增加或减少所有者权益。确认该可抵扣暂时性差异的递延所得税资产金额时,应借记"递延所得税资产"账户,贷记"其他综合收益"账户。

企业合并中取得的有关资产、负债产生的可抵扣暂时性差异,其所得税影响应调整合并中确认的商誉或计入合并当期营业外收入。购买日确认递延所得税资产时,应借记"递延所得税资产"账户,贷记"商誉"等账户。

可见,除直接计入所有者权益的交易或事项以及企业合并外,企业在确认递延所得税资产时,应减少利润表中的所得税费用。

上述的"所得税费用"账户核算企业确认的应从当期利润总额中扣除的所得税费用,其借方登记当期所得税费用额和递延所得税费用的增加额,贷方登记当期所得税费用和递延所得税费用的减少额。期末该账户的余额转入"本年利润"账户,结转后该账户无余额。该账户下设"当期所得税费用""递延所得税费用"两个明细账进行明细核算。

"递延所得税资产"账户核算企业确认的可抵扣暂时性差异产生的所得税资产,包括按税法规定可用以后年度税前利润弥补的亏损及税款抵减产生的所得税资产。其借方登记递延所得税资产的增加额,贷方登记递延所得税资产的减少额,期末借方余额反映企业已确认的递延所得税资产。该账户应按可抵扣暂时性差异等项目进行明细核算。

【例2-15】甲公司于2×20年购入某项设备,成本为100万元,会计上采用双倍余额递减法计提折旧,预计使用寿命为10年,预计净残值为0,计税时按年限平均法计提折旧,预计使用寿命和预计净残值与会计相同。甲公司适用的所得税税率为25%。假定该企业不存在其他会计与税法处理上的差异,该项固定资产在期末亦未发生减值。

本例中2×20年12月31日,该项固定资产按照会计规定计提的折旧额为20万元,计税时允许扣除的折旧额为10万元,该项固定资产的账面价值80万元与其计税基础90万元之间的差额10万元,为可抵扣暂时性差异,甲公司应按其对所得税的影响额确认递延所得税资产。确认的会计分录为:

借:递延所得税资产　　　　　　　　　　　　　　　　　　25 000
　　贷:所得税费用——递延所得税费用　　　　　　　　　　25 000

2. 确认递延所得税资产应注意的问题。企业在确认递延所得税资产时,应注意以下五个问题。

(1)递延所得税资产的确认应以未来期间很可能取得的用来抵扣可抵扣暂时性差异的应纳税所得额为限。如果企业预计在可抵扣暂时性差异转回的未来期间内,无法产生足够的应纳税所得额用以抵减可抵扣暂时性差异的影响,则不应确认递延所得税资产,但应在会计报表附注中进行披露。若企业有明确的证据表明在可抵扣暂时性差异转回的未来期间能够产生足够的应纳税所得额,进而利用可抵扣暂时性差异,则应以很可能取得的应纳税所得额为限,确认相关的递延所得税资产。

企业在判断可抵扣暂时性差异在未来转回期间能否产生足够的应纳税所得额时,应考虑以下两方面的影响因素:①通过正常的生产经营活动能够实现的应纳税所得额。对此应以经企业管理层批准的最近财务预算或预测数据,以及该预算或者预测期后年份稳定的或递减的增长率为基础预测。②以前期间产生的应纳税暂时性差异在未来期间转回时相应增加的应纳税所得额。

(2)按照税法可以结转以后年度的未弥补亏损和税款抵减,应视同可抵扣暂时性差异处理。企业在预计能够利用可弥补亏损或税款抵减的未来5年内,很可能获得用来抵减可抵扣亏损和税款抵减的未来应纳税所得额时,应以很可能获得的应纳税所得额为限,确认相应的递延所得税资产,同时减少确认当期的所得税费用;相反,若预计未来期间很可能无法获得足够的应纳税所得额用来利用可抵扣亏损和税款抵减时,则不能将该暂时性差异对所得税的影响确认为或全额确认为递延所得税资产。

企业在确定可抵扣亏损时,一般应与税务部门沟通,取得税务部门的认可。与可抵扣亏损和税款抵减相关的递延所得税资产的确认条件,与其他可抵扣暂时性差异产生的递延所得税资产相同。企业在估计未来期间是否很可能产生足够的应纳税所得额用以利用该部分可抵扣亏损或税款抵减时,主要应考虑在可抵扣亏损到期前,企业能否通过正常的生产经营活动产生足够的应纳税所得额,以及是否会因为以前期间产生的应纳税暂时性差异转回而产生足够的应纳税所得额等因素。对于在可抵扣亏损和税款抵减到期前,企业能够产生足够的应纳税所得额的估计基础,企业应当在会计报表附注中说明。

【例2-16】某企业2×18年亏损1 000万元,预计2×19年至2×21年每年应纳税所得额分别为300万元、400万元和500万元。假定该企业适用税率一直为25%,税法规定企业纳税年度发生的亏损,可在以后5年内用所得弥补。假定无其他暂时性差异。

本例中该企业2×18年的可抵扣亏损对2×18—2×21各年所得税影响的会计分录为:

2×18年末:

借:递延所得税资产   2 500 000
  贷:所得税费用——递延所得税费用   2 500 000

2×19年末:

借:所得税费用——递延所得税费用   750 000
  贷:递延所得税资产   750 000

2×20年末:

借:所得税费用——递延所得税费用   1 000 000
  贷:递延所得税资产   1 000 000

2×21年末:

借:所得税费用——递延所得税费用   1 250 000
  贷:递延所得税资产   750 000
    应交税费——应交所得税   500 000

如果本例中企业在2×18年末预计未来5年内应纳税所得额很可能为600万元,则2×18年末应以很可能获得的应纳税所得额600万元为限,确认相应的递延所得税资产。对于没有应纳税所得额可利用的400万元可抵扣亏损,其对所得税的影响金额不能确认为递延所得税资产。在此情况下,2×18年末该企业应编制如下会计分录:

借:递延所得税资产   1 500 000
  贷:所得税费用——递延所得税费用   1 500 000

(3)对与子公司、联营企业、合营企业的投资相关的可抵扣暂时性差异,同时满足下列条件的,应确认相关的递延所得税资产:①暂时性差异在可预见的未来很可能转回;②未来很可能获得用来抵扣可抵扣暂时性差异的应纳税所得额。

企业对联营企业、合营企业的投资所产生的可抵扣暂时性差异,主要产生于以下两种情况:①权益法下当被投资单位发生亏损时,投资企业按持股比例确认应承担的部分相应减少长期股权投资账面价值,而税法规定长期股权投资成本在持有期间不变,为此,就产生长期股权投资账面价值小于其计税基础,两者之间的差额为可抵扣暂时性差异。②对长期股权投资计提减值准备。

(4)非同一控制下的企业合并中,按照会计规定确定的合并中取得各项可辨认资产、负债的入账价值与其计税基础之间形成可抵扣暂时性差异的,应确认相应的递延所得税资产,并调整合并中应予确认的商誉或计入利润表的营业外收入。

(5)与直接计入所有者权益的交易或事项相关的可抵扣暂时性差异,相应的递延所得税资产应计入所有者权益(其他综合收益),如其他债权投资因公允价值下降而应确认的递延所得税资产。

【例2-17】乙企业持有的某项其他债权投资,取得成本为180万元,2×21年末公允价值为172万元,乙企业适用的所得税税率为25%。

本例中2×21年末乙企业确认该项其他债权投资公允价值变动的会计分录为:
借:其他综合收益　　　　　　　　　　　　　　　　　　80 000
　　贷:其他债权投资　　　　　　　　　　　　　　　　80 000

2×21年末乙企业该项其他债权投资的计税基础仍为其初始取得成本180万元,计税基础与其账面价值之间的差额8万元,将减少乙企业未来期间的应纳税所得额和应交所得税,属于可抵扣暂时性差异。对于该项所得税的影响,一方面应确认递延所得税资产,另一方面应计入其他综合收益。乙企业于2×21年末确认递延所得税资产的会计分录为:

借:递延所得税资产　　　　　　　　　　　　　　　　20 000
　　贷:其他综合收益　　　　　　　　　　　　　　　　20 000

若本例中其他债权投资的公允价值高于账面价值,二者之间的差额为应纳税暂时性差异。企业将该应纳税暂时性差异对所得税的影响确认为递延所得税负债时,应借记"其他综合收益"账户,贷记"递延所得税负债"账户。

3. 不确认递延所得税资产的特殊情况。下列三种情况,企业不应确认相关的递延所得税资产:

(1)不属于企业合并的交易或事项,且发生时既不影响会计利润也不影响应纳税所得额,同时该项交易中产生的资产、负债的初始确认金额与其计税基础不同,产生可抵扣暂时性差异的,在交易或事项发生时,该可抵扣暂时性差异对于所得税的影响不确认相应的递延所得税资产。如前述的企业内部研究开发形成无形资产所产生的可抵扣暂时性差异。

由于该类交易或事项发生时既不影响会计利润,也不影响应纳税所得额,因此,确认递延所得税资产或递延所得税负债的直接结果是对实际成本进行调整,增减有关资产、负债的账面价值,使得资产、负债在初始确认时,违背历史成本原则,影响会计信息的可靠性。

(2)如前所述,企业对于子公司、联营企业及合营企业投资相关的可抵扣暂时性差异,在不同时具备暂时性差异在可预见的未来很可能转回,以及未来很可能获得用来抵扣可抵扣暂时性差异的应纳税所得额两个条件时,不确认相应的递延所得税资产。

(3)前已述及,资产负债表日企业预计未来期间很可能无法获得足够的应纳税所得额用来利用可抵扣亏损和税款抵减时,不应确认或全额确认递延所得税资产。

(二)递延所得税资产的计量

1.适用税率的确定。企业对于可抵扣暂时性差异应按照预期收回该资产期间的适用税率计算递延所得税资产。基于此,企业在确认递延所得税资产时,应估计相关可抵扣暂时性差异的转回时间,并采用与收回资产的预期方式相一致的税率和计税基础。

需要注意,由于适用的所得税税率发生变化的,企业应对已经确认的递延所得税资产按新的税率重新计量。

【例2-18】B企业为高新技术企业,2×16年12月购入价值为2 500万元的环保设备,预计使用寿命5年,不考虑净残值,企业采用年数总和法计提折旧,税法规定采用直线法按5年计提折旧,亦不考虑净残值。该企业适用的所得税税率为15%。

本例设备各年的账面价值、计税基础、暂时性差异以及递延所得税资产余额如表2-5所示。

表2-5 暂时性差异额及其对所得税影响数计算表 单位:万元

项目	2×16年	2×17年	2×18年	2×19年	2×20年	2×21年
账面价值	2 500	1 666.67	1 000	500	166.67	0
计税基础	2 500	2 000	1 500	1 000	500	0
暂时性差异	0	333.33	500	500	333.33	0
递延所得税资产余额	0	50	75	75	50	0

表2-5中各年有关数字的计算及其相关的账务处理如下(计算结果取四舍五入后的整数)①:

---

① 需要说明的是,本例以及下文"确认递延所得税负债的一般原则"处的举例仅是为了说明递延所得税的核算,实务中各会计期末确认和计量递延所得税资产和递延所得税负债的核算与当期所得税一并进行,可参见本章第四节有关举例。

(1) 2×17 年：

年末账面价值 = 2 500 - 2 500×5/15 = 1 666.67（万元）

年末计税基础 = 2 500 - 2 500÷5 = 2 000（万元）

年末账面价值小于计税基础，产生可抵扣暂时性差异 333.33 万元。

年末递延所得税资产余额（即应有余额，不同）= 333.33×15% = 50（万元）

年末确认递延所得税资产时：

借：递延所得税资产　　　　　　　　　　　　　　　　　　500 000
　　贷：所得税费用——递延所得税费用　　　　　　　　　　500 000

(2) 2×18 年：

年末账面价值 = 1 667 - 2 500×4/15 = 1 000（万元）

年末计税基础 = 2 500 - 2 500÷5×2 = 1 500（万元）

年末账面价值小于计税基础，产生可抵扣暂时性差异 500 万元。

年末递延所得税资产余额 = 500×15% = 75（万元）

年末确认递延所得税资产时（年末递延所得税资产的账面余额为 50 万元）：

借：递延所得税资产　　　　　　　　　　　　　　　　　　250 000
　　贷：所得税费用——递延所得税费用　　　　　　　　　　250 000

(3) 2×19 年：

年末账面价值 = 1 000 - 2 500×3/15 = 500（万元）

年末计税基础 = 2 500 - 2 500÷5×3 = 1 000（万元）

年末账面价值小于计税基础，产生可抵扣暂时性差异 500 万元。

年末递延所得税资产余额 = 500×15% = 75（万元）

因年末递延所得税资产的账面余额亦为 75 万元，故年末对于递延所得税资产不需作账务处理。

(4) 2×20 年：

年末账面价值 = 500 - 2 500×2/15 = 166.67（万元）

年末计税基础 = 2 500 - 2 500÷5×4 = 500（万元）

年末账面价值小于计税基础 333.33 万元。

年末递延所得税资产余额 = 333.33×15% = 50（万元）

年末转回递延所得税资产时（年末递延所得税资产的账面余额为 75 万元）：

借：所得税费用——递延所得税费用　　　　　　　　　　　250 000
　　贷：递延所得税资产　　　　　　　　　　　　　　　　250 000

(5) 2×21 年：

年末账面价值 = 167 - 2 500×1/15 = 0

年末计税基础 = 2 500 - 2 500÷5×5 = 0

年末账面价值等于计税基础,递延所得税资产余额为0。

本年递延所得税资产发生额=0−50=−50(万元)(贷方)

年末转回递延所得税资产时:

借:所得税费用——递延所得税费用　　　　　　　　　　　　　　　500 000
　　贷:递延所得税资产　　　　　　　　　　　　　　　　　　　　　500 000

需要说明的是:本例以及下文"确认递延所得税负债的一般原则"处的举例仅是为了说明递延所得税的核算,而实务中各会计期末确认和计量递延所得税资产和递延所得税负债的核算则是与当期所得税一并进行的,可参见本章第四节有关举例。

企业在调整原已确认的递延所得税资产时,一方面要调增或调减递延所得税资产,另一方面要相应地调增或调减当期的所得税费用。若为直接计入所有者权益的交易或事项产生的递延所得税资产,则相应调增或调减当期的所有者权益。

2. 递延所得税资产不予折现。有关递延所得税资产(负债)是否折现,有折现法和非折现法两种。

依据我国所得税准则,无论相关的可抵扣暂时性差异转回期间如何,递延所得税资产均不予折现。因为如果以折现基础来确定递延所得税资产(负债),则要求详细地推定每一项暂时性差异转回的时间。在许多情况下,这种时间推定不是切实可行或是相当复杂的,因而,要求对递延所得税资产(负债)折现是不恰当的。如果准则允许但不要求折现,将会导致企业之间的递延所得税资产(负债)不可比。

3. 递延所得税资产账面价值的复核。与其他资产相同,递延所得税资产的账面价值也应当代表其为企业带来经济利益的能力。企业在确认了递延所得税资产后,如情况发生变化,依据新情况估计在有关可抵扣暂时性差异转回的期间内,无法产生足够的应纳税所得额用来利用可抵扣暂时性差异,使得与递延所得税资产相关的经济利益无法全部实现的,则对于预期无法实现的部分,减记递延所得税资产的账面价值。减记时,除原确认时记入所有者权益的递延所得税资产减记的金额相应记入所有者权益外,其余的应增加当期的所得税费用。为此,企业在每一资产负债表日,应当对递延所得税资产的账面价值进行复核。

递延所得税资产的账面价值减记的以后期间,若企业根据新的环境和情况判断能够产生足够的应纳税所得额利用可抵扣暂时性差异,使得递延所得税资产包含的经济利益能够实现,应相应恢复递延所得税资产的账面价值,转回减记的金额。

三、递延所得税负债的确认与计量

(一)递延所得税负债的确认

1. 确认递延所得税负债的一般原则。递延所得税负债产生于应纳税暂时性差异。

由于应纳税暂时性差异在转回期间将增加企业的应纳税所得和应交所得税,导致企业的经济利益流出,因此,在其发生的当期,形成了企业应支付税金的义务,应将其对所得税的影响作为负债确认。

基于谨慎性的会计信息质量要求,为了充分反映交易或事项发生后,对于未来期间的计税影响,除所得税准则中明确规定不确认递延所得税负债的特殊情况外,企业应当确认所有的应纳税暂时性差异产生的递延所得税负债。

递延所得税负债期末余额和本期发生额的计算公式为:

递延所得税负债期末余额=应纳税暂时性差异期末余额×所得税税率

本期递延所得税负债增加或减少发生额=递延所得税负债期末余额-递延所得税负债期初余额

与递延所得税资产的确认相对应,企业在确认应纳税暂时性差异产生的递延所得税负债时,交易或事项发生时影响到会计利润或应纳税所得额的,相关的所得税影响应作为利润表中所得税费用的构成部分,确认递延所得税负债导致利润表中所得税费用的增加。资产负债表日,企业按首次确认的递延所得税负债金额或按资产负债表日递延所得税负债的应有余额大于其账面余额的差额,确认递延所得税负债时,应借记"所得税费用——递延所得税费用"账户,贷记"递延所得税负债";资产负债表日,递延所得税负债的应有余额小于其账面余额的,应编制相反的会计分录。

与直接计入所有者权益的交易或事项相关的应纳税暂时性差异,其所得税影响应增加或减少所有者权益。确认时,应借记"其他综合收益"账户,贷记"递延所得税负债"账户。

企业合并中产生的应纳税暂时性差异,其相关的所得税影响应调整购买日确认的商誉或计入合并当期营业外收入。购买日确认递延所得税负债时,应借记"商誉"等账户,贷记"递延所得税负债"账户。

可见,除直接计入所有者权益的交易或事项以及企业合并外,确认递延所得税负债时,应增加利润表中的所得税费用。

上述的"递延所得税负债"账户核算企业确认的应纳税暂时性差异产生的所得税负债。其贷方登记递延所得税负债的增加额,借方登记递延所得税负债的减少额,期末贷方余额反映企业已确认的递延所得税负债。该账户可按照应纳税暂时性差异的项目进行明细核算。

【例2-19】乙企业2×16年12月31日购入成本为400万元的设备,预计使用年限为5年,预计净残值为0,会计上采用直线法计提折旧。因该设备符合税法规定的税收优惠条件,允许采用双倍余额递减法计提折旧,假定税法规定的使用年限及净残值与会计相同,该企业各年末均未对该项固定资产计提减值准备。乙企业适用的所得税税率为25%。

本例中会计上采用的折旧方法与税法规定不同,使得该设备的账面价值与其计税基础不同,产生暂时性差异。各年的账面价值、计税基础、暂时性差异以及递延所得税负债余额如表2-6所示。

表 2-6　　　　　暂时性差异额及其对所得税影响数计算表　　　　单位:万元

项目	2×16年	2×17年	2×18年	2×19年	2×20年	2×21年
账面价值	400	320	240	160	80	0
计税基础	400	240	144	86.4	43.2	0
暂时性差异	0	80	96	73.6	36.8	0
递延所得税负债余额	0	20	24	18.4	9.2	0

在表2-6中,各年有关数字的计算及其相关的账务处理如下:

(1) 2×17年:

年末账面价值 = 400 - 400/5 = 320(万元)

年末计税基础 = 400 - 400×40% = 240(万元)

年末账面价值大于计税基础,产生应纳税暂时性差异80万元。

年末递延所得税负债余额(即应有余额,下同) = 80×25% = 20(万元)

年末确认递延所得税负债时:

借:所得税费用——递延所得税费用　　　　　　　　　　　　　　200 000

　　贷:递延所得税负债　　　　　　　　　　　　　　　　　　　　　　200 000

(2) 2×18年:

年末账面价值 = 400 - 400/5×2 = 240(万元)

年末计税基础 = 240 - 240×40% = 144(万元)

年末账面价值大于计税基础,产生应纳税暂时性差异96万元。

年末递延所得税负债余额 = 96×25% = 24(万元)

年末进一步确认递延所得税负债时(年末递延所得税负债的账面余额为20万元):

借:所得税费用——递延所得税费用　　　　　　　　　　　　　　40 000

　　贷:递延所得税负债　　　　　　　　　　　　　　　　　　　　　　40 000

(3) 2×19年:

年末账面价值 = 400 - 400/5×3 = 160(万元)

年末计税基础 = 144 - 144×40% = 86.4(万元)

年末账面价值大于计税基础,产生应纳税暂时性差异73.6万元。

年末递延所得税负债余额=73.6×25%=18.4（万元）

年末转回原已确认的递延所得税负债时（年末递延所得税负债的账面余额为24万元）：

  借：递延所得税负债   56 000

    贷：所得税费用——递延所得税费用   56 000

（4）2×20年：

$$年末账面价值=400-400/5×4=80（万元）$$

$$年末计税基础=86.4-86.4/2=43.2（万元）$$

年末账面价值大于计税基础，产生应纳税暂时性差异36.8万元。

$$年末递延所得税负债余额=36.8×25\%=9.2（万元）$$

年末转回原已确认的递延所得税负债时（年末递延所得税负债的账面余额为18.4万元）：

  借：递延所得税负债   92 000

    贷：所得税费用——递延所得税费用   92 000

（5）2×21年：

$$年末账面价值=400-400/5×5=0$$

$$年末计税基础=43.2-86.4/2=0$$

年末账面价值等于计税基础，递延所得税负债余额为0。

年末转回原已确认的递延所得税负债时（年末递延所得税负债的账面余额为9.2万元）：

  借：递延所得税负债   92 000

    贷：所得税费用——递延所得税费用   92 000

2. 确认递延所得税负债应注意的问题。企业在确认递延所得税负债时应注意以下两个问题：

（1）非同一控制下的企业合并，按照会计规定确定的合并中取得各项可辨认资产、负债的公允价值与其计税基础之间形成应纳税暂时性差异的，应确认相应的递延所得税负债，并调整合并中应予确认的商誉。

（2）与直接计入所有者权益的交易或事项相关的应纳税暂时性差异，相应的递延所得税负债也应计入所有者权益，如其他权益工具投资因公允价值上升而确认的递延所得税负债。举例参见例2-17。

3. 不确认递延所得税负债的情况。某些情况下，尽管资产、负债的账面价值与其计税基础不同，产生了应纳税暂时性差异，但是出于某些考虑，所得税准则中规定不确认相应的递延所得税负债，主要有以下三种情况：

（1）商誉的初始确认。在非同一控制下的企业合并中，企业合并成本大于合并中取得的被购买企业可辨认净资产公允价值份额的差额,依据会计准则应确认为商誉;依据税法,在免税合并的情况下,计税时不认可商誉的价值,则商誉的计税基础为零,商誉的账面价值与其计税基础之间的差额形成应纳税暂时性差异。对此所得税准则中规定不确认与其相关的递延所得税负债,主要基于以下两方面考虑:①确认该部分应纳税暂时性差异所产生的递延所得税负债,意味着购买方在企业合并中获得的可辨认净资产的价值量下降,企业应增加商誉的价值,而商誉本身就是企业合并成本在取得的被购买方可辨认资产、负债之间进行分配后的剩余价值,若确认该项递延所得税负债会进一步增加商誉的价值,影响会计信息的可靠性,同时还会进一步产生应纳税暂时性差异,使得递延所得税负债和商誉价值量的变化不断循环。②商誉的账面价值增加后,可能很快就要计提减值准备。需要说明的是,商誉在后续计量过程中产生的应纳税暂时性差异,应当确认相关的所得税影响。

(2)与同种情况下不确认递延所得税资产相同,企业对于除企业合并以外的其他交易或事项,若该交易或事项发生时既不影响会计利润,也不影响应纳税所得额,则该交易或事项发生时,所产生的资产、负债的初始确认金额与其计税基础不同所形成的应纳税暂时性差异,不确认相应的递延所得税负债。因为如果确认递延所得税负债,直接结果是增加有关资产的账面价值或降低所确认负债的账面价值。

(3)企业对与子公司、联营企业及合营企业投资相关的应纳税暂时性差异,在投资企业能够控制暂时性差异转回的时间和该暂时性差异在可预见的未来很可能不会转回时,不确认相应的递延所得税负债。

一般情况下,企业对于与子公司、联营企业及合营企业投资相关的应纳税暂时性差异,应确认相关的递延所得税负债。但当投资企业可以运用自身的影响力决定暂时性差异转回的时间,同时预计该暂时性差异在可预见的未来很可能不会转回,同时满足这两个条件的,因在可预见的未来该项暂时性差异不会转回,对未来期间也就不会产生所得税影响,因此,不需确认相应的递延所得税负债。

应当注意,企业在运用上述条件不确认与子公司、联营企业及合营企业投资相关的递延所得税负债时,应有明确的证据表明其能够控制有关暂时性差异转回的时间。所得税准则规定能够控制暂时性差异转回时间的条件一般是:通过与其他投资者签订协议等,达到能够控制被投资单位利润分配的政策。如企业对联营企业的投资,一般情况下,企业对联营企业的生产经营决策仅能实施重大影响,并不能够主导被投资单位包括利润分配政策在内的主要生产经营和股利决策的制定。

长期股权投资在采用权益法核算的情况下,其账面价值与计税基础产生的暂时性差异是否应确认相关的所得税影响,应考虑该项投资的持有意图:

①在投资企业准备长期持有长期股权投资的情况下,对于采用权益法核算的长期

股权投资账面价值与计税基础之间的差异,投资企业一般不确认相关的所得税影响。因为初始投资成本的调整产生的暂时性差异,预计未来期间不会转回,对未来期间的所得税没有影响;确认投资损益产生的暂时性差异,如果在未来期间逐期分回现金股利或利润时免税(我国税法规定,符合条件的居民企业之间的股息、红利等权益性投资收益免税),对未来期间的所得税也没有影响;确认应享有被投资单位其他综合收益或其他权益变动而产生的暂时性差异,在长期持有的情况下预计未来期间不会转回。

②在投资企业改变长期股权投资的持有意图,由长期持有转变为拟近期出售的情况下,依据税法规定,企业在转让或处置投资时,投资的成本准予扣除,因长期股权投资的账面价值与计税基础不同产生的有关暂时性差异,则确认相关的所得税影响。

【例2-20】A企业2×21年2月15日以银行存款800万元取得B企业25%的表决权股份,拟长期持有并能够对B企业施加重大影响,对B企业的长期股权投资采用权益法核算。2×21年12月31日,B企业实现净利润500万元,假定不考虑相关的调整因素,A企业按其持股比例计算应享有的投资收益为125万元。A企业和B企业均为居民企业,适用的所得税税率均为25%。双方的会计政策和会计期间相同。假定该长期股权投资不存在其他会计与税收之间的差异。

本例按照权益法的核算原则,2×21年年末A企业在确认所享有的投资收益时,长期股权投资账面价值增加125万元,税法规定长期股权投资的计税基础在持有期间不变,仍为初始投资成本800万元,产生应纳税暂时性差异125万元(925-800)。A企业长期持有该股权投资的情况下,因在未来期间取得现金股利或利润时免税,不产生所得税影响,因此不确认相关的递延所得税负债。

(二)递延所得税负债的计量

企业在计量递延所得税负债时主要解决两个问题:一是计量时采用的税率,二是递延所得税负债是否折现。所得税准则对这两个问题的规定与递延所得税资产相同。

1. 资产负债表日企业对于应纳税暂时性差异应按照预期清偿该负债期间的适用税率计算递延所得税负债。在计量递延所得税负债时,应当采用与清偿债务的预期方式相一致的税率和计税基础,以反映资产负债表日企业预期清偿负债方式的所得税影响。

在我国,除享受所得税优惠政策的企业以外,企业适用的所得税税率一般不会发生变化,因此,企业在确认递延所得税负债时,应以现行税率为基础计量。对于享受所得税优惠政策的企业,其所产生的暂时性差异应以预计其转回期间适用的所得税税率计算。例如,某小型微利企业2×21年适用20%的优惠所得税税率,2×21年产生的某项应纳税暂时性差异预计2×22年转回,若该企业预计2×22年利润将有大幅度的增长,按规定适用25%的一般税率,则该企业在计量2×21年产生的该项应纳税暂时性差异时,应按预计转回年份适用25%的所得税税率计量。

与递延所得税资产相同,适用税收法规的变化导致企业在某一会计期间适用的所得税税率发生变化的,企业也应对已经确认的递延所得税负债按新的税率重新计量,并调整变化当期的所得税费用或所有者权益。

2. 递延所得税负债不予折现。与递延所得税资产不予折现的道理相同,如果要对递延所得税负债进行折现,企业需要对相关的应纳税暂时性差异进行详细的分析,确定其具体的转回时间,并在此基础上,按一定的利率折现后计算递延所得税负债。考虑分析工作量较大,包含的主观因素较多,而且在很多情况下无法合理确定暂时性差异的具体转回时间,因此,所得税准则规定企业不应当对递延所得税负债进行折现。

第四节 所得税费用的确认与计量

企业在利润表中应单独列示所得税费用。如前所述,所得税费用由当期所得税和递延所得税两部分组成,它们均应作为所得税费用或收益计入当期损益。

一、当期所得税

当期所得税是指企业依据税法规定针对当期发生的交易和事项,计算确定的应交所得税金额。当期所得税的计算公式为:

$$当期所得税 = 当期应纳税所得额 \times 适用的所得税税率$$

根据企业所得税法规定,企业每一纳税年度的收入总额,减除不征税收入、免税收入、各项扣除以及允许弥补的以前年度亏损后的余额,为应纳税所得额。其中,"收入总额"包括销售货物收入,提供劳务收入,转让财产收入,股息、红利等权益性投资收益,利息收入,租金收入,特许权使用费收入,接受捐赠收入,其他收入等以货币形式和非货币形式表现的从各种来源处取得的收入。收入总额中的财政拨款、依法收取并纳入财政管理的行政事业性收费、政府性基金等为不征税收入;国债利息收入,符合条件的居民企业之间的股息、红利等权益性投资收益等为免税收入。

"各项扣除"是指企业实际发生的与取得收入有关的、合理的支出,包括成本、费用、税金、损失和其他支出,准予在计算应纳税所得额时扣除,具体包括:①企业发生的在年度利润总额12%以内的公益性捐赠支出。②企业按照规定计算的固定资产折旧。③企业按照规定计算的无形资产摊销费用。④企业按照规定摊销的长期待摊费用的支出,包括已足额提取折旧的固定资产改建支出、租入固定资产的改建支出、固定资产的大修理支出、其他应当作为长期待摊费用的支出。⑤企业使用或者销售存货按照规定计算的存货成本。⑥企业转让资产的净值。除上述可以在计算应纳税所得额时扣除的项目外,以下两项可以在计算应纳税所得额时加计扣除:①开发新技术、新产品、新工艺发生的研究开发费用;②安置残疾人员及国家鼓励安置的其他就业人员所支付的工资。

不得在税前扣除的项目主要包括:①向投资者支付的股息、红利等权益性投资收益款项,企业所得税税款,税收滞纳金,罚金、罚款和被没收财物的损失,超过年度利润总额12%部分的公益性捐赠支出(准予结转以后三年内在计算应纳税所得额时扣除),赞助支出,未经核定的准备金支出,与取得收入无关的其他支出等。②以下固定资产的折旧:房屋、建筑物以外未投入使用的固定资产,已足额提取折旧仍继续使用的固定资产,与经营活动无关的固定资产,单独估价作为固定资产入账的土地,其他不得计算折旧扣除的固定资产。③以下不得计算摊销费用扣除的无形资产:自行开发的支出已在计算应纳税所得额时扣除的无形资产,自创商誉,与经营活动无关的无形资产,其他不得计算摊销费用扣除的无形资产。④自创商誉。⑤对外投资成本,即企业对外投资期间投出资产的成本。⑥企业从其关联方接受的债权性投资与权益性投资的比例超过规定标准而发生的利息支出。

会计实务中,企业当期的应纳税所得额通常是在会计利润(即利润总额)的基础上,对于当期发生的交易和事项中会计处理与税收处理不一致的项目调整而确定的。企业在计算应纳税所得额时,会计处理办法与税收法律、行政法规不一致的,应当依照税收法律、行政法规的规定计算。

依据企业所得税法的规定,企业所得税按纳税年度计算,纳税年度自公历1月1日起至12月31日止。企业在一个纳税年度中间开业或者终止经营活动,使该纳税年度的实际经营期不足12个月的,应当以其实际经营期为一个纳税年度。企业依法清算时,应当以清算期间作为一个纳税年度。所得税分月或者分季预缴的企业,应当自月份或者季度终了之日起15日内,向税务机关报送预缴企业所得税纳税申报表,预缴税款。企业应自年度终了之日起5个月内,向税务机关报送年度企业所得税纳税申报表,并汇算清缴,结清应缴应退税款。对于年末企业汇算清缴,可按以下公式计算确定应纳税所得额:

应纳税所得额=会计利润(利润总额)+按照会计准则规定计入利润表但计税时不允许税前扣除的费用±计入利润表的费用与按照税法规定可予税前扣除的费用金额之间的差额±计入利润表的收入与按照税法规定计入应纳税所得额的收入之间的差额−税法规定不征税的收入±其他需要调整的因素

在上式会计与税法规定不同产生的调整因素中,除前述的暂时性差异项目外,还有非暂时性差异项目主要有:

(1)国债利息收入。按照会计准则规定,国债利息收入计入投资收益,按税法的规定则给予免税,不计入应纳税所得额中。

(2)超过工资薪金总额规定比例部分的职工福利费支出和拨缴的工会经费。如前所述,会计上对于职工福利费支出和工会经费计入资产成本或当期费用中;税法上规定企业发生的职工福利费支出不超过工资薪金总额14%的部分以及拨缴的工会经费不超过工资薪金总额2%的部分准予扣除,超过部分不允许税前扣除。

(3)超过当年销售(营业)收入的0.5%的业务招待费支出。会计上对于业务招待费支出计入管理费用或销售费用;税法上规定企业发生的与生产经营活动有关的业务招待费支出按照发生额的60%扣除,但最高不得超过当年销售(营业)收入的0.5%,超过规定标准部分不允许税前扣除。

(4)非金融企业向非金融企业借款超过按照金融企业同期同类贷款利率计算的利息支出。企业的借款利息支出,依据会计上借款费用准则,予以费用化计入财务费用或资本化计入资产成本中;税法上规定非金融企业向非金融企业借款的利息支出,不超过按照金融企业同期贷款利率计算数额的部分准予扣除,超过部分不允许扣除。

(5)罚金、罚款和被没收财物的损失,以及税收滞纳金、非公益性捐赠支出和赞助支出,会计上列作营业外支出,但税法上不允许抵减纳税所得。

(6)企业从其关联方接受的债权性投资与权益性投资的比例超过规定标准而发生的利息支出。会计上对于利息支出据实列支,税法上规定了计税的扣除标准(金融企业为5∶1,其他企业为2∶1)。企业从其关联方接受投资的比例超过规定标准而发生的利息支出,不得在计算应纳税所得额时扣除。

企业在会计期末,对于上述非暂时性差异,应在税前会计利润的基础上与暂时性差异一并进行加减调整,计算应纳税所得额。再用应纳税所得额乘以适用税率,减除依照税收优惠规定减免和抵免税额后的余额,为应纳所得税额。国家对于重点扶持和鼓励发展的产业和项目,给予企业所得税优惠。如对从事农、林、牧、渔业项目的所得,从事国家重点扶持的公共基础设施项目投资经营的所得,从事符合条件的环境保护、节能节水项目的所得,以及符合条件的技术转让所得,可以免征、减征企业所得税。

【例2-21】甲公司2×21年利润表中利润总额为1 000万元,适用的所得税税率为25%,当年发生的有关交易和事项中,会计处理与税收处理存在差异的有:

(1)向关联企业提供现金捐赠50万元。
(2)支付罚款和税收滞纳金6万元。
(3)向关联企业赞助支出12万元。
(4)取得国债利息收入18万元。
(5)年末计提了20万元的存货跌价准备。
(6)某项交易性金融资产取得成本为150万元,年末的市价为180万元,按照税法规定,持有该项交易性金融资产期间公允价值的变动不计入应纳税所得额。

(7)年末预提了因销售商品承诺提供1年的保修费50万元。按照税法规定,与产品售后服务相关的费用在实际发生时允许扣除。

根据上述资料,甲公司2×21年应纳税所得额和应交所得税的计算如下:

$$应纳税所得额 = 1\,000 + 50 + 6 + 12 - 18 + 20 - 30 + 50 = 1\,090(万元)$$

$$应交所得税 = 1\,090 \times 25\% = 272.5(万元)$$

二、递延所得税

递延所得税是指按照所得税准则规定应予确认的递延所得税资产和递延所得税负债期末应有的金额与原已确认金额之间的差额,是递延所得税资产和递延所得税负债当期发生额的综合结果。递延所得税的计算公式为:

$$递延所得税 = \left(\begin{array}{c}期末递延所得\\税负债余额\end{array} - \begin{array}{c}期初递延所得\\税负债余额\end{array}\right) - \left(\begin{array}{c}期末递延所得\\税资产余额\end{array} - \begin{array}{c}期初递延所得\\税资产余额\end{array}\right)$$

如前所述,一般情况下,递延所得税资产和递延所得税负债的确认影响利润表中的所得税费用,当期损益中不包括直接计入所有者权益项目的交易和事项以及企业合并所产生的所得税影响。因此,在运用上述计算公式时,"递延所得税资产"和"递延所得税负债"账户余额应为扣除直接计入所有者权益、商誉以及营业外收入后的金额。

【例2-22】沿用例2-21资料,甲公司2×21年12月31日资产负债表相关项目金额及其计税基础如表2-7所示。假定甲公司预计会持续盈利,能够获得足够的应纳税所得额。

表2-7　　　　　　　　暂时性差异计算表　　　　　　　　单位:万元

项目	账面价值	计税基础	差异	
			应纳税暂时性差异	可抵扣暂时性差异
存货	60	80		20
交易性金融资产	180	150	30	
预计负债	50	0		50
总计			30	70

依据表2-7资料,甲公司2×21年递延所得税计算如下:

$$递延所得税资产 = 70 \times 25\% = 17.5(万元)$$

$$递延所得税负债 = 30 \times 25\% = 7.5(万元)$$

$$递延所得税 = 7.5 - 17.5 = -10(万元)$$

三、所得税费用

如前所述,企业的所得税费用由当期所得税和递延所得税构成,用公式表示如下:

所得税费用=当期所得税+递延所得税

【例2-23】沿用例2-21和例2-22资料,甲公司2×21年利润表中应确认的所得税费用的计算及其相关的账务处理如下:

借:所得税费用——当期所得税	2 725 000
贷:应交税费——应交所得税	2 725 000
借:递延所得税资产	175 000
贷:递延所得税负债	75 000
所得税费用——递延所得税	100 000

上述两笔会计分录也可以合编制一笔会计分录。

【例2-24】沿用例2-21、例2-22和例2-23有关资料,假定甲公司2×22年应纳税所得额为1 200万元,资产负债表中有关资产、负债的账面价值与其计税基础如表2-8所示,假定除所列项目外,其他资产、负债项目不存在会计与税收的差异。

表2-8　　　　　　　　　　暂时性差异计算表　　　　　　　　　　单位:万元

项目	账面价值	计税基础	差异	
			应纳税暂时性差异	可抵扣暂时性差异
存货	120	120		
无形资产	100	0	100	
交易性金融资产	200	240		40
预计负债	25	0		25
总计			100	65

依据有关资料,甲公司2×22年有关所得税的计算和账务处理如下:

(1)当期所得税:

当期所得税=当期应交所得税=1 200×25%=300(万元)

(2)递延所得税:

年末递延所得税负债=100×25%=25(万元)

年初递延所得税负债=7.5(万元)

本年递延所得税负债增加额=25-7.5=17.5(万元)

年末递延所得税资产=65×25%=16.25(万元)

年初递延所得税资产=17.5(万元)

本年递延所得税资产变动额=16.25-17.5=-1.25(万元)

递延所得税=17.5+1.25=18.75(万元)

(3)所得税费用

所得税费用=300+18.75=318.75(万元)

借:所得税费用——当期所得税费用	3 000 000
——递延所得税	187 500
贷:应交税费——应交所得税	3 000 000
递延所得税资产	12 500
递延所得税负债	175 000

本章小结

所得税会计主要是针对会计与税法处理规定的不同产生的资产、负债的账面价值与其计税基础的差异,确认与计量相关的递延所得税资产和递延所得税负债以及利润表中的所得税费用。本章主要阐述了四部分内容:其一,介绍了所得税会计的核算方法;其二,在明确资产、负债的计税基础上,重点分析了资产、负债以及特殊项目产生的暂时性差异;其三,在确定可抵扣暂时性差异和应纳税暂时性差异的基础上,对符合确认条件的,相应地确认与计量递延所得税资产和递延所得税负债;其四,在明确当期应交所得税和递延所得税的基础上,确定利润表中的所得税费用。对于所得税的学习,除学习本章内容外,还应认真阅读《企业会计准则第18号——所得税》及相关指南和解释,并熟悉我国现行的企业所得税法及其实施条例和所得税优惠政策。

本章关键词

所得税会计	income tax accounting
所得税费用	incomc tax cxpense
资产负债表债务法	balance sheet liability method
账面价值	book value

计税基础	tax basis
暂时性差异	temporary difference
应纳税暂时性差异	taxable temporary difference
可抵扣暂时性差异	deductible temporary difference
当期所得税	current income tax
应纳税所得额	taxable income
应交所得税	income tax payable
递延所得税	deferred income tax
递延所得税资产	deferred income tax assets
递延所得税负债	deferred income tax liabilities

思考与练习题

一、思考题

1. 说明资产负债表债务法核算所得税的基本原理。
2. 简述资产负债表债务法下所得税会计核算的一般程序。
3. 什么是资产、负债的计税基础？如何确定其计税基础？
4. 暂时性差异是如何产生的？如何理解应纳税暂时性差异和可抵扣暂时性差异？
5. 确认递延所得税资产和递延所得税负债有何意义？
6. 哪些项目产生的暂时性差异不应确认为递延所得税资产？
7. 企业为什么要在每一个资产负债表日复核递延所得税的账面价值？
8. 不应确认递延所得税负债的情况有哪些？为什么？
9. 企业在当期的会计利润基础上，通常要调整哪些项目计算出应纳税所得额？
10. 如何计算所得税费用？

二、练习题

1.【目的】练习暂时性差异的确认与分类。

【资料】甲公司所得税采用资产负债表债务法核算，2×22年与所得税有关的交易或事项如下：

(1) 应收账款年末账面余额为5 000万元，减值测试前坏账准备余额为100万元，减值测试后补提坏账准备50万元。根据税法规定，企业计提的各项资产减值损失在未发生实质性损失前不允许税前扣除。

(2)存货(库存商品)年末账面余额为170万元,未计提存货跌价准备。按照税法规定,存货在销售时可按实际成本在税前扣除。

(3)某建筑物于2×20年12月31日投入使用并直接出租,成本为5 100万元。甲公司对投资性房地产采用公允价值模式进行后续计量。2×22年12月31日,已出租的该建筑物累计公允价值变动收益为900万元,其中本年度公允价值变动收益为375万元。根据税法规定,已出租的该建筑物以历史成本按税法规定扣除折旧后作为其计税基础,折旧年限为20年,净残值为零,自投入使用的次月起采用年限平均法计提折旧。

(4)某项外购固定资产系2×21年12月18日安装调试完毕并投入使用,原价为3 000万元,预计使用年限为5年,预计净残值为零。采用年限平均法计提折旧,当年计提的折旧为600万元,未计提固定资产减值准备。税法规定,类似固定资产采用年数总和法计提的折旧准予在计算应纳税所得额时扣除,企业在纳税申报时按照年数总和法将该折旧调整为1 000万元。

(5)1月1日,购入一项非专利技术并立即用于生产产品,成本为100万元,因无法合理预计其带来经济利益的期限,作为使用寿命不确定的无形资产核算。年末对该项无形资产进行减值测试后未发现减值。根据税法规定,企业在计税时,对该项无形资产按照10年的期限摊销,有关摊销额允许税前扣除。

(6)12月15日预收客户一笔货款,金额为200万元,作为预收账款核算。税法规定该款项应计入取得当期应纳税所得额中。

(7)12月份计入成本费用的职工工资总额为36万元(均为真实合理的工资支出),到年末尚未支付。税法允许真实合理的工资支出据实扣除。

(8)甲公司将业务宣传活动外包给其他单位,当年发生业务宣传费5 700万元,至年末尚未支付。甲公司当年实现销售收入36 000万元。税法规定,企业发生的业务宣传费支出,不超过当年销售收入的15%的部分,准予税前扣除;超过部分,准予结转以后年度税前扣除。

(9)本年度向关联企业提供现金捐赠300万元,向其他企业赞助支出150万元。税法规定非公益性捐赠支出和赞助支出在计算应纳税所得额时不得扣除。

(10)12月31日,存在可于未来5年内税前弥补的亏损350万元,甲公司预计其未来5年内能够产生足够的应纳税所得额弥补该亏损。

【要求】分析判断上述业务事项是否形成暂时性差异。如果形成暂时性差异,指出属于何种暂时性差异,并说明理由。

2.【目的】练习递延所得税确认和转回的会计处理。

【资料】乙公司所得税采用资产负债表债务法核算,适用的所得税税率为25%。2×21年1月开始计提折旧的一项固定资产,原值为300万元,预计使用年限为5

年,会计上采用年限平均法计提折旧,预计净残值为0。该设备符合税法规定的税收优惠条件,税法规定该类固定资产采用加速折旧法计提的折旧可以税前扣除,乙公司在计税时采用年数总和法计提折旧。假定税法规定的使用年限和净残值与会计规定相同,乙公司各会计期间均未对该项固定资产计提减值准备,无其他会计与税收处理的差异。

【要求】根据资料填列表1,并编制各年确认和转回递延所得税的会计分录。

表1　　　　　　　　　设备各年递延所得税负债计算表　　　　　　单位:万元

项　目	2×21年	2×22年	2×23年	2×24年	2×25年
原值					
累计会计折旧					
账面价值					
累计计税折旧					
计税基础					
暂时性差异					
递延所得税负债余额					

3.【目的】练习涉及特殊交易或事项的当期所得税和递延所得税的会计处理。

【资料】A公司(非制造业企业)2×22年实现利润总额7 280万元,当年发生的部分交易或事项如下:

(1)自3月1日起自行研发一项新技术,2×22年以银行存款支付研发支出共计1 360万元,其中研究阶段支出440万元,开发阶段符合资本化条件前支出120万元,符合资本化条件后支出800万元,研发活动至2×22年末仍在进行中。税法规定,企业为开发新技术、新产品、新工艺发生的研究开发费用,未形成资产计入当期损益的,在按规定据实扣除的基础上,按照研究开发费用的75%加计扣除;形成无形资产的,按照无形资产成本的175%摊销。

(2)7月6日,自公开市场以每股9.8元购入20万股甲公司股票,作为其他权益工具投资。2×23年12月31日,甲公司股票收盘价为每股12.6元。税法规定,企业持有的股票等金融资产以取得成本作为计税基础。

(3)2×22年发生广告费8 000万元。A公司当年销售收入39 200万元。税法规定,企业发生的广告费不超过当年销售收入15%的部分,准予扣除;超过部分准予在以后纳税年度结转扣除。

A公司适用的所得税税率为25%,除上述差异外,A公司2×22年未发生其他纳税调整事项,递延所得税资产和递延所得税负债无期初余额,假定 A 公司在未来期间能够产生足够的应纳税所得额用以利用可抵扣暂时性差异的所得税影响。

【要求】

(1)分析以上交易或事项是否确认递延所得税资产或递延所得税负债。如果确认,是否相应确认所得税费用,请说明理由。

(2)计算 A 公司 2×23 年应交所得税和所得税费用。

(3)编制确认所得税费用的会计分录。

4.【目的】练习涉及税率变动的所得税综合会计处理。

【资料】B 公司 2×22 年 1 月 1 日递延所得税资产为 594 万元,递延所得税负债为 1 485 万元,适用的所得税税率为 15%。自 2×24 年 1 月 1 日起,该公司适用的所得税税率变更为 25%。该公司 2×22 年利润总额为 9 000 万元,涉及所得税会计的交易或事项如下:

(1)2×22 年 1 月 1 日,以 3 067.05 万元自证券市场购入当日发行的一项 3 年期到期还本付息国债。该国债票面金额为 3 000 万元,票面年利率为 5%,实际年利率为 4%。B 公司将该国债作为债权投资核算。

税法规定,国债利息收入免交所得税。

(2)2×21 年 12 月 9 日,B 公司购入一项管理用设备,支付购买价款、运输费、安装费等共计 3 600 万元。12 月 20 日,该设备经安装达到预定可使用状态。B 公司预计该设备使用年限为 10 年,预计净残值为零,采用年限平均法计提折旧。

税法规定,该类固定资产的折旧年限为 20 年。假定 B 公司该设备预计净残值和采用的折旧方法符合税法规定。

(3)2×22 年 7 月 16 日,B 公司因废水超标排放被环保部门处以 450 万元罚款,罚款已以银行存款支付。

税法规定,企业违反国家法规所支付的罚款不允许在税前扣除。

(4)2×22 年 9 月 25 日,B 公司自证券市场购入某股票,支付价款 800 万元(假定不考虑交易费用)。B 公司将该股票作为交易性金融资产核算。12 月 31 日,该股票的公允价值为 1 500 万元。

假定税法规定,交易性金融资产持有期间公允价值变动金额不计入应纳税所得额,待出售时一并计入应纳税所得额。

(5)2×22 年 10 月 12 日,B 公司为乙公司银行借款提供担保,由于乙公司未如期偿还借款而被银行提起诉讼,要求其履行担保责任。12 月 31 日,该诉讼尚未审结。B 公司预计履行该担保责任很可能支出的金额为 3 300 万元。

税法规定,企业为其他单位债务提供担保相关的支出不允许在税前扣除。

(6)其他有关资料如下：

①B公司预计2×22年1月1日存在的暂时性差异将在2×23年1月1日以后转回。

②甲公司上述交易或事项均按照企业会计准则的规定进行了处理。

③假定未来期间能够产生足够的应纳税所得额用以抵扣暂时性差异，不考虑其他因素。

要求：

(1)根据上述交易或事项，分析计算资产、负债的暂时性差异。

(2)计算B公司2×22年应纳税所得额和应交所得税。

(3)计算B公司2×22年应确认的递延所得税和所得税费用。

(4)编制B公司2×22年确认所得税费用的会计分录。

进一步思考

2021年12月17日，SOHO中国公告称，其附属公司某有限公司收到北京市税务局稽查局对其做出的税务处理决定书和税务行政处罚决定书，认定该公司在SOHO尚都项目的汇算清缴中，存在违规多扣费用、虚假申报、少缴土地增值税和企业所得税的情况，共偷逃税款1.98亿元。根据相关法律法规，税务局对其依法追缴税款和滞纳金，并且处以2.5倍罚款，共计7.09亿元。从中可以看出，该公司没有依法纳税，没有履行好企业的社会责任。

在企业所得税方面，我国实行优惠税率、税款减免、研发费用加计扣除、亏损弥补等多方面的税收优惠政策来促进企业发展。近年来，减税降费力度不断加大，体现了国家对企业发展的政策扶持不断增强，帮助企业降低成本，释放更多的利润空间，有效应对市场风险和经营压力；促进企业提高研发投入，不断进行技术创新；提高民营企业和市场经济的活力，有利于稳定国家经济增长，优化经济结构。企业可以充分享受国家给予的税收优惠政策，促进自身的发展。

请根据上述案例资料，思考下列问题：

1. 企业偷税漏税的危害有哪些？如何防范？
2. 纳税是企业最基本的社会责任，企业依法诚信纳税有哪些重要意义？
3. 近年来，我国在企业所得税方面，主要有哪些优惠政策？研发费用加计扣除政策对于激发企业创新活力，有什么重要意义？

第三章

非货币性资产交换

企业在经营过程中,有时会以固定资产、无形资产和长期股权投资等非货币性资产进行交换,这种不涉及或只涉及少量货币性资产的交换,称为非货币性资产交换。本章内容对应的企业会计准则是《企业会计准则第7号——非货币性资产交换》。本章主要阐述非货币性资产交换的认定、确认与计量的原则和相关会计处理。通过本章学习,应了解换入资产的计价与入账价值,理解交换过程中是否确认及如何计量损益、如何处理补价以及补价对资产计价的影响,掌握各类非货币性资产交换的会计处理方法。

第一节　非货币性资产交换概述

一、非货币性资产交换的概念

非货币性资产交换是指企业主要以固定资产、无形资产和长期股权投资等非货币性资产进行的交换,有时也涉及少量货币性资产(即补价)。

通常情况下,企业诸如以现金购买材料物资、以现金偿还企业的各种债务等都属于货币性资产交换。所谓货币性资产,是指企业持有的货币资金和将以固定或可确定的金额收取的资产,包括现金、银行存款、应收账款和应收票据以及准备持有至到期的债券投资等。应收账款作为企业的债权,有相应的发货票据等原始凭证作为收款的依据,虽然在收回货款过程中有可能发生坏账损失,但是企业可以根据以往与购货方交往的经验,估计出发生坏账的可能性以及坏账金额,所以,应收账款在将来为企业带来的经济利益(即货币金额)是固定的或可确定的。应收票据是企业收到的商业汇票,是企业在将来收款的依据,分为带息和不带息两种:不带息应收票据,企业在将来可根据其面值收到款项;带息应收票据,企业可根据面值、持有期间和票面利率计算出在将来收到的款项。准备持有至到期的债券投资,因为企业准备持有至到期,所以在将来为企业带来的经济利益(即货币金额)是固定的或可确定的,符合货币性资产的定义。因此,现金、银行存款、应收账款和应收票据以及准备持有至到期的债券投资都属于货币性资产。货币性资产交换的特点就是以放弃货币性资产的方式换入货币性或非货币性资产。

货币性资产以外的资产就是非货币性资产,包括存货、固定资产、无形资产、长期股权投资、不准备持有至到期的债券投资等。这里的存货,包括在途物资、原材料、包装物、低值易耗品、库存商品、委托加工物资、委托代销商品等。

非货币性资产有别于货币性资产的最基本特征是,其在将来为企业带来的经济利益(即货币金额)是不固定的或不确定的。比如,企业持有存货的主要目的,或者是在正常的生产经营过程中通过直接销售获利;或者作为劳动对象,在正常的生产经营过程中通过对其进行加工形成商品,然后通过销售获利;或者作为辅助手段,在正常的生产经营过程中有助于销售过程或有助于加工过程。在这一过程中,存货在将来为企业带来的经济利益(即货币金额)可能受到内部、外部主客观因素的影响,是不固定的,或是不可确定的,不符合货币性资产的定义。企业持有固定资产的主要目的是作为劳动手段,在正常的生产经营过程中通过作用于劳动对象,或服务于生产经营过程,同时以折旧的方式将其磨损价值转移到产品成本中,最后通过销售获利。在这一过程中,固定资产在将来为企业带来的经济利益(即货币金额)是不固定的,或是不可确定的,不符合货币性资产的定义。无形资产,能够给企业提供的未来经济利益的大小具有很大程度上的不确定性,其原因主要有:首先,无形资产的经济价值在很大程度上受外部经济因素的影响,预期的获利能力不能准确地加以确定;其次,无形资产一般需要借助于有形资产才能发挥作用。正因为如此,无形资产在将来为企业带来的经济利益(即货币金额)是不固定的,或是不可确定的,不符合货币性资产的定义,因此,无形资产属于非货币性资产。长期股权投资取得的经济利益,是通过其他单位使用投资者投入的资产创造效益后分配而取得的,或是通过投资改善贸易关系等获取经济利益。在这一过程中,长期股权投资在将来为企业带来的经济利益是不固定的或是不可确定的,不符合货币性资产的定义。不准备持有至到期的债券投资,因为企业不准备持有至到期,企业随时可能处置该债券投资;同时,债券投资的市场价格受多种因素的影响,所以,不准备持有至到期的债券投资在将来为企业带来的经济利益(即货币金额)是不固定的或是不可确定的,不符合货币性资产的定义。因此,存货、固定资产、无形资产、长期股权投资以及不准备持有至到期的债券投资都属于非货币性资产。

二、非货币性资产交换的特点及判定标准

非货币性资产交换的特点是不涉及或只涉及少量的货币性资产(即补价)。也就是说,非货币性资产交换中并不完全排除货币性资产,有时也可能涉及少量的货币性资产。

(一)非货币性资产交换的对象主要是非货币性资产

通常情况下,企业进行商品交易都是用货币性资产来交换存货、固定资产、无形资产等非货币性资产。但是有些商品交易可能不涉及货币性资产,或只涉及少量的货币性资产。

(二)非货币性资产交换是以非货币性资产为主要形式的互惠转让

企业在生产经营过程中所进行的各类交易,按照交易行为的性质,可分为互惠转让和非互惠转让。互惠转让,是指一个企业和另一个企业之间的交换,其结果是,企业以换出资产为代价换入资产。这里所讲的非货币性资产交换就是互惠转让。非互惠转让,是指资产的单方向、无代价的转让,由一个企业转让给其所有者或其他企业,或是由所有者或其他企业转让给该企业。非互惠转让通常包括企业与所有者的非互惠转让和企业与所有者以外的其他单位或个人的非互惠转让。例如,在企业清算过程中,把非货币性资产转让给企业的所有者,属于企业与所有者的非互惠转让。又如,企业将非货币性资产捐赠给慈善组织,属于企业与所有者以外的其他单位或个人的非互惠转让。

(三)非货币性资产交换有时也可能涉及少量的货币性资产

非货币性资产交换并不意味着不涉及任何货币性资产。如果只涉及少量的货币性资产,则仍属于非货币性资产交换。为便于判断,非货币性资产交换准则认定涉及少量货币性资产的交换为非货币性资产交换,通常以补价占整个资产交换金额的比例低于25%作为参考。支付的货币性资产占换入资产公允价值(或占换出资产公允价值与支付的货币性资产之和)的比例,或者收到的货币性资产占换出资产公允价值(或占换入资产公允价值和收到的货币性资产之和)的比例低于25%(不含25%)的,视为非货币性资产交换;如果高于25%(含25%)的,视为以货币性资产取得非货币性资产,在这种情况下,不适用《企业会计准则第7号——非货币性资产交换》准则,而适用《企业会计准则第14号——收入》等相关准则。

三、非货币性资产交换不涉及的交易和事项

本章所指非货币性资产交换不涉及以下交易和事项。

(一)换出资产为存货的非货币性资产交换

企业以存货换取客户的非货币性资产(如固定资产、无形资产等)的,换出存货的企业相关的会计处理适用《企业会计准则第14号——收入》。

(二)非货币性资产交换中涉及的企业合并

非货币性资产交换中涉及企业合并的,适用《企业会计准则第20号——企业合并》《企业会计准则第2号——长期股权投资》《企业会计准则第33号——合并报表》。

(三)非货币性资产中涉及的金融资产

非货币性资产交换中涉及由《企业会计准则第22号——金融工具确认和计量》规范的金融资产的,金融资产的确认、终止确认和计量适用《企业会计准则第22号——金融工具确认和计量》和《企业会计准则第23号——金融资产转移》。

(四)非货币性资产交换中涉及使用权资产或应收融资租赁款

非货币性资产交换中涉及由《企业会计准则第21号——租赁》规范的使用权资产或应收融资租赁款等的,相关资产的确认、终止确认和计量适用《企业会计准则第21号——租赁》。

(五)非货币性资产交换构成权益性交易

非货币性资产交换的一方直接或间接对另一方持股且以股东身份进行交易,或者非货币性资产交换的双方均受同一方或相同的多方最终控制,且该非货币性资产交换的交易实质是交换的一方向另一方进行了权益性分配或交换的一方接受了另一方权益性投入,应当适用权益性交易的有关会计处理规定。企业应当遵循实质重于形式的原则判断非货币性资产交换是否构成权益性交易。

(六)其他不适用非货币性资产交换准则的交易和事项

1. 企业从政府无偿取得非货币性资产的,适用《企业会计准则第16号——政府补助》。

2. 企业将非流动资产或处置组分配给所有者的,适用《企业会计准则第42号——持有待售的非流动资产、处置组和终止经营》。

3. 企业以非货币性资产向职工发放非货币性福利的,适用《企业会计准则第9号——职工薪酬》。

4. 企业以发行股票形式取得的非货币性资产,相当于以权益工具换入非货币性资产,其成本确定适用相关资产准则。

5. 企业用于非货币性资产交换的非货币性资产应当符合资产的定义并满足资产

的确认条件,且作为资产列报于企业的资产负债表上。因此,企业用于交换的资产目前尚未列报于资产负债表上,或不存在或尚不属于本企业,适用其他相关会计准则。

第二节 非货币性资产交换的确认和计量

一、非货币性资产交换的计量

在非货币性资产交换中,不论是一项资产换入一项资产、一项资产换入多项资产、多项资产换入一项资产,还是多项资产换入多项资产,换入资产成本均有公允价值和账面价值两种计量基础可供选择。

(一)以公允价值计量

非货币性资产交换满足具有商业实质、换入资产或换出资产的公允价值能够可靠计量两个条件时,应采用公允价值计量,即以公允价值和应支付的相关税费作为换入资产的成本,换出资产公允价值与账面价值的差额计入当期损益。因为非货币性资产交换具有商业实质,意味着这一交换具有交易性质,存在利益差异,应该以公允价值计量。如果换入资产和换出资产的公允价值均能够可靠计量,应当以换出资产公允价值作为确定换入资产成本的基础;如果有确凿证据表明,换入资产的公允价值更加可靠,应以换入资产公允价值作为确定换入资产成本的基础。

(二)以账面价值计量

非货币性资产交换如果不具有商业实质,或交换涉及资产的公允价值均不能可靠计量的,应当按照换出资产的账面价值和应支付的相关税费作为换入资产的成本。此时,不论是否涉及补价,均不确认损益。因为非货币性资产交换不具有商业实质,意味着这一交换不具有交易性质,没有利益差异,或者虽然该交换具有商业实质,但换出或换入资产的公允价值均不能可靠计量,无法采用公允价值计量,只能以换出资产的账面价值为基础确认换入资产的成本,不确认交换损益。

二、非货币性资产交换具有商业实质的判断

非货币性资产交换具有商业实质,是决定换入资产能够采用公允价值计量的一个重要条件。判断非货币性资产交换是否具有商业实质时,应当遵循实质重于形式的原则,重点考虑发生的该项非货币性资产交换预期给企业带来的未来现金流量发生变动的程度。如果根据换入资产的性质和换入企业经营活动的特征等因素,换入资产与换

入企业其他现有资产相结合,换出资产和换入资产预计未来现金流量或其现值两者之间的差额较大,表明该交易的发生明显改变了企业经济状况,使得该非货币性资产交换具有商业实质。

根据《企业会计准则第7号——非货币性资产交换》的规定,非货币性资产交换在满足下列条件之一时,就可以说具有商业实质。

(一)换入资产的未来现金流量在风险、时间和金额方面与换出资产显著不同

1. 未来现金流量的风险、金额相同,时间不同。这种情形是指换入资产和换出资产产生的未来现金流量总额相同,获得这些现金流量的风险相同,但现金流量流入企业的时间不同。例如,甲企业以一批原材料换入一项设备,由于原材料属于存货,其流动性强,能够在较短的时间内产生现金流量,而设备作为固定资产要在较长的时间内为企业带来现金流量,假定两者产生的未来现金流量风险和总额均相同,但两者产生现金流量的时间相差较大,因而该两项资产的交换具有商业实质。

2. 未来现金流量的时间、金额相同,风险不同。这种情形是指换入资产和换出资产产生的未来现金流量总额相同、获得这些现金流量的时间相同,但现金流量流入企业的风险明显不同。这里的风险不同是指企业获得现金流量的不确定性程度的差异。例如,甲企业将其不准备持有至到期的国库券换入不动产房屋一幢,准备用于出租,假定该企业预计未来每年收到的国库券利息与房屋租金在金额和流入时间上相同,但是由于国库券利息通常风险很小,而租金的取得需要依赖于承租人的财务及信用情况等而定,因此可以看出国库券与房屋的未来现金流量显著不同,两者现金流量的风险或不确定性程度存在明显差异,因而该两项资产的交换具有商业实质。

3. 未来现金流量的风险、时间相同,金额不同。这种情形是指换入资产和换出资产的现金流量总额相同,预计为企业带来现金流量的时间跨度相同,风险也相同,但各年产生的现金流量金额存在明显差异。例如,甲企业以其一项专利权换入乙企业的一项商标权,预计这两项无形资产的使用寿命相同,在使用寿命内预计为企业带来的现金流量总额相同,但是由于换入的商标权归属于企业新产品,预计其开始阶段产生的未来现金流量明显少于后期,而该企业拥有的专利权每年产生的现金流量比较均衡,这样必然导致两者产生的现金流量在金额上明显不同,进而导致两者产生的未来现金流量存在明显差异,因而该两项资产的交换具有商业实质。

(二)换入资产与换出资产的预计未来现金流量现值不同,且其差额与换入资产和换出资产的公允价值相比是重大的

这里所指资产的预计未来现金流量现值,应当按照资产在持续使用过程和最终处置时所产生的预计税后未来现金流量,根据企业自身而不是市场参与者对资产特定风险的评价,选择恰当的折现率对其进行折现后的金额加以确定。举例来说,甲企业将一项专利权换入乙企业拥有的长期股权投资,假定该项专利权与该项长期股权投资的公允价值相同,两项资产未来现金流量的风险、时间和金额也相同,但对换入企业而言,甲企业换入的该项长期股权投资,使该企业对被投资方由重大影响变为控制关系,从而对甲企业而言,其换入的该项长期股权投资预计未来现金流量的现值与其换出的专利权就产生了较大差异;乙企业换入的专利权,由于能够解决生产中的技术难题,从而使乙企业的预计未来现金流量现值与换出的长期股权投资产生明显差异,因而可以说这两项资产的交换具有商业实质。

综上所述,企业应当遵循实质重于形式的原则判断非货币性资产交换是否具有商业实质。非货币性资产交换是否具有商业实质是非货币性资产交换确认与计量的关键问题。在确定非货币性资产交换是否具有商业实质时,企业应当重点关注交换涉及的同类资产的情况和交易各方之间是否存在关联方关系;由于同类资产产生的未来现金流量可能相同,也可能不同,因而同类资产在换入和换出企业之间的交换可能具有商业实质,也可能不具有商业实质。而关联方关系的存在,可能导致发生的非货币性资产交换不具有商业实质。

三、非货币性资产交换公允价值能够可靠计量的确定

符合下列三种情形之一时,表明换入资产或换出资产的公允价值能够可靠地计量。

(一)换入资产或换出资产存在活跃市场

换入资产或换出资产存在活跃市场的,表明该资产的公允价值能够可靠计量。对于存在活跃市场的存货、长期股权投资、固定资产、无形资产等非货币性资产,应当以资产的市场价格为基础确定其公允价值。

(二)换入资产或换出资产不存在活跃市场,但存在可观察值

换入资产或换出资产不存在活跃市场,但存在同类或类似资产活跃市场,表明该资产的公允价值具有可观察值,能够可靠计量。对于同类或类似资产存在活跃市场的存货、长期股权投资、固定资产、无形资产等非货币性资产,应当以同类或类似资产市场价格为基础确定其公允价值。

(三)换入资产或换出资产不存在可观察值

换入资产或换出资产不存在同类或类似资产市场交易、不存在可观察值,应当采用估值技术确定其公允价值。该公允价值估计数的变动区间很小,或者在公允价值估计数变动区间内,各种用于确定公允价值估计数的概率能够合理确定的,视为公允价值能够可靠计量。

第三节 非货币性资产交换的会计处理

一、以公允价值计量的非货币性资产交换

非货币性资产交换具有商业实质,且换入资产或换出资产的公允价值能够可靠计量的,应当以换出资产的公允价值和应支付的相关税费作为换入资产的成本,除非有确凿证据表明换入资产的公允价值比换出资产公允价值更加可靠。

当以公允价值计量时,不论是否涉及补价,只要换出资产的公允价值与其账面价值不相同,就需要确认交换损益,两者之间的差额即计入当期损益。

根据换出资产类别的不同,所实现交换损益的性质也不同,应分别情况进行处理:

第一,如果换出的资产为存货,应当视同销售处理。根据《企业会计准则第14号——收入》相关内容的规定,按其公允价值确认销售收入,同时结转销售成本。

第二,如果换出的资产为固定资产、在建工程、生物性生物资产、无形资产的,换出资产公允价值与其账面价值的差额,应计入资产处置损益。

第三,如果换出的资产为长期股权投资的,换出资产公允价值与其账面价值的差额,应计入投资收益。

第四,如果换出资产为投资性房地产的,按换出资产公允价值或换入资产公允价值确认其他业务收入,按换出资产账面价值结转其他业务成本,二者之间的差额计入当期损益。

需要注意的是:换入资产与换出资产涉及相关税费的,如换出存货视同销售计算的销项税额,换入资产应当确认的可抵扣增值税进项税额,按照税收相关规定计算确定。

(一)不涉及补价的会计处理

非货币性资产交换按公允价值计量,在不涉及补价时,其换入资产成本确认的公式为:

$$\text{换入资产的入账价值} = \text{换出资产公允价值} + \text{换出资产增值税销项税额} - \text{换入资产可抵扣的增值税进项税额} + \text{支付的相关税费}$$

【例3-1】A公司决定以账面价值为425 000元、公允价值为500 000元的一台机床,换入B公司账面价值为425 000元、公允价值为500 000元的一批材料,用于产品生产。A公司换出机床的原价为500 000元,累计折旧为75 000元,该机床未计提减值准备。B公司换出的材料的公允价值为500 000元,B公司将换入的设备作为固定资产管

理。假设该批材料计税价格等于公允价值,A公司、B公司均为增值税一般纳税人,适用的增值税税率为13%。在整个资产交换中没有发生除增值税以外的其他相关税费,该项交换具有商业实质。要求编制A公司、B公司非货币性资产交换的会计分录。

(1)A公司应作如下会计处理:

借:固定资产清理　　　　　　　　　　　　　　　　　425 000
　　累计折旧　　　　　　　　　　　　　　　　　　　 75 000
　　贷:固定资产——机床　　　　　　　　　　　　　500 000
借:原材料　　　　　　　　　　　　　　　　　　　　 500 000
　　应交税费——应交增值税(进项税额)　　　　　　65 000
　　贷:固定资产清理　　　　　　　　　　　　　　　425 000
　　　　应交税费——应交增值税(销项税额)　　　　 65 000
　　　　资产处置损益　　　　　　　　　　　　　　　 75 000

需要说明的是:本例中A公司换入材料的公允价值与其换出设备的公允价值相同。A公司以换出设备的公允价值作为换入材料的成本。

(2)B公司应作如下会计处理:

借:固定资产——机床　　　　　　　　　　　　　　 500 000
　　应交税费——应交增值税(进项税额)　　　　　　65 000
　　贷:其他业务收入　　　　　　　　　　　　　　　500 000
　　　　应交税费——应交增值税(销项税额)　　　　 65 000
借:其他业务成本　　　　　　　　　　　　　　　　 425 000
　　贷:原材料　　　　　　　　　　　　　　　　　　425 000

(二)涉及补价的会计处理

非货币性资产交换按公允价值计量,在发生补价时,其换入资产成本应当分别支付补价和收到补价的情况进行确定:支付的补价作为换入资产成本的一部分,计入换入资产的入账价值;收到的补价作为取得的补偿,不计入换入资产的成本。

1. 支付补价。凡支付补价的,其换入资产的成本应当以换出资产的公允价值加上支付的补价(即换入资产的公允价值)和应支付的相关税费确定,可用公式表述为:

$$\text{换入资产的入账价值} = \text{换出资产的公允价值} + \text{换出资产增值税销项税额} - \text{换入资产可抵扣增值税进项税额} + \text{支付的应计入换入资产成本的相关税费} + \text{支付补价的公允价值}$$

换入资产成本与换出资产账面价值加支付的补价、应支付的相关税费之和的差额应当计入当期损益。

2. 收到补价。凡收到补价的,其换入资产的入账价值应当以换出资产的公允价值减去补价(或换入资产的公允价值)和应支付的相关税费确定,可用公式表述为:

$$\begin{aligned}\text{换入资产的}\\\text{入账价值}\end{aligned} = \begin{aligned}\text{换出资产}\\\text{公允价值}\end{aligned} + \begin{aligned}\text{换出资产增值}\\\text{税销项税额}\end{aligned} - \begin{aligned}\text{换入资产可抵扣的}\\\text{增值税进项税额}\end{aligned} + \begin{aligned}\text{支付的应计入换入}\\\text{资产成本的相关税费}\end{aligned} - \begin{aligned}\text{收到补价的}\\\text{公允价值}\end{aligned}$$

换入资产成本加收到的补价之和与换出资产账面价值加应支付的相关税费之和的差额应当计入当期损益。

【例 3-2】假定例 3-1 中的 A 公司换出设备的公允价值为 600 000 元,换入材料的公允价值为 500 000 元。B 公司换出材料的账面价值为 400 000 元,B 公司向 A 公司另外支付补价 100 000 元。其他资料同例 3-1。

在本例中,由于 A 公司收到的补价 100 000 元占换出资产公允价值的比例为 100 000÷600 000=17%<25%,B 公司支付的补价 100 000 元占换入资产公允价值的比例为 100 000÷(500 000+100 000)=17%<25%。因此对于 A 公司、B 公司而言,该交易均属于非货币性资产交换交易。

(1) A 公司应作如下会计处理:

借:固定资产清理　　　　　　　　　　　　　　　　　　　　425 000
　　累计折旧　　　　　　　　　　　　　　　　　　　　　　 75 000
　贷:固定资产——机床　　　　　　　　　　　　　　　　　　500 000
借:原材料　　　　　　　　(600 000+78 000-65 000-100 000)513 000
　　银行存款　　　　　　　　　　　　　　　　　　　　　　100 000
　　应交税费——应交增值税(进项税额)　　　　　　　　　　 65 000
　贷:固定资产清理　　　　　　　　　　　　　　　　　　　　425 000
　　　应交税费——应交增值税(销项税额)　　　　　　　　　 78 000
　　　资产处置损益　　　　　　　　　　　　　　　　　　　 175 000

(2) B 公司应作如下会计处理:

借:固定资产——机床　　　　(500 000+65 000-78 000+100 000)587 000
　　应交税费——应交增值税(进项税额)　　　　　　　　　　 78 000
　贷:其他业务收入　　　　　　　　　　　　　　　　　　　　500 000
　　　应交税费——应交增值税(销项税额)　　　　　　　　　 65 000
　　　银行存款　　　　　　　　　　　　　　　　　　　　　100 000
借:其他业务成本　　　　　　　　　　　　　　　　　　　　400 000
　贷:原材料　　　　　　　　　　　　　　　　　　　　　　　400 000

二、以账面价值计量的非货币性资产交换

在非货币性资产交换中,如果不能同时满足该项交换具有商业实质、换入资产或换出资产的公允价值能够可靠计量这两个条件的,换入资产的成本应当以换出资产账面

价值为基础确定。在这种情况下,无论是否涉及补价,均不确认损益。

一般来说,如果换入资产和换出资产的公允价值都不能可靠计量,该项非货币性资产交换通常不具有商业实质。

(一)不涉及补价的会计处理

在这种情况下,因不涉及补价,换入资产的成本应以换出资产的账面价值和应支付的相关税费之和确定,此时不再确认当期损益。

$$\text{换入资产的入账价值} = \text{换出资产账面价值} + \text{换出资产增值税销项税额} - \text{换入资产可抵扣的增值税进项税额} + \text{支付的相关税费}$$

【例3-3】A公司以一台设备换入B公司的一辆小轿车,A公司换出设备的账面原值为90 000元,已提折旧15 000元;B公司换出的小轿车的账面原值为105 000元,已提折旧22 500元。在这项交易中,A公司以银行存款支付了设备清理费75元,相关税费5 000元;B公司支付相关税费3 000元。假定该项交易不具有商业实质,A公司、B公司换出的固定资产,其预计未来现金流量的现值相等。A公司、B公司换出的固定资产均未计提减值准备。要求编制A公司、B公司非货币性资产交换的会计分录。

(1)A公司应作如下会计处理:

借:固定资产清理　　　　　　　　　　　　　　75 000
　　累计折旧　　　　　　　　　　　　　　　　15 000
　　贷:固定资产——设备　　　　　　　　　　　　　　90 000
借:固定资产清理　　　　　　　　　　　　　　5 075
　　贷:银行存款　　　　　　　　　　　　　　　　　　5 075
借:固定资产——小轿车　　　　　　　　　　　80 075
　　贷:固定资产清理　　　　　　　　　　　　　　　　80 075

(2)B公司应作如下会计处理:

借:固定资产清理　　　　　　　　　　　　　　82 500
　　累计折旧　　　　　　　　　　　　　　　　22 500
　　贷:固定资产——小轿车　　　　　　　　　　　　　105 000
借:固定资产清理　　　　　　　　　　　　　　3 000
　　贷:银行存款　　　　　　　　　　　　　　　　　　3 000
借:固定资产——设备　　　　　　　　　　　　85 500
　　贷:固定资产清理　　　　　　　　　　　　　　　　85 500

(二)涉及补价的会计处理

在以账面价值为基础计量的非货币性资产交换中,对发生补价的,应当分别支付补价和收到补价的情况确定。

1. 支付补价。凡支付补价的,应当以换出资产的账面价值,加上支付的补价的账面价值和应支付的相关税费,作为换入资产的成本,不确认损益,可用公式表示为:

换入资产的入账价值 = 换出资产账面价值 + 换出资产增值税销项税额 − 换入资产可抵扣的增值税进项税额 + 支付的相关税费 + 支付的补价

2. 收到补价。收到补价的,应当以换出资产的账面价值,减去收到的补价的公允价值并加上应支付的相关税费,作为换入资产的成本,不确认损益,可用公式表示为:

换入资产的入账价值 = 换出资产账面价值 + 换出资产增值税销项税额 − 换入资产可抵扣的增值税进项税额 + 支付的相关税费 − 收到的补价

【例3-4】A公司以一辆小轿车换取B公司一辆小型中巴,A公司换出小轿车的原始价值为275 000元,已计提折旧17 500元;B公司换出小型中巴的原始价值为337 500元,已计提折旧60 000。A公司另向B公司支付补价10 000元。A公司换出小轿车支付相关税费6 200元;B公司换出小型中巴支付相关税费5 800元。假设A公司、B公司均未对换出固定资产计提减值准备,A公司、B公司换出的固定资产的公允价值不能可靠计量。

(1) A公司应作如下会计处理:

借:固定资产清理	257 500
累计折旧	17 500
贷:固定资产——小轿车	275 000
借:固定资产清理	6 200
贷:银行存款	6 200
借:固定资产——小型中巴	(257 500+10 000+6 200) 273 700
贷:固定资产清理	263 700
银行存款	10 000

(2) B公司应作如下会计处理:

借:固定资产清理	277 500
累计折旧	60 000
贷:固定资产——小型中巴	337 500
借:固定资产清理	5 800
贷:银行存款	5 800
借:固定资产——小轿车	(277 500−10 000+5 800) 273 300
银行存款	10 000
贷:固定资产清理	283 300

三、涉及多项非货币性资产的交换

涉及多项非货币性资产交换包括企业以一项非货币性资产同时换入另一企业的多项非货币性资产、企业同时以多项非货币性资产换入另一企业的一项非货币性资产、企业以多项非货币性资产同时换入另一企业的多项非货币性资产等情况。在涉及多项非货币性资产的交换中,可能涉及补价。

涉及多项资产的非货币性资产交换,企业无法将换出的某一项资产与换入的某一特定资产相对应(特别是在换入多项资产时),如何确定各项换入资产的成本是会计处理中的主要问题。与单项非货币性资产交换一样,对于涉及多项资产的非货币性资产交换,企业首先应判断该交换是否符合以公允价值计量的两个条件,再分别情况确定各项换入资产的成本。

(一)以公允价值计量的多项非货币性资产交换

1. 以换出资产的公允价值为基础计量的。

(1)对于同时换入的多项资产,通常无法将换出资产与换入的某项特定资产相对应,应当按照各项换入资产的公允价值的相对比例(换入资产的公允价值不能够可靠计量的,可以按照换入的金融资产以外的各项资产的原账面价值的相对比例或其他合理的比例),将换出资产公允价值总额(涉及补价的,加上支付补价的公允价值或减去收到补价的公允价值)分摊至各项换入资产,以分摊额和应支付的相关税费作为各项换入资产的成本进行初始计量。需要说明的是,如果同时换入的多项非货币性资产中包含由《企业会计准则第22号——金融工具确认和计量》规范的金融资产,应当按照《企业会计准则第22号——金融工具确认和计量》的规定进行会计处理,在确定换入的其他多项资产的初始计量金额时,应当将金融资产公允价值从换出资产公允价值总额中扣除。

(2)对于同时换出的多项资产,应当将各项换出资产的公允价值与其账面价值之间的差额,在各项换出资产终止确认时计入当期损益。

2. 以换入资产的公允价值为基础计量的。

(1)对于同时换入的多项资产,应当以各项换入资产的公允价值和应支付的相关税费作为各项换入资产的初始计量金额。

(2)对于同时换出的多项资产,通常无法将换出资产与换入的某项特定资产相对应,应当按照各项换出资产的公允价值的相对比例(换出资产的公允价值不能够可靠计量的,可以按照各项换出资产的账面价值的相对比例),将换入资产的公允价值总额(涉及补价的,减去支付补价的公允价值或加上收到补价的公允价值)分摊至各项换出资产,分摊额与各项换出资产账面价值之间的差额,在各项换出资产终止确认时计入当期损益。需要说明的是,如果同时换出的多项非货币性资产中包含由《企业会计准则第 22 号——金融工具确认和计量》规范的金融资产,该金融资产应当按照《企业会计准则第 22 号——金融工具确认和计量》和《企业会计准则第 23 号——金融资产转移》的规定判断换出的该金融资产是否满足终止确认条件并进行终止确认的会计处理。在确定其他各项换出资产终止确认的相关损益时,终止确认的金融资产公允价值应当从换入资产公允价值总额中扣除。

不论上述哪种情况下,当涉及补价时,与具有商业实质且涉及补价的单项资产的会计处理原则相同。

【例 3-5】A 公司、B 公司均为增值税一般纳税企业,其适用的增值税税率均为 13%。为适应各自生产发展的需要,A 公司、B 公司经协商,相互进行非货币性资产交换,该交换具有商业实质,并且公允价值能够可靠地予以计量。有关资料如下:

A 公司以仓库、设备和原材料换入 B 公司的办公楼、专利权和货运汽车。其换出仓库的账面原价为 1 125 000 元,已提折旧 225 000 元,公允价值为 750 000 元;换出设备的账面原价为 900 000 元,已提折旧 450 000 元,公允价值为 600 000 元;换出原材料的账面价值为 2 250 000 元,公允价值与计税价值相等,均为 2 625 000 元。A 公司换入的办公楼和货运汽车作为固定资产管理和核算,换入的专利权作为无形资产管理和核算。

B 公司以办公楼、专利权和货运汽车换入 A 公司的仓库、设备和原材料。其换出的办公楼的账面原价为 1 125 000 元,已提折旧 375 000 元,公允价值 1 125 000 元;换出的专利权的实际成本为 1 500 000 元,累计摊销 675 000 元,公允价值 750 000 元;换出的货运汽车的账面原价为 2 250 000 元,已提折旧 600 000 元,公允价值为 1 800 000 元。B 公司另支付银行存款 339 000 元,其中包括因公允价值不同而产生的补价 300 000 元和增值税差额 39 000 元。B 公司换入的仓库、设备均作为固定资产管理和核算,换入的原材料作为库存材料管理和核算。

假定 A 公司、B 公司换出的资产均未计提减值准备,且在资产交换过程中均未发生除增值税以外的其他税费。

要求:分别计算 A 公司、B 公司各项换入资产的入账价值,并编制有关 A 公司、B 公司非货币性资产交换的会计分录。

(1) A 公司的账务处理如下:

换出资产的公允价值合计 = 750 000+600 000+2 625 000 = 3 975 000(元)
换入资产的公允价值合计 = 1 125 000+750 000+1 800 000 = 3 675 000(元)
换出资产的销项税额 = 3 975 000×13% = 516 750(元)
换入资产的进项税额 = 3 675 000×13% = 477 750(元)
换入资产总成本 = 3 975 000−300 000 = 3 675 000(元)

A公司换入B公司的办公楼应分配的入账价值=1 125 000÷3 675 000×3 675 000
=1 125 000(元)
A公司换入B公司的专利权应分配的入账价值=750 000÷3 675 000×3 675 000
=750 000(元)
A公司换入B公司的货运汽车应分配的入账价值=1 800 000÷3 675 000×3 675 000
=1 800 000(元)

会计分录：

借：固定资产清理　　　　　　　　　　　　　　　　　　　　　1 350 000
　　累计折旧　　　　　　　　　　　　　　　　　　　　　　　　675 000
　贷：固定资产——仓库　　　　　　　　　　　　　　　　　　1 125 000
　　　　　　——设备　　　　　　　　　　　　　　　　　　　　900 000
借：固定资产——办公楼　　　　　　　　　　　　　　　　　　1 125 000
　　　　　　——货运汽车　　　　　　　　　　　　　　　　　1 800 000
　　无形资产　　　　　　　　　　　　　　　　　　　　　　　750 000
　　银行存款　　　　　　　　　　　　　　　　　　　　　　　339 000
　　应交税费——应交增值税(进项税额)　　　　　　　　　　　477 750
　贷：固定资产清理　　　　　　　　　　　　　　　　　　　1 350 000
　　　应交税费——应交增值税(销项税额)　　　　　　　　　　516 750
　　　其他业务收入　　　　　　　　　　　　　　　　　　　2 625 000
借：其他业务成本　　　　　　　　　　　　　　　　　　　　2 225 000
　贷：原材料　　　　　　　　　　　　　　　　　　　　　　2 225 000

(2)B公司的账务处理如下：

换出资产的公允价值合计=1 125 000+750 000+1 800 000=3 675 000(元)
换入资产的公允价值合计=750 000+600 000+2 625 000=3 975 000(元)
换出资产的销项税额=3 675 000×13%=477 750(元)
换入资产的进项税额=3 975 000×13%=516 750(元)
换入资产总成本=3 675 000+300 000=3 975 000(元)
B公司换入A公司的仓库应分配的入账价值=750 000÷3 975 000×3 975 000
=750 000(元)
B公司换入A公司的设备应分配的入账价值=600 000÷3 975 000×3 975 000
=600 000(元)
B公司换入A公司的原材料应分配的入账价值=2 625 000÷3 975 000×3 975 000
=2 625 000(元)

会计分录：

借：固定资产清理　　　　　　　　　　　　　　　　　　　　2 400 000

累计折旧	975 000
贷：固定资产——办公楼	1 125 000
——货运汽车	2 250 000
借：固定资产——仓库	750 000
——设备	600 000
累计摊销	675 000
原材料	2 625 000
应交税费——应交增值税（进项税额）	516 750
贷：固定资产清理	2 400 000
无形资产	1 500 000
银行存款	339 000
应交税费——应交增值税（销项税额）	477 750
资产处置损益	450 000

（二）以账面价值计量的多项非货币性资产交换

非货币性资产交换不具有商业实质，或换入资产和换出资产的公允价值均不能可靠计量。在这种情况下，换入资产总成本的确定，应以换出资产的账面价值总额为基础；换入资产的入账价值，应按照各项换入资产公允价值的相关比例（换入资产的公允价值不能够可靠计量的，也可以按照各项换入资产的原账面价值的相对比例或其他合理的比例），将换出资产的账面价值总额（涉及补价的，加上支付补价的账面价值或减去收到补价的公允价值）分摊至各项换入资产。

对于同时换出多项资产，各项换出资产终止确认时均不确认损益。

1. 不涉及补价。

【例3-6】A公司、B公司为适应各自生产经营的需要，经双方协商进行非货币性资产交换。A公司将其专用设备连同专利技术同B公司正在建造中的建筑物以及对C公司的长期股权投资进行交换。A公司换出专有设备的账面原价为1 300万元，已计提折旧750万元；专利技术账面原价为500万元，已摊销金额为270万元。B公司在建工程截止到交换日的成本为550万元，对C公司的长期股权投资账面余额为250万元。由于A公司持有的专有设备和专利技术市场上已不多见，因此公允价值不能可靠计量。B公司的在建工程因完工程度难以合理确定也不能可靠计量。假定A公司、B公司均未对上述资产计提减值准备，假定不考虑相关税费等因素。

要求：分别计算A公司、B公司各项换入资产的入账价值，并编制有关A公司、B公司非货币性资产交换的会计分录。

（1）A公司的账务处理如下：

A公司换入资产账面价值总额=550+250=800(万元)

A公司换出资产账面价值总额=(1 300-750)+(500-270)=780(万元)

A公司换入B公司各项资产应分配的价值分别为:

在建工程成本=550÷800×780=536.25(万元)

长期股权投资成本=250÷800×780=243.75(万元)

会计分录:

借:固定资产清理	5 500 000
累计折旧	7 500 000
贷:固定资产——专有设备	13 000 000
借:在建工程	5 362 500
长期股权投资	2 437 500
累计摊销	2 700 000
贷:固定资产清理	5 500 000
无形资产——专利技术	5 000 000

(2)B公司的账务处理如下:

B公司换入资产账面价值总额=(1 300-750)+(500-270)=780(万元)

B公司换出资产账面价值总额=550+250=800(万元)

B公司换入A公司各项资产应分别的价值分别为:

专有设备成本=550÷780×800=564.10(万元)

专利技术成本=800-564.10=235.90(万元)

会计分录:

借:固定资产——专有设备	5 641 000
无形资产——专利技术	2 359 000
贷:在建工程	5 500 000
长期股权投资	2 500 000

2. 涉及补价。在以账面价值为基础计量的多项非货币性资产交换中,对发生补价的,应当分别支付补价和收到补价的情况确定:支付补价的,以换出资产的账面价值,加上补价和应支付的相关税费,作为换入资产的总成本;收到补价的,以换出资产的账面价值加上应支付的相关税费,减去补价,作为换入资产的总成本。两种情况下均不确认损益。同时,还需要对各项换入资产的价值进行分配,其分配方法与不涉及补价时的处理原则相同,即按照各项换入资产的原账面价值占换入资产原账面价值总额的比例,对换入资产的成本总额进行分配后确定。

本章小结

非货币性资产交换是企业主要以固定资产、无形资产和长期股权投资等非货币性资产进行的交换。该交换不涉及或只涉及少量的货币性资产(即补价),通常以补价占整个资产交换金额的比例是否低于25%作为判断非货币性资产交换的参考比例。

非货币性资产交换的会计处理主要解决两个问题,即换入资产价值的计量和非货币性资产交换损益的确定。在非货币性资产交换中,换入资产的成本有两种计量基础:公允价值和账面价值。当以公允价值为计量基础时,还需确定非货币性资产交换的损益。

非货币性资产交换同时满足该交换具有商业实质、换入资产或换出资产的公允价值能够可靠计量这两个条件的,应当以公允价值和应支付的相关税费作为换入资产的成本,公允价值与换出资产账面价值的差额计入当期损益。对损益的处理,根据换出资产类别的不同而有所区别:换出资产为存货的,视同销售处理,按公允价值确认销售收入,同时结转销售成本,非货币性资产交换的损益形成营业利润的构成部分;换出资产为固定资产、无形资产的,非货币性资产交换的损益计入营业外收入或营业外支出;换出资产为长期股权投资的,非货币性资产交换的损益计入投资收益。

非货币性资产交换不具有商业实质,或交换涉及资产的公允价值均不能可靠计量的,换入资产的成本应当按照换出资产的账面价值和应支付的相关税费之和确定,这种情况下不确认当期损益。

涉及补价的非货币性资产交换,应区别支付补价方和收到补价方分别进行会计处理:对于支付补价方而言,作为补价的货币性资产构成换入资产所放弃对价的一部分;对于收到补价方而言,作为补价的货币性资产构成换入资产的一部分。

涉及多项非货币性资产的交换,企业应当首先判断是否符合以公允价值计量的两个条件,再分别情况确定各项换入资产的成本。当以公允价值计量时,各项换入资产的成本应按照换入资产公允价值的比例分配;如果换入资产的公允价值不能可靠计量的,按照各项换入资产的原账面价值的比例分配其总成本。当交换不满足公允价值计量的条件时,换入资产的总成本以换出资产的账面价值总额为基础确定,同时按照各项换入资产原账面价值的比例分配其总成本。多项非货币性资产交换,有关交换损益的确定与单项非货币性资产交换相同。涉及补价的,与单项非货币性资产交换的会计处理原则相同。

本章关键词

货币性资产	monetary assets
非货币性资产	non-monetary assets
非货币性资产交换	exchange of non-monetary assets
多项非货币性资产交换	non-monetary assets exchange with multiple items
补价	boot
互惠转让	reciprocal transfer
非互惠转让	nonreciprocal transfer
商业实质	commercial substance
公允价值	fair value
账面价值	book value

思考与练习题

一、思考题

1. 货币性资产交换交易与非货币性资产交换交易的主要区别有哪些？
2. 企业收到政府无偿提供的非货币性资产是否属于非货币性资产交换？为什么？
3. 比较是否同时满足该项交换具有商业实质、换入资产或换出资产的公允价值能够可靠计量的非货币性资产交换会计处理的不同之处。
4. 非货币性资产交换中支付或收到的补价，如何影响换入资产价值的确定？对交换损益的确定有无影响？
5. 非货币性资产交换中的相关税费（如增值税、消费税等）应如何处理？

二、练习题

1.【目的】练习非货币性资产交换交易的会计处理。

【资料】甲企业以一辆小轿车换取乙企业一台机床。甲企业小轿车的原始价值90万元，已计提折旧20万元；乙企业机床原始价值140万元，已计提折旧15万元。不考虑相关税费。假定该交换具有商业实质，且甲企业小轿车的公允价值为80万元，乙企业机床的公允价值为 100 万元,甲企业支付了补价 20 万元。

【要求】根据上述情况分别作出甲企业和乙企业的账务处理。

2.【目的】练习非货币性资产交换交易的会计处理。

【资料】A 公司与 B 公司商定:A 公司以账面价值为 18 000 元、公允价值为 20 000 元的甲材料,换入 B 公司账面价值为 22 000 元、公允价值为 20 000 元的库存商品乙产品,A 公司支付运费 600 元,B 公司支付运费 600 元。假定:①A 公司、B 公司增值税税率均为 13%;②A 公司、B 公司均未对存货计提跌价准备;③A 公司、B 公司交易具有商业实质,且甲材料、乙产品公允价值能可靠予以计量。

【要求】根据上述资料编制 A 公司、B 公司有关非货币性资产交换的会计分录。

3.【目的】练习非货币性资产交换交易的会计处理。

【资料】A 公司、B 公司均为增值税一般纳税企业,其适用的增值税税率均为 13%。为适应各自生产发展的需要,A 公司、B 公司经协商,相互进行非货币性资产交换,该交换具有商业实质,并且公允价值能够可靠地予以计量。有关资料如下:

(1)A 公司以办公楼、专利权和货运汽车换入 B 公司的仓库、设备和原材料。其换出的办公楼的账面原价为 562 500 元,已计提折旧 187 500 元,公允价值 562 500 元;换出的专利权的实际成本为 750 000 元,累计摊销 337 500 元,公允价值 375 000 元;换出的货运汽车的账面原价为 1 125 000 元,已计提折旧 300 000 元,公允价值 900 000 元。A 公司另支付 169 500 元,包含补价 150 000 元和增值税差异 19 500 元。A 公司换入的仓库、设备均作为固定资产管理和核算,换入的原材料作为库存材料管理和核算。

(2)B 公司以仓库、设备和原材料换入 A 公司的办公楼、专利权和货运汽车。其换出仓库的账面原价为 562 500 元,已计提折旧 112 500 元,公允价值为 375 000 元;换出设备的账面原价为 450 000 元,已计提折旧 225 000 元,公允价值为 300 000 元;换出原材料的账面价值为 1 125 000 元,公允价值与计税价值相等,均为 1 312 500 元。B 公司换入的办公楼和货运汽车作为固定资产管理和核算,换入的专利权作为无形资产管理和核算。

假定 A 公司、B 公司换出的资产均未计提减值准备,未发生其他税费。

【要求】根据上述资料,回答以下问题:

(1)分别计算 A 公司、B 公司各项换入资产的入账价值。

(2)分别编制有关 A 公司、B 公司非货币性资产交换的会计分录。

4.【目的】练习非货币性资产交换交易的会计处理。

【资料】嘉诚公司和永乐公司均为增值税一般纳税企业,其适用的增值税税率均为 13%。嘉诚公司为适应业务转型的需要,经与永乐公司协商,将嘉诚公司原生产用的仓库、机器设备以及库存原材料,与永乐公司的办公楼、运输车辆、起重机交换。假定嘉诚公司换入的办公楼、运输车辆和起重机均作为固定资产核算,永乐公司换入的仓库和机器设备均作为固定资产核算,换入的库存原材料用于生产产品。嘉诚公司换出仓库的账面原价为 4 500 000 元,已计提折旧 900 000 元,公允价值为 3 000 000 元;换出机器设备的账面原价为 3 600 000 元,已计提折旧 1 800 000 元,公允价值为 2 400 000 万元;换出原材料的账面价值为 9 000 000 元,公允价值和计税价格均为 10 500 000 元。永乐公司换出办公楼的账面原价为 4 500 000 元,已计提折旧 1 500 000 元,公允价值为 4 500 000 元;换出运输车辆的账面原价为 6 000 000 元,已计提折旧 2 700 000 元,公允价值为 3 000 000 元;起重机的账面原价为 9 000 000 元,已计提折旧 2 400 000 元,公允价值为 7 200 000 元,另支付 1 356 000 元,包含补价 1 200 000 元以及 156 000 的增值税差额。

假设嘉诚公司和永乐公司的换出资产均未计提减值准备,且除增值税以外均未发生其他相关税费。假定该交易具有商业实质,且公允价值均能够可靠计量。

【要求】根据上述资料,回答以下问题:
(1)嘉诚公司和永乐公司的财产交换是否属于非货币性资产交换交易,并说明理由。
(2)计算嘉诚公司和永乐公司换出资产的账面价值与公允价值。
(3)计算嘉诚公司和永乐公司换入资产价值的总额。
(4)计算嘉诚公司和永乐公司各项换入资产的入账价值。
(5)嘉诚公司和永乐公司如何进行非货币性资产交换的会计处理?

5.【目的】分析非货币性资产交换的认定和计量。

【资料】甲公司、乙公司均为增值税一般纳税企业,适用的增值税税率为13%。因生产经营需要,经双方协商,将甲公司的库存原材料与乙公司的厂房和专利权进行交换。各项资产的具体情况如表1所示。

表 1　　　　　　　　　　交换资产情况　　　　　　　　　　单位:元

项 目	甲公司	乙公司	
	原材料	厂房	专利权
原值	3 000 000	5 000 000	1 000 000
累计折旧(摊销)	—	2 000 000	150 000
减值(存货跌价)准备	200 000	—	—
账面价值	2 800 000	3 000 000	850 000
公允价值	3 600 000	4 500 000	900 000
支付补价	1 300 000	—	—

甲公司换出资产的公允价值为 3 600 000 元,乙公司换出资产的公允价值合计为 5 400 000 元。由于乙公司急需甲公司的原材料用于生产,因此仅向甲公司收取了银行存款 1 534 000 元,包括补价 1 300 000 元,增值税差额 234 000 元。

交易双方预计资产交换后产生的现金流量与交换前均有显著不同,交换具有商业实质。

【要求】请根据上述资料,回答下列问题:

(1)在此项交易中,甲公司支付的补价占换出资产公允价值和支付补价之和的比例为 130 万元÷(360 万元+130 万元)= 26.53%>25%,不符合非货币性资产交换的认定条件;乙公司收到的补价占换出资产公允价值的比例为 130 万元÷540 万元 = 24.07%<25%,符合非货币性资产交换的认定条件。请问上述交易是否属于非货币性资产交换?为什么?

(2)假设上述交易中,各项资产的公允价值均无法可靠计量,如何判定该交易是否属于非货币性资产交换?

(3)假设上述交易属于非货币性资产交换,不考虑除增值税以外的其他税费,甲公司、乙公司应分别进行怎样的会计处理?

(4)假设上述交易属于非货币性资产交换,且有确凿证据表明甲公司原材料的公允价值比乙公司厂房和专利权的公允价值更加可靠,此时甲公司、乙公司的会计处理是否会发生变化?分析不同的会计处理对资产的计价、损益的确定等有哪些影响。

大商股份有限公司(以下简称"大商股份")发端于大连,是 A 股中优秀的全国性百货连锁企业之一,母公司大商集团是国内巨大的零售业集团之一。公司成立于 1992 年 12 月 10 日,公司股票于 1993 年 11 月 22 日在上海证券交易所上市发行。

从董事会报告中的报告期内公司财务状况说明和年度报告中的合并报表主要注意事项可以看出大商股份发生了非货币性资产交换(见表 2 和表 3)。

表 2　　　　　　　　董事会报告中的报告期内公司财务状况说明

利润项目	本期金额（元）	上期金额（元）	增减幅度（%）	增减原因
资产减值损失	50 623 036.91	24 330 506.90	108.06	公司本期存货跌价准备和坏账准备增加

续表

利润项目	本期金额（元）	上期金额（元）	增减幅度（%）	增减原因
营业外收入	77 619 333.15	53 436 256.29	45.26	公司的子公司百大宾馆、大庆百货大楼与第三方进行资产置换获得非货币性资产
所得税费用	210 064 954.41	120 720 069.64	74.01	公司本期经营利润较上年同期增加

表3　　年度报告中的合并报表主要注意事项（营业外收入项目）　　单位：元

项　目	本　期	上年同期
非流动资产处置利得	7836 406.09	14 141 598.95
非货币性资产交换利得	26 156 365.74	0.00
政府补贴	18 446 815.71	20 387 588.10
盘盈利得	38 260.15	65 081.37
捐赠利得	0.00	47 880.00
其他项目	25 141 485.46	18 794 109.87
合　计	77 619 333.15	53 436 258.29

2010年10月18日，该公司的子公司百大宾馆、大庆百货大楼及关联方新百大与大庆市金银来有限公司（"金银来公司"）签署资产置换协议，百大宾馆以其面积为6 731平方米的主楼和面积为1 734平方米的招待所楼等固定资产，大庆百货大楼以其面积为359平方米的仓库等固定资产，新百大以其246.88平方米仓库共同换入金银来公司位于庆莎商城面积为10 434平方米的房产（见表4）。

表4　　　　　换入、换出资产公允价值或账面价值　　　　　单位：元

项　目	金　额
公司换入资产公允价值	31 823 700.00
公司换出资产公允价值	29 182 899.90
新百大换出资产公允价值	920 000.00
公司换出资产账面价值	3 026 534.16
公司非货币性资产交换确认的损益	26 156 365.74

由于该项交换具有商业实质且换出资产的公允价值能够可靠地计量,以换出资产的公允价值作为确定换入资产成本的基础。会计分录如下:

借:固定资产　　　　　　　　　　　　　　　　　　29 182 899.90
　　贷:固定资产清理　　　　　　　　　　　　　　　　3 026 534.16
　　　　营业外收入——处置固定资产收入　　　　　　26 156 365.74

请针对上述案例,思考下列问题:

(1)大商集团的非货币性资产交换的目的是什么?

(2)案例中称,该资产交换具有商业实质,本例中商业实质判断的依据可能是什么?

(3)如果不具有商业实质而采取具有商业实质的会计处理会产生哪些差异?违背哪些会计职业道德?

第四章

套期会计

本章在介绍金融工具特别是衍生金融工具概念的基础上,重点介绍了套期的会计处理,包括公允价值套期、现金流量套期和境外经营净投资套期。本章内容对应的企业会计准则是《企业会计准则第 24 号——套期会计》。通过本章学习,应该能够理解套期的概念、分类和套期会计的处理原则,掌握套期工具和被套期项目的内容,掌握公允价值套期和现金流量套期的会计处理,了解境外经营净投资套期的会计处理。

第一节 金融工具概述

一、金融工具的概念

我国《企业会计准则第 22 号——金融工具确认和计量》对金融工具作了如下定义:金融工具是指形成一方的金融资产并形成其他方的金融负债或权益工具的合同。金融工具包括金融资产、金融负债和权益工具。其中,金融资产通常指企业下列资产:现金、银行存款、应收账款、应收票据、贷款、股权投资、债权投资等。金融负债通常指企业的下列负债:应付账款、应付票据、应付债券等。从发行方看,权益工具指能证明拥有某个企业在扣除所有负债后的资产中的剩余权益的合同,具体指企业发行的普通股、在资本公积项下核算的认股权等。

二、金融工具的分类

金融工具可以分为基础金融工具和衍生工具。

(一)基础金融工具

基础金融工具包括企业持有的现金、存放于金融机构的款项、普通股,以及代表在未来期间收取或支付金融资产的合同权利或义务等,如应收账款、应付账款、其他应收款、其他应付款、存出保证金、存入保证金、客户贷款、客户存款、债券投资、应付债券。

由于基本金融工具属于中级财务会计涵盖的内容,所以本章不再详细介绍这部分内容。

(二)衍生工具

1. 衍生工具的概念和特点。衍生工具是指金融工具确认和计量准则涉及的、具有下列特征的金融工具或其他合同。

(1)价值随着特定利率、金融价格、商品价格、汇率、价格指数、费率指数、信用等级、信用指数或其他类似变量的变动而变动,变量为非金融变量的,该变量与合同的任一方不存在特定关系。

衍生工具的价值变动取决于标的变量的变化。例如,人民币债券远期合同的价值变化主要取决于人民币基准利率的变化。衍生工具的结算金额,也往往通过标的变量作用于衍生工具的名义金额来确定。其中,衍生工具的"名义金额"既可能指一定数量的货币金额,也可能指一定数量的股份,还可能指衍生工具合同所约定的一定数量的其他项目。衍生工具的结算金额也可能不需要通过名义金额确定,而是通过合同中明确的结算条款确定。例如,某衍生工具要求合同的一方在6个月期的LIBOR(伦敦银行同业贷款利率)上涨幅度超过100点时支付另一方1 000万元,就属于此种情形。

(2)不要求初始净投资,或与对市场情况变动有类似反应的其他类型合同相比,要求很少的初始净投资。

企业从事衍生工具交易不要求初始净投资,通常指签订某项衍生工具合同时不需要支付现金或现金等价物。例如,某企业与其他企业签订一项将来买入债券的远期合同,就不需要在签订合同时支付将来购买债券所需的现金。但是,不要求初始净投资,并不排除企业按照约定的交易惯例或规则相应缴纳一笔保证金,比如企业进行期货交易时要求缴纳一定的保证金。缴纳保证金不构成一项企业解除负债的现时支付,因为保证金仅具有"保证"性质。

在某些情况下,企业在从事衍生工具交易也会遇到要求进行现金支付的情况,但该现金支付只是相对很少的初始净投资。例如,从市场上购入备兑认股权证,就需要先支付一笔款项。但相对于行权时购入相应股份所需支付的款项,此项支付往往是很小的。又如,企业进行货币互换时,通常需要在合同签订时支付某种货币表示的一笔款项,但同时也会收到以另一种货币表示的"等值"的一笔款项,无论是从该企业的角度,还是从对方(合同的另一方)的角度看,初始净投资均为零。

(3)在未来某一日期结算。衍生工具在未来某一日期结算,表明衍生工具结算需要经历一段特定期间。但是,"在某一日期结算"不能理解为只在未来某一日期进行一次结算。例如,利率互换可能涉及合同到期前多个结算日期。另外,有些期权可能由于是价外期权而到期不行权,也是在未来日期结算的一种方式。

需要指出的是,如买卖非金融项目的合同,根据企业预期购买、出售或使用要求,以获取或交付非金融项目为目的而签订,那么此类合同不符合衍生工具的定义。但是,当此类合同可以通过现金或其他金融工具净额结算或通过交换金融工具结算,或者合同中的非金融项目可以方便地转换为现金时,这些合同应当比照衍生工具进行会计处理。例如,可以采用现金净额方式进行结算的商品期货合约。

2. 衍生工具的内容。衍生工具包括远期合同、期货合同、互换合同和期权合同等。下面将重点介绍一下金融远期、商品期货、金融期货、金融期权以及金融互换五类衍生工具。

(1)金融远期。金融远期是指在确定的将来某一时间按照确定的价格购买或出售某项资产的合约。由于是非标准合约,因此流通性差,难以转让,绝大部分远期合约都必须到期进行实际交割。根据标的的不同,金融远期主要包括远期外汇合约和远期利率协议。

①远期外汇合约。它是指客户与经营外汇的银行之间或经营外汇的银行互相之间签订合约,在双方约定的未来日期按约定的远期汇率将一种货币兑换成另一种货币的交易行为,在期汇交易中签订的合约即为远期外汇合约。合约的标的物为外汇。

②远期利率协议。远期利率协议是一种以利率为标的物的远期合约,通过这种合约,买方和卖方可以把未来某一时点开始的某个预先约定的期间内的利率锁定。具体来说,远期利率协议是双方协定以未来一定期间、一定名义的本金为计算基础,将约定利率与约定期间开始日的市场利率之差形成的利息差额的现值,由一方支付给另一方的合约。

(2)商品期货。商品期货是指买卖双方在有组织的交易所内,以公开竞价的方式达成协议,约定在未来某一特定时间交割标准数量特定商品的交易合约。按商品交易的种类分,商品期货主要包括:

①农作物产品,主要包括黄豆、玉米、小麦、砂糖、豆油、棕榈油、亚麻仁、椰干、可可、木材、棉花、咖啡等。

②畜牧产品,主要包括活牛、活猪、其他家畜等。
③工业产品,主要包括橡胶、工业棉花、钢材等。
④贵重金属,主要包括黄金、白银、白金和钯等。
⑤基本金属,主要包括铝、铜、铅、镍、锌等。
⑥能源产品,主要包括热燃油、轻原油、无铅汽油、含铅汽油和燃料油、丙烷等。

(3)金融期货。金融期货是指买卖双方在有组织的交易所内,以公开竞价的方式达成协议,约定在未来某一特定时间交割标准数量特定金融工具的交易合约。与远期不同的是,由于是标准化合约,具有较强的流动性,绝大多数合约在到期前被平仓,到期交割的比例极小。由于期货交易采取保证金结算制度,有较强的效应。根据标的的不同,金融期货主要有外汇期货、利率期货和股票指数期货。

①外汇期货,指交易双方在有组织的交易场所按照交易规则,通过公开竞价,买卖特定币种、特定数量、特定交割期的标准合约的交易。外汇期货合约的标的是各种可自由兑换的货币,可以用于规避汇率变动的风险或利用汇率变动获取利益。

②利率期货。利率期货也是在有组织的场所内,按照交易规则,通过公开竞价,买卖特定数量,特定交割期的标准合约的交易。利率期货合约标的物是各种利率的载体,通常包括商业票据、定期存单、国债及其他政府公债。利率期货通过签订约定远期利率的协议,使投资者能够锁定未来的利率水平,实现套期保值。

③股票指数期货。股票指数期货是以股票价格指数作为合约标的物,又称股指期货或期指。股指期货合约的价格是按指数的点数与一个固定金额相乘计算的,合约以现金进行结算或交割。

(4)金融期权。期权是一种交易选择权,它有卖权和买权两个基本类型。买权,即看涨期权,其持有者有权在某一个确定时间以确定价格购买标的资产;卖权,即看跌期权,其持有者有权在某一确定时间以某一确定价格出售标的资产。在这两类期权中,有交易选择权的一方都必须向另一方支付权利金,即期权价格。按照期权权利行使时间,可以分为欧式期权和美式期权。欧式期权只能在到期日执行;美式期权可以在期权有效期内的任何时间执行。根据标的资产的不同,金融期权包括外汇期权、利率期权、股票期权和股票指数期权等。

①外汇期权。它是以外汇为标的物的期权交易,即在合约买方支付权利金的前提下,赋予合约买方在规定期限内按合约双方约定的价格购买或出售一定数量外汇的权利。外汇期权又分为现汇期权和外汇期货期权。现汇期权是指期权买方在期权到期日或之前,有权决定是否购售外汇现货的合约。外汇期货期权是指期权买方在期权到期日或之前,有权决定是否购售外汇期货的合约。

②利率期权。利率期权在合约买方支付权利金的前提下,赋予其在规定期限内按

合约双方约定的价格购买或者出售一定数量的某种利率商品(如商业票据、国债或其他政府公债)的权利,合约卖方取得权利金后,有义务在买方要求履行时进行出售和购买。利率期权经过发展变形,出现了利率上限、利率下限和利率上下限等期权形式。利率上限是双方就未来一定时间内商定一个固定利率作为利率上限,如果市场利率超过了这一上限,由卖方将出现的利息差额支付给买方,但买方在签约时需要支付一定的权利金。利率上限可用来固定最高利率,将利率上升的风险锁定在一定的范围内。相反,利率下限是指商定一个利率下限,如果市场利率低于这一下限,由卖方将利息差额支付给买方,买方同样需要支付一定的权利金。利率下限可以用来固定最低利率,将利率下降的风险锁定在一定的范围内。利率上下限是在买入一个利率上限的同时,出售一个利率下限,即将利率上限和利率下限组合起来,通过出售利率下限,获取一定的权利金,从而降低利率上限的成本。

③股票期权。股票期权是在合约买方支付权利金的前提下,赋予其在规定期限内按合约双方约定的价格购买或出售一定数量的某种股票的权利,合约卖方取得权利金后,有义务在买方要求履约时进行出售或购买。

④股票指数期权。股票指数期权是以股票指数为标的物的期权交易,又称股指期权。与外汇期权、利率期权、股票期权不同的是,股票期权合约的价格是以点数衡量的,这一点与股指期货最为相似,即合约价格是按指数的点数与一个固定金额相乘计算的,最终合约实际交割的是现金。

(5)金融互换。金融互换是指当事人按照一定的条件在金融市场上进行不同金融工具的交换的合约。金融互换交易由于考虑了交易各方的自身情况,并利用了各自的优势,通常可以同时增加交易各方的经济利益。金融互换主要分为货币互换、利率互换等。

①货币互换。货币互换是指以一种货币表示的一定数量的资本及在此基础上产生的利息支付义务,与另一种货币表示的相应数量的资本额及在此基础上产生的利息支付义务进行相互交换。货币互换的前提是要存在两个在期限和金额上利益相同而对货币需求相反的伙伴,双方按预先约定进行资本额的互换,互换后,每年以约定利率和资本额为基础进行利息支付的互换,协议到期后,再按照原约定的利率将原资本额换回。也就是说,货币互换要在期初、计息日、到期日发生多次资金流动,而且资金的流动是双向的。

②利率互换。利率互换是在货币互换的基础上产生的,是指计息方法不同(一方以固定利率计息,另一方以浮动利率计息)或者利率水平不一致的债权或债务之间进行的转换。与货币互换不同的是,利率互换是在利率不同的同一货币之间互换,并且不进行本金的互换,只是在协议约定的各期互换由于利息不同而产生的利息差额。由于

没有期初及最后的本金互换,利率互换的资金流动只发生在计息日,而且由于是净额结算,因此资金的流动是单向的。

虽然在形式上有所不同,利率互换与货币互换同样都产生于市场参与者改变债务结构、管理风险以及降低筹资成本等方面的需要。降低筹资成本的需要是利率互换产生的主要因素,固定市场中的投资者对某个特定发行者所要求的溢价,可能会与浮动市场中的投资者对同一发行者所要求的溢价不同,因此发行者们发现可以通过在具有比较优势的市场上发行债务工具,然后与其他市场上具有比较优势的另一方互换利息流量来降低发行成本,并能规避交易双方的利率风险。所以,利率互换的主要优点是降低筹资成本和规避风险。

三、金融工具会计在我国的发展及现状

20世纪90年代以来,特别是从我国加入世界贸易组织(WTO)以来,中国的资本市场蓬勃发展,我国的金融工具交易,尤其是衍生工具交易有了较快的发展。但是我国金融工具会计准则的制定相对于金融工具交易的发展却相对滞后:2007年1月1日开始在上市公司实施的新会计准则出台之前,我国原有的会计制度(或准则)主要对基本金融工具,如应收账款、债券和股票等的会计处理作了较详细的规定,而对除商品期货以外的绝大部分衍生工具的会计处理都没有详细和系统的规范。但是,这并不能说我国会计法规的制定者和会计理论的研究者没有关注衍生工具的会计问题,事实上自从衍生工具在中国出现,法规制定者和研究者对衍生工具会计的研究从未间断过。比如,2001年财政部发布实施的《金融企业会计制度》对金融企业的衍生金融工具的确认和计量等作了相应的规定。2002年10月,中国证券监督管理委员会对上市的商业银行的年报财务报表附注作出特别规定,其中第三条第(四)项规定:对于外汇交易合约、利率期货、远期汇率合约、货币和利率套期、货币和利率期权等衍生金融工具,应说明其计价方法;采用公允价值的,还应说明公允价值取得方法,如市场比价、未来现金流量等;对于投资活动的衍生金融工具及用于套期保值目的的其他衍生金融工具,应说明损益的确认方法,以及将衍生金融工具确认为套期保值的标准。

2007年1月1日开始在上市公司实施的会计准则对金融工具会计作了全面而系统的规定。该套准则的出台反映了实务界对金融工具,特别是衍生金融工具会计规定的迫切要求。涉及的金融工具准则包括《企业会计准则第22号——金融工具确认和计量》《企业会计准则第23号——金融资产转移》《企业会计准则第24号——套期保值》《企业会计准则第38号——金融工具列报》。2017年财政部又对这四项会计准则进行了修订,并将第24号准则更名为《企业会计准则第24号——套期会计》。修订后的准则自2018年1月1日起实施。现有会计准则体系中涉及金融工具会计的准则有四项:

(1)《企业会计准则第 22 号——金融工具确认和计量》(以下简称"金融工具确认和计量准则"),该准则规范了包括金融企业在内的各类企业的金融工具交易的会计处理,要求企业将几乎所有金融工具尤其是衍生工具纳入表内核算,这将有助于如实反映企业的金融工具交易。

(2)《企业会计准则第 23 号——金融资产转移》(以下简称"金融资产转移准则"),该准则规范了金融资产转移的确认和计量,有助于更准确地反映金融资产转移业务给企业带来的财务影响。

(3)《企业会计准则第 24 号——套期会计》(以下简称"套期准则"),该准则规范了企业的套期业务会计处理,有助于如实反映企业套期业务对其风险管理和财务状况的总体影响,便于投资者对企业的风险管理策略和风险管理水平作出综合评价。

(4)《企业会计准则第 38 号——金融工具列报》(以下简称"金融工具列报准则"),该准则规范了权益工具的确认和计量、金融工具的披露等问题,有助于如实地反映企业存在的金融工具风险、风险管理策略和风险管理水平等信息,便于投资者对企业进行综合评价。

由于基本金融工具的会计处理已经在中级财务会计课程中进行了详细介绍,本章后面的内容将以我国现行会计准则的规定来介绍有关衍生金融工具的核算与列报。一般企业持有衍生金融工具的根本目的在于套期保值防范风险,所以本章后面将集中介绍套期保值的会计处理。

第二节 套期概述

一、套期的概念

套期,是指企业为管理外汇风险、利率风险、价格风险、信用风险等特定风险引起的风险敞口,指定金融工具为套期工具,使套期工具的公允价值或现金流量变动,预期抵销被套期项目全部或部分公允价值或现金流量变动的风险管理活动。套期主要涉及套期工具、被套期项目和套期关系三个要素。

外汇风险,也称为汇率风险,是指因汇率变化而产生的利润和财富方面的风险。利率风险是指企业借出或借入资金时,面临的利率变动导致企业实际收到或支付的利息高于或者低于预期值的不确定性。价格风险是针对商品或股票等价格变化的不确定性的风险。信用风险是指不还债或者逾期还债所产生的风险。

企业运用商品期货进行套期时,其套期策略通常是,买入(卖出)与现货市场数量相当、但交易方向相反的期货合同,以期在未来某一时间通过卖出(买入)期货合同来补偿现货市场价格变动所带来的实际价格风险。

相对于非金融企业,金融企业面临较多的金融风险,如利率风险、外汇风险、信用风险等,对套期有更多的需求。例如,某上市银行为规避汇率变动风险,与某金融公司签订外币期权合同对现存数额较大的美元敞口进行套期。

二、套期的原则与方式

(一)套期的一般原则

1. 种类相同或相关原则。在做套期交易时,所选择的期货品种通常要和套期者将在现货市场中买入或卖出的现货商品或资产在种类上相同或有较强的相关性。

2. 数量相等或相当原则。在做套期交易时,买卖期货合同的规模通常要与套期者在现货市场上所买卖的商品或资产的规模相等或相当。

3. 交易方向相反原则。在做套期交易时,套期者通常要同时或在相近时间内在现货市场上和期货市场上实际买进或卖出现货商品。

4. 月份相同或相近原则。在做套期交易时,所选用的期货合约的交割月份最好与交易者将来在现货市场上实际买进或卖出现货商品的时间相同或相近。

上述四项原则是建立在完美假设基础上的风险对冲原则。为适应复杂多变的市场变化,除了"交易方向相反原则"外,其他三项原则根据实际进行适当调整,使套期操作更好地发挥防范企业经营风险的作用。此外,具体实务中还要考虑风险可控和可对冲原则。风险可控,是指企业的套期方案设计及操作管理,都应使保值行动处于明确的风险可承受范围内,甚至要做到风险可测,并采取相应的防范措施。

(二)套期的方式

1. 买入套期(多头套期)。套期者为了规避价格上涨的风险,先在期货市场上买入与其将在现货市场上买入的现货商品或资产数量相等、交割日期相同或相近的以该商品或资产为标的的期货合约,当该套期者在现货市场上买入现货商品或资产的同时,将原买进的期货合约对冲平仓,从而为其在现货市场上买进现货商品或资产的交易进行保值。

买入套期适用于准备在将来某一时间内购进某种商品或资产,防止实际买入现货商品或资产时价格上涨,使价格仍能维持在目前自己认可的水平的机构和个人。具体适用情况如:①加工制造企业为防止日后购进原料时价格上涨的情况;②供货方已经与需求方签订好现货供货合同,约定未来时间交货,但供货方此时尚未购进货源,防止日后购进货源价格上涨的情况;③需求方由于资金不足、缺少外汇、仓库已满等情况不能立即买进现货，防止日后购入现货价格上涨的情形。

2. 卖出套期（空头套期）。套期者为了规避价格下跌的风险，先在期货市场上卖出与其将在现货市场上卖出的现货商品或资产数量相等、交割日期相同或相近的以该商品或资产为标的的期货合约，当该套期者在现货市场上卖出现货商品或资产的同时，将原卖出的期货合约对冲平仓，从而为其在现货市场上卖出现货商品或资产的交易进行保值。

卖出套期适用于准备在将来某一时间内卖出某种商品或资产，防止实际卖出现货商品或资产时价格下跌，使价格仍能维持在目前自己认可的水平的机构和个人。具体适用情况如：①直接生产商品的厂家有库存商品尚未销售，防止日后出售价格下跌的情况；②储运商、贸易商有库存现货尚未出售或已签订将来以特定价格买进某一商品但尚未转售，防止日后出售时价格下跌的情况。

三、套期的分类

为运用套期会计方法，套期可划分为公允价值套期、现金流量套期和境外经营净投资套期。

（一）公允价值套期

公允价值套期是指对已确认资产或负债、尚未确认的确定承诺，或上述项目组成部分的公允价值变动风险敞口进行的套期。该公允价值变动源于特定风险，且将影响企业的损益或其他综合收益。其中，影响其他综合收益的情形，仅限于企业对指定为以公允价值计量且其变动计入其他综合收益的非交易性权益工具投资的公允价值变动风险敞口进行的套期。

以下是公允价值套期的例子：

1. 某企业对承担的固定利率负债的公允价值变动风险进行套期。
2. 某汽车生产公司签订了一项 6 个月后以固定外币金额购买生产线的合同（未确认的确定承诺），为规避外汇风险对该确定承诺的外汇风险进行套期。
3. 某食品公司签订了一项 4 个月后以固定价格购买小麦的合同（未确认的确定承诺），为规避价格变动风险对该确定承诺的价格变动风险进行套期。

【例 4-1】2×21 年 12 月 1 日，甲上市公司从美国进口某种商品，货款总计为 100 000 美元，合同约定于 2×22 年 1 月 15 日以美元结算。为规避美元远期汇率升值的风险，在进口交易当天，甲上市公司与银行签订了买入金额为 100 000 美元、期限为 45 天的远期合同。很显然，通过签订远期合同，甲上市公司可以有效地规避预期美元升水的风险。在结算日，甲上市公司只需以固定的远期汇率买入美元进行清偿即可，使公司规避了汇率上升可能带来的损失。

(二)现金流量套期

现金流量套期是指对现金流量变动风险敞口进行的套期。该现金流量变动源于与已确认资产或负债、极可能发生的预期交易,或与上述项目组成部分有关的特定风险,且将影响企业的损益。

以下是现金流量套期的例子:

1. 某企业对承担的浮动利率债务的现金流量变动风险进行套期。

2. 某汽车生产公司为规避6个月后预期很可能发生的与购买生产线相关的现金流量变动风险进行套期。

3. 某商业银行对2个月后预期很可能发生的与可供出售金融资产处置相关的现金流量变动风险进行套期。

对确定承诺的外汇风险进行的套期,企业可以作为现金流量套期或公允价值套期。

(三)境外经营净投资套期

境外经营净投资套期是指对境外经营净投资外汇风险敞口进行的套期。境外经营净投资,是指企业在境外经营净资产中的权益份额。

【例4-2】丙上市公司是一家中国企业,拥有一家美国子公司,净投资为3 000万美元。2×21年9月1日,丙上市公司与某金融机构签订了一份6个月期限的远期合同,将卖出1 000万美元,汇率为1美元=7.92元人民币;2×21年12月31日,汇率为1美元=7.91元人民币;2×22年3月1日,汇率为1美元=7.89元人民币。

丙上市公司在美国的净投资暴露在汇率变动风险下。为了规避汇率下降,即美元贬值带来的风险,丙上市公司利用远期合同进行套期,以一个固定的远期汇率1美元=7.92元人民币卖出1 000万美元,形成空头。再于2×22年3月1日以即期汇率买入1 000万美元进行交割,以使得自己规避美元汇率下降带来的外汇风险,有效地保持净投资额的价值,否则公司将损失30万元人民币(1 000×7.92-1 000×7.89)。

四、套期工具和被套期项目

(一)套期工具

套期工具,是指企业为进行套期而指定的、其公允价值或现金流量变动预期可抵销被套期项目的公允价值或现金流量变动的金融工具,具体包括:

1. 以公允价值计量且其变动计入当期损益的衍生工具,但签出期权除外。企业只有在对购入期权(包括嵌入在混合合同中的购入期权)进行套期时,签出期权才可以作为套期工具。嵌入在混合合同中但未分拆的衍生工具不能作为单独的套期工具。

2. 以公允价值计量且其变动计入当期损益的非衍生金融资产或非衍生金融负债,但指定为以公允价值计量且其变动计入当期损益、其自身信用风险变动引起的公允价值变动计入其他综合收益的金融负债除外。

企业自身权益工具不属于企业的金融资产或金融负债,不能作为套期工具。

3. 对于外汇风险套期,企业可以将非衍生金融资产(选择以公允价值计量且其变动计入其他综合收益的非交易性权益工具投资除外)或非衍生金融负债的外汇风险成分指定为套期工具。

4. 在确立套期关系时,企业应当将符合条件的金融工具整体指定为套期工具,但下列情形除外。

(1)对于期权,企业可以将期权的内在价值和时间价值分开,只将期权的内在价值变动指定为套期工具。

(2)对于远期合同,企业可以将远期合同的远期要素和即期要素分开,只将即期要素的价值变动指定为套期工具。

(3)对于金融工具,企业可以将金融工具的外汇基差单独分拆,只将排除外汇基差后的金融工具指定为套期工具。

(4)企业可以将套期工具的一定比例指定为套期工具,但不可以将套期工具剩余期限内某一时段的公允价值变动部分指定为套期工具。

5. 企业可以将两项或两项以上金融工具(或其一定比例)的组合指定为套期工具(包括组合内的金融工具形成风险头寸相互抵销的情形)。

对于一项由签出期权和购入期权组成的期权(如利率上下限期权),或对于两项或两项以上金融工具(或其一定比例)的组合,其在指定日实质上相当于一项净签出期权的,不能将其指定为套期工具。只有在对购入期权(包括嵌入混合合同中的购入期权)进行套期时,净签出期权才可以作为套期工具。

(二)被套期项目

被套期项目,是指使企业面临公允价值或现金流量变动风险,且被指定为被套期对象的、能够可靠计量的项目。

1. 企业可以将下列单个项目、项目组合或其组成部分指定为被套期项目:

(1)已确认资产或负债。

(2)尚未确认的确定承诺。确定承诺,是指在未来某特定日期或期间,以约定价格交换特定数量资源、具有法律约束力的协议。

(3)极可能发生的预期交易。预期交易,是指尚未承诺但预期会发生的交易。

(4)境外经营净投资。

上述项目组成部分是指小于项目整体公允价值或现金流量变动的部分,企业只能将下列项目组成部分或其组合指定为被套期项目:①项目整体公允价值或现金流量变动中仅由某一个或多个特定风险引起的公允价值或现金流量变动部分(风险成分)。

根据在特定市场环境下的评估,该风险成分应当能够单独识别并可靠计量。风险成分也包括被套期项目公允价值或现金流量的变动仅高于或仅低于特定价格或其他变量的部分。②一项或多项选定的合同现金流量。③项目名义金额的组成部分,即项目整体金额或数量的特定部分,其可以是项目整体的一定比例部分,也可以是项目整体的某一层级部分。若某一层级部分包含提前还款权,且该提前还款权的公允价值受被套期风险变化影响的,企业不得将该层级指定为公允价值套期的被套期项目,但企业在计量被套期项目的公允价值时已包含该提前还款权影响的情况除外。

2. 企业可以将符合被套期项目条件的风险敞口与衍生工具组合形成的汇总风险敞口指定为被套期项目。

3. 当企业出于风险管理目的对一组项目进行组合管理,且组合中的每一个项目(包括其组成部分)单独都属于符合条件的被套期项目时,可以将该项目组合指定为被套期项目。

在现金流量套期中,企业对一组项目的风险净敞口(存在风险头寸相互抵销的项目)进行套期时,仅可以将外汇风险净敞口指定为被套期项目,并且应当在套期指定中明确预期交易预计影响损益的报告期间,以及预期交易的性质和数量。

4. 企业将一组项目名义金额的组成部分指定为被套期项目时,应当分别满足下列条件:

(1)企业将一组项目的一定比例指定为被套期项目时,该指定应当与该企业的风险管理目标相一致。

(2)企业将一组项目的某一层级部分指定为被套期项目时,应当同时满足下列条件:①该层级能够单独识别并可靠计量。②企业的风险管理目标是对该层级进行套期。③该层级所在的整体项目组合中的所有项目均面临相同的被套期风险。④对于已经存在的项目(如已确认资产或负债、尚未确认的确定承诺)进行的套期,被套期层级所在的整体项目组合可识别并可追踪。⑤该层级包含提前还款权的,应当符合被套期项目内容名义金额的组成部分中的相关要求。

风险管理目标,是指企业在某一特定套期关系层面上,确定如何指定套期工具和被套期项目,以及如何运用指定的套期工具对指定为被套期项目的特定风险敞口进行套期。

5. 如果被套期项目是净敞口为零的项目组合(各项目之间的风险完全相互抵销),同时满足下列条件时,企业可以将该组项目指定在不含套期工具的套期关系中:

(1)该套期是风险净敞口滚动套期策略的一部分,在该策略下,企业定期对同类型的新的净敞口进行套期。

(2)在风险净敞口滚动套期策略整个过程中,被套期净敞口的规模会发生变化,当其不为零时,企业使用符合条件的套期工具对净敞口进行套期,并通常采用套期会计方法。

(3)如果企业不对净敞口为零的项目组合运用套期会计,将导致不一致的会计结果,因为不运用套期会计方法将不会确认在净敞口套期下确认的相互抵销的风险敞口。

6. 运用套期会计时,在合并财务报表层面,只有与企业集团之外的对手方之间交易形成的资产、负债、尚未确认的确定承诺或极可能发生的预期交易才能被指定为被套期项目;在合并财务报表层面,只有与企业集团之外的对手方签订的合同才能被指定为套期工具。对于同一企业集团内的主体之间的交易,在企业个别财务报表层面可以运用套期会计,在企业集团合并财务报表层面不得运用套期会计,但下列情形除外。

(1)在合并财务报表层面,符合《企业会计准则第33号——合并财务报表》规定的投资性主体与其以公允价值计量且其变动计入当期损益的子公司之间的交易,可以运用套期会计。

(2)企业集团内部交易形成的货币性项目的汇兑收益或损失,不能在合并财务报表中全额抵销的,企业可以在合并财务报表层面将该货币性项目的外汇风险指定为被套期项目。

(3)企业集团内部极可能发生的预期交易,按照进行此项交易的主体的记账本位币以外的货币标价,且相关的外汇风险将影响合并损益的,企业可以在合并财务报表层面将该外汇风险指定为被套期项目。

五、运用套期会计的条件

对于满足套期准则规定条件的公允价值套期、现金流量套期或境外经营净投资套期,企业可运用套期会计方法进行处理。

(一)运用套期会计的条件

1. 套期会计准则规定,公允价值套期、现金流量套期或境外经营净投资套期同时满足下列条件的,才能运用套期会计方法进行处理:

(1)套期关系仅由符合条件的套期工具和被套期项目组成。

(2)在套期开始时,企业正式指定了套期工具和被套期项目,并准备了关于套期关系和企业从事套期的风险管理策略和风险管理目标的书面文件。该文件至少载明了套期工具、被套期项目、被套期风险的性质以及套期有效性评估方法(包括套期无效部分产生的原因分析以及套期比率确定方法)等内容。

(3)套期关系符合套期有效性要求。

2. 关于套期会计运用条件,还有以下几点需要说明。

(1)套期有效性,是指套期工具的公允价值或现金流量变动能够抵销被套期风险引起的被套期项目公允价值或现金流量变动的程度。套期工具的公允价值或现金流量变动大于或小于被套期项目的公允价值或现金流量变动的部分为套期无效部分。

套期同时满足下列条件的,企业应当认定套期关系符合套期有效性要求:①被套期项目和套期工具之间存在经济关系。该经济关系使得套期工具和被套期项目的价值因面临相同的被套期风险而发生方向相反的变动。②被套期项目和套期工具经济关系产生的价值变动中,信用风险的影响不占主导地位。③套期关系的套期比率,应当等于企业实际套期的被套期项目数量与对其进行套期的套期工具实际数量之比,但不应当反映被套期项目和套期工具相对权重的失衡,这种失衡会导致套期无效,并可能产生与套期会计目标不一致的会计结果。例如,企业确定拟采用的套期比率是为了避免确认现金流量套期的套期无效部分,或是为了创造更多的被套期项目进行公允价值调整以达到增加使用公允价值会计的目的,可能会产生与套期会计目标不一致的会计结果。

(2)套期关系评估。企业应当在套期开始日及以后期间持续地对套期关系是否符合套期有效性要求进行评估,尤其应当分析在套期剩余期限内预期将影响套期关系的套期无效部分产生的原因。企业至少应当在资产负债表日及相关情形发生重大变化将影响套期有效性要求时对套期关系进行评估。

(3)套期关系再平衡。套期关系由于套期比率的原因而不再符合套期有效性要求,但指定该套期关系的风险管理目标没有改变的,企业应当进行套期关系再平衡。

套期关系再平衡,是指对已经存在的套期关系中被套期项目或套期工具的数量进行调整,以使套期比率重新符合套期有效性要求。基于其他目的对被套期项目或套期工具所指定的数量进行变动,非此处所称的套期关系再平衡。

企业在套期关系再平衡时,应当首先确认套期关系调整前的套期无效部分,并更新在套期剩余期限内预期将影响套期关系的套期无效部分产生原因的分析,同时相应更新套期关系的书面文件。

(二)企业终止运用套期会计条件

企业发生下列情形之一的,应当终止运用套期会计:

1. 因风险管理目标发生变化,导致套期关系不再满足风险管理目标。
2. 套期工具已到期、被出售、合同终止或已行使。
3. 被套期项目与套期工具之间不再存在经济关系,或者被套期项目和套期工具经济关系产生的价值变动中,信用风险的影响开始占主导地位。
4. 套期关系不再满足本准则所规定的运用套期会计方法的其他条件。在适用套期关系再平衡的情况下,企业应当首先考虑套期关系再平衡,然后评估套期关系是否满足本准则所规定的运用套期会计方法的条件。

终止套期会计可能会影响套期关系的整体或其中一部分,在仅影响其中一部分时,剩余未受影响的部分仍适用套期会计。

套期关系同时满足下列条件的,企业不得撤销套期关系的指定并由此终止套期关系:①套期关系仍然满足风险管理目标。②套期关系仍然满足运用套期会计方法的其他条件。在适用套期关系再平衡的情况下,企业应当首先考虑套期关系再平衡,然后评估套期关系是否满足运用套期会计方法的条件。

企业发生下列情形之一的,不作为套期工具已到期或合同终止处理:①套期工具展期或被另一项套期工具替换,而且该展期或替换是企业书面文件所载明的风险管理目标的组成部分。②由于法律法规或其他相关规定的要求,套期工具的原交易对手方变更为一个或多个清算交易对手方(例如清算机构或其他主体),以最终达成由同一中央交易对手方进行清算的目的。如果存在套期工具其他变更的,该变更应当仅限于达成此类替换交易对手方所必需的变更。

第三节 套期的确认和计量

一、会计科目的设置

在进行套期保值会计核算的时候企业需要设置"套期工具""被套期项目""套期损益"三个会计科目。

(一)"套期工具"科目

该科目是一个共同类会计科目,核算企业开展套期保值业务(包括公允价值套期、现金流量套期和境外经营净投资套期)套期工具公允价值变动形成的资产或负债。该科目可按套期工具类别进行明细核算。

企业将已确认的衍生工具等金融资产或金融负债指定为套期工具的,应按其账面价值,借记或贷记"套期工具"科目,贷记或借记"衍生工具"等科目。资产负债表日,对于有效套期,应按套期工具产生的利得,借记"套期工具"科目,贷记"套期损益"等科目,套期工具产生损失作相反的会计分录。金融资产或金融负债不再作为套期工具核算的,应按套期工具形成的资产或负债,借记或贷记有关科目,贷记或借记"套期工具"科目。

"套期工具"期末借方余额,反映企业套期工具形成资产的公允价值;该科目的期末贷方余额,反映企业套期工具形成负债的公允价值。

(二)"被套期项目"科目

该科目是一个共同类会计科目,核算企业开展套期保值业务被套期项目公允价值变动形成的资产和负债。该科目可按被套期项目类别进行明细核算。

企业将已确认的资产或负债指定为被套期项目,应按其账面价值,借记或贷记"被套期项目"科目,贷记或借记"库存商品""长期借款""持有至到期投资"等科目。已计提跌价准备或减值准备的,还应同时结转跌价准备或减值准备。资产负债表日,对于有效套期,应按被套期项目产生的利得,借记"被套期项目"科目,贷记"套期损益"等科目,被套期项目产生损失作相反的会计分录。资产或负债不再作为被套期项目核算的,应按被套期项目形成的资产或负债,借记或贷记有关科目,贷记或借记"被套期项目"科目。

"被套期项目"期末借方余额,反映企业被套期项目形成资产的公允价值;该科目的期末贷方余额,反映企业被套期项目形成负债的公允价值。

(三)"套期损益"科目

该科目是个损益类会计科目,用于核算有效套期关系中套期工具和被套期项目的公允价值变动。套期工具和被套期项目产生利得记入该科目的贷方,套期工具和被套期项目产生损失记入该科目的借方。会计期末,"套期损益"科目要全部转入"本年利润",结转后该科目没有余额。

不单独设置"套期损益"科目的企业,对于套期工具和被套期项目产生的损益通过"公允价值变动损益"科目核算。

二、公允价值套期

(一)公允价值套期会计处理原则

公允价值套期满足运用套期会计方法条件的,应当按照下列规定处理:

1. 套期工具产生的利得或损失应当计入当期损益。如果套期工具是对选择以公允价值计量且其变动计入其他综合收益的非交易性权益工具投资(或其组成部分)进行套期的,套期工具产生的利得或损失应当计入其他综合收益。

2. 被套期项目因被套期风险敞口形成的利得或损失应当计入当期损益,同时调整未以公允价值计量的已确认被套期项目的账面价值。被套期项目为按照《企业会计准则第22号——金融工具确认和计量》第十八条分类为以公允价值计量且其变动计入其他综合收益的金融资产(或其组成部分)的,其因被套期风险敞口形成的利得或损失应当计入当期损益,其账面价值已经按公允价值计量,不需要调整;被套期项目为企业选择以公允价值计量且其变动计入其他综合收益的非交易性权益工具投资(或其组成部分)的,其因被套期风险敞口形成的利得或损失应当计入其他综合收益,其账面价值已经按公允价值计量,不需要调整。

被套期项目为尚未确认的确定承诺(或其组成部分)的,其在套期关系指定后因被套期风险引起的公允价值累计变动额应当确认为一项资产或负债,相关的利得或损失应当计入各相关期间损益。当履行确定承诺而取得资产或承担负债时,应当调整该资产或负债的初始确认金额,包括已确认的被套期项目的公允价值累计变动额。

3. 公允价值套期中,被套期项目为以摊余成本计量的金融工具(或其组成部分)的,企业对被套期项目账面价值所作的调整应当按照开始摊销日重新计算的实际利率进行摊销,并计入当期损益。该摊销可以自调整日开始,但不应当晚于对被套期项目终止进行套期利得和损失调整的时点。被套期项目为按照《企业会计准则第22号——金融工具确认和计量》第十八条分类为以公允价值计量且其变动计入其他综合收益的金融资产(或其组成部分)的,企业应当按照相同的方式对累计已确认的套期利得或损失进行摊销,并计入当期损益,但不调整金融资产(或其组成部分)的账面价值。

(二)公允价值套期会计处理举例

【例4-3】2×21年1月1日,甲公司为规避所持有存货A公允价值变动风险,与某金融机构签订了一项衍生工具合同(衍生工具B),并将其指定为2×21年上半年存货A价格变化引起的公允价值变动风险的套期。衍生工具B的标的资产与被套期项目存货在数量、质量、价格变动和产地方面相同。

2×21年1月1日,衍生工具B的公允价值为零,被套期项目(存货A)的账面价值和成本均为2 000 000元,公允价值是2 200 000元。2×21年6月30日,衍生工具B的公允价值上涨了50 000元,存货A的公允价值下降了50 000元。当日,甲公司将存货A出售,并将衍生工具B结算。

经套期有效性评价,甲公司预期该套期完全有效。

假定不考虑衍生工具的时间价值、商品销售相关的增值税及其他因素,甲公司的账务处理如下(金额单位:元)。

(1)2×21年1月1日,将库存商品A套期,应将其转入被套期项目,编制会计分录如下:

借:被套期项目——库存商品A   2 000 000
 贷:库存商品——A   2 000 000

(2)2×21年6月30日,确认衍生工具B和被套期的库存商品A的公允价值变动,出售商品A并结算衍生工具B。

①结转套期工具B的公允价值变动,编制会计分录如下:

借:套期工具——衍生工具B   50 000
 贷:套期损益   50 000

②结转被套期项目 A 的公允价值变动,编制会计分录如下:

借:套期损益　　　　　　　　　　　　　　　　　　　　　　50 000
　　贷:被套期项目——库存商品 A　　　　　　　　　　　　　　　　50 000

③售出库存商品 A,货款收到存入银行,编制会计分录如下:

借:银行存款　　　　　　　　　　　　　　　　　　　　　2 150 000
　　贷:主营业务收入　　　　　　　　　　　　　　　　　　　　2 150 000

④结转库存商品 A 的销售成本 1 950 000 元(2 000 000-50 000),编制会计分录如下:

借:主营业务成本　　　　　　　　　　　　　　　　　　　1 950 000
　　贷:被套期项目——库存商品 A　　　　　　　　　　　　　　1 950 000

⑤收到套期工具 B 结算款 50 000 元,存入银行,编制会计分录如下:

借:银行存款　　　　　　　　　　　　　　　　　　　　　　50 000
　　贷:套期工具——衍生工具 B　　　　　　　　　　　　　　　　50 000

注:由于甲公司采用了套期策略,规避了存货公允价值变动风险,因此其存货公允价值下降没有对预期毛利额 200 000 元(2 200 000-2 000 000)产生不利影响。

假定 2×21 年 6 月 30 日,衍生工具 B 的公允价值上涨了 45 000 元,存货 A 的公允价值下降了 50 000 元。其他资料不变,甲公司的账务处理如下:

(1)2×21 年 1 月 1 日,将库存商品 A 套期,编制会计分录如下:

借:被套期项目——库存商品 A　　　　　　　　　　　　　2 000 000
　　贷:库存商品——A　　　　　　　　　　　　　　　　　　2 000 000

(2)2×21 年 6 月 30 日,确认衍生工具 B 和被套期的库存商品 A 的公允价值变动,出售商品 A 并结算衍生工具 B。

①结转套期工具 B 的公允价值变动,编制会计分录如下:

借:套期工具——衍生工具 B　　　　　　　　　　　　　　　45 000
　　贷:套期损益　　　　　　　　　　　　　　　　　　　　　　45 000

②结转被套期项目 A 的公允价值变动,编制会计分录如下:

借:套期损益　　　　　　　　　　　　　　　　　　　　　　50 000
　　贷:被套期项目——库存商品 A　　　　　　　　　　　　　　　　50 000

③售出库存商品 A,货款收到存入银行,编制会计分录如下:

借:银行存款　　　　　　　　　　　　　　　　　　　　　2 150 000
　　贷:主营业务收入　　　　　　　　　　　　　　　　　　　　2 150 000

④结转库存商品 A 的销售成本 1 950 000 元(2 000 000-50 000),编制会计分录如下:

借：主营业务成本 1 950 000
　　贷：被套期项目——库存商品 A 1 950 000

⑤收到套期工具 B 结算款 45 000 元，存入银行，编制会计分录如下：

借：银行存款 45 000
　　贷：套期工具——衍生工具 B 45 000

说明：两种情况的差异在于，前者不存在"无效套期损益"，后者存在"无效套期损益"5 000 元，从而对甲公司当期利润总额的影响相差 5 000 元。

【例 4-4】2×21 年 1 月 1 日，XYZ 公司以每股 20 元的价格，从二级市场上购入 ICO 公司股票 20 000 股（占 ICO 公司有表决权股份的 3%），将其划分为以公允价值计量且其变动计入其他综合收益的金融资产。为规避该股票价格下降风险，XYZ 公司于 2×21 年 12 月 31 日支付期权费 50 000 元购入一项看跌期权。该期权的行权价格为每股 25 元，行权日期为 2×21 年 12 月 31 日。有关数据见表 4-1。

表 4-1　　　XYZ 公司购入的 ICO 股票和卖出期权的公允价值　　　单位：元

项　目	2×21 年 12 月 31 日	2×22 年 12 月 31 日	2×23 年 12 月 31 日
ICO 股票	20 000 股	20 000 股	20 000 股
每股价格	25	23	22
总　价	500 000	460 000	440 000
卖出期权			
时间价值	50 000	30 000	0
内在价值	0	40 000	60 000
总　价	50 000	70 000	60 000

XYZ 公司将该卖出期权指定为对以公允价值计量且其变动计入其他综合收益的金融资产（ICO 股票投资）的套期工具，在进行套期有效性评价时将期权的时间价值排除在外，即不考虑期权的时间价值变化。

假定 XYZ 公司于 2×23 年 12 月 31 日行使了卖出期权，同时不考虑税费等其他因素的影响。

据此，XYZ 公司的账务处理如下：

（1）2×21 年 1 月 1 日，购入 ICO 公司股票，将其划分为以公允价值计量且其变动计入其他综合收益的金融资产，编制会计分录如下：

|借:其他权益工具投资|400 000|
|贷:银行存款|400 000|

(2)2×21 年 12 月 31 日,确认 ICO 股票价格上涨,公允价值变动额为 100 000 元[20 000×(25-20)],编制会计分录如下:

|借:其他权益工具投资|100 000|
|贷:其他综合收益|100 000|

指定以公允价值计量且其变动计入其他综合收益的金融资产为被套期项目,编制会计分录如下:

|借:被套期项目——其他权益工具投资|500 000|
|贷:其他权益工具投资|500 000|

购入卖出期权并指定为套期工具,编制会计分录如下:

|借:套期工具——卖出期权|50 000|
|贷:银行存款|50 000|

(3)2×22 年 12 月 31 日,确认套期工具公允价值(内在价值)变动,编制会计分录如下:

|借:套期工具——卖出期权|40 000|
|贷:套期损益|40 000|

确认被套期项目公允价值变动,编制会计分录如下:

|借:套期损益|40 000|
|贷:被套期项目——其他权益工具投资|40 000|

确认套期工具公允价值(时间价值)变动,变动额为 20 000 元(50 000-30 000),编制会计分录如下:

|借:套期损益|20 000|
|贷:套期工具——卖出期权|20 000|

(4)2×23 年 12 月 31 日,确认套期工具公允价值(内在价值)变动,编制会计分录如下:

|借:套期工具——卖出期权|20 000|
|贷:套期损益|20 000|

确认套被套期项目公允价值变动,编制会计分录如下:

|借:套期损益|20 000|
|贷:被套期项目——其他权益工具投资|20 000|

确认套期工具公允价值(时间价值)变动,编制会计分录如下:

|借:套期损益|30 000|

贷:套期工具——卖出期权　　　　　　　　　　　　　　　30 000
　　确认卖出期权行权,编制会计分录如下:
　　借:银行存款　　　　　　　　　　　　　　　　　　　　　500 000
　　　贷:套期工具——卖出期权　　　　　　　　　　　　　　 60 000
　　　　被套期项目——其他权益工具投资　　　　　　　　　440 000
　　借:其他综合收益　　　　　　　　　　　　　　　　　　　100 000
　　　贷:套期损益　　　　　　　　　　　　　　　　　　　　100 000

三、现金流量套期会计核算

(一)现金流量套期会计处理原则

　1. 常见的现金流量套期。在当前的国际经济活动中,可归属于现金流量的套期活动主要有:

　(1)锁定预期销售商品或者购买原材料的价格(如果是出口商品,可能还包括汇率)。

　(2)锁定预期销售或者购买资本品的价格(如果是境外投资,可能还包括汇率)。

　(3)锁定债券利率(这里所指的债券可以是持有的作为资产的债券,也可以是企业发行的作为负债的债券)。

　(4)锁定商业票据或者存单的展期或续存利率。

　(5)锁定预期发行的债券利率。

　(6)锁定债券的利率和汇率。

　2. 基本要求。现金流量套期满足运用套期会计方法条件的,应当按照下列规定处理:

　(1)套期工具产生的利得或损失中属于套期有效的部分,作为现金流量套期储备,应当计入其他综合收益。现金流量套期储备的金额,应当按照下列两项的绝对额中较低者确定:①套期工具自套期开始的累计利得或损失;②被套期项目自套期开始的预计未来现金流量现值的累计变动额。

　每期计入其他综合收益的现金流量套期储备的金额应当为当期现金流量套期储备的变动额。

　(2)套期工具产生的利得或损失中属于套期无效的部分(即扣除计入其他综合收益后的其他利得或损失),应当计入当期损益。

　3. 套期工具利得或损失的后续处理要求。现金流量套期储备的金额,应当按照下列规定处理:

　(1)被套期项目为预期交易,且该预期交易使企业随后确认一项非金融资产或非金融负债的,或者非金融资产或非金融负债的预期交易形成一项适用于公允价值套期会计的确定承诺时,企业应当将原在其他综合收益中确认的现金流量套期储备金额转出,计入该资产或负债的初始确认金额。

(2)对于不属于上一条涉及的现金流量套期,企业应当在被套期的预期现金流量影响损益的相同期间,将原在其他综合收益中确认的现金流量套期储备金额转出,计入当期损益。

(3)如果在其他综合收益中确认的现金流量套期储备金额是一项损失,且该损失全部或部分预计在未来会计期间不能弥补的,企业应当在预计不能弥补时,将预计不能弥补的部分从其他综合收益中转出,计入当期损益。

4.终止运用现金流量套期会计的处理。当企业对现金流量套期终止运用套期会计时,在其他综合收益中确认的累计现金流量套期储备金额,应当按照下列规定进行处理:

(1)被套期的未来现金流量预期仍然会发生的,累计现金流量套期储备的金额应当予以保留,并按照上述"3. 套期工具利得或损失的后续处理要求"的规定进行会计处理。

(2)被套期的未来现金流量预期不再发生的,累计现金流量套期储备的金额应当从其他综合收益中转出,计入当期损益。被套期的未来现金流量预期不再极可能发生但可能预期仍然会发生,在预期仍然会发生的情况下,累计现金流量套期储备的金额应当予以保留,并按照上述"3. 套期工具利得或损失的后续处理要求"的规定进行会计处理。

(二)现金流量套期会计处理举例

【例4-5】2×21年1月1日,A公司预期在2×21年6月30日准备销售一批商品X,数量为200 000吨。为规避该预期销售有关的现金流量变动风险,A公司于2×21年1月1日与某金融机构签订了一项衍生工具合同Y,且将其指定为对该预期商品销售的套期工具。衍生工具Y的标的资产与被套期预期商品销售在数量、质次、价格变动和产地等方面相同,并且衍生工具Y的结算日和预期商品销售日均为2×21年6月30日。该公司先后发生的现金流量套期业务如下:

2×21年1月1日,衍生工具Y的公允价值为零,商品的预期销售收入为2 200 000元(该批商品的总成本为2 000 000元)。

2×21年6月30日,衍生工具Y的公允价值上涨了50 000元,商品X的预期销售收入下降了50 000元。

当日,ABC公司将商品X出售,并将衍生工具Y结算。

假定ABC公司预期该套期完全有效,不考虑衍生工具的时间价值、商品销售相关的增值税及其他因素,ABC公司的账务处理如下(单位:人民币元):

(1)2×21年1月1日,A公司记录被套期项目的认定(对衍生工具不作账务处理):

借：被套期项目——商品 X   2 000 000
  贷：库存商品 X   2 000 000

(2)2×21 年 6 月 30 日,确认衍生工具的公允价值变动,作会计分录如下：

借：套期工具——衍生工具 Y   50 000
  贷：其他综合收益(套期工具价值变动)   50 000

商品 X 对外售出,收到款项存入银行,结转成本,作会计分录如下：

借：银行存款   2 150 000
  贷：主营业务收入   2 150 000
借：主营业务成本   2 000 000
  贷：被套期项目——商品 X   2 000 000

衍生工具 Y 以银行存款结算,作会计分录如下：

借：银行存款   50 000
  贷：套期工具——衍生工具 Y   50 000

确认将原计入其他综合收益的衍生工具公允价值变动转入当期损益,作会计分录如下：

借：其他综合收益(套期工具价值变动)   50 000
  贷：套期损益   50 000

【例 4-6】东方公司于 2×21 年 11 月 1 日与境外 ASB 公司签订合同,约定于 2×22 年 1 月 31 日以外币(EF)每吨 60 元的价格购入 1 000 吨花生油。东方公司为规避花生油成本的外汇风险,于当日与某金融机构签订一项 3 个月到期的远期外汇合同,约定汇率为 1EF = 22.5 元人民币,合同金额 60 000EF。2×22 年 1 月 31 日,东方公司以净额方式结算该远期外汇合同,并购入花生油。

假定：(1)2×21 年 12 月 31 日,1 个月 EF 对人民币远期汇率为 1EF = 22.4 元人民币,人民币的市场利率为 6%；(2)2×22 年 1 月 31 日,EF 对人民币即期汇率为 1EF = 22.3 元人民币；(3)该套期符合套期会计准则所规定的运用套期会计的条件；(4)不考虑增值税等相关税费。

提示：根据套期会计准则,对外汇确定承诺的套期既可以划分为公允价值套期,也可以划分为现金流量套期。

情形 1：东方公司将上述套期划分为公允价值套期。

(1)2×21 年 11 月 1 日：

远期合同的公允价值为零,不作账务处理,将套期进行表外登记。

(2)2×21 年 12 月 31 日：

远期外汇合同的公允价值 = (22.5−22.4)×60 000/(1+6%×1/12) = 5 970(元人民币)

借:套期损益 5 970
　　贷:套期工具——远期外汇合同 5 970
借:被套期项目——确定承诺 5 970
　　贷:套期损益 5 970

(3)2×22年1月31日:
　　　远期外汇合同的公允价值=(22.5-22.3)×60 000=12 000(元人民币)

借:套期损益 6 030
　　贷:套期工具——远期外汇合同 6 030
借:套期工具——远期外汇合同 12 000
　　贷:银行存款 12 000
借:被套期项目——确定承诺 6 030
　　贷:套期损益 6 030
借:库存商品——花生油 1 338 000
　　贷:银行存款 1 338 000
借:库存商品——花生油 12 000
　　贷:被套期项目——确定承诺 12 000

(将被套期项目的余额调整花生油的入账价值)

情形2:东方公司将上述套期划分为现金流量套期。

(1)2×21年11月1日:
不作账务处理,将套期保值进行表外登记。

(2)2×21年12月31日:
　　　远期外汇合同的公允价值=(22.5-22.4)×60 000/(1+6%×1/12)=5 970(元人民币)

借:其他综合收益(套期工具价值变动) 5 970
　　贷:套期工具——远期外汇合同 5 970

(3)2×22年1月31日:
　　　远期外汇合同的公允价值=(22.5-22.3)×60 000=12 000(元人民币)

借:其他综合收益(套期工具价值变动) 6 030
　　贷:套期工具——远期外汇合同 6 030
借:套期工具——远期外汇合同 12 000
　　贷:银行存款 12 000
借:库存商品——花生油 1 338 000
　　贷:银行存款 1 338 000

东方公司将套期工具于套期期间形成的现金流量套期储备累计额(净损失)暂记

在其他综合收益中,在处置花生油影响企业损益的期间转出,计入当期损益。该净损失在未来会计期间不能弥补时,将全部转出,计入当期损益。

四、境外经营净投资套期会计核算

(一)境外经营净投资套期会计处理原则

对境外经营净投资的套期,包括对作为净投资的一部分进行会计处理的货币性项目的套期,应当按照类似于现金流量套期会计的规定处理:

1. 套期工具形成的利得或损失中属于套期有效的部分,应当计入其他综合收益。

全部或部分处置境外经营时,上述计入其他综合收益的套期工具利得或损失应当相应转出,计入当期损益。

2. 套期工具形成的利得或损失中属于套期无效的部分,应当计入当期损益。

(二)境外经营净投资套期会计处理举例

【例4-7】2×21年10月1日,ABC公司(记账本位币为人民币)在其境外子公司X有一项境外净投资外币500万元(即QI500万元)。为规避境外经营净投资外汇风险,ABC公司与某境外金融机构签订了一项外汇远期合同,约定于2×22年3月31日卖出QI500万元。ABC公司每季度对境外净投资余额进行检查,且依据检查结果调整对净投资价值的套期。其他有关资料如表4-2所示。

表4-2　　　　　　　　汇率及远期合同公允价值变动

日　期	即期汇率 (QI/人民币)	远期汇率 (QI/人民币)	远期合同的 公允价值
2×21年10月1日	3.42	3.40	0元
2×21年12月31日	3.28	3.26	686 000元
2×22年3月31日	3.20	不适用	1 000 000元

ABC公司在评价套期有效性时,将远期合同的时间价值排除在外。假定ABC公司的上述套期满足运用套期会计方法的所有条件。

ABC公司的账务处理如下(单位:元人民币):

(1)2×21年10月1日:

借:被套期项目——境外经营净投资　　　　　　　　　　　17 100 000
　　贷:长期股权投资　　　　　　　　　　　　　　　　　　17 100 000

外汇远期合同的公允价值为零,不作账务处理。

(2)2×21年12月31日:

借:套期工具——外汇远期合同	686 000	
财务费用——汇兑损失	14 000	
贷:其他综合收益		700 000

（确认远期合同的公允价值变动）

借:外币报表折算差额	700 000	
贷:被套期项目——境外经营净投资		700 000

（确认对子公司净投资的汇兑损益）

(3) 2×22年3月31日：

借:套期工具——外汇远期合同	314 000	
财务费用——汇兑损失	86 000	
贷:其他综合收益		400 000

（确认远期合同的公允价值变动）

借:外币报表折算差额	400 000	
贷:被套期项目——境外经营净投资		400 000

（确认对子公司净投资的汇兑损益）

借:银行存款	1 000 000	
贷:套期工具——外汇远期合同		1 000 000

（确认外汇远期合同的结算）

需要注意的是，境外经营净投资套期（类似现金流量套期）产生的利得在所有者权益中列示，直至子公司被处置。

本章小结

金融工具可以分为基础金融工具和衍生工具。衍生工具包括远期合同、期货合同、互换和期权，以及具有远期合同、期货合同、互换和期权中一种或一种以上特征的工具。一般企业持有衍生金融工具的根本目的在于套期保值防范风险，本章集中介绍套期保值的会计处理，依据为《企业会计准则第24号——套期会计》。

套期，是指企业为管理外汇风险、利率风险、价格风险、信用风险等特定风险引起的风险敞口，指定金融工具为套期工具，使套期工具的公允价值或现金流量变动，预期抵销被套期项目全部或部分公允价值或现金流量变动的风险管理活动。套期主要涉及套期工具、被套期项目和套期关系三个要素。

套期的一般原则包括种类相同或相关原则、数量相等或相当原则、交易方向相反原则和月份相同或相近原则。具体实务中还要考虑风险可控和可对冲原则。套期按方式分为买入套期(即多头套期)和卖出套期(即空头套期)两类。

为运用套期会计方法,套期可划分为公允价值套期、现金流量套期和境外经营净投资套期。对于满足套期会计准则规定条件的公允价值套期、现金流量套期和境外经营净投资套期,企业可运用套期会计方法进行处理。

在进行套期会计核算的时候需要设置"套期工具""被套期项目""套期损益"三个会计科目。会计核算时需要分别公允价值套期、现金流量套期和境外经营净投资套期三种类型分别进行处理。

本章关键词

金融工具	financial instruments
衍生金融工具	derivative instruments
套期	hedges
套期会计	hedge accounting
套期关系	hedging relationships
套期工具	hedging item
被套期项目	hedged item
公允价值套期	fair-value hedge
现金流量套期	cash-flow hedge
境外经营净投资套期	the hedge of a net investment in a foreign operation

思考与练习题

一、思考题

1. 什么叫金融工具?什么叫衍生工具?常见的衍生工具有哪些?
2. 什么叫套期?简述套期的一般原则与方式。

3. 什么叫套期工具？什么叫被套期项目？

4. 简述公允价值套期会计核算原则。

5. 简述现金流量套期的会计核算原则。

6. 简述境外经营净投资套期会计核算的原则。

7. 根据套期会计准则的规定，公允价值套期、现金流量套期或境外经营净投资套期在满足什么条件下才可以运用套期会计方法进行处理？

8. 请总结公允价值套期、现金流量套期和境外经营净投资套期会计处理的区别，试分析会计准则这样规定的原因。

二、练习题

1. 【目的】练习公允价值套期的会计处理。

【资料】2×21年1月1日，ABC公司为规避所持有存货X公允价值变动风险，与某金融机构签订了一项衍生工具合同（衍生工具Y），并将其指定为2×21年上半年存货X价格变化引起的公允价值变动风险的套期。衍生工具Y的标的资产与被套期项目存货在数量、质次、价格变动和产地方面相同。

2×21年1月1日，衍生工具Y的公允价值为零，被套期项目（存货X）的账面价值和成本均为1 000 000元，公允价值是1 100 000元。2×21年6月30日，衍生工具Y的公允价值上涨了25 000元，存货X的公允价值下降了25 000元。当日，ABC公司将存货X出售，并将衍生工具Y结算。

ABC公司采用比率分析法评价套期有效，即通过比较衍生工具Y和存货X的公允价值变动评价套期有效性。ABC公司预期该套期完全有效。

【要求】

(1) 假定不考虑衍生工具的时间价值、商品销售相关的增值税及其他因素，作ABC公司的账务处理。

(2) 假定2×21年6月30日，衍生工具Y的公允价值上涨了22 500元，存货X的公允价值下降了25 000元。其他资料不变，作ABC公司的账务处理。

2. 【目的】练习现金流量套期的会计处理。

【资料】2×21年1月1日，DEF公司预期在2×21年6月30日将销售一批商品X，数量为100 000吨。为规避该预期销售有关的现金流量变动风险，DEF公司于2×21年1月1日与某金融机构签订了一项衍生工具合同Y，且将其指定为对该预期商品销售的套期工具。衍生工具Y的标的资产与被套期预期商品在数量、质次、价格变动和产地等方面相同，并且衍生工具Y的结算日和预期商品销售日均为2×21年6月30日。

2×21年1月1日，衍生工具Y的公允价值为零，商品的预期销售价格为1 100 000

元。2×21年6月30日,衍生工具Y的公允价值上涨了25 000元,预期销售价格下降了25 000元。当日,DEF公司将商品X出售,并将衍生工具Y结算。

DEF公司采用比率分析法评价套期有效性,即通过比较衍生工具Y和商品X预期销售价格变动评价套期有效性。DEF公司预期该套期完全有效。

【要求】假定不考虑衍生工具的时间价值、商品销售相关的增值税及其他因素,作DEF公司的账务处理。

进一步思考

北京时间2022年3月7日16点,伦敦金属交易所(LME)基准镍价(下称"伦镍")刚开盘不久突然连续拉涨,一度飙涨逾88%,触及55 000美元/吨,创历史新高。

当晚,期货圈传出消息,因市场内的外资多头逼空,青山控股20万吨空单岌岌可危,后者正筹钱补足保证金,而伴随镍价大涨,后者浮亏超过80亿美元。

一位了解此事内情的期货业人士告诉上海证券报记者,上述传闻部分属实。事情的缘起在于青山控股在国际货币基金组织(LME)一直持有20万吨的镍远期空单用作套期保值。如果镍价平稳,这20万吨空单不会造成任何问题。如果青山控股拥有足够的交割品,那也不会带来太大损失。但恰恰由于俄乌冲突令市场逻辑发生逆转,青山控股这笔大空单和交割品不足的漏洞被国际资本捕捉到。

"期货市场的规则就是到期必须交割,如果没有交割品就只能平仓。"上述人士表示,伦敦交易所的交易规则规定:卖方卖货卖多少都可以,但了结方式有两种,一种是到期给货,卖多少交多少,只是这货必须是注册的符合标准的货,"如果不符合标准或达不到交割数量的话,那么对不起,到期就必须平仓。因为所谓期货就是有日期的,有时间限制,到时间必须平"。

青山控股完全可以通过购买俄镍的方式来完成交割,但不料制裁发生后俄镍无法进入欧洲,也就不能充当交割品。另一方面,LME要求镍交割品的含镍量不低于99.8%,青山控股自己生产的镍产品含镍量又达不到这一标准,难以在LME交割,遂遭遇多头连续拉涨镍价的逼仓行为。

到了北京时间3月8日,镍主力合约盘中突破10万美元大关,两个交易日累计大涨248%,刷新纪录。至此,短短16个小时,青山控股的空单理论上浮亏已在120亿美元以上。

(资料来源:上海证券报。)

请结合上述资料,并查询有关"青山镍事件"相关资料,思考下列问题:
(1)青山控股所做 20 万吨镍期货是否为套期?
(2)青山控股出售 20 万吨镍期货合约的操作是否符合套期的一般原则?
(3)企业在进行期货等衍生金融工具交易时,应该遵循什么样的经营理念?
(4)青山控股这一案例,对其他企业做好风险防范与控制有何启示?
(5)结合青山控股这一案例,分析企业应该如何更好地承担社会责任。

第五章

租赁

租赁是一种既古老又崭新的交易方式,现已成为一种专门的行业,在现代经济中占有重要的地位。本章内容对应的企业会计准则是《企业会计准则第21号——租赁》。通过本章的学习,需要了解租赁的概念、特征及其分类;掌握承租人和出租人对经营租赁的会计处理,以及承租人和出租人对融资租赁的会计处理。融资租赁的会计处理,特别是出租人对融资租赁的会计处理将是本章学习的一个难点。此外,对于诸如转租租赁、售后租回,以及不动产租赁和杠杆租赁等其他租赁方式的特点及核算方法,也应有所了解。

第一节 租赁概述

本章依据2018年修订印发的《企业会计准则第21号——租赁》编写,相较原准则,承租人会计处理不再区分经营租赁和融资租赁,而是采用单一的会计处理模型,也就是说,除采用简化处理的短期租赁和低价值资产租赁外,对所有租赁均确认使用权资产和租赁负债,参照固定资产准则对使用权资产计提折旧,采用固定的周期性利率确认每期利息费用。出租人租赁仍分为融资租赁和经营租赁两大类,并分别采用不同的会计处理方法。

一、租赁的识别

(一)租赁的定义

租赁是指在一定期间内,出租人将资产的使用权让与承租人以获取对价的合同。

在合同开始日,企业应当评估合同是否为租赁或者包含租赁。如果合同一方让渡了在一定期间内控制一项或多项已识别资产使用的权利以换取对价,该合同为租赁或者包含租赁。

一项合同要被分类为租赁,必须满足三要素:一是存在一定期间;二是存在已识别资产;三是资产供应方向客户转移对已识别资产使用权的控制。

在合同中,"一定期间"也可以表述为已识别资产的使用量,例如,某项设备的产出量。如果客户有权在部分合同期内控制已识别资产的使用,则合同包含一项在该部分合同期间的租赁。

企业应当就合同进行评估,判断其是否为租赁或包含租赁。同时符合下列条件的,使用已识别资产的权利构成一项单独租赁:①承租人可从单独使用该资产或将其与易于获得的其他资源一起使用中获利;②该资产与合同中的其他资产不存在高度依赖或高度关联关系。

除非合同条款或条件发生变化,企业无须重新评估合同是否为租赁或者是否包含租赁。

(二)已识别资产

1. 对资产的指定。已识别资产通常由合同明确指定,也可以在资产可供客户使用时隐性指定。

【例5-1】A公司(客户)与B公司(供应方)签订了使用B公司一节火车车厢的10年期合同。该车厢专为运输A公司生产过程中使用的特殊材料而设计,未经重大改造不适合其他客户使用。合同中没有明确指定轨道车辆(例如,通过序列号指定),但是B公司仅拥有一节适合客户A公司使用的火车车厢。如果车厢不能正常工作,合同要求B公司修理或更换车厢。

分析:具体哪节火车车厢虽未在合同中明确指定,但是被隐含指定了,因为B公司仅拥有一节适合客户A公司使用的火车车厢,必须使用其来履行合同,B公司无法自由替换该车厢。因此,火车车厢是一项已识别资产。

2. 物理可区分。如果资产的部分产能在物理上可区分(例如,建筑物的一层),该部分产能属于已识别资产。如果资产的某部分产能与其他部分在物理上不可区分(例如,光缆的部分容量),则该部分不属于已识别资产,除非其实质上代表该资产的全部产能,从而使客户获得因使用该资产所产生的几乎全部经济利益的权利。

3. 实质性替换权。即使合同已对资产进行指定,如果资产供应方在整个使用期间拥有对该资产的实质性替换权,该资产不属于已识别资产。其原因在于,如果资产供应方在整个使用期间均能自由替换合同资产,那么实际上,合同只规定了满足客户需求的一类资产,而不是被唯一识别出的一项或几项资产。也就是说,在这种情况下,合同资产并未和资产供应方的同类其他资产明确区分开来,并未被识别出来。

同时符合下列条件时,表明资产供应方拥有资产的实质性替换权:

(1)资产供应方拥有在整个使用期间替换资产的实际能力。例如,客户无法阻止供应方替换资产,且用于替换的资产对于资产供应方而言易于获得或者可以在合理期间内取得。

(2)资产供应方通过行使替换资产的权利将获得经济利益,即替换资产的预期经济利益将超过替换资产所需成本。

需要注意的是,如果合同仅赋予资产供应方在特定日期或者特定事件发生日或之后拥有替换资产的权利或义务,考虑到资产供应方没有在整个使用期间替换资产的实际能力,资产供应方的替换权不具有实质性。

企业在评估资产供应方的替换权是否为实质性权利时,应基于合同开始日的事实和情况,而不应考虑在合同开始日企业认为不可能发生的未来事件,例如:①未来某个客户为使用该资产同意支付高于市价的价格;②引入了在合同开始日尚未实质开发的新技术;③客户对资产的实际使用或资产实际性能与在合同开始日认为可能的使用或性能存在重大差异;④使用期间资产市价与合同开始日认为可能的市价存在重大差异。

与资产位于资产供应方所在地相比,如果资产位于客户所在地或其他位置,替换资产所需要的成本更有可能超过其所能获取的利益。资产供应方在资产运行结果不佳或者进行技术升级的情况下,因修理和维护而替换资产的权利或义务不属于实质性替换权。

企业难以确定资产供应方是否拥有实质性替换权的,应视为资产供应方没有对该资产的实质性替换权。

(三)客户是否控制已识别资产使用权的判断

为确定合同是否让渡了在一定期间内控制已识别资产使用的权利,企业应当评估合同中的客户是否有权获得在使用期间因使用已识别资产所产生的几乎全部经济利益,并有权在该使用期间主导已识别资产的使用。

1. 客户是否有权获得因使用资产所产生的几乎全部经济利益。在评估客户是否有权获得因使用已识别资产所产生的几乎全部经济利益时,企业应当在约定的客户权利范围内考虑其所产生的经济利益。

例如：①如果合同规定汽车在使用期间仅限在某一特定区域使用，则企业应当仅考虑在该区域内使用汽车所产生的经济利益，而不包括在该区域外使用汽车所产生的经济利益；②如果合同规定客户在使用期间仅能在特定里程范围内驾驶汽车，则企业应当仅考虑在允许的里程范围内使用汽车所产生的经济利益，而不包括超出该里程范围使用汽车所产生的经济利益。

为了控制已识别资产的使用，客户应当有权获得整个使用期间使用该资产所产生的几乎全部经济利益（例如，在整个使用期间独家使用该资产）。客户可以通过多种方式直接或间接获得使用资产所产生的经济利益，如使用、持有或转租资产。使用资产所产生的经济利益包括资产的主要产出和副产品（包括来源于这些项目的潜在现金流量）以及通过与第三方之间的商业交易实现的其他经济利益。

如果合同规定客户应向资产供应方或另一方支付因使用资产所产生的部分现金流量作为对价，该现金流量仍应视为客户因使用资产而获得的经济利益的一部分。例如，如果客户因使用零售区域需向供应方支付零售收入的一定比例作为对价，该条款本身并不妨碍客户拥有获得使用零售区域所产生的几乎全部经济利益的权利。因为零售收入所产生的现金流量是客户使用零售区域而获得的经济利益，而客户支付给零售区域供应方的部分现金流量是使用零售区域的权利的对价。

2. 客户是否有权主导资产的使用。存在下列情形之一的，可视为客户有权主导对已识别资产在整个使用期间的使用：

（1）客户有权在整个使用期间主导已识别资产的使用目的和使用方式。

（2）已识别资产的使用目的和使用方式在使用期间前已预先确定，并且客户有权在整个使用期间自行或主导他人按照其确定的方式运营该资产，或者客户设计了已识别资产（或资产的特定方面）并在设计时已预先确定了该资产在整个使用期间的使用目的和使用方式。

关于上述第一种情况，如果客户有权在整个使用期间在合同界定的使用权范围内改变资产的使用目的和使用方式，则视为客户有权在该使用期间主导资产的使用目的和使用方式。在判断客户是否有权在整个使用期间主导已识别资产的使用目的和使用方式时，企业应当考虑在该使用期间与改变资产的使用目的和使用方式最为相关的决策权。相关决策权是指对使用资产所产生的经济利益产生影响的决策权。最为相关的决策权可能因资产性质、合同条款和条件的不同而不同。此类例子包括：①变更资产的产出类型的权利。例如，决定将集装箱用于运输商品还是储存商品，或者决定在零售区域销售的产品组合。②变更资产的产出时间的权利。例如，决定机器或发电厂的运行时间。③变更资产的产出地点的权利。例如，决定卡车或船舶的目的地，或者决定设备的使用地点。④变更资产是否产出以及产出数量的权利。例如，决定是否使用发电厂发电以及发电量的多少。

某些决策权并未授予客户改变资产的使用目的和使用方式的权利,例如,在资产的使用目的和使用方式未预先确定的情况下,客户仅拥有运行或维护资产的权利。这些决策权对于资产的高效使用通常是必要的,但它们往往取决于资产使用目的和使用方式,而并非主导资产的使用目的和使用方式的权利。

关于上述第二种情况,与资产使用目的和使用方式相关的决策可以通过很多方式预先确定,例如,通过设计资产或在合同中对资产的使用作出限制来预先确定相关决策。

在评估客户是否有权主导资产的使用时,除非资产(或资产的特定方面)由客户设计,否则,企业应当仅考虑在使用期间对资产使用作出决策的权利。例如,如果客户仅能在使用期间之前指定资产的产出而没有与资产使用相关的任何其他决策权,则该客户享有的权利与任何购买该项商品或服务的其他客户享有的权利并无不同。

合同可能包含一些旨在保护资产供应方在已识别资产或其他资产中的权益、保护资产供应方的工作人员,或者确保资产供应方不因客户使用租赁资产而违反法律法规的条款和条件。例如,合同可能规定资产使用的最大工作量,限制客户使用资产的地点或时间,要求客户遵守特定的操作惯例,或者要求客户在变更资产使用方式时通知资产供应方。这些权利虽然对客户使用资产权利的范围作出了限定,但是其本身不足以否定客户拥有主导资产使用的权利。

二、租赁的分拆与合并

(一)租赁的分拆

合同中同时包含多项单独租赁的,承租人和出租人应当将合同予以分拆,并分别各项单独租赁进行会计处理。合同中同时包含租赁和非租赁部分的,承租人和出租人应当将租赁和非租赁部分进行分拆,除非企业适用新租赁准则的简化处理。分拆时,各租赁部分应当分别按照新租赁准则进行会计处理,非租赁部分应当按照其他适用的企业会计准则进行会计处理。

同时符合下列条件,使用已识别资产的权利构成合同中的一项单独租赁:①承租人可从单独使用该资产或将其与易于获得的其他资源一起使用中获利。易于获得的资源是指出租人或其他供应方单独销售或出租的商品或服务,或者承租人已从出租人或其他交易中获得的资源。②该资产与合同中的其他资产不存在高度依赖或高度关联关系。例如,若承租人租入资产的决定不会对承租人使用合同中的其他资产的权利产生重大影响,则表明该项资产与合同中的其他资产不存在高度依赖或高度关联关系。

1. 承租人的处理。 在分拆合同包含的租赁和非租赁部分时,承租人应当按照各项租赁部分单独价格及非租赁部分的单独价格之和的相对比例分摊合同对价。租赁和非租赁部分的相对单独价格,应当根据出租人或类似资产供应方就该部分或类似部分向企业单独收取的价格确定。如果可观察的单独价格不易于获得,承租人应当最大限度地利用可观察的信息估计单独价格。

为简化处理,承租人可以按照租赁资产的类别选择是否分拆合同包含的租赁和非租赁部分。承租人选择不分拆的,应当将各租赁部分及与其相关的非租赁部分分别合并为租赁,按照新租赁准则进行会计处理。但是,对于按照《企业会计准则第22号——金融工具确认和计量》(2017)应分拆的嵌入衍生工具,承租人不应将其与租赁部分合并进行会计处理。

【例5-2】甲公司从乙公司租赁一台推土机、一辆卡车和一台挖掘机用于采矿业务,租赁期为4年。乙公司同意在整个租赁期内维护各项设备。合同固定对价为6 000 000元,按年分期支付,每年支付1 500 000元。合同对价包含了各项设备的维护费用。

分析:甲公司未采用简化处理,而是将非租赁部分(维护服务)与租入的各项设备分别进行会计处理。甲公司认为租入的推土机、卡车和挖掘机分别属于单独租赁,原因如下:①甲公司可从单独使用这三项设备中的每一项,或将其与易于获得的其他资源一起使用中获利(例如,甲公司易于租入或购买其他卡车或挖掘机用于其采矿业务)。②尽管甲公司租入这三项设备只有一个目的(从事采矿业务),但这些设备不存在高度依赖或高度关联关系。因此,甲公司得出结论,合同中存在三个租赁部分和对应的三个非租赁部分(维护服务)。甲公司将合同对价分摊至三个租赁部分和对应的三个非租赁部分。

市场上有多家供应方提供类似推土机和卡车的维护服务,因此这两项租入设备的维护服务存在可观察的单独价格。假设其他供应方的支付条款与甲、乙公司签订的合同条款相似,甲公司能够确定推土机和卡车维护服务的可观察单独价格分别为320 000元和160 000元。挖掘机是高度专业化机械,其他供应方不出租类似挖掘机或为其提供维护服务。乙公司对从本公司购买类似挖掘机的客户提供的四年维护服务,可观察对价为固定金额560 000元,分4年支付。因此,甲公司估计挖掘机维护服务的单独价格为560 000元。甲公司观察到乙公司在市场上单独出租租赁期为4年的推土机、卡车和挖掘机的价格分别为1 800 000元、1 160 000元和2 400 000元。

甲公司将合同固定对价6 000 000元分摊至租赁和非租赁部分的情况如表5-1所示。

表 5-1　　　　　　　　　合同固定对价分摊表　　　　　　　　单位：元

项目		推土机	卡车	长臂挖掘机	合计
可观察的单独价格	租赁	1 800 000	1 160 000	2 400 000	5 360 000
	非租赁				1 040 000①
	合计				6 400 000
固定对价总额分摊率②					6 000 000
					93.75%

注：①320 000+160 000+560 000 = 1 040 000（元）。

②按照规定，承租人按照推土机、卡车、挖掘机这三个租赁部分单独价格1 800 000元、1 160 000元、2 400 000元和非租赁部分的单独价格之和1 040 000元的相对比例，来分摊合同对价。分拆后，推土机、卡车和长臂挖掘机的租赁付款额（折现前）分别为1 687 500元、1 087 500元和2 250 000元。

2. 出租人的处理。出租人应当分拆租赁部分和非租赁部分，根据《企业会计准则第14号——收入》(2017)关于交易价格分摊的规定分摊合同对价。

（二）租赁的合并

企业与同一交易方或其关联方在同一时间或相近时间订立的两份或多份包含租赁的合同，在满足下列条件之一时，应当合并为一份合同进行会计处理：

1. 该两份或多份合同基于总体商业目的而订立并构成"一揽子交易"，若不作为整体考虑则无法理解其总体商业目的。

2. 该两份或多份合同中的某份合同的对价金额取决于其他合同的定价或履行情况。

3. 该两份或多份合同让渡的资产使用权合起来构成一项单独租赁。

两份或多份合同合并为一份合同进行会计处理的，仍然需要区分该一份合同中的租赁部分和非租赁部分。

三、租赁期

租赁期是指承租人有权使用租赁资产且不可撤销的期间。承租人有续租选择权，即有权选择续租该资产，且合理确定将行使该选择权的，租赁期还应当包含续租选择权涵盖的期间。承租人有终止租赁选择权，即有权选择终止租赁该资产，但合理确定将不会行使该选择权的，租赁期应当包含终止租赁选择权涵盖的期间。

（一）租赁期开始日

租赁期自租赁期开始日起计算。租赁期开始日，是指出租人提供租赁资产使其可供承租人使用的起始日期。如果承租人在租赁协议约定的起租日或租金起付日之前，已获得对租赁资产使用权的控制,表明租赁期已经开始。租赁协议中对起租日或租金支付时间的约定,并不影响租赁期开始日的判断。

【例5-3】在某商铺的租赁安排中,出租人于2×21年1月1日将房屋钥匙交付承租人,承租人在收到钥匙后,就可以自主安排对商铺的装修布置,并安排搬迁。合同约定有4个月的免租期,起租日为2×21年5月1日,承租人自起租日开始支付租金。

分析:此交易中,由于承租人自2×21年1月1日起就已拥有对商铺使用权的控制,因此租赁期开始日为2×21年1月1日,即租赁期包含出租人给予承租人的免租期。

(二)不可撤销期间

在确定租赁期和评估不可撤销租赁期间时,企业应根据租赁条款约定确定可强制执行合同的期间。

如果承租人和出租人双方均有权在未经另一方许可的情况下终止租赁,且罚款金额不重大,该租赁不再可强制执行。如果只有承租人有权终止租赁,在确定租赁期时,企业应将该项权利视为承租人可行使的终止租赁选择权予以考虑。如果只有出租人有权终止租赁,不可撤销的租赁期包括终止租赁选择权所涵盖的期间。

(三)续租选择权和终止租赁选择权

在租赁期开始日,企业应当评估承租人是否合理确定将行使续租或购买标的资产的选择权,或者将不行使终止租赁选择权。在评估时,企业应当考虑对承租人行使续租选择权或不行使终止租赁选择权带来经济利益的所有相关事实和情况,包括自租赁期开始日至选择权行使日之间的事实和情况的预期变化。

需考虑的因素包括但不限于以下方面:

1. 与市价相比,选择权期间的合同条款和条件。例如:选择权期间为使用租赁资产而需支付的租金;可变租赁付款额或其他或有款项,如因终止租赁罚款和余值担保导致的应付款项;初始选择权期间后可行使的其他选择权的条款和条件,如续租期结束时可按低于市价的价格行使购买选择权。

2. 在合同期内,承租人进行或预期进行重大租赁资产改良的,在可行使续租选择权、终止租赁选择权或者购买租赁资产选择权时,预期能为承租人带来的重大经济利益。

3. 与终止租赁相关的成本。例如,谈判成本、搬迁成本、寻找与选择适合承租人需求的替代资产所发生的成本、将新资产融入运营所发生的整合成本、终止租赁的罚款、将租赁资产恢复至租赁条款约定状态的成本、将租赁资产归还至租赁条款约定地点的成本等。

4. 租赁资产对承租人运营的重要程度。例如,租赁资产是否为一项专门资产,租赁资产位于何地以及是否可获得合适的替换资产等。

5. 与行使选择权相关的条件及满足相关条件的可能性。例如,租赁条款约定仅在满足一项或多项条件时方可行使选择权,此时还应考虑相关条件及满足相关条件的可能性。

租赁的不可撤销期间的长短会影响对承租人是否合理确定将行使或不行使选择权的评估。通常,租赁的不可撤销期间越短,承租人行使续租选择权或不行使终止租赁选择权的可能性就越大,原因在于不可撤销期间越短,获取替代资产的相对成本就越高。此外,评估承租人是否合理确定将行使或不行使选择权时,如果承租人以往曾经使用过特定类型的租赁资产或自有资产,可以参考承租人使用该类资产的通常期限及原因。例如,承租人通常在特定时期内使用某类资产,或承租人时常对某类租赁资产行使选择权,则承租人应考虑以往这些做法的原因,以评估是否合理确定将对此类租赁资产行使选择权。

续租选择权或终止租赁选择权可能与租赁的其他条款相结合。例如,无论承租人是否行使选择权,均保证向出租人支付基本相等的最低或固定现金,在此情形下,应假定承租人合理确定将行使续租选择权或不行使终止租赁选择权。又如,同时存在原租赁和转租赁时,转租赁期限超过原租赁期限,如原租赁包含 5 年的不可撤销期间和 2 年的续租选择权,而转租赁的不可撤销期限为 7 年,此时应考虑转租赁期限及相关租赁条款对续租选择权评估的可能影响。

购买选择权的评估方式应与续租选择权或终止租赁选择权的评估方式相同,购买选择权在经济上与将租赁期延长至租赁资产全部剩余经济寿命的续租选择权类似。

(四)对租赁期和购买选择权的重新评估

发生承租人可控范围内的重大事件或变化,且影响承租人是否合理确定将行使相应选择权的,承租人应当对其是否合理确定行使续租选择权、购买选择权或不行使终止租赁选择权进行重新评估,并根据重新评估结果修改租赁期。承租人可控范围内的重大事件或变化包括但不限于下列情形:

1. 在租赁期开始日未预计到的重大租赁资产改良,在可行使续租选择权、终止租赁选择权或购买选择权时,预期将为承租人带来重大经济利益。

2. 在租赁期开始日未预计到的租赁资产的重大改动或定制化调整。

3. 承租人作出的与行使或不行使选择权直接相关的经营决策。例如,决定续租互补性资产、处置可替代的资产或处置包含相关使用权资产的业务。

如果不可撤销的租赁期间发生变化,企业应当修改租赁期。例如,在下述情况下,不可撤销的租赁期将发生变化:①承租人实际行使了选择权,但该选择权在之前企业确定租赁期时未涵盖;②承租人未实际行使选择权,但该选择权在之前企业确定租赁期时已涵盖;③某些事件的发生,导致根据合同规定承租人有义务行使选择权,但该选择权在之前企业确定租赁期时未涵盖;④某些事件的发生,导致根据合同规定禁止承租人行使选择权,但该选择权在之前企业确定租赁期时已涵盖。

第二节　承租人会计处理

在租赁期开始日,承租人应当对租赁确认使用权资产和租赁负债,应用短期租赁和低价值资产租赁简化处理的除外。

一、初始计量

(一)租赁负债的初始计量

租赁负债应当按照租赁期开始日尚未支付的租赁付款额的现值进行初始计量。识别应纳入租赁负债的相关付款项目是计量租赁负债的关键。

1.租赁付款额。租赁付款额,是指承租人向出租人支付的与在租赁期内使用租赁资产的权利相关的款项。

租赁付款额包括以下五项内容:

(1)固定付款额及实质固定付款额,存在租赁激励的,扣除租赁激励相关金额。

租赁业务中的实质固定付款额是指在形式上可能包含变量但实质上无法避免的付款额。例如:①付款额设定为可变租赁付款额,但该可变条款几乎不可能发生,没有真正的经济实质。例如,付款额仅需在租赁资产经证实能够在租赁期间正常运行时支付,或者仅需在不可能不发生的事件发生时支付。又如,付款额初始设定为与租赁资产使用情况相关的可变付款额,但其潜在可变性将于租赁期开始日之后的某个时点消除,在可变性消除时,该类付款额成为实质固定付款额。②承租人有多套付款额方案,但其中仅有一套是可行的。在此情况下,承租人应采用该可行的付款额方案作为租赁付款额。③承租人有多套可行的付款额方案,但必须选择其中一套。在此情况下,承租人应采用总折现金额最低的一套作为租赁付款额。

租赁激励,是指出租人为达成租赁向承租人提供的优惠,包括出租人向承租人支付的与租赁有关的款项、出租人为承租人偿付或承担的成本等。存在租赁激励的,承租人在确定租赁付款额时,应扣除租赁激励相关金额。

(2)取决于指数或比率的可变租赁付款额。可变租赁付款额,是指承租人为取得在租赁期内使用租赁资产的权利,而向出租人支付的因租赁期开始日后的事实或情况发生变化(而非时间推移)而变动的款项。

可变租赁付款额可能与下列各项指标或情况挂钩:①由于市场比率或指数数值变

动导致的价格变动。例如,基准利率或消费者价格指数变动可能导致租赁付款额调整。②承租人源自租赁资产的绩效。例如,零售业不动产租赁可能会要求基于使用该不动产取得的销售收入的一定比例确定租赁付款额。③租赁资产的使用。例如,车辆租赁可能要求承租人在超过特定里程数时支付额外的租赁付款额。

需要注意的是,可变租赁付款额中,仅取决于指数或比率的可变租赁付款额纳入租赁负债的初始计量中,包括与消费者价格指数挂钩的款项、与基准利率挂钩的款项和为反映市场租金费率变化而变动的款项等。此类可变租赁付款额应当根据租赁期开始日的指数或比率确定。除了取决于指数或比率的可变租赁付款额之外,其他可变租赁付款额均不纳入租赁负债的初始计量中。

(3)购买选择权的行权价格,前提是承租人合理确定将行使该选择权。在租赁期开始日,承租人应评估是否合理确定将行使购买标的资产的选择权。在评估时,承租人应考虑对其行使或不行使购买选择权产生经济激励的所有相关事实和情况。如果承租人合理确定将行使购买标的资产的选择权,则租赁付款额中应包含购买选择权的行权价格。

(4)行使终止租赁选择权需支付的款项,前提是租赁期反映出承租人将行使终止租赁选择权。在租赁期开始日,承租人应评估是否合理确定将行使终止租赁的选择权。在评估时,承租人应考虑对其行使或不行使终止租赁选择权产生经济激励的所有相关事实和情况。如果承租人合理确定将行使终止租赁选择权,租赁付款额中应包含行使终止租赁选择权需支付的款项,并且租赁期不应包含终止租赁选择权涵盖的期间。

(5)根据承租人提供的担保余值预计应支付的款项。担保余值,是指与出租人无关的一方向出租人提供担保,保证在租赁结束时租赁资产的价值至少为某指定的金额。如果承租人提供了对余值的担保,租赁付款额应包含该担保下预计应支付的款项,它反映了承租人预计将支付的金额,而不是承租人担保余值下的最大敞口。

2. 折现率。租赁负债应当按照租赁期开始日尚未支付的租赁付款额的现值进行初始计量。在计算租赁付款额的现值时,承租人应当采用租赁内含利率作为折现率;无法确定租赁内含利率的,应当采用承租人增量借款利率作为折现率。

租赁内含利率,是指使出租人的租赁收款额的现值与未担保余值的现值之和等于租赁资产公允价值与出租人的初始直接费用之和的利率。其中,未担保余值,是指租赁资产余值中,出租人无法保证能够实现或仅由与出租人有关的一方予以担保的部分。初始直接费用,是指为达成租赁所发生的增量成本。增量成本是指若企业不取得该租赁就不会发生的成本,如佣金、印花税等。无论是否实际取得租赁都会发生的支出,不属于初始直接费用,例如,为评估是否签订租赁而发生的差旅费、法律费用等,应当在发生时计入当期损益。

【例5-4】承租人甲公司与出租人乙公司签订了一份车辆租赁合同,租赁期为5年。在租赁开始日,该车辆的公允价值为200 000元,乙公司预计在租赁结束时其公允价值(未担保余值)为20 000元。租赁付款额为每年46 000元,于年末支付。乙公司发生的初始直接费用为10 000元。乙公司计算租赁内含利率 r 的方法如下:

$$46\,000 \times (P/A, r, 5) + 20\,000 \times (P/F, r, 5) = 200\,000 + 10\,000$$

本例中,计算得出的租赁内含利率 r 为5.79%。

承租人增量借款利率,是指承租人在类似经济环境下为获得与使用权资产价值接近的资产,在类似期间以类似抵押条件借入资金须支付的利率。该利率与下列事项相关:①承租人自身情况,即承租人的偿债能力和信用状况;②"借款"的期限,即租赁期;③"借入"资金的金额,即租赁负债的金额;④"抵押条件",即租赁资产的性质和质量;⑤经济环境,包括承租人所处的司法管辖区、计价货币、合同签订时间等。

在具体操作时,承租人可以先根据所处经济环境,以可观察的利率作为确定增量借款利率的参考基础,然后根据承租人自身情况、标的资产情况、租赁期和租赁负债金额等租赁业务的具体情况对参考基础进行调整,得出适用的承租人增量借款利率。企业应当对确定承租人增量借款利率的依据和过程做好记录。

(二)使用权资产的初始计量

使用权资产,是指承租人可在租赁期内使用租赁资产的权利。

在租赁期开始日,承租人应当按照成本对使用权资产进行初始计量。该成本包括下列四项:①租赁负债的初始计量金额。②在租赁期开始日或之前支付的租赁付款额;存在租赁激励的,应扣除已享受的租赁激励相关金额。③承租人发生的初始直接费用。④承租人为拆卸及移除租赁资产、复原租赁资产所在场地或将租赁资产恢复至租赁条款约定状态预计将发生的成本。前述成本属于为生产存货而发生的,适用《企业会计准则第1号——存货》。关于第④项成本,承租人有可能在租赁期开始日就承担了上述成本的支付义务,也可能在特定期间内因使用标的资产而承担了相关义务。承租人应在其有义务承担上述成本时,将这些成本确认为使用权资产成本的一部分。但是,承租人由于在特定期间内将使用权资产用于生产存货而发生的上述成本,应按照《企业会计准则第1号——存货》进行会计处理。承租人应当按照《企业会计准则第13号——或有事项》对上述成本的支付义务进行确认和计量。承租人发生的租赁资产改良支出不属于使用权资产,应当记入"长期待摊费用"科目。

在某些情况下,承租人可能在租赁期开始前就发生了与标的资产相关的经济业务或事项。例如,租赁合同双方经协商在租赁合同中约定,标的资产需经建造或重新设计后方可供承租人使用;根据合同条款与条件,承租人需支付与资产建造或设计相关的成本。承租人如发生与标的资产建造或设计相关的成本,应适用其他相关准则(如《企业会计准则第 4 号——固定资产》)进行会计处理。同时需要注意的是,与标的资产建造或设计相关的成本不包括承租人为获取标的资产使用权而支付的款项,此类款项无论在何时支付,均属于租赁付款额。

【例 5-5】承租人甲公司就某栋建筑物的某一层楼与出租人乙公司签订了为期 20 年的租赁协议,并拥有 10 年的续租选择权。有关资料如下:①初始租赁期内的不含税租金为每年 100 000 元,续租期间为每年 110 000 元,所有款项应于每年年初支付;②为获得该项租赁,甲公司发生的初始直接费用为 40 000 元,其中,30 000 元为向该楼层前任租户支付的款项,10 000 元为向促成此租赁交易的房地产中介支付的佣金;③作为对甲公司的激励,乙公司同意补偿甲公司 10 000 元的佣金;④在租赁期开始日,甲公司评估后认为,不能合理确定将行使续租选择权,因此,将租赁期确定为 20 年;⑤甲公司无法确定租赁内含利率,其增量借款利率为每年 5%,该利率反映的是甲公司以类似抵押条件借入期限为 20 年、与使用权资产等值的相同币种的借款而必须支付的利率。

为简化处理,假设不考虑相关税费影响。

分析:承租人甲公司的会计处理如下:

第一步,计算租赁期开始日租赁付款额的现值,并确认租赁负债和使用权资产。

在租赁期开始日,甲公司支付第 1 年的租金 100 000 元,并以剩余 19 年租金(每年 100 000 元)按 5% 的年利率折现后的现值计量租赁负债。计算租赁付款额现值的过程如下:

剩余 19 期租赁付款额 = 100 000×19 = 1 900 000(元)

租赁负债 = 剩余 19 期租赁付款额的现值 = 100 000×(P/A,5%,19) = 1 208 532(元)

未确认融资费用 = 剩余 19 期租赁付款额 - 剩余 19 期租赁付款额的现值
= 1 900 000 - 1 208 532 = 691 468(元)

借:使用权资产　　　　　　　　　　　　　　　　　　　1 308 532
　　租赁负债——未确认融资费用　　　　　　　　　　　　691 468
　贷:租赁负债——租赁付款额　　　　　　　　　　　　1 900 000
　　　银行存款(第 1 年的租赁付款额)　　　　　　　　　　100 000

第二步,将初始直接费用计入使用权资产的初始成本。

借:使用权资产　　　　　　　　　　　　　　　　　　　　40 000
　贷:银行存款　　　　　　　　　　　　　　　　　　　　40 000

第三步,将已收的租赁激励相关金额从使用权资产入账价值中扣除。

借:银行存款　　　　　　　　　　　　　　　　　　　　　10 000
　贷:使用权资产　　　　　　　　　　　　　　　　　　　10 000

综上,甲公司使用权资产的初始成本为:1 308 532+40 000-10 000 = 1 338 532(元)。

二、后续计量

(一)租赁负债的后续计量

1. 计量基础。在租赁期开始日后,承租人应当按以下原则对租赁负债进行后续计量:

(1)确认租赁负债的利息时,增加租赁负债的账面金额。

(2)支付租赁付款额时,减少租赁负债的账面金额。

(3)因重估或租赁变更等原因导致租赁付款额发生变动时,重新计量租赁负债的账面价值。

承租人应当按照固定的周期性利率计算租赁负债在租赁期内各期间的利息费用,并计入当期损益,但按照《企业会计准则第 17 号——借款费用》等其他准则规定应当计入相关成本的,从其规定。

此处的周期性利率,是指承租人对租赁负债进行初始计量时所采用的折现率,或者因租赁付款额发生变动或因租赁变更而需按照修订后的折现率对租赁负债进行重新计量时,承租人所采用的修订后的折现率。

【例 5-6】承租人甲公司与出租人乙公司签订了为期 14 年的商铺租赁合同。每年的租赁付款额为 900 000 元,在每年年末支付。甲公司无法确定租赁内含利率,其增量借款利率为 5%。

分析:在租赁期开始日,甲公司按租赁付款额的现值所确认的租赁负债为 8 908 777 元。在第 1 年年末,甲公司向乙公司支付第一年的租赁付款额 900 000 元,其中,445 439 元(8 908 777×5%)是当年的利息,454 561 元(900 000-445 439)是本金,即租赁负债的账面价值减少 637 920 元。甲公司的账务处理为:

借:租赁负债——租赁付款额　　　　　　　　　　　　　900 000
　　贷:银行存款　　　　　　　　　　　　　　　　　　　900 000
借:财务费用——利息费用　　　　　　　　　　　　　　445 439
　　贷:租赁负债——未确认融资费用　　　　　　　　　　445 439

未纳入租赁负债计量的可变租赁付款额,即并非取决于指数或比率的可变租赁付款额,应当在实际发生时计入当期损益,但按照《企业会计准则第 1 号——存货》等他准则规定应当计入相关资产成本的,从其规定。

2. 租赁负债的重新计量。在租赁期开始日后,当发生下列四种情形时,承租人应当按照变动后的租赁付款额的现值重新计量租赁负债,并相应调整使用权资产的账面价值。使用权资产的账面价值已调减至零,租赁负债仍需进一步调减的,承租人应当将剩余金额计入当期损益。

(1)实质固定付款额发生变动。如果租赁付款额最初是可变的,但在租赁期开始日后的某一时点转为固定,那么,在潜在可变性消除时,该付款额成为实质固定付款额,应纳入租赁负债的计量中。承租人应当按照变动后租赁付款额的现值重新计量租赁负债。在该情形下,承租人采用的折现率不变,即采用租赁期开始日确定的折现率。

【例5-7】承租人甲公司签订了一份为期20年的机器租赁合同。租金于每年年末支付,并按以下方式确定:第1年,租金是可变的,根据该机器在第1年下半年的实际产能确定;第2年至20年,每年的租金根据该机器在第1年下半年的实际产能确定,即租金将在第1年年末转变为固定付款额。在租赁期开始日,甲公司无法确定租赁内含利率,其增量借款利率为5%。假设在第1年年末,根据该机器在第1年下半年的实际产能所确定的租赁付款额为每年40 000元。

分析:本例中,在租赁期开始时,由于未来的租金尚不确定,因此甲公司的租赁负债为零。在第1年年末,租金的潜在可变性消除,成为实质固定付款额(每年40 000元),因此甲公司应基于变动后的租赁付款额重新计量租赁负债,并采用不变的折现率(5%)进行折现。在支付第1年的租金之后,甲公司后续年度需支付的租赁付款额为760 000元(40 000×19),租赁付款额在第1年年末的现值为483 413元[40 000×(P/A,5%,19)],未确认融资费用为276 587元(760 000-433 511)。甲公司在第1年年末的相关账务处理如下:

支付第一年租金:

借:制造费用等　　　　　　　　　　　　　　　　　　　　　　　　40 000
　　贷:银行存款　　　　　　　　　　　　　　　　　　　　　　　　40 000

确认使用权资产和租赁负债:

借:使用权资产　　　　　　　　　　　　　　　　　　　　　　　　483 413
　　租赁负债——未确认融资费用　　　　　　　　　　　　　　　　276 587
　　贷:租赁负债——租赁付款额　　　　　　　　　　　　　　　　760 000

(2)担保余值预计的应付金额发生变动。在租赁期开始日后,承租人应对其在担保余值下预计支付的金额进行估计。该金额发生变动的,承租人应当按照变动后租赁付款额的现值重新计量租赁负债。在该情形下,承租人采用的折现率不变。

(3)用于确定租赁付款额的指数或比率发生变动。在租赁期开始日后,因浮动利率的变动而导致未来租赁付款额发生变动的,承租人应当按照变动后租赁付款额的现值重新计量租赁负债。在该情形下,承租人应采用反映利率变动的修订后的折现率进行折现。

在租赁期开始日后,因用于确定租赁付款额的指数或比率(浮动利率除外)的变动而导致未来租赁付款额发生变动的,承租人应当按照变动后租赁付款额的现值重新计量租赁负债。在该情形下,承租人采用的折现率不变。

需要注意的是,仅当现金流量发生变动时,即租赁付款额的变动生效时,承租人才应重新计量租赁负债,以反映变动后的租赁付款额。承租人应基于变动后的合同付款额确定剩余租赁期内的租赁付款额。

(4)购买选择权、续租选择权或终止租赁选择权的评估结果或实际行使情况发生变化。租赁期开始日后,发生下列情形的,承租人应采用修订后的折现率对变动后的租赁付款额进行折现,以重新计量租赁负债:

第一,发生承租人可控范围内的重大事件或变化,且影响承租人是否合理确定将行使续租选择权或终止租赁选择权的,承租人应当对其是否合理确定将行使相应选择权进行重新评估。上述选择权的评估结果发生变化的,承租人应当根据新的评估结果重新确定租赁期和租赁付款额。前述选择权的实际行使情况与原评估结果不一致等导致租赁期变化的,也应当根据新的租赁期重新确定租赁付款额。

第二,发生承租人可控范围内的重大事件或变化,且影响承租人是否合理确定将行使购买选择权的,承租人应当对其是否合理确定将行使购买选择权进行重新评估。评估结果发生变化的,承租人应根据新的评估结果重新确定租赁付款额。

上述两种情形下,承租人在计算变动后租赁付款额的现值时,应当采用剩余租赁期间的租赁内含利率作为折现率;无法确定剩余租赁期间的租赁内含利率的,应当采用重估日的承租人增量借款利率作为折现率。

【例5-8】承租人甲公司与出租人乙公司签订了一份办公楼租赁合同,每年的租赁付款额为100 000元,于每年年末支付。甲公司无法确定租赁内含利率,其增量借款利率为5%。

不可撤销租赁期为5年,并且合同约定在第5年年末,甲公司有权选择以每年100 000元续租5年,也有权选择以2 000 000元购买该房产。甲公司在租赁期开始时评估认为,可以合理确定将行使续租选择权,而不会行使购买选择权,因此将租赁期确定为10年。

分析:在租赁期开始日,甲公司确认的租赁负债和使用权资产为772 000元[100 000×(P/A,5%,10)]。租赁负债将按表5-2所述方法进行后续计量:

表5-2　　　　　　　　　租赁负债后续计量　　　　　　　　　单位:元

年度	租赁负债年初金额 ①	利息 ②=①×5%	租赁付款额 ③	租赁负债年末金额 ④=①+②-③
1	772 000	38 600	100 000	710 600
2	710 600	35 530	100 000	646 130

续表

年度	租赁负债 年初金额 ①	利息 ②=①×5%	租赁付款额 ③	租赁负债 年末金额 ④=①+②-③
3	646 130	32 307	100 000	578 437
4	578 437	28 922	100 000	507 359
5	507 359	25 368	100 000	432 727
6	432 727	21 636	100 000	354 363
7	354 363	17 718	100 000	272 081
8	272 081	13 604	100 000	185 685
9	185 685	9 284	100 000	94 969
10	94 969	5 031*	100 000	—

注：为便于计算，本题中，年金现值系数取两位小数。

*表示该数据为倒挤数。

在租赁开始日，甲公司的账务处理为：
借：使用权资产　　　　　　　　　　　　　　　　　　　　　　772 000
　　租赁负债——未确认融资费用　　　（1 000 000-772 000）228 000
　　贷：租赁负债——租赁付款额　　　　　　　　　　　　　1 000 000

在第4年，该房产所在地房价显著上涨，甲公司预计租赁期结束时该房产的市价为4 000 000元，甲公司在第4年年末重新评估后认为，能够合理确定将行使上述购买选择权，而不会行使上述续租选择权。该房产所在地区的房价上涨属于市场情况发生的变化，不在甲公司的可控范围内。因此，虽然该事项导致购买选择权及续租选择权的评估结果发生变化，但甲公司不需重新计量租赁负债。

在第5年年末，甲公司实际行使了购买选择权。截至该时点，使用权资产的原值为772 000元，累计折旧为386 000元（772 000×5/10）；支付了第5年租赁付款额之后，租赁负债的账面价值为432 727元，其中，租赁付款额为250 000元，未确认融资费用为67 273元（500 000-432 727）。甲公司行使购买选择权的会计分录为：

借：固定资产——办公楼　　　　　　　　　　　　　　　　1 953 273
　　使用权资产累计折旧　　　　　　　　　　　　　　　　　386 000
　　租赁负债——租赁付款额　　　　　　　　　　　　　　　500 000

        贷：使用权资产　　　　　　　　　　　　　　　　　　　　　772 000
            租赁负债——未确认融资费用　　　　　　　　　　　　 67 273
            银行存款　　　　　　　　　　　　　　　　　　　　　2 000 000

（二）使用权资产的后续计量

1. 计量基础。在租赁期开始日后，承租人应当采用成本模式对使用权资产进行后续计量，即以成本减累计折旧及累计减值损失计量使用权资产。

承租人按照新租赁准则有关规定重新计量租赁负债的，应当相应调整使用权资产的账面价值。

2. 使用权资产的折旧。承租人应当参照《企业会计准则第 4 号——固定资产》有关折旧规定，自租赁期开始日起对使用权资产计提折旧。使用权资产通常应自租赁期开始的当月计提折旧，当月计提确有困难的，为便于实务操作，企业也可以选择自租赁期开始的下月计提折旧，但应对同类使用权资产采取相同的折旧政策。计提的折旧金额应根据使用权资产的用途，计入相关资产的成本或者当期损益。

承租人在确定使用权资产的折旧方法时，应当根据与使用权资产有关的经济利益的预期实现方式作出决定。通常，承租人按直线法对使用权资产计提折旧，其他折旧方法更能反映使用权资产有关经济利益预期实现方式的，应采用其他折旧方法。

承租人在确定使用权资产的折旧年限时，应遵循以下原则：承租人能够合理确定租赁期届满时取得租赁资产所有权的，应当在租赁资产剩余使用寿命内计提折旧；承租人无法合理确定租赁期届满时能够取得租赁资产所有权的，应当在租赁期与租赁资产剩余使用寿命两者孰短的期间内计提折旧。如果使用权资产的剩余使用寿命短于前两者，应在使用权资产的剩余使用寿命内计提折旧。

3. 使用权资产的减值。在租赁期开始日后，承租人应当按照《企业会计准则第 8 号——资产减值》的规定，确定使用权资产是否发生减值，并对已识别的减值损失进行会计处理。使用权资产发生减值的，按应减记的金额，借记"资产减值损失"科目，贷记"使用权资产减值准备"科目。使用权资产减值准备一旦计提，不得转回。承租人应当按照扣除减值损失之后的使用权资产的账面价值，进行后续折旧。

企业执行新租赁准则后，《企业会计准则第 13 号——或有事项》有关亏损合同的规定仅适用于采用短期租赁和低价值资产租赁简化处理方法的租赁合同以及在租赁开始日前已是亏损合同的租赁合同，不再适用于其他租赁合同。

（三）租赁变更的会计处理

租赁变更，是指原合同条款之外的租赁范围、租赁对价、租赁期限的变更，包括增加或终止一项或多项租赁资产的使用权、延长或缩短合同规定的租赁期等。租赁变更生效日，是指双方就租赁变更达成一致的日期。

1. 租赁变更作为一项单独租赁处理。租赁发生变更且同时符合下列条件的,承租人应当将该租赁变更作为一项单独租赁进行会计处理:

(1)该租赁变更通过增加一项或多项租赁资产的使用权而扩大了租赁范围。

(2)增加的对价与租赁范围扩大部分的单独价格按该合同情况调整后的金额相当。

2. 租赁变更未作为一项单独租赁处理。租赁变更未作为一项单独租赁进行会计处理的,在租赁变更生效日,承租人应当按照新租赁准则有关租赁分拆的规定对变更后合同的对价进行分摊,按照新租赁准则有关租赁期的规定确定变更后的租赁期,并采用变更后的折现率对变更后的租赁付款额进行折现,以重新计量租赁负债。在计算变更后租赁付款额的现值时,承租人应当采用剩余租赁期间的租赁内含利率作为折现率;无法确定剩余租赁期间的租赁内含利率的,应当采用租赁变更生效日的承租人增量借款利率作为折现率。

就上述租赁负债调整的影响,承租人应区分以下情形进行会计处理:

(1)租赁变更导致租赁范围缩小或租赁期缩短的,承租人应当调减使用权资产的账面价值,以反映租赁的部分终止或完全终止。承租人应将部分终止或完全终止租赁的相关利得或损失计入当期损益。

(2)其他租赁变更,承租人应当相应调整使用权资产的账面价值。

三、短期租赁和低价值资产租赁

对于短期租赁和低价值资产租赁,承租人可以选择不确认使用权资产和租赁负债。作出该选择的,承租人应当将短期租赁和低价值资产租赁的租赁付款额,在租赁期内各个期间按照直线法或其他系统合理的方法计入相关资产成本或当期损益。其他系统合理的方法能够更好地反映承租人的受益模式的,承租人应当采用该方法。

(一)短期租赁

短期租赁,是指在租赁期开始日,租赁期不超过12个月的租赁。包含购买选择权的租赁,即使租赁期不超过12个月,也不属于短期租赁。

对于短期租赁,承租人可以按照租赁资产的类别作出采用简化会计处理的选择。如果承租人对某类租赁资产作出了简化会计处理的选择,未来该类资产下所有的短期租赁都应采用简化会计处理。某类租赁资产是指企业运营中具有类似性质和用途的一组租赁资产。

按照简化会计处理的短期租赁发生租赁变更或者其他原因导致租赁期发生变化的,承租人应当将其视为一项新租赁,重新按照上述原则判断该项新租赁是否可以选择简化会计处理。

(二) 低价值资产租赁

低价值资产租赁,是指单项租赁资产为全新资产时价值较低的租赁。

承租人在判断是否是低价值资产租赁时,应基于租赁资产的全新状态下的价值进行评估,不应考虑资产已被使用的年限。

对于低价值资产租赁,承租人可根据每项租赁的具体情况作出简化会计处理选择。低价值资产同时还应满足以下条件:只有承租人能够从单独使用该低价值资产或将其与承租人易于获得的其他资源一起使用中获利,且该项资产与其他租赁资产没有高度依赖或高度关联关系时,才能对该资产租赁选择进行简化会计处理。

低价值资产租赁的标准应该是一个绝对金额,即仅与资产全新状态下的绝对价值有关,不受承租人规模、性质等影响,也不考虑该资产对于承租人或相关租赁交易的重要性。常见的低价值资产包括平板电脑、普通办公家具、电话等小型资产。但是,如果承租人已经或者预期要把相关资产进行转租赁,则不能将原租赁按照低价值资产租赁进行简化会计处理。值得注意的是,符合低价值资产租赁的,并不代表承租人若采取购入方式取得该资产时该资产不符合固定资产确认条件。

第三节 出租人会计处理

一、出租人的租赁分类

(一) 融资租赁和经营租赁

出租人应当在租赁开始日将租赁分为融资租赁和经营租赁。

租赁开始日,是指租赁合同签署日与租赁各方就主要租赁条款作出承诺日中的较早者。租赁开始日可能早于租赁期开始日,也可能与租赁期开始日重合。

一项租赁属于融资租赁还是经营租赁取决于交易的实质,而不是合同的形式。如果一项租赁实质上转移了与租赁资产所有权有关的几乎全部风险和报酬,出租人应当将该项租赁分类为融资租赁。出租人应当将除融资租赁以外的其他租赁分类为经营租赁。

出租人的租赁分类以租赁转移与租赁资产所有权相关的风险和报酬的程度为依据。风险包括生产能力的闲置或技术陈旧可能造成的损失,以及经济状况的改变可能造成的回报变动。报酬可以表现为在租赁资产的预期经济寿命期间经营的盈利以及因增值或残值变现可能产生的利得。

租赁开始日后,除非发生租赁变更,出租人无须对租赁的分类进行重新评估。租赁资产预计使用寿命、预计余值等会计估计变更或发生承租人违约等情况变化的,出租人不对租赁进行重分类。

租赁合同可能包括因租赁开始日与租赁期开始日之间发生的特定变化而需对租赁付款额进行调整的条款与条件(例如,出租人标的资产的成本发生变动,或出租人对该租赁的融资成本发生变动)。在此情况下,出于租赁分类目的,此类变动的影响均视为在租赁开始日已发生。

(二)融资租赁的分类标准

1. 一项租赁存在下列一种或多种情形的,通常分类为融资租赁:

(1)在租赁期届满时,租赁资产的所有权转移给承租人。如果在租赁协议中已经约定,或者根据其他条件,在租赁开始日就可以合理地判断,租赁期届满时出租人会将资产的所有权转移给承租人,那么该项租赁通常分类为融资租赁。

(2)承租人有购买租赁资产的选择权,所订立的购买价款预计将远低于行使选择权时租赁资产的公允价值,因而在租赁开始日就可以合理确定承租人将行使该选择权。

(3)资产的所有权虽然不转移,但租赁期占租赁资产使用寿命的大部分。实务中,这里的"大部分"一般指租赁期占租赁开始日租赁资产使用寿命的75%以上(含75%)。需要说明的是,这里的量化标准只是指导性标准,企业在具体运用时,必须以准则规定的相关条件进行综合判断。这条标准强调的是租赁期占租赁资产使用寿命的比例,而非租赁期占该项资产全部可使用年限的比例。如果租赁资产是旧资产,在租赁前已使用年限超过资产自全新时起算可使用年限的75%以上时,这条判断标准不适用,不能使用这条标准确定租赁的分类。

(4)在租赁开始日,租赁收款额的现值几乎相当于租赁资产的公允价值。实务中,这里的"几乎相当于"通常在90%以上。需要说明的是,这里的量化标准只是指导性标准,企业在具体运用时,必须以准则规定的相关条件进行综合判断。

(5)租赁资产性质特殊,如果不作较大改造,只有承租人才能使用。租赁资产是由出租人根据承租人对资产型号、规格等方面的特殊要求专门购买或建造的,具有专购、专用性质。这些租赁资产如果不作较大的重新改制,其他企业通常难以使用。这种情况下,通常也分类为融资租赁。

2. 一项租赁存在下列一项或多项迹象的,也可能分类为融资租赁:

(1)若承租人撤销租赁,撤销租赁对出租人造成的损失由承租人承担。

(2)资产余值的公允价值波动所产生的利得或损失归属于承租人。例如,租赁结束时,出租人以相当于资产销售收益的绝大部分金额作为对租金的退还,说明承租人承担了租赁资产余值的几乎所有风险和报酬。

(3)承租人有能力以远低于市场水平的租金继续租赁至下一期间。此经济激励政策与购买选择权类似,如果续租选择权行权价远低于市场水平,可以合理确定承租人将继续租赁至下一期间。

值得注意的是,出租人判断租赁类型时,上述情形和迹象并非总是决定性的,而是应综合考虑经济激励的有利方面和不利方面。若有其他特征充分表明,租赁实质上没有转移与租赁资产所有权相关的几乎全部风险和报酬,该租赁应分类为经营租赁。例如,若租赁资产的所有权在租赁期结束时是以相当于届时其公允价值的可变付款额转让至承租人,或者因存在可变租赁付款额导致出租人实质上没有转移几乎全部风险和报酬,就可能出现这种情况。

二、出租人对融资租赁的会计处理

(一)初始计量

在租赁期开始日,出租人应当对融资租赁确认应收融资租赁款,并终止确认融资租赁资产。出租人对应收融资租赁款进行初始计量时,应当以租赁投资净额作为应收融资租赁款的入账价值。

租赁投资净额为未担保余值和租赁期开始日尚未收到的租赁收款额按照租赁内含利率折现的现值之和。租赁内含利率,是指使出租人的租赁收款额的现值与未担保余值的现值之和(租赁投资净额)等于租赁资产公允价值与出租人的初始直接费用之和的利率。因此,出租人发生的初始直接费用包括在租赁投资净额中,也包括在应收融资租赁款的初始入账价值中。

租赁收款额,是指出租人因让渡在租赁期内使用租赁资产的权利而应向承租人收取的款项,包括:

1. 承租人需支付的固定付款额及实质固定付款额。存在租赁激励的,应当扣除租赁激励相关金额。

2. 取决于指数或比率的可变租赁付款额。该款项在初始计量时根据租赁期开始日的指数或比率确定。

3. 购买选择权的行权价格,前提是合理确定承租人将行使该选择权。

4. 承租人行使终止租赁选择权需支付的款项,前提是租赁期反映出承租人将行使终止租赁选择权。

5. 由承租人、与承租人有关的一方以及有经济能力履行担保义务的独立第三方向出租人提供的担保余值。

【例5-9】2×19年12月1日,甲公司与乙公司签订了一份租赁合同,从乙公司租入塑钢机一台。租赁合同主要条款如下:

(1)租赁资产:全新塑钢机。

(2)租赁期开始日:2×20年1月1日。

(3)租赁期:2×20年1月1日—2×25年12月31日,共72个月。

(4)固定租金支付:自2×20年1月1日,每年年末支付租金320 000元。如果甲公司能够在每年年末的最后一天及时付款,给予减少租金20 000元的奖励。

(5)取决于指数或比率的可变租赁付款额:租赁期限内,如遇中国人民银行贷款基准利率调整时,出租人将对租赁利率作出同方向、同幅度的调整。基准利率调整日之前各期和调整日当期租金不变,从下一期租金开始按调整后的租金金额收取。

(6)租赁开始日租赁资产的公允价值:该机器在2×19年12月31日的公允价值为1 400 000元,账面价值为1 200 000元。

(7)初始直接费用:签订租赁合同过程中乙公司发生可归属于租赁项目的手续费、佣金20 000元。

(8)承租人的购买选择权:租赁期届满时,甲公司享有优惠购买该机器的选择权,购买价为40 000元,估计该日租赁资产的公允价值为160 000元。

(9)取决于租赁资产绩效的可变租赁付款额:2×21年和2×22年两年,甲公司每年按该机器所生产的产品——塑钢窗户的年销售收入的5%向乙公司支付。

(10)承租人的终止租赁选择权:甲公司享有终止租赁选择权。在租赁期间,如果甲公司终止租赁,需支付的款项为剩余租赁期间的固定租金支付金额。

(11)担保余值和未担保余值均为0。

(12)全新塑钢机的使用寿命为7年。

分析:出租人乙公司的会计处理如下:

第一步,判断租赁类型。

本例中存在优惠购买选择权,优惠购买价40 000元远低于行使选择权日租赁资产的公允价值160 000元,因此在2×19年12月31日就可合理确定甲公司将会行使这种选择权。另外,在本例中,租赁期6年,占租赁开始日租赁资产使用寿命的86%(占租赁资产使用寿命的大部分)。同时,乙公司综合考虑其他各种情形和迹象,认为该租赁实质上转移了与该项设备所有权有关的几乎全部风险和报酬,因此将这项租赁认定为融资租赁。

第二步,确定租赁收款额。

(1)承租人的固定付款额为考虑扣除租赁激励后的金额。

$$(320\ 000-20\ 000)\times 6=1\ 800\ 000(元)$$

(2)取决于指数或比率的可变租赁付款额。

该款项在初始计量时根据租赁期开始日的指数或比率确定,因此本例中在租赁期开始日不作考虑。

(3)承租人购买选择权的行权价格。

租赁期届满时,甲公司享有优惠购买该机器的选择权,购买价为40 000元,估计该日租赁资产的公允价值为160 000元。优惠购买价40 000元远低于行使选择权日租赁资产的公允价值,因此在2×19年12月31日就可合理确定甲公司将会行使这种选择权。

结论:租赁付款额中应包括承租人购买选择权的行权价格40 000元。

(4)终止租赁的罚款。

虽然甲公司享有终止租赁选择权,但若终止租赁,甲公司需支付的款项为剩余租赁期间的固定租金支付金额。

结论:根据上述条款,可以合理确定甲公司不会行使终止租赁选择权。

(5)由承租人向出租人提供的担保余值:甲公司向乙公司提供的担保余值为0元。

综上所述,租赁收款额为:

$$1\,800\,000 + 40\,000 = 1\,840\,000(元)$$

第三步,确认租赁投资总额。

租赁投资总额=在融资租赁下出租人应收的租赁收款额+未担保余值

$$= 1\,840\,000 + 0 = 1\,840\,000(元)$$

第四步,确认租赁投资净额的金额和未实现融资收益。

租赁投资净额=租赁资产在租赁期开始日公允价值+出租人发生的租赁初始直接费用

$$= 1\,400\,000 + 20\,000 = 1\,420\,000(元)$$

未实现融资收益=租赁投资总额-租赁投资净额=1 840 000-1 420 000=420 000(元)

第五步,计算租赁内含利率。

租赁内含利率是使租赁投资总额的现值(租赁投资净额)等于租赁资产在租赁开始日的公允价值与出租人的初始直接费用之和的利率。

$$300\,000 \times (P/A,r,6) + 40\,000 \times (P/F,r,6) = 1\,420\,000(元)$$

计算得到租赁的内含利率为7.82%。

第六步,账务处理。

2×20年1月1日:

借:应收融资租赁款——租赁收款额	1 840 000
贷:银行存款	20 000
融资租赁资产	1 200 000
资产处置损益	200 000
应收融资租赁款——未实现融资收益	420 000

若某融资租赁合同必须以收到租赁保证金为生效条件,出租人收到承租人交来的

租赁保证金,借记"银行存款"科目,贷记"其他应付款——租赁保证金"科目。承租人到期不交租金,以保证金抵作租金时,借记"其他应付款——租赁保证金"科目,贷记"应收融资租赁款"科目。承租人违约,按租赁合同或协议规定没收保证金时,借记"其他应付款——租赁保证金"科目,贷记"营业外收入"等科目。

(二)融资租赁的后续计量

出租人应当按照固定的周期性利率计算并确认租赁期内各个期间的利息收入。

【例5-10】沿用例5-9,以下说明出租人如何确认计量租赁期内各期间的利息收入。

分析:

第一步,计算租赁期内各期的利息收入,如表5-3所示。

表5-3　　　　　　　　　　　利息收入计算表　　　　　　　　　　单位:元

日　期	租金 ①	确认的利息收入 ②=期初③×7.82%	租赁投资净额余额 期末③=期初③-①+②
2×20年1月1日			1 420 000
2×20年12月31日	300 000	111 044	1 231 044
2×21年12月31日	300 000	96 268	1 027 312
2×22年12月31日	300 000	80 336	807 648
2×23年12月31日	300 000	63 158	570 806
2×24年12月31日	300 000	44 637	315 443
2×25年12月31日	300 000	24 557*	40 000
2×25年12月31日	40 000		
合计	1 840 000	420 000	

注:*作尾数调整 24 557=300 000+40 000-315 442。

第二步,会计分录:

2×20年12月31日收到第1期租金时:

借:银行存款　　　　　　　　　　　　　　　　　　　　　　　300 000
　　贷:应收融资租赁款——租赁收款额　　　　　　　　　　　　　300 000
借:应收融资租赁款——未实现融资收益　　　　　　　　　　　　111 044
　　贷:租赁收入　　　　　　　　　　　　　　　　　　　　　　　111 044

2×21年12月31日收到第2期租金：
借：银行存款   300 000
    贷：应收融资租赁款——租赁收款额   300 000
借：应收融资租赁款——未实现融资收益   96 268
    贷：租赁收入   96 268

纳入出租人租赁投资净额的可变租赁付款额只包含取决于指数或比率的可变租赁付款额。在初始计量时，应当采用租赁期开始日的指数或比率进行初始计量。出租人应定期复核计算租赁投资总额时所使用的未担保余值。若预计未担保余值降低，出租人应修改租赁期内的收益分配，并立即确认预计的减少额。

出租人取得的未纳入租赁投资净额计量的可变租赁付款额，如与资产的未来绩效或使用情况挂钩的可变租赁付款额，应当在实际发生时计入当期损益。

(三)融资租赁变更的会计处理

融资租赁发生变更且同时符合下列条件的，出租人应当将该变更作为一项单独租赁进行会计处理：

1. 该变更通过增加一项或多项租赁资产的使用权而扩大了租赁范围或延长了租赁期限。

2. 增加的对价与租赁范围扩大部分或租赁期限延长部分的单独价格按该合同情况调整后的金额相当。

如果融资租赁的变更未作为一项单独租赁进行会计处理，且满足假如变更在租赁开始日生效，该租赁会被分类为经营租赁条件的，出租人应当自租赁变更生效日开始将其作为一项新租赁进行会计处理，并以租赁变更生效日前的租赁投资净额作为租赁资产的账面价值。

【例5-11】承租人就某套机器设备与出租人签订了一项为期5年的租赁，构成融资租赁。合同规定，每年末承租人向出租人支付租金20 000元，租赁期开始日，出租资产公允价值为75 816元。按照公式20 000×(P/A,r,5)=75 816(元)，计算得出租赁内含利率10%，租赁收款额为100 000元，未确认融资收益为24 184元。在第2年年初，承租人和出租人同意对原租赁进行修改，缩短租赁期限到第3年年末，每年支付租金时点不变，租金总额从100 000元变更到66 000元。假设本例中不涉及未担保余值、担保余值、终止租赁罚款等。

分析：本例中，如果原租赁期限设定为3年，在租赁开始日，租赁类别被分类为经营租赁，那么，在租赁变更生效日，即第2年年初，出租人将租赁投资净额余额63 398元(75 816+75 816×10%-20 000)作为该套机器设备的入账价值，并从第2年年初开始，作为一项新的经营租赁(2年租赁期，每年末收取租金23 000元)进行会计处理。

第 2 年年初会计分录如下：
借：固定资产   63 398
    应收融资租赁款——未确认融资收益   （24 184-75 816×10%）16 602
  贷：应收融资租赁款——租赁收款额   （100 000-20 000）80 000

如果融资租赁的变更未作为一项单独租赁进行会计处理，且满足假如变更在租赁开始日生效，该租赁会被分类为融资租赁条件的，出租人应当按照《企业会计准则第 22 号——金融工具确认和计量》(2017)第四十二条关于修改或重新议定合同的规定进行会计处理。即修改或重新议定租赁合同，未导致应收融资租赁款终止确认，但导致未来现金流量发生变化的，应当重新计算该应收融资租赁款的账面余额，并将相关利得或损失计入当期损益。重新计算应收融资租赁款账面余额时，应当根据重新议定或修改的租赁合同现金流量按照应收融资租赁款的原折现率或按照《企业会计准则第 24 号——套期会计》(2017)第二十三条规定重新计算的折现率（如适用）折现的现值确定。对于修改或重新议定租赁合同所产生的所有成本和费用，企业应当调整修改后的应收融资租赁款的账面价值，并在修改后的应收融资租赁款的剩余期限内进行摊销。

三、出租人对经营租赁的会计处理

（一）租金的处理

在租赁期内各个期间，出租人应采用直线法或者其他系统合理的方法将经营租赁的租赁收款额确认为租金收入。如果其他系统合理的方法能够更好地反映因使用租赁资产所产生经济利益的消耗模式的，出租人应采用该方法。

（二）出租人对经营租赁提供激励措施

出租人提供免租期的，出租人应将租金总额在不扣除免租期的整个租赁期内，按直线法或其他合理的方法进行分配，免租期内应当确认租金收入。出租人承担了承租人某些费用的，出租人应将该费用自租金收入总额中扣除，按扣除后的租金收入余额在租赁期内进行分配。

（三）初始直接费用

出租人发生的与经营租赁有关的初始直接费用应当资本化至租赁标的资产的成本，在租赁期内按照与租金收入相同的确认基础分期计入当期损益。

（四）折旧和减值

对于经营租赁资产中的固定资产，出租人应当采用类似资产的折旧政策计提折旧；对于其他经营租赁资产，应当根据该资产适用的企业会计准则，采用系统合理的方法进行摊销。

出租人应当按照《企业会计准则第 8 号——资产减值》的规定，确定经营租赁资产是否发生减值,并对已识别的减值损失进行会计处理。

(五)可变租赁付款额

出租人取得的与经营租赁有关的可变租赁付款额,如果是与指数或比率挂钩的,应在租赁期开始日计入租赁收款额;除此之外的,应当在实际发生时计入当期损益。

(六)经营租赁的变更

经营租赁发生变更的,出租人应自变更生效日开始,将其作为一项新的租赁进行会计处理,与变更前租赁有关的预收或应收租赁收款额视为新租赁的收款额。

第四节 特殊租赁业务的会计处理

一、转租赁

转租情况下,原租赁合同和转租赁合同通常都是单独协商的,交易对手也是不同的企业,准则要求转租出租人对原租赁合同和转租赁合同分别根据承租人和出租人的会计处理要求,进行会计处理。

承租人在对转租赁进行分类时,转租出租人应基于原租赁中产生的使用权资产,而不是租赁资产(如作为租赁对象的不动产或设备)进行分类。原租赁资产不归转租出租人所有,原租赁资产也未计入其资产负债表。因此,转租出租人应基于其控制的资产(使用权资产)进行会计处理。

原租赁为短期租赁,且转租出租人作为承租人已按照准则采用简化会计处理方法的,应将转租赁分类为经营租赁。

【例5-12】甲企业(原租赁承租人)与乙企业(原租赁出租人)就16 000平方米办公场所签订了一项为期10年的租赁(原租赁)。在第6年年初,甲企业将该16 000平方米办公场所转租给丙企业,期限为原租赁的剩余4年时间(转租赁)。假设不考虑初始直接费用。

分析:甲企业应基于原租赁形成的使用权资产对转租赁进行分类。本例中,转租赁的期限覆盖了原租赁的所有剩余期限,综合考虑其他因素,甲企业判断其实质上转移了与该项使用权资产有关的几乎全部风险和报酬,甲企业将该项转租赁分类为融资租赁。

甲企业的会计处理为:①终止确认与原租赁相关且转给丙企业(转租承租人)的使用权资产,并确认转租赁投资净额;②将使用权资产与转租赁投资净额之间的差额确认为损益;③在资产负债表中保留原租赁的租赁负债,该负债代表应付原租赁出租人的租赁付款额。在转租期间,中间出租人既要确认转租赁的融资收益,也要确认原租赁的利息费用。

二、生产商或经销商出租人的融资租赁会计处理

生产商或经销商通常为客户提供购买或租赁其产品或商品的选择。如果生产商或经销商出租其产品或商品构成融资租赁,该交易产生的损益应相当于按照考虑适用的交易量或商业折扣后的正常售价直接销售标的资产所产生的损益。构成融资租赁的,生产商或经销商出租人在租赁期开始日应当按照租赁资产公允价值与租赁收款额按市场利率折现的现值两者孰低确认收入,并按照租赁资产账面价值扣除未担保余值的现值后的余额结转销售成本,收入和销售成本的差额作为销售损益。

由于取得融资租赁所发生的成本主要与生产商或经销商赚取的销售利得相关,生产商或经销商出租人应当在租赁期开始日将其计入损益。与其他融资租赁出租人不同,生产商或经销商出租人取得融资租赁所发生的成本不属于初始直接费用,不计入租赁投资净额。

【例 5-13】甲公司是一家设备生产商,与乙公司(生产型企业)签订了一份租赁合同,向乙公司出租所生产的设备,合同主要条款如下:

(1)租赁资产:设备 A。
(2)租赁期:2×19 年 1 月 1 日至 2×21 年 12 月 31 日,共 3 年。
(3)租金支付:自 2×19 年起每年年末支付年租金 2 000 000 元。
(4)租赁合同规定的利率:5%(年利率),与市场利率相同。
(5)该设备于 2×19 年 1 月 1 日的公允价值为 5 248 795 元,账面价值为 4 000 000 元。
(6)甲公司取得该租赁发生的相关成本为 10 000 元。
(7)该设备于 2×19 年 1 月 1 日交付乙公司,预计使用寿命为 8 年,无残值;租赁期届满时,乙公司可以 200 元购买该设备,预计租赁到期日该设备的公允价值不低于 3 000 000 元,乙公司对此金额提供担保;租赁期内该设备的保险、维修等费用均由乙公司自行承担。

假设不考虑其他因素和各项税费的影响。

分析:第一步,判断租赁类型。本例中租赁期满乙公司可以远低于租赁到期日租赁资产公允价值的金额购买租赁资产,甲公司认为其可以合理确定乙公司将行使购买选择权,综合考虑其他因素,与该项资产所有权有关的几乎所有风险和报酬已实质转移给乙公司,因此甲公司将该租赁认定为融资租赁。

第二步,计算租赁期开始日租赁收款额按市场利率折现的现值,确定收入金额。

租赁收款额=租金×期数+购买价格=2 000 000×3+200=6 000 200(元)

租赁收款额按市场利率折现的现值=2 000 000×(P/A,5%,3)+200×(P/F,5%,3)=5 446 572(元)

按照租赁资产公允价值与租赁收款额按市场利率折现的现值两者孰低的原则,确认收入为5 248 795元。

第三步,计算租赁资产账面价值扣除未担保余值的现值后的余额,确定销售成本金额。

销售成本=账面价值-未担保余值的现值=4 000 000-0=4 000 000(元)

第四步,会计分录:

2×19年1月1日(租赁期开始日):

借:应收融资租赁款——租赁收款额	6 000 200
贷:主营业务收入	5 248 795
应收融资租赁款——未实现融资收益	751 405
借:营业成本	4 000 000
贷:库存商品	4 000 000
借:销售费用	10 000
贷:银行存款	10 000

由于甲公司在确定营业收入和租赁投资净额(即应收融资租赁款)时基于租赁资产的公允价值,因此,甲公司需要根据租赁收款额、未担保余值和租赁资产公允价值重新计算租赁内含利率。

$$2\,000\,000 \times (P/A, r, 3) + 200 \times (P/F, r, 3) = 5\,248\,795 \text{(元)}$$

$$r \approx 7\%$$

计算租赁期内各期分摊的融资收益如表5-4所示。

表5-4　　　　　　　　　　融资收益计算表

日　　期	收取租赁款项 ①	确认的融资收益 ②=期初④×7%	应收租赁款减少额 ③=①-②	应收租赁款净额 期末④=期初④-③
2×19年1月1日				5 248 795
2×19年12月31日	2 000 000	367 416	1 632 584	3 616 211
2×20年12月31日	2 000 000	253 135	1 746 865	1 869 346
2×21年12月31日	2 000 000	130 854	1 869 146	200
2×21年12月31日	200		200	
合　　计	6 000 200	751 405	5 248 795	

2×19 年 12 月 31 日会计分录:
借:应收融资租赁款——未实现融资收益　　　　　　　　　　367 416
　　贷:租赁收入　　　　　　　　　　　　　　　　　　　　367 416
借:银行存款　　　　　　　　　　　　　　　　　　　　　2 000 000
　　贷:应收融资租赁款——租赁收款额　　　　　　　　　　2 000 000
2×20 年 12 月 31 日和 2×21 年 12 月 31 日会计分录略。

　　为吸引客户,生产商或经销商出租人有时以较低利率报价。使用该利率会导致出租人在租赁期开始日确认的收入偏高。在这种情况下,生产商或经销商出租人应当将销售利得限制为采用市场利率所能取得的销售利得。

三、售后租回交易的会计处理

　　若企业(卖方兼承租人)将资产转让给其他企业(买方兼出租人),并从买方(兼出租人)租回该项资产,卖方(兼承租人)和买方(兼出租人)均应按照售后租回交易的规定进行会计处理。企业应当按照《企业会计准则第 14 号——收入》(2017)的规定,评估确定售后租回交易中的资产转让是否属于销售,并区别进行会计处理。

　　在标的资产的法定所有权转移给出租人并将资产租赁给承租人之前,承租人可能会先获得标的资产的法定所有权。但是,是否具有标的资产的法定所有权本身并非会计处理的决定性因素。如果承租人在资产转移给出租人之前已经取得对标的资产的控制,该交易属于售后租回交易。然而,如果承租人未能在资产转移给出租人之前取得对标的资产的控制,那么即便承租人在资产转移给出租人之前先获得了标的资产的法定所有权,该交易也不属于售后租回交易。

(一)售后租回交易中的资产转让属于销售

　　卖方(兼承租人)应当按原资产账面价值中与租回获得的使用权有关的部分,计量售后租回所形成的使用权资产,并仅就转让至买方(兼出租人)的权利确认相关利得或损失。买方(兼出租人)根据其他适用的企业会计准则对资产购买进行会计处理,并根据新租赁准则对资产出租进行会计处理。

　　如果销售对价的公允价值与资产的公允价值不同,或者出租人未按市场价格收取租金,企业应当进行以下调整:①销售对价低于市场价格的款项作为预付租金进行会计处理;②销售对价高于市场价格的款项作为买方(兼出租人)向卖方(兼承租人)提供的额外融资进行会计处理。

　　同时,承租人按照公允价值调整相关销售利得或损失,出租人按市场价格调整租金收入。在进行上述调整时,企业应当按以下二者中较易确定者进行:①销售对价的公允价值与资产的公允价值的差异;②合同付款额的现值与按市场租金计算的付款额的现值的差异。

(二) 售后租回交易中的资产转让不属于销售

卖方(兼承租人)不终止确认所转让的资产,而应当将收到的现金作为金融负债,并按照《企业会计准则第22号——金融工具确认和计量》(2017)进行会计处理。买方(兼出租人)不确认被转让资产,而应当将支付的现金作为金融资产,并按照《企业会计准则第22号——金融工具确认和计量》(2017)进行会计处理。

(三) 售后租回交易示例

1. 售后租回交易中的资产转让不属于销售。

【例5-14】甲公司(卖方兼承租人)以货币资金48 000 000元的价格向乙公司(买方兼出租人)出售一栋建筑物,交易前该建筑物的账面原值是48 000 000元,累计折旧8 000 000元。与此同时,甲公司与乙公司签订了合同,取得了该建筑物10年的使用权(全部剩余使用年限为50年),年租金为4 000 000元,于每年年末支付,租赁期满时,甲公司将以200元购买该建筑物。根据交易的条款和条件,甲公司转让建筑物不满足《企业会计准则第14号——收入》(2017)中关于销售成立的条件。假设不考虑初始直接费用和各项税费的影响。该建筑物在销售当日的公允价值为72 000 000元。

分析:在租赁期开始日,甲公司对该交易的会计处理如下:

借:货币资金　　　　　　　　　　　　　　　　　　　　48 000 000
　　贷:长期应付款　　　　　　　　　　　　　　　　　　　48 000 000

在租赁期开始日,乙公司对该交易的会计处理如下:

借:长期应收款　　　　　　　　　　　　　　　　　　　48 000 000
　　贷:货币资金　　　　　　　　　　　　　　　　　　　　48 000 000

2. 售后租回交易中的资产转让属于销售。

【例5-15】甲公司(卖方兼承租人)以货币资金80 000 000元的价格向乙公司(买方兼出租人)出售一栋建筑物,交易前该建筑物的账面原值48 000 000元,累计折旧8 000 000元。与此同时,甲公司与乙公司签订合同,取得了该建筑物18年的使用权(全部剩余使用年限为40年),年租金为4 800 000元,于每年年末支付。根据交易的条款和条件,甲公司转让建筑物符合《企业会计准则第14号——收入》(2017)中关于销售成立的条件。假设不考虑初始直接费用和各项税费的影响。该建筑物在销售当日的公允价值为72 000 000元。

分析:由于该建筑物的销售对价并非公允价值,甲公司和乙公司分别进行了调整,以按照公允价值计量销售收益和租赁应收款。超额售价8 000 000元(80 000 000-72 000 000)作为乙公司向甲公司提供的额外融资进行确认。

甲公司、乙公司均确定租赁内含年利率为5%,年付款额现值为56 110 017元(年付款额 4 800 000,共 18 期,按每年 5%进行折现),其中 8 000 000 元与额外融资相关,48 110 017 元与租赁相关(分别对应年付款额 684 370 元和 4 115 630 元),具体计算过程如下:

年付款额现值 4 800 000×(P/A,5%,18)= 56 110 017(元)

额外融资年付款额=8 000 000/56 110 017×4 800 000=684 370(元)

租赁相关年付款额=4 800 000−684 370=4 115 630(元)

(1)在租赁期开始日,甲公司对该交易的会计处理如下:

第一步,按与租回获得的使用权部分占该建筑物的原账面金额的比例计算售后租回所形成的使用权资产。

使用权资产=(48 000 000−8 000 000)①×(48 110 017②÷72 000 000③)=26 727 787(元)

第二步,计算与转让至乙公司的权利相关的利得:

出售该建筑物的全部利得=72 000 000−40 000 000=32 000 000(元)

其中:

(a)与该建筑物使用权相关利得=32 000 000×(48 110 017÷72 000 000)=21 382 230(元)

(b)与转让至乙公司的权利相关的利得=32 000 000−(a)=32 000 000−21 382 230=10 617 770(元)

第三步,会计分录:

①与额外融资相关:

借:货币资金　　　　　　　　　　　　　　　　　　　　　　　8 000 000
　　贷:长期应付款　　　　　　　　　　　　　　　　　　　　　8 000 000

②与租赁相关:

借:货币资金　　　　　　　　　　　　　　　　　　　　　　　72 000 000
　　使用权资产　　　　　　　　　　　　　　　　　　　　　　26 727 787
　　固定资产——累计折旧　　　　　　　　　　　　　　　　　 8 000 000
　　租赁负债——未确认融资费用　　　　　　　　　　　　　　25 971 323
　贷:固定资产——建筑物——原值　　　　　　　　　　　　　48 000 000
　　租赁负债——租赁付款额　　　　　　　　　　　　　　　　74 081 340
　　资产处置损益　　　　　　　　　　　　　　　　　　　　　10 617 770

分录中"租赁负债——租赁付款额"的金额为甲公司年付款 4 800 000 元中的

---

① 该建筑物的账面价值。
② 18 年使用权资产的租赁付款额现值。
③ 该建筑物的公允价值。

4 115 630 元乘以 18 年。后续甲公司支付的年付款额 4 800 000 元中的 4 115 630 元作为租赁付款额处理。684 370 元作为以下两项进行会计处理：结算金融负债 8 000 000 元而支付的款项；利息费用。以第 1 年年末为例：

借：租赁负债——租赁付款额　　　　　　　　　　　　　　　　4 115 630
　　长期应付款　　　　　　　　　　　　　　　　　　　　　　　284 370
　　利息费用　　　　　　　　　　　　　　　　　　　　　　　2 805 501
　　贷：租赁负债——未确认融资费用　　　　　　　　　　　　　2 405 501
　　　　银行存款　　　　　　　　　　　　　　　　　　　　　4 800 000

其中：

利息费用=48 110 017×5%+8 000 000×5% =2 405 501+400 000=2 805 501(元)

长期应付款减少额=684 370-400 000=284 370(元)

（2）综合考虑租期占该建筑物剩余使用年限的比例等因素，乙公司将该建筑物的租赁分类为经营租赁。

在租赁期开始日，乙公司对该交易的会计处理如下：

借：固定资产——建筑物　　　　　　　　　　　　　　　　　7 200 000
　　长期应收款　　　　　　　　　　　　　　　　　　　　　8 000 000
　　贷：货币资金　　　　　　　　　　　　　　　　　　　80 000 000

租赁期开始日之后，乙公司将从甲公司处年收款额 4 800 000 元中的 4 115 630 元作为租赁收款额进行会计处理。从甲公司处年收款额中的其余 684 370 元作为以下两项进行会计处理：结算金融资产 8 000 000 元而收到的款项；确认利息收入。以第 1 年年末为例：

借：银行存款　　　　　　　　　　　　　　　　　　　　　4 800 000
　　贷：租赁收入　　　　　　　　　　　　　　　　　　　4 115 630
　　　　利息收入　　　　　　　　　　　　　　　　　　　　400 000
　　　　长期应收款　　　　　　　　　　　　　　　　　　　284 370

本章小结

本章主要介绍了租赁的相关概念、分类、承租人和出租人的会计处理、售后租回业务的会计处理等。重点介绍了租赁的概念、特征及其分类，承租人对使用权资产的确认和计量，以及出租人对融资租赁的会计处理。承租人和出租人的会计处理既是本章内容的重点,也是本章学习的难点,需要首先在概念上把握租赁业务的经济实质,在此基础上,熟练掌握交易双方的会计处理方法。此外,本章对于售后租回、转租赁、生产商或经销商出租人的融资租赁会计处理等特殊租赁方式的特点和核算方法也有所涉及。相关内容还可参考《国际财务报告准则第16号——租赁》(IFRS 16)、《企业会计准则第21号——租赁》及相关指南和解释,进一步了解租赁业务的确认、计量以及相关信息的披露。

本章关键词

租赁	lease
使用权资产	right-of-use assets
租赁开始日	inception of the lease
租赁期开始日	inception of the term of the lease
租赁资产的公允价值	fair value of the leased property
优惠购买选择权	bargain purchase option
优惠续租权	bargain renewal option
租赁期	lease term
不可撤销租赁	non-cancelable lease
担保余值	guaranteed residual value
未担保余值	unguaranteed residual value
或有租金	contingent rentals
履约成本	executory cost
最低租赁付款额	minimum lease payments
最低租赁收款额	minimum lease receivable
内含利率	implicit interest rate
履约合同	executory contract
融资租赁	financing leases
经营租赁	operating leases
初始直接费用	initial direct cost
售后租回	sale-lease backs

思考与练习题

一、思考题

1. 试述租赁业务的意义和特点。
2. 租赁业务的租金是如何构成的？可以用哪些方法计算租金？
3. 什么是或有租金？或有租金是否计入租赁付款额，为什么？
4. 融资租赁中，出租人的初始直接费如何核算？怎样核算更科学合理？
5. 如何判断一项售后租回交易中的资产转让是否属于销售？租赁内含利率又如何计算？

二、练习题

1. 【目的】练习低价值租赁的会计处理。

【资料】国华内燃机厂 2×21 年年初根据租约向中和有限责任公司出租办公设备一台。该设备在租赁日的账面价值为 30 000 元，预计可使用年限为 8 年，预计净残值 3 000 元；租约规定租期为 2 年，每年租金为 6 000 元，并于租赁期每年年末付讫；出租方向承租企业收取押金 20 000 元。

【要求】

(1) 请作出承租企业的有关账务处理。

(2) 计算出租企业每月应计提的折旧额。

2. 【目的】练习使用权资产租赁的会计处理。

【资料】2×22 年 1 月 1 日甲公司从乙公司租入一台设备，有关租赁合同的约定内容如下：

(1) 租期 6 年，不可撤销；

(2) 每年支付租金 50 000 元，于年末支付；

(3) 承租人担保余值 40 000 元；

(4) 租赁开始日，租赁资产的公允价值为 280 000 元；

(5) 该设备估计剩余使用年限为 8 年；

(6) 增量借款利率为 6%；

(7) 租期届满，租赁资产由出租人收回。

【要求】

(1) 确定承租企业在租赁开始日租入资产和负债的入账价值。

(2)编制承租人租金及未确认融资费用摊销表。

(3)计算出租人第一期确认的收益。

3.【目的】练习融资租赁的会计处理。

【资料】2×21年12月1日,A公司与B公司签订了一份租赁合同,A公司以融资租赁方式从B公司租入一台设备,合同主要条款如下:

1.租赁期开始日:2×22年1月1日。

2.租赁期:2×22年1月1日—2×25年12月31日,共4年。

3.租金支付:自租赁开始日每年年末支付租金150 000元。

4.该机器在2×21年12月1日的公允价值为500 000元。

5.增量借款利率为7%(年利率)。

6.承租人与出租人的初始直接费用均为1 000元。

7.租赁期届满时,A公司享有优惠购买该机器的选择权,购买价为100元,估计该日租赁资产的公允价值为80 000元。

【要求】

(1)请作出A公司在租赁开始日的会计处理。

(2)编制A公司在租赁期间分摊未确认融资费用的会计分录。

(3)请作出B公司在租赁开始日的会计处理。

(4)编制B公司在租赁期间分配未实现融资收益的会计分录。

4.【目的】练习售后租回业务的会计处理。

主体A(卖方兼承租人)以现金1 600 000元的价格向另一主体(买方兼出租人)出售一栋建筑物。交易前该建筑物的账面价值是1 000 000元,同时,卖方兼承租人与买方兼出租人签订了合同,取得了该建筑物18年的使用权,年付款额为120 000元,于每年年末支付。根据交易的条款和条件,卖方兼承租人转让建筑物符合《企业会计准则第14号——收入》中关于确定是否满足履约义务的规定,因此,卖方兼承租人与买方兼出租人将交易作为售后租回交易进行会计处理。不考虑初始直接费用,该建筑物在销售当日的公允价值为1 800 000元,由于该建筑物的销售对价并非公允价值,卖方兼承租人与买方兼出租人进行了调整,以按照公允价值计量销售收益,不足的200 000元作为买方兼出租人向卖方兼承租人预付的租金。

卖方兼承租人可直接确定租赁内含年利率为4.5%。买方兼出租人将该建筑物的租赁分类为经营租赁。

【要求】编制主体A在交易当日的会计分录。

进一步思考

东湖高新(60133)于2010年9月30日发布一则临时公告,公告声称该公司于2010年9月29日与招银金融租赁有限公司(以下简称"招银租赁")签署了《融资租赁合同》,将其拥有的大别山环保分公司BOOM项目部分脱硫岛设备,价值为134 958 501.29元,以"售后回租"方式向招银租赁公司申请办理融资租赁业务,融资金额为10 000万元,融资期限为5年。租出资产原值为150 825 325.54元,净值为134 958 501.29元。截至公告日,该公司的BOOM项目累计融资4.91亿元(含本次融资租赁10 000万元),本次融资金额占该公司2009年经审计净资产的10.99%,占2009年经审计总资产的3.39%。该项租赁合同的主要内容包括:

(1)租赁物:公司大别山环保科技分公司部分脱硫岛设备。

(2)融资金额:100 000 000元。

(3)租赁方式:采取售后回租方式,即将上述租赁资产所有权转让给招银租赁公司,同时与招银租赁公司就该租赁物件签订租赁合同,租赁合同期内公司按照租赁合同的约定向招银租赁公司分期支付租金。在公司付清租金等款项后,上述租赁物由该公司按名义货价留购,名义货价和最后一期租金同时支付。

(4)租赁期限:5年共计20期。

(5)租赁月息:0.48%,如遇中国人民银行调整基准利率,租赁月息按中国人民银行5年期贷款基准利率进行调整。

(6)租赁保证金及服务费:租赁保证金为100万元,租赁服务费为250万元。

(7)设备款的支付:公司提交完整的文件后,招银租赁公司在五个工作日内支付设备款。

(8)租金及支付计划:招银租赁公司支付设备款日为起租日,亦为首期租金支付日。首期租金,直接从租赁款中扣除,以后每3个月对应日支付一期租金,共20期,总金额为人民币115 803 621.60元,每期租金金额为人民币5 790 181.08元。

(9)租赁设备所有权:租赁期间设备所有权归招银租赁公司所有;自租赁合同履行完毕之日起,公司将名义货价和最后一期租金支付后租赁设备所有权归还公司。

(10)名义货价:1元。

(11)起租日:指在本合同履行过程中,出租人向承租人计收租金的起始时间。

(12)融资用途:偿还流动资金贷款。

(13)还款来源:公司大别山电厂脱硫项目产生的经营活动净现金流量将优先偿还本合同项下应付给招银租赁有限公司的租金和其他负债。

针对上述案例,思考下列问题:

(1)判断东湖高新能否确认资产的处置损益,并说明具体的依据。

(2)试分析该项售后租回业务对东湖高新的影响。

(3)该项业务的经济实质是什么?相应的会计处理有否反映这种经济实质?并试着论述其背后的哲学思想。

第六章

债务重组与破产清算

本章主要介绍债务重组的核算要求及债权债务双方的会计处理,阐述企业破产的含义与种类、破产清算会计的基本特点、破产清算企业的会计处理、破产管理人的会计处理。本章内容对应的企业会计准则是《企业会计准则第12号——债务重组》、财政部于2016年12月20日发布实施的《企业破产清算有关会计处理规定》。通过本章的学习,应掌握债务重组的含义、方式、核算原则,熟练掌握不同债务重组方式下债务人和债权人的具体会计处理,了解破产清算的特点,掌握管理人的会计处理及破产财务报表的种类、编制方法。

第一节 债务重组

市场经济是竞争经济,由于外部市场环境、制度环境、竞争环境等变化以及企业内部管理决策的失误、企业运营能力和水平的变化,部分企业可能出现现金流紧张、难以如期清偿某些债务甚至不能清偿到期债务的情况。对此主要有两类解决途径:一是由债权人与债务人双方自行协商解决债务清偿问题,协商不成的可以申请法院做出裁决;二是通过破产程序的破产和解、破产重整或破产清算来清理债权债务关系,解决债务纠纷。前者是债权债务双方的债务解决方式,较为灵活,债务人企业仍然处于正常经营状态,称为债务重组;后者可以称为破产偿债,前提是债务人企业达到破产界限,其中的破产和解、破产重整企业虽然处于持续经营状态,债务人企业需要得到债权人的谅解、得到债务减免等类似于债务重组的优惠,但这些债务重组属于破产程序之中,涉及全体债权人的债权受偿问题,并由管理人管理或监督,企业一旦破产清算则整体上处于终止经营状态,将估价变现财产、清偿债务,注销企业。破产和解、破产重整中的债务重组方式方法,与正常企业的债务重组相似,因此本章主要介绍债务重组与破产清算的相关会计问题。

一、债务重组的含义、特征及方式

(一)债务重组的含义与基本特征

债务重组是指在债务人发生财务困难的情况下,债权人按照其与债务人达成的协议或者法院的裁定作出让步的事项。债务重组是债权债务双方达成的协议,对债权人而言是"债权重组",对债务人而言是"债务重组",为表述方便,统称为"债务重组"。

"债务人发生财务困难"是指因债务人出现资金周转困难、经营陷入困境或者其他原因,导致其无法或者没有能力按原定时间、金额、方式等偿还债务;"债权人作出让步"是指债权人同意发生财务困难的债务人现在或者将来以低于重组债务账面价值的金额或者价值偿还债务,其中的"让步"包括债权人减免债务人部分债务的本金、利息、利率等权益减让。

债务重组的认定及其处理应当考虑关联方关系的影响。

债务重组的基本特征主要表现为债务人发生财务困难、债权人作出让步两个方面,这是确认债务重组时必须同时具备的基本条件。依此推论,下列事项不属于债务重组:

(1)未处于财务困难条件下的债务重组。

(2)企业改组时债权人将债权转为对债务人股权的债务重组。

(3)处于破产和解、破产重整的债务重组。

(4)修改了债务条件,但实质上债权人未作出让步的债务重组,如债权人同意债务人用等值的非现金资产抵偿到期债务。

(5)债务人发行的可转换债券,按正常条件转为其股权。

(6)债务人借新债偿旧债。

(7)债务转移,即债务人将其对债权人的负债转给第三方承担的行为。

(8)债务抵销,即债务人与债权人互相负有债务时,债务人将对等数额相互抵销的行为。

(9)债权人未作让步的债务条件的修改,如延长债务偿还期限或延长债务偿还期限并加收利息。

(10) 其他不属于债务重组的情形。

（二）债务重组的方式

债务重组的方式主要包括以下四类：

1. 以资产清偿债务，是指债务人转让其资产给债权人以清偿债务的债务重组方式。债务人用于清偿债务的资产包括现金资产和非现金资产，前者主要指现金、银行存款、其他货币资金等货币资产，后者如存货、金融资产、固定资产、无形资产等。

2. 将债务转为资本，是指债务人将债务转为资本、债权人将债权转为股权的债务重组方式。债务转为资本时，对股份有限公司而言，是将债务转为股本；对其他企业而言，是将债务转为实收资本。这一重组方式下，债务人因此而增加股本（或实收资本），债权人因此而增加长期股权投资等。

3. 修改其他债务条件，是指不包括上述两种方式在内的修改其他债务条件进行的债务重组方式，如减少债务本金、减少或免去债务利息等。

4. 以上三种方式的组合，是指采用以上三种方式共同清偿债务的债务重组方式。如债务的一部分以现金资产清偿，一部分以非现金资产清偿，再一部分转为资本，剩余部分则采用降低利率等修改其他债务条件方式完成。

二、债务重组的会计处理

企业应根据债务重组方式的不同，在债务重组日进行相应的会计处理，确认和计量债务重组利得或损失，计入营业外收入或营业外支出。债务重组日是指债务重组完成日，即债务人按照债务重组协议或法院裁定，将相关资产转让给债权人、将债务转为资本或修改后的偿债条件开始执行的日期。以非现金资产抵债，应按最后一批运抵并办理债务解除手续日期为债务重组日。对即期债务重组，以债务解除手续日期为债务重组日；对远期债务重组，以新的偿债条件开始执行的时间为债务重组日。例如，A 公司欠 B 公司 100 万元货款，到期日为 2×21 年 6 月 30 日。A 公司因财务困难，经与 B 公司协商于 2×21 年 7 月 15 日签订债务重组协议，规定 A 公司以价值 80 万元的商品抵偿欠 B 公司上述全部债务。2×21 年 7 月 20 日 B 公司收到该商品并验收入库。2×21 年 7 月 22 日办理了有关债务解除手续。该债务重组的重组日为 2×21 年 7 月 22 日。

（一）以资产清偿债务

1. 以现金清偿债务。以现金清偿债务的，债务人应当将重组债务的账面价值与实际支付现金之间的差额，作为债务重组利得计入营业外收入。重组债务的账面价值一般为债务的面值或本金、原值，如应付账款、长期应付款；如涉及利息的，还应加上应计未付利息，如长期借款等。

债权人未对债权计提减值准备的，应将重组债权的账面余额与收到的现金之间的差额,作为债务重组损失计入营业外支出。如果债权人已对债权计提减值准备,应当先冲减减值准备,冲减后的余额计入营业外支出;冲减后减值准备仍有余额的,应予转回并抵减当期资产减值损失,不再确认债务重组损失。

【例6-1】A 公司于 2×21 年 4 月 6 日向 B 公司销售一批商品,不含税价格为 100 000 元,增值税税率为 13%。按合同规定,B 企业应于 2×21 年 8 月 6 日前偿付货款。由于 B 公司陷入财务困境,无法按合同规定偿还债务,经双方协议于 2×21 年 8 月 1 日进行债务重组。根据债务重组协议规定,A 公司同意 B 企业以银行存款偿还原债务的 80%,A 公司已提取坏账准备 10 000 元(整个交易过程未发生除增值税以外的其他税费)。

(1)债务人(B 公司)的会计处理:
借:应付账款　　　　　　　　　　　　　[100 000×(1+13%)] 113 000
　　贷:银行存款　　　　　　　　　　　　(113 000×80%) 90 400
　　　　营业外收入——债务重组利得　　　　　　　　　　22 600

(2)债权人(A 公司)的会计处理:
借:银行存款　　　　　　　　　　　　　　　　　　　　90 400
　　坏账准备　　　　　　　　　　　　　　　　　　　　10 000
　　营业外支出——债务重组损失　　　　　　　　　　　12 600
　　贷:应收账款　　　　　　　　　　　　　　　　　　113 000

上例中,如果 A 公司已提取坏账准备为 30 000 元,坏账准备冲减后余额为 7 400 元(30 000-22 600),应予转回并抵减当期资产减值损失。会计处理为:

借:银行存款　　　　　　　　　　　　　　　　　　　　90 400
　　坏账准备　　　　　　　　　　　　　　　　　　　　22 600
　　贷:应收账款　　　　　　　　　　　　　　　　　　113 000
借:坏账准备　　　　　　　　　　　　　　　　　　　　7 400
　　贷:资产减值损失　　　　　　　　　　　　　　　　7 400

2. 以非现金资产清偿债务的损益及重组利得的确认和计量。

(1)非现金资产转让损益。与现金资产偿债不同,非现金资产偿债除了要确认相关债务重组收益外,还涉及转让非现金资产的损益。非现金资产转让损益是指抵债的非现金资产的公允价值与其账面价值之间的差额,这一差额应按照相关准则规定处理:非现金资产为存货的,应作为销售处理;非现金资产为固定资产的,应视同固定资产处置处理;非现金资产为无形资产的,视同无形资产处置处理等。非现金资产的账面价值为该资产的账面余额扣除折旧、摊销及提取的资产减值准备后的金额。债务人转让非现金资产发生的资产评估费、运杂费等相关税费,直接计入转让资产的损益。

(2) 债务重组利得的确认。对于涉及增值税的项目,应按债权人是否向债务人另行支付增值税分别进行处理:债权人不向债务人另行支付增值税的,应将其转让非现金资产的公允价值和该非现金资产的增值税销项税额与重组债务账面价值之间的差额作为债务重组利得;债权人向债务人另行支付增值税的,应将其转让非现金资产的公允价值与重组债务账面价值之间的差额作为债务重组利得。

(3) 非现金资产的公允价值的计量。转让非现金资产的性质不同,其公允价值的计量内容和方法也有所不同:

非现金资产属于企业持有并存在有序交易市价的股票、债券、基金等金融资产的,应当以该金融资产的市价作为公允价值。

非现金资产属于金融资产但该金融资产不存在有序交易市价的,应当采用《企业会计准则第39号——公允价值计量》规定的可观察值、不可观察值的相关方法确定其公允价值。

非现金资产属于存货、固定资产、无形资产等其他资产,且存在有序交易市价的,应当以其市场价格为基础确定公允价值;不存在有序交易市价但与其类似资产存在有序交易市价的,应当以类似资产的有序交易市价为基础确定其公允价值;在上述两种情况下仍不能确定非现金资产公允价值的,应当采用估值技术等合理的方法确定其公允价值。

对债权人而言,应当对受让的非现金资产按公允价值入账,将重组债权的账面余额与受让的非现金资产的公允价值之间的差额确认为债务重组损失,计入营业外支出。重组债权已经计提了减值准备的,分别以下情况进行处理:对重组债权个别计提减值准备的,应比照上述现金资产偿债方式处理,即将上述差额冲减已计提的减值准备,减值准备不足以冲减的部分作为债务重组损失,计入营业外支出,如果减值准备冲减完该差额后,仍有余额,应予转回并抵减当期资产减值损失,不再确认债务重组损失。如果对重组债权不是个别计提减值准备,而是采取组合或分类计提减值准备的,应将对应于该债务人的损失准备倒算出来,再确定是否确认债务重组损失。

3. 以非现金资产清偿债务的主要会计处理。

(1) 债务人以交易性金融资产偿还债务。企业以交易性金融资产偿还债务时,按清偿债务的交易性金融资产的公允价值与账面价值之间的差额借记或贷记"交易性金融资产"账户、贷记或借记"投资收益"账户,按应付账款的账面余额借记"应付账款"账户,按清偿债务的交易性金融资产的公允价值贷记"交易性金融资产"账户,按应支付的相关税费,贷记"应交税费"等账户,交易性金融资产的公允价值及支付相关税费与重组债务账面价值的差额计入"营业外收入——债务重组利得"账户。

债权人接受用于偿债的交易性金融资产时,按交易性金融资产的公允价值借记

"交易性金融资产",重组债权已计提的坏账准备借记"坏账准备"账户,按重组债权的账面余额贷记"应收账款"账户,交易性金融资产的公允价值与应支付的相关税费、其他费用、重组债权已计提的坏账准备之和与重组债权的账面余额之间的差额借记"营业外支出——债务重组损失"账户。

(2)债务人以可供出售金融资产偿还债务。企业以可供出售金融资产偿还债务时,按清偿债务的可供出售金融资产的公允价值与账面价值之间的差额借记或贷记"可供出售金融资产"账户,贷记或借记"投资收益"账户,按应付账款的账面余额借记"应付账款"账户,按清偿债务的可供出售金融资产的公允价值贷记"可供出售金融资产"账户,按应支付的相关税费,贷记"应交税费"等账户,可供出售金融资产的公允价值及支付相关税费与重组债务账面价值的差额计入"营业外收入——债务重组利得"账户,将持有可供出售金融资产期间计入其他综合收益的公允价值变动损益转入"投资收益"账户。

债权人接受用于偿债的可供出售金融资产,比照上述接受用于偿债的交易性金融资产的会计处理。

(3)债务人以存货清偿债务。企业以存货清偿债务时,应按应付账款的账面余额,借记"应付账款"账户,按用于清偿债务的存货的公允价值贷记"主营业务收入"账户,按应缴纳的增值税销项税额贷记"应交税费——应交增值税(销项税额)",按应支付的其他相关税费贷记"银行存款""应交税费"等账户。存货的公允价值与应支付的相关税费之和大于应付债务账面余额的差额,贷记"营业外收入——债务重组利得"等账户,同时应结转存货的成本,借记"主营业务成本"或"其他业务成本"账户,贷记"库存商品"或"原材料"等账户。

债权人接受用于偿债的存货时,应按存货的公允价值借记"原材料"等账户,按重组债权的账面余额,贷记"应收账款"账户,按应支付的相关税费和其他费用,贷记"银行存款""应交税费"等账户,按存货的公允价值与应支付的相关税费、其他费用之和与重组债权的账面余额之间的差额,借记"营业外支出——债务重组损失"账户。涉及坏账准备的,比照前述规定进行处理(下同)。

(4)债务人以持有至到期投资或长期股权投资清偿债务。企业以持有至到期投资或长期股权投资清偿债务时,应按应付账款的账面余额借记"应付账款"账户,按用于清偿债务的持有至到期投资或长期股权投资的账面价值贷记"持有至到期投资""长期股权投资"账户,按持有至到期投资或长期股权投资的公允价值与其账面价值的差额贷记或借记"投资收益"账户,持有至到期投资或长期股权投资的公允价值与重组债务的账面价值的差额贷记"营业外收入——债务重组利得"账户。

债权人接受用于偿债的持有至到期投资或长期股权投资时,按持有至到期投资或长期股权投资的公允价值借记"持有至到期投资"或"长期股权投资"账户,按重组债权的账面余额,贷记"应收账款"账户,按应支付的相关税费和其他费用,贷记"银行存款""应交税费"等账户,按持有至到期投资或长期股权投资的公允价值与应支付的相关税费、其他费用之和与重组债权的账面余额之间的差额,借记"营业外支出——债务重组损失"账户。

(5) 债务人以固定资产清偿债务。企业以固定资产清偿债务时,应先将该固定资产作为转让处理,再按应付账款的账面余额借记"应付账款"账户,按用于清偿债务的固定资产的公允价值贷记"固定资产清理"账户,该固定资产公允价值小于重组债务账面价值的差额贷记"营业外收入——债务重组利得"等账户,固定资产清理的净损益转入"营业外收入"或"营业外支出"账户。

债权人接受用于偿债的固定资产时,按固定资产的公允价值借记"固定资产"账户,按重组债权的账面余额贷记"应收账款"账户,支付的相关税费和其他费用贷记"银行存款""应交税费"等账户,固定资产的公允价值与应支付的相关税费、其他费用之和与重组债权的账面余额之间的差额,借记"营业外支出——债务重组损失"账户。

(6) 企业以无形资产清偿债务。企业以无形资产清偿债务时,按应付账款的账面余额借记"应付账款"账户,按用于清偿债务的无形资产的公允价值贷记"无形资产"账户,无形资产的公允价值与账面价值和相关税费之间的差额转入"营业外收入"或"营业外支出"账户,按无形资产的公允价值与应支付的相关税费之和小于应付债务账面余额的差额贷记"营业外收入——债务重组利得"等账户。

债权人接受用于偿债的无形资产时,应按无形资产的公允价值借记"无形资产"账户,按重组债权的账面余额,贷记"应收账款"账户,按应支付的相关税费和其他费用,贷记"银行存款""应交税费"等账户,按无形资产的公允价值与应支付的相关税费、其他费用之和与重组债权的账面余额之间的差额,借记"营业外支出——债务重组损失"账户。

【例 6-2】假设例 6-1 中的 B 公司欠 A 公司的含税购货款 113 000 元,经与 A 公司协商,A 公司同意 B 公司以其生产的产品偿还债务。该产品的市价为 90 000 元,实际成本为 54 000 元,该产品应缴纳的增值税销项税额为 11 700 元,该产品已计提的存货跌价准备为 500 元。A 公司、B 公司增值税率均为 13%,未发生其他相关税费,A 公司已对该项应收账款计提坏账准备 1 000 元。

(1) 债务人(B 公司)的会计处理:

借:应付账款　　　　　　　　　　　　　　　　　　　　113 000

　　贷:主营业务收入　　　　　　　　　　　　　　　　　　90 000

　　　　应交税金——应交增值税(销项税额)　　　　　　　11 700

营业外收入——债务重组利得　　　　　　　　　　　　　11 300
借:主营业务成本　　　　　　　　　　　　　　　　　　53 500
　　存货跌价准备　　　　　　　　　　　　　　　　　　　500
　贷:库存商品　　　　　　　　　　　　　　　　　　　54 000
(2)债权人(A公司)的会计处理:
借:库存商品　　　　　　　　　　　　　　　　　　　　90 000
　　应交税金——应交增值税(进项税额)　　　　　　　　11 700
　　坏账准备　　　　　　　　　　　　　　　　　　　　1 000
　　营业外支出——债务重组损失　　　　　　　　　　　　10 300
　贷:应收账款　　　　　　　　　　　　　　　　　　　113 000

【例6-3】假设例6-1中的B公司欠A公司的含税购货款113 000元,经与A公司协商,A公司同意B公司以其一台机器设备偿还债务。该机器设备的公允价值为92 500元,账面原价为150 000元,已提折旧20 000元,已计提减值准备2 500元,B公司偿还债务时以银行存款支付清理费用500元。A公司接受B公司以机器设备偿还债务时,未发生其他相关税费,A公司已对该项应收账款计提坏账准备1 000元。

(1)债务人(B公司)的会计处理:
①固定资产账面价值转入固定资产清理时:
借:固定资产清理　　　　　　　　　　　　　　　　　127 500
　　固定资产减值准备　　　　　　　　　　　　　　　　2 500
　　累计折旧　　　　　　　　　　　　　　　　　　　　20 000
　贷:固定资产　　　　　　　　　　　　　　　　　　150 000
②付清理费用时:
借:固定资产清理　　　　　　　　　　　　　　　　　　　500
　贷:银行存款　　　　　　　　　　　　　　　　　　　　500
③结转债务重组利得时:
借:应付账款　　　　　　　　　　　　　　　　　　　113 000
　贷:固定资产清理　　　　　　　　　　　　　　　　92 500
　　　营业外收入——债务重组利得　　　　　　　　　　20 500
④结转转让固定资产的损益时:
借:资产处置损益　　　　　　　　　　　　　　　　　35 500
　贷:固定资产清理　　　　　　　　　　　　　　　　35 500
(2)债权人(A公司)的会计处理:
借:固定资产　　　　　　　　　　　　　　　　　　　92 500

　　　　坏账准备　　　　　　　　　　　　　　　　　　　　　　　　1 000
　　　　营业外支出——债务重组损失　　　　　　　　　　　　　　19 500
　　　　　贷：应收账款　　　　　　　　　　　　　　　　　　　　113 000
　【例6-4】假设例6-1中的B公司欠A公司的含税购货款113 000元，经与A公司协商，A公司同意B公司以其一项长期股权投资偿还债务，该投资的公允价值为90 000元，账面价值80 000元，已计提减值准备1 000元，未发生其他相关税费。
　　（1）债务人（B公司）的会计处理：
　　　　借：应付账款　　　　　　　　　　　　　　　　　　　　113 000
　　　　　　长期股权投资减值准备　　　　　　　　　　　　　　　1 000
　　　　　贷：长期股权投资　　　　　　　　　　　　　　　　　　80 000
　　　　　　　投资收益　　　　　　　　　　　　　　　　　　　　10 000
　　　　　　　营业外收入——债务重组利得　　　　　　　　　　　24 000
　　（2）债权人（A公司）的会计处理：
　　　　借：长期股权投资　　　　　　　　　　　　　　　　　　 90 000
　　　　　　坏账准备　　　　　　　　　　　　　　　　　　　　　1 000
　　　　　　营业外支出——债务重组损失　　　　　　　　　　　 22 000
　　　　　贷：应收账款　　　　　　　　　　　　　　　　　　　 113 000

（二）以债务转为资本清偿债务

　　在债务转为资本的债务重组中，债务人企业应将债权人放弃债权而享有股份的面值总额（或者股权份额）确认为股本（或者实收资本），股份（或者股权）的公允价值总额与股本（或者实收资本）之间的差额确认为股本溢价（或者资本溢价）计入资本公积。上市公司通常应以市价作为股份或者股权的公允价值，其他企业应当采用恰当的估值技术确定其公允价值。重组债务账面价值超过股份的公允价值总额（或者股权的公允价值）的差额，确认为债务重组利得，计入当期营业外收入。

　　债权人应当将因放弃债权而享有股份的公允价值确认为对债务人的投资，重组债权的账面余额与股份的公允价值之间的差额确认为债务重组损失，计入营业外支出。已对该债权计提减值准备的，应当先将该差额冲减减值准备，减值准备不足以冲减的部分，确认为债务重组损失计入营业外支出，冲减后减值准备仍有余额的，应予转回并抵减当期资产减值损失。发生的相关税费，分别按照长期股权投资或者金融工具确认和计量等准则的规定进行处理，发生的与股票发行直接相关的手续费、佣金等费用应抵减资本公积中的资本溢价，发生的印花税等其他税费直接计入当期损益。

　【例6-5】假设例6-1中的A企业同意将B企业的全部债务转换为普通股，并假设普通股每股面值为1元，每股市价1.2元。B企业以50 000股抵偿其债务。A企业已对应收账款提取坏账准备 1 000 元。

(1)债务人(B公司)会计处理:

借:应付账款　　　　　　　　　　　　　　　　　　　　113 000
　　贷:股本　　　　　　　　　　　　　　　　　　　　　50 000
　　　　资本公积——股本溢价　　　　　　　　　　　　　10 000
　　　　营业外收入——债务重组利得　　　　　　　　　　53 000

(2)债权人(A公司)会计处理

借:长期股权投资　　　　　　　　　　　　　(50 000×1.2)60 000
　　坏账准备　　　　　　　　　　　　　　　　　　　　　1 000
　　营业外支出——债务重组损失　　　　　　　　　　　　52 000
　　贷:应收账款　　　　　　　　　　　　　　　　　　　113 000

(三)以修改其他债务条件清偿债务

1. 不涉及或有应付金额的债务重组。以修改其他债务条件进行债务重组时,如修改后的债务清偿条款中不涉及或有应付金额,债务人企业重组债务的账面价值大于修改其他债务条件后债务公允价值的差额作为债务重组利得,计入营业外收入。债权人应将修改其他债务条件后债权的公允价值作为重组后债权的账面价值,重组债权的账面余额与重组后债权的账面价值之间的差额为债务重组损失,计入营业外支出;已对该债权计提减值准备的,应当先将该差额冲减减值准备,减值准备不足以冲减的部分,作为债务重组损失,计入营业外支出。

【例 6-6】假设例 6-1 中 B 公司欠 A 公司货款体现为商业承兑汇票,价税合计为 113 000 元,期限 6 个月,到期日 2×21 年 10 月 6 日,票面利率 6%。票据到期后,由于 B 公司陷入财务困境,无法支付票款,同年 10 月 8 日经双方协议进行债务重组,A 公司同意将该债务本金减至 100 000 元,免去其所欠的全部利息,将利率从 6% 降至 4%(等于实际利率),将 B 公司债务到期日延期 6 个月,至 2×22 年 4 月 6 日,本金及利息到期一次支付。A 公司对该项应收账款计提坏账准备 5 000 元。整个债务重组交易没有发生相关税费。

(1)债务人(B公司)的会计处理。

①计算重组债务的账面价值与将来应付债务之间的差额:

应付债务的账面价值 = 113 000+113 000×6%÷2 = 116 390(元)

重组后债务公允价值 = 100 000(元)

债务重组利得 = 116 390−100 000 = 16 390(元)

借:应付账款　　　　　　　　　　　　　　　　　　　　116 390
　　贷:应付账款——债务重组　　　　　　　　　　　　　100 000

营业外收入——债务重组利得   16 390

 ②2×22年4月6日支付本金及利息：

借：应付账款——债务重组   100 000

  财务费用   （100 000×4%÷2）2 000

 贷：银行存款   102 000

（2）债权人（A企业）的会计处理。

①计算重组债务的账面价值与将来应收债权之间的差额：

       重组后债权公允价值=100 000(元)

       已计提坏账准备=5 000(元)

    债务重组损失=116 390-100 000-5 000=11 390(元)

借：应收账款——债务重组   100 000

  坏账准备   5 000

  营业外支出——债务重组损失   11 390

 贷：应收账款   116 390

 ②2×22年4月6日收到本金及利息：

借：银行存款   102 000

 贷：应收账款——债务重组   100 000

   财务费用   2 000

  2. 涉及或有应付金额的债务重组。如果修改后的债务条款涉及或有应付金额，并且该或有应付金额符合或有事项准则中有关预计负债确认条件，债务人应将该或有应付金额确认为预计负债，并根据或有事项准则的规定确定其金额，重组债务的账面价值与重组后债务的入账价值（即重组后该债务的公允价值）和预计负债金额之和的差额，作为债务重组利得计入营业外收入。如果这一或有应付金额在随后会计期间没有发生，应冲销已确认的预计负债，同时确认营业外收入。根据谨慎性要求，债权人对上述或有应收金额不应确认或有应收款，不计入重组后债权的账面价值，只有在或有应收金额实际发生时，才计入当期损益。

  【例6-7】假设例6-6中，A公司将B公司所欠债务到期日再延期6个月，至2×22年10月6日，本金及利息到期一次支付，但附有一个条件：如果B公司2×22年10月6日前出现盈利，则其利率恢复至6%，若没有盈利仍按4%的利率计息。A公司对该项应收账款计提坏账准备5 000元，整个债务重组交易没有发生相关税费。

  （1）债务人（B公司）的会计处理。

  债务重组后，应付账款的公允价值为100 000元，或有应付金额为2 000元[100 000×(6%-4%)]。因此，重组债务应付账款的账面余额116 390元与重组贷款的公允价值 100 000 元和或有应付金额 2 000 元之间的差额 14 390 元作为债务重组利得。

① 2×21 年 10 月 6 日债务重组时：

借：应付账款　　　　　　　　　　　　　　　　　　　　　　　116 390
　　贷：应付账款——债务重组　　　　　　　　　　　　　　　100 000
　　　　预计负债　　　　　　　　　　　　　　　　　　　　　　2 000
　　　　营业外收入——债务重组利得　　　　　　　　　　　　　14 390

② 2×21 年 12 月 31 日预提利息时：

借：财务费用　　　　　　　　　　　　　　　（100 000×4%×86÷365）942.47
　　贷：预提费用　　　　　　　　　　　　　　　　　　　　　　942.47

③ 假设 B 公司自债务重组后第二年开始盈利，2×21 年 10 月 6 日至 2×22 年 10 月 6 日应支付的利息为 6 000 元（100 000×6%）。其中，含有或有应付金额 2 000 元 [100 000×(6%-4%)] 和利息 4 000 元，其到期支付本息的会计分录为：

借：应付账款——债务重组　　　　　　　　　　　　　　　　　100 000
　　财务费用　　　　　　　　　　　　　　　　（4 000-942.47）3 057.53
　　预提费用　　　　　　　　　　　　　　　　　　　　　　　　942.47
　　预计负债　　　　　　　　　　　　　　　　　　　　　　　　2 000
　　贷：银行存款　　　　　　　　　　　　　　　　　　　　　　106 000

④ 假设 B 公司从债务重组的第二年开始没有盈利，应支付利息 4 000 元（100 000×4%），并冲销已确认的预计负债，计入营业外收入。

借：应付账款——债务重组　　　　　　　　　　　　　　　　　100 000
　　财务费用　　　　　　　　　　　　　　　　（4 000-942.47）3 057.53
　　预提费用　　　　　　　　　　　　　　　　　　　　　　　　942.47
　　贷：银行存款　　　　　　　　　　　　　　　　　　　　　　104 000
借：预计负债　　　　　　　　　　　　　　　　　　　　　　　　2 000
　　贷：营业外收入　　　　　　　　　　　　　　　　　　　　　2 000

（2）债权人（A 公司）的会计处理。

① 2×21 年 10 月 6 日债务重组时：

借：应收账款——债务重组　　　　　　　　　　　　　　　　　100 000
　　坏账准备　　　　　　　　　　　　　　　　　　　　　　　　5 000
　　营业外支出——债务重组损失　　　　　　　　　　　　　　　11 390
　　贷：应收账款　　　　　　　　　　　　　　　　　　　　　　116 390

② 2×21 年 12 月 31 日计提利息时：

借：应收利息　　　　　　　　　　　　　　　　　　　　　　　　942.47

贷:财务费用 942.47

③假设 B 公司自债务重组后第二年开始盈利,到期收取本息的会计分录为:

借:银行存款 106 000
 贷:应收账款——债务重组 100 000
   应收利息 942.47
   财务费用 5 057.53

④假设 B 公司从债务重组的第二年开始没有盈利,到期收取本息的会计分录为:

借:银行存款 104 000
 贷:应收账款——债务重组 100 000
   应收利息 942.47
   财务费用 3 057.53

(四)以混合重组方式清偿债务

如果以现金、非现金资产、债务转为资本、修改其他债务条件等方式组合偿债,债务人企业应依次以支付的现金、转让的非现金资产公允价值、债权人享有股份的公允价值冲减重组债务的账面价值;修改其他债务条件的,应当将修改其他债务条件后债务的公允价值作为重组后债务的入账价值。重组债务的账面价值与重组后债务的入账价值之间的差额,作为债务重组利得计入营业外收入。修改后的债务条款如涉及或有应付金额的,按照上述涉及或有应付金额的债务重组进行会计处理。债权人也应按照收到的现金、受让非现金资产的公允价值、因放弃债权而享有的股权的公允价值冲减重组债权的账面余额,据此计算债务重组损失。以上产生的债务重组收益或损失于债务重组当期确认。

【例 6-8】假设例 6-6 中的债务重组协议规定,A 公司同意将该债务本金减至 100 000 元,免去其所欠的全部利息,A 公司已提取坏账准备 10 000 元(整个交易过程未发生除增值税以外的其他税费)。其他相关协议如下:

(1)B 公司支付现金 10 000 元。

(2)B 公司以一台设备偿还部分债务。该设备账面原价 50 000 元,已提折旧 20 000 元,公允价值为 40 000 元(假设转让该设备不需要交纳增值税)。

(3)B 公司将其部分债务转为股本 30 000 股,每股面值 1 元,每股市价 1.50 元。

(4)其余债务的偿还期延至 2×22 年 10 月 6 日。

①债务人(B 公司)的会计处理:

借:固定资产清理 30 000
 累计折旧 20 000
 贷:固定资产 50 000

借:应付账款	120 510
贷:银行存款	10 000
固定资产清理	40 000
股本	30 000
应付账款——债务重组	5 000
资本公积——股本溢价	15 000
其他收益——债务重组收益	20 510
借:固定资产清理	10 000
贷:其他收益——债务重组收益	10 000

②债权人(A公司)的会计处理:

借:银行存款	10 000
应收账款——债务重组	5 000
坏账准备	10 000
长期股权投资	45 000
固定资产	40 000
投资收益	10 510
贷:应收账款	120 510

第二节　破产清算

一、企业破产的含义与种类

"破产"在人们日常生活中通常指事情的失败,在经济领域中一般指财务上无法持续下去的状态,法律上的破产是指债务人不能清偿到期债务。破产是商品经济发展到一定阶段的必然产物,有市场就有竞争,有竞争就有优胜劣汰,就会出现债务人不能清偿到期债务的现象,从而引发破产制度的建立与完善。

英国早在1542年就颁布了《破产条例》,1571年颁布破产法,之后的1849年、1861年、1869年、1882年、1914年分别对破产法进行了较大幅度的修改,逐步形成了独立的公司破产制度。法国于1538年和1629年分别规定了对欺诈破产的处罚,但没有正式的破产法,直到1807年才在商法典中列入了破产篇,1838年进行重大修订后将其从商法典中独立出来,设立了独立的破产法,1982年、1986年修改和补充了破产法。德国于1855年颁布《普鲁士破产法》，新加坡、新西兰、加拿大也分别在1987年、1989年和1992年修改了破产法。美国1776年宣告独立，1789年国会制定了适用于全国的有关破产事项的统一法律，于1800年4月颁布了第一部联邦破产法，1841年、1867年、1989年分别颁布了第二部、第三部、第四部联邦破产法，并于1932年成立了破产法院，1938年、1978年对破产法进行了较大的修改并实行至今。可见，西方破产法兴盛于19世纪，充实、完善于20世纪。我国清政府于1906年制定了《破产律》，中华人民共和国成立以后，1986年12月2日第六届全国人大常委会第十八次会议审议通过了自1988年11月1日起正式生效的《中华人民共和国企业破产法（试行）》，2006年6月27日第十届全国人大常委会第二十三次会议审议通过了自2007年6月1日起正式实施的《中华人民共和国企业破产法》。

在现代企业破产理念中，破产不等于清算，而是涵盖拯救进入破产界限企业、促使其复苏的再建主义内容。因此，我国现行企业破产法将企业破产分为破产和解、破产重整、破产清算三类，其中前两类属于拯救企业的破产制度。

(一) 破产和解

破产和解是指债务人为了避免破产宣告或破产分配，而提出和解申请及和解协议草案，以解决债权人与债务人之间债权债务问题的制度。其基本程序是：

1. 提出和解申请。企业法人不能清偿到期债务，并且资产不足以清偿全部债务或者明显缺乏清偿能力的，可以直接向人民法院申请和解；在人民法院受理破产申请后、宣告债务人破产前，债务人企业也可以向人民法院申请和解。

2. 提出和解协议草案。无论是债务人企业直接向人民法院申请和解，还是债务人企业被债权人申请破产清算后、宣告破产清算前向人民法院申请和解，债务人申请和解时应当提出和解协议草案，申明清偿债务的期限及要求减免债务的数额等。

3. 裁定和解。人民法院经审查认为和解申请符合法律规定的，将裁定和解、予以公告，指定管理人接管破产和解企业，并召集债权人会议讨论和解协议草案，由此标志着企业破产和解程序的开始。

4. 讨论和解协议草案。出席会议的有表决权的债权人过半数同意，并且其所代表的债权额占无财产担保债权总额的2/3以上的，意味着债权人会议通过和解协议并做出通过决议。

5. 终止和解程序。债权人会议通过和解协议的决议提交人民法院裁定认可后，终止和解程序，并予以公告，管理人应当向债务人移交财产和营业事务，并向人民法院提交执行职务的报告。经人民法院裁定认可的和解协议，对债务人和全体和解债权人均有约束力。这里的和解债权人是指人民法院受理破产申请时对债务人享有无财产担保债权的人。

如果和解协议草案经债权人会议表决未获得通过,或者已经债权人会议通过的和解协议未获得人民法院认可的,人民法院应当裁定终止和解程序,并宣告债务人破产;债务人不能执行或者不执行和解协议的,人民法院经和解债权人请求,应当裁定终止和解协议的执行,并宣告债务人破产;因债务人的欺诈或者其他违法行为而成立的和解协议,人民法院应当裁定无效,并宣告债务人破产。

6. 履行和解协议。和解协议草案经债权人会议表决通过并得到人民法院裁定认可后,债务人应当按照和解协议规定的条件清偿债务。

7. 终结破产程序。和解协议执行完毕后,按照和解协议减免的债务,自和解协议执行完毕时起,债务人不再承担清偿责任。如果人民法院受理破产申请后,债务人与全体债权人就债权债务的处理自行达成协议的,也可以请求人民法院裁定认可,并终结破产程序。

上述企业破产和解流程如图 6-1 所示。

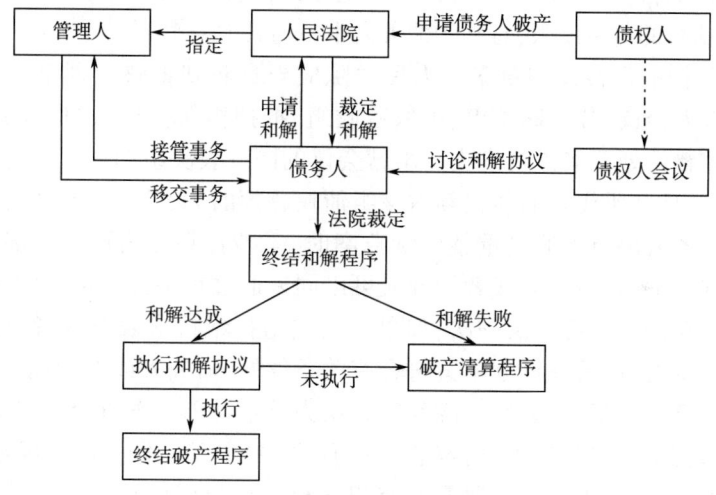

图 6-1 破产和解程序

(二) 破产重整

破产重整是指经利害关系人的申请,在审判机关的主持和参与下,对于不能清偿到期债务的企业进行生产经营整顿和债权债务清理、免于破产清算的法律制度。其基本程序是:

1. 申请破产重整。破产法第八章"重整"中规定,企业法人不能清偿到期债务,并且资产不足以清偿全部债务或者明显缺乏清偿能力的,债务人或者债权人可以直接向人民法院申请对债务人进行重整;债权人申请对债务人进行破产清算的,在人民法院受理破产申请后、宣告债务人破产前,债务人或者出资额占债务人注册资本1/10以上的出资人,可以向人民法院申请重整。除了没有和解协议草案外,其他应提交的资料与申请和解的资料相同。

2. 批准破产重整申请。人民法院经审查认为重整申请符合法律规定的,将裁定债务人重整,并予以公告,同时指定管理人。自人民法院裁定债务人重整之日起至重整程序终止,为重整期间。

3. 提交重整计划草案。债务人或者管理人应当自人民法院裁定债务人重整之日起六个月内,同时向人民法院和债权人会议提交重整计划草案。债务人自行管理财产和营业事务的,由债务人制作重整计划草案;管理人负责管理财产和营业事务的,由管理人制作重整计划草案。债务人或者管理人未按期提出重整计划草案的,人民法院应当裁定终止重整程序,并宣告债务人破产。根据破产法规定,重整计划草案的主要内容包括:债务人的经营方案;债权分类;债权调整方案;债权受偿方案;重整计划的执行期限;重整计划执行的监督期限;有利于债务人重整的其他方案。

4. 表决和批准重整计划草案。人民法院应当自收到重整计划草案之日起三十日内召开债权人会议,分别职工组、国家税收组、抵押担保债权人组、普通债权组、出资人组等对重整计划草案进行表决。出席会议的同一表决组的债权人过半数同意重整计划草案,并且其所代表的债权额占该组债权总额的2/3以上的,即为该组通过重整计划草案。各表决组均通过重整计划草案时,重整计划即为通过。部分表决组未通过重整计划草案的,债务人或者管理人可以同未通过重整计划草案的表决组协商,该表决组可以在协商后再表决一次;如果该表决组拒绝再次表决或者再次表决仍未通过重整计划草案,但重整计划草案符合有关条件的,债务人或者管理人可以申请人民法院批准重整计划草案,人民法院经审查认为重整计划草案符合规定的,应当自收到申请之日起三十日内裁定批准,终止重整程序,并予以公告。这些规定包括:按照重整计划草案,对债务人的特定财产享有担保权的债权就该特定财产将获得全额清偿,其因延期清偿所受的损失将得到公平补偿,并且其担保权未受到实质性损害,或者该表决组已经通过重整计划草案;债务人所欠职工的工资和医疗、伤残补助、抚恤费用,所欠的应当划入职工个人账户的基本养老保险、基本医疗保险费用,法律、行政法规规定应当支付给职工的补偿金以及债务人所欠税款将获得全额清偿,或者相应表决组已经通过重整计划草案;普通债权所获得的清偿比例,不低于其在重整计划草案被提请批准时依照破产清算程序所能获得的清偿比例,或者该表决组已经通过重整计划草案;重整计划草案对出资人权益的调整公平、公正,或者出资人组已经通过重整计划草案;重整计划草案公平对待同一表决组的成员,并且所规定的债权清偿顺序符合破产法的规定；债务人的经营方案具有可行性。经人民法院裁定批准的重整计划，对债务人和全体债权人均有约束力。

如果重整计划草案未获得通过且未依法获得批准，或者已通过的重整计划未获得批准的，人民法院应当裁定终止重整程序，并宣告债务人破产。

在重整期间，管理人负责管理财产和营业事务的，可以聘任债务人的经营管理人员负责营业事务；经债务人申请、人民法院批准，债务人可以在管理人的监督下自行管理财产和营业事务，已接管债务人财产和营业事务的管理人应当向债务人移交财产和营业事务，本法规定的管理人的职权由债务人行使。此外，在重整期间，对债务人的特定财产享有的担保权暂停行使，但如果担保物有损坏或者价值明显减少的可能、足以危害担保权人权利的，担保权人可以向人民法院请求恢复行使担保权；重整期间，债务人或者管理人为继续营业而借款的，可以为该借款设定担保；债务人的出资人不得请求投资收益分配；除人民法院同意外，债务人的董事、监事、高级管理人员不得向第三人转让其持有的债务人的股权。

5. 执行重整计划。人民法院裁定批准重整计划后，已接管财产和营业事务的管理人应当向债务人移交财产和营业事务。重整计划由债务人负责执行。自人民法院裁定批准重整计划之日起，在重整计划规定的监督期内，由管理人监督重整计划的执行。在监督期内，债务人应当向管理人报告重整计划执行情况和债务人财务状况。债权人未依规定申报债权的，在重整计划执行期间不得行使权利；在重整计划执行完毕后，可以按照重整计划规定的同类债权的清偿条件行使权利。债权人对债务人的保证人和其他连带债务人所享有的权利，不受重整计划的影响。

如果重整计划按期完成，按照重整计划减免的债务，自重整计划执行完毕时起，债务人不再承担清偿责任。但是，如果债务人有以下情况，人民法院经管理人或者利害关系人请求，将裁定终止重整计划的执行，并宣告债务人破产：债务人不执行重整计划；债务人的经营状况和财产状况继续恶化，不能执行重整计划，缺乏挽救的可能性；债务人有欺诈、恶意减少债务人财产或者其他显著不利于债权人的行为；由于债务人的行为致使管理人无法执行职务等。由于债务人不执行或不能执行重整计划，而为重整计划的执行提供的担保继续有效。人民法院裁定终止重整计划执行的，债权人在重整计划中作出的债权调整的承诺失去效力，但债权人因执行重整计划所受的清偿仍然有效，债权未受清偿的部分作为破产债权，这时的债权人只有在其他同顺位债权人同自己所受的清偿达到同一比例时，才能继续接受分配。

上述企业破产重整流程如图6-2所示。

(三) 破产清算

破产清算是指债务人被依法宣告破产后，清理财产、公平清偿债务、注销企业的法

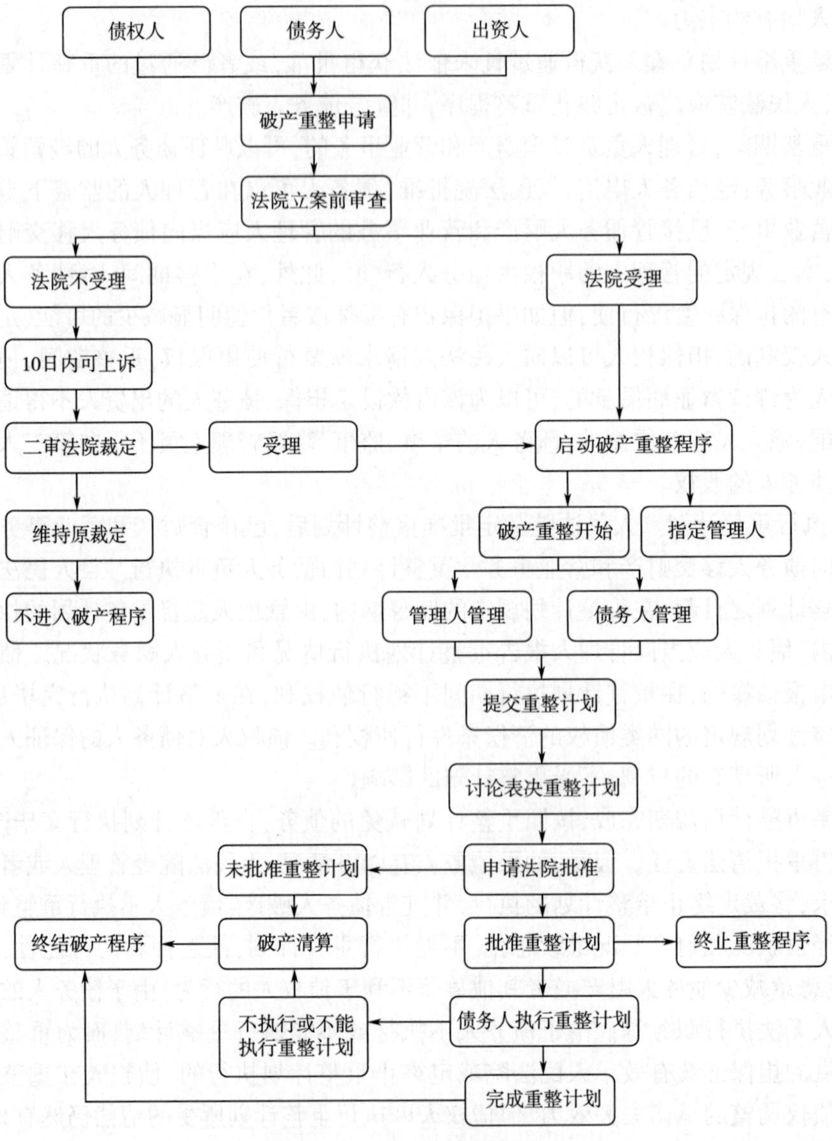

图 6-2 企业破产重整程序

律制度。破产清算主要来源于以下三种情况：

1. 直接申请的破产清算。根据企业破产法规定,债务人达到破产界限的,可以向人民法院提出破产清算申请;债务人不能清偿到期债务,债权人可以向人民法院提出对债务人进行破产清算的申请;企业法人已解散但未清算或者未清算完毕,资产不足以清偿债务的,依法负有清算责任的人应当向人民法院申请破产清算(企业破产法第七条)。可见债务人、债权人、负有清算责任的人均可以申请债务人破产清算,如果该申请被人民法院受理并宣告债务人破产,该债务人便进入破产清算程序。

2. 和解失败的破产清算。

(1)和解申请失败的破产清算。和解协议草案经债权人会议表决未获得通过,或者已经债权人会议通过的和解协议未获得人民法院认可的,人民法院应当裁定终止和解程序,并宣告债务人破产。

(2)和解欺诈的破产清算。因债务人的欺诈或者其他违法行为而成立的和解协议,人民法院应当裁定无效,并宣告债务人破产。

(3)不执行或不能执行和解协议的破产清算。债务人不能执行或者不执行和解协议的,人民法院经和解债权人请求,应当裁定终止和解协议的执行,并宣告债务人破产。

3. 重整失败的破产清算。

(1)重整申请失败的破产清算。债务人或者管理人未按期提出重整计划草案,或重整计划草案未获得债权人会议通过且未获得批准,或者已通过的重整计划未获得批准的,人民法院应当裁定终止重整程序,并宣告债务人破产。

(2)重整期间的破产清算。在重整期间,债务人有下列情形之一的,人民法院经管理人或者利害关系人请求,应当裁定终止重整程序,并宣告债务人破产:债务人的经营状况和财产状况继续恶化,缺乏挽救的可能性;债务人有欺诈、恶意减少债务人财产或者其他显著不利于债权人的行为;由于债务人的行为致使管理人无法执行职务。

(3)不执行或不能执行重整协议的破产清算。债务人不能执行或者不执行重整计划的,人民法院经管理人或者利害关系人请求,应当裁定终止重整计划的执行,并宣告债务人破产。

上述三类破产中,破产和解、破产重整的企业仍然处于持续经营状态,没有太特殊的会计问题,因此本书主要介绍破产清算的相关会计理论及实务处理。

二、破产清算的基本程序

(一)提出破产申请

债务人达到破产界限,债务人、债权人、负有清算责任的人可以向人民法院申请债务人破产清算(以下称"破产申请")。向人民法院提出破产申请,应当提交破产申请书和有关证据。破产申请书应当载明申请人、被申请人的基本情况,申请目的,申请的事实和理由,人民法院认为应当载明的其他事项;债务人提出申请的,还应当向人民法院提交财产状况说明、债务清册、债权清册、有关财务会计报告、职工安置预案以及职工工资的支付和社会保险费用的缴纳情况。人民法院受理破产申请前,申请人可以请求撤回申请。

(二)受理破产申请

人民法院收到破产申请后,需要审查申请人的破产资格(国有企业需要上级主管部门的同意文件,非国有企业需要具备股东或开办人决定债务人破产的文件)、破产申请文件及内容的完整性、申请理由的充分性与合法性等。人民法院受理破产申请的,应当自裁定作出之日起五日内送达申请人;债权人提出申请的,人民法院应当自裁定作出之日起五日内送达债务人,债务人应当自裁定送达之日起十五日内,向人民法院提交财产状况说明、债务清册、债权清册、有关财务会计报告以及职工工资的支付和社会保险费用的缴纳情况;人民法院裁定不受理破产申请的,应当自裁定作出之日起五日内送达申请人并说明理由,申请人对裁定不服的,可以自裁定送达之日起十日内向上一级人民法院提起上诉。人民法院应当自裁定受理破产申请之日起二十五日内通知已知债权人,并予以公告。

(三)接管申请破产的企业

人民法院裁定受理破产申请,应当同时指定管理人,接管申请破产的企业。债务人的债务人或者财产持有人应当向管理人清偿债务或者交付财产,管理人对破产申请受理前成立而债务人和对方当事人均未履行完毕的合同有权决定解除或者继续履行,并通知对方当事人;管理人自破产申请受理之日起两个月内未通知对方当事人,或者自收到对方当事人催告之日起三十日内未答复的,视为解除合同;管理人决定继续履行合同的,对方当事人应当履行,但对方当事人有权要求管理人提供担保,管理人不提供担保的,视为解除合同。此外,自人民法院受理破产申请的裁定送达债务人之日起至破产程序终结之日,债务人的法定代表人、财务管理人员和其他经营管理人员等有关人员必须妥善保管其占有和管理的财产、印章和账簿、文书等资料;根据人民法院、管理人的要求进行工作,并如实回答询问;列席债权人会议并如实回答债权人的询问;未经人民法院许可,不得离开住所地;不得新任其他企业的董事、监事、高级管理人员。

(四)宣告破产

人民法院依法宣告债务人破产的,应当自裁定作出之日起五日内送达债务人和管理人,自裁定作出之日起十日内通知已知债权人,并予以公告。债务人被宣告破产后,债务人称为破产人,债务人财产称为破产财产,人民法院受理破产申请时,对债务人享有的债权称为破产债权。对破产人的特定财产享有担保权的权利人,对该特定财产享有优先受偿的权利;该债权人行使优先受偿权利未能完全受偿的,其未受偿的债权作为普通债权;放弃优先受偿权利的,其债权作为普通债权。如果破产宣告前,债务人有下列情形之一的,人民法院将裁定终结破产程序,不宣告破产,并予以公告:一是第三人为债务人提供足额担保或者为债务人清偿全部到期债务的;二是债务人已清偿全部到期债务的。

(五)编报破产财产变价方案

管理人应当及时拟订破产财产变价方案,提交债权人会议讨论,按照债权人会议通过或者人民法院裁定的破产财产变价方案,适时变价出售破产财产。除了债权人会议另有决议外,变价出售破产财产应当通过拍卖进行,破产企业可以全部或者部分变价出售,其中的无形资产和其他财产可以单独变价出售。国家规定不能拍卖或者限制转让的财产,应当按照国家规定的方式处理。

(六)编报破产财产分配方案

管理人应当及时拟订破产财产分配方案,提交债权人会议讨论,其主要内容包括:

1. 参加破产财产分配的债权人名称或者姓名、住所。
2. 参加破产财产分配的债权额。
3. 可供分配的破产财产数额。
4. 破产财产分配的顺序、比例及数额。破产财产在优先清偿破产费用和共益债务后,依照下列顺序清偿:第一,破产人所欠职工的工资和医疗、伤残补助、抚恤费用,所欠的应当划入职工个人账户的基本养老保险、基本医疗保险费用,以及法律、行政法规规定应当支付给职工的补偿金。第二,破产人欠缴的除前项规定以外的社会保险费用和破产人所欠税款。第三,普通破产债权。破产财产不足以清偿同一顺序的清偿要求的,按照比例分配;破产企业的董事、监事和高级管理人员的工资按照该企业职工的平均工资计算。
5. 实施破产财产分配的方法。

(七)表决裁定破产财产分配方案

债权人会议通过破产财产分配方案后,由管理人将该方案提请人民法院裁定认可,由管理人执行。

(八)执行破产财产分配方案

1. 公告财产分配。管理人按照破产财产分配方案实施多次分配的,应当公告本次分配的财产额和债权额;实施最后分配的,应当在公告中指明。
2. 提存分配额。一是附条件提存。对于附生效条件或者解除条件的债权,管理人应当将其分配额提存;提存的分配额,在最后分配公告日,生效条件成就或者解除条件未成就的,应当交付给债权人;生效条件未成就或者解除条件成就的,应当分配给其他债权人。二是未受领提存。债权人未受领的破产财产分配额,管理人应当提存;债权人自最后分配公告之日起满两个月仍不领取的,视为放弃受领分配的权利,管理人或者人民法院应当将提存的分配额分配给其他债权人。三是诉讼提存。破产财产分配时,对于诉讼或者仲裁未决的债权,管理人应当将其分配额提存;自破产程序终结之日起满两年仍不能受领分配的,人民法院应当将提存的分配额分配给其他债权人。

(九)提交破产财产分配报告

管理人在最后分配完结后,首先,应及时向人民法院提交破产财产分配报告,报告破产财产分配中拨付的破产费用和共益债务、偿付的职工债权、税收债权、普通债权以及申请的提存分配额、提存方式。其次,应向人民法院提出裁定终结破产程序的报告。当然,如果破产人无财产可供分配,或其财产不足以清偿破产费用的,管理人应直接请求人民法院裁定终结破产程序。

(十)裁定终结破产程序

人民法院应当自收到管理人终结破产程序的请求之日起十五日内作出是否终结破产程序的裁定,裁定终结的,发布破产程序终结公告。

(十一)注销企业登记

管理人应当自破产程序终结之日起十日内,持人民法院终结破产程序的裁定、破产人营业执照副本、公安机关缴回破产人印章的回执、税务机关完税证明及小税户证明等,向破产人的原登记机关办理注销企业工商登记。管理人于办理注销登记完毕的次日起,除了存在诉讼或者仲裁未决情况外,人民法院将发布解除该管理人职务的决定书,终止其执行管理人职务。

(十二)追加财产分配

自破产程序依法终结之日起两年内,有下列情形之一的,债权人可以请求人民法院按照破产财产分配方案进行追加分配:第一,发现人民法院受理破产申请前一年内,债务人无偿转让的财产、以明显不合理的价格进行的交易、对没有财产担保的债务提供的财产担保、对未到期的债务提前清偿、放弃的债权、为逃避债务而隐匿转移的财产、虚构债务或者承认不真实的债务,以及债务人的董事、监事和高级管理人员利用职权从企业获取的非正常收入和侵占的企业财产,或人民法院受理破产申请前六个月内,债务人明知已经达到破产界限,仍对个别债权人进行清偿而损害债务人财产的,应依法追回。第二,发现破产人有应当供分配的其他财产的。如果存在追回财产,但财产数量不足以支付分配费用的,不再进行追加分配,由人民法院将其上交国库。

(十三)连带清偿债务

破产人的保证人和其他连带债务人,在破产程序终结后,对债权人依照破产清算程序未受清偿的债权,依法继续承担清偿责任。

上述破产清算程序如图6-3所示。

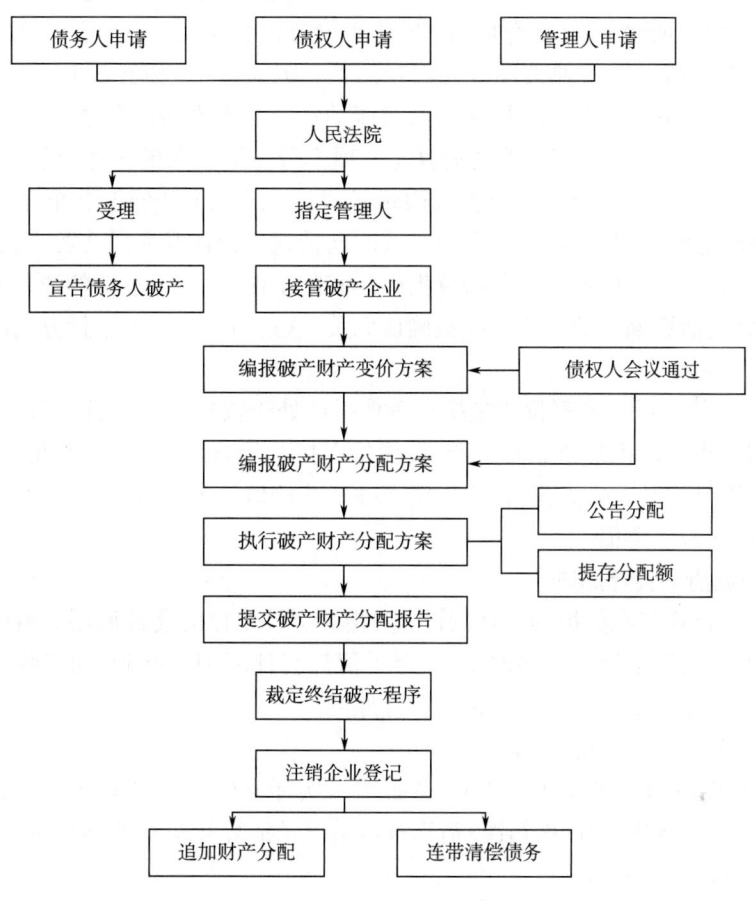

图 6-3 企业破产清算程序

三、破产清算会计的特点

企业清算会计是企业处于终止经营状态的会计工作,其资金运动具有一次性、同方向、不形成资金循环和资金周转的特点,在会计假设、会计原则等方面呈现出诸多特殊性。

(一)企业清算会计假设

企业进入清算程序后,已处于清算状态,一般意义上的会计假设发生了较大变化。

1. 清算主体假设。清算状态下的企业中,各项工作均围绕企业清算问题而展开,都是为清算主体服务的。无论正常清算中的清算组还是破产清算中的管理人,其工作的对象都是处于"死亡"状态的企业,会计的主体也是一种以静态为主的清算状态。

2. 清算经营假设。进入清算阶段的企业,将终止一般的生产经营活动,持续经营假设已不复存在,所进行的资产估价、变现和债务的偿还等,完全是处理企业的"后事",是致使企业消亡的一种被动、消极的经营行为,资产、负债已没有长短期之分,而是处于清算这一同一起跑线上,因而也没有流动资产与非流动资产之分。

3. 清算期间假设。一个企业的清算是一项十分纷繁复杂的工作,很难在短期内完成。破产法规定,债权人的债权申报期限最长可达三个月(自公告发布之日算起),尽管债权可在较短时间内申报完毕,但为了及时向债权人会议及人民法院、企业原董事会报告清算进展情况,也应定期编制清算报告。实际工作中,一个企业的清算期一般在半年以上。当然,清算期间的认定与收益确认无关,这是与正常企业会计分期的本质区别所在。

4. 清算价值假设。清算价值是指在清算财产处于被迫出售、快速变现等非正常市场条件下的出售额。正常企业的资产、负债均以持续经营价值计价,而在清算企业中,这一计价原则显然已失去意义,代之以资产按清算价值计价,负债无论是否到期均按到期对待,以现实价值偿债。

(二)企业清算会计原则

作为会计核算基本前提的会计假设,对指导会计工作的会计原则具有决定性的影响。不难看出,清算会计的上述假设,奠定了清算会计原则的基础,使之继承了一些传统会计原则,又形成了一些独具特色的会计原则。

1. 与一般会计原则完全相同的原则。

(1)客观性原则。在清算会计中,也必须以实际发生的经济业务及合法的原始凭证为依据,如实反映破产进展情况、清算进展情况及清算状况和清算结果,要求做到内容真实、数字准确、资料可靠。

(2)及时性原则。及时收集、加工各种清算会计信息,及时向有关方面传递和报告清算会计信息,保证会计信息的时效性,也是清算会计应遵循的一项重要会计原则。

(3)明晰性原则。清算会计虽然属特殊业务会计之一,但所提供的会计信息必须做到简明、易懂,便于使用者正确理解和利用。这就要求清算会计的一些专用名词应做到既规范、科学,又简洁清楚,账簿、报表的设计也应如此。

2. 与一般会计原则不尽相同的原则。

(1)相关性原则。清算会计在收集、加工、传递清算会计信息过程中,必须考虑与清算工作密切相关的部门、集团对会计信息的要求,满足各方面(企业董事会、清算组、管理人、人民法院、债权人、股东等)对清算会计信息的需要。

(2)重要性原则。清算会计自然要全面、完整地反映和监督所发生的各项有关交易事项,但对使用者重要的会计信息仍应进行详细核算,并在会计报告中予以详尽说明,如担保债权与担保财产、抵销债权、清算费用、债权偿债金额及比例等,对次要的会计业务则可以简化核算,如各项存货的界定、估价与变现等。

(3)合法性原则。企业清算不仅是终止企业的一种经济行为,更重要的是维护债权人、债务人和所有者的合法权益。因此在清算会计中合法性显得尤为重要,要求严格按公司法、企业破产法、民法通则等有关规定进行清算会计处理。

3. 与一般会计完全不同的原则。在清算会计中,正常企业的可比性原则、历史成本原则、谨慎性原则及划分收益性支出与资本性支出原则等均失去了存在的土壤,产生了以下四个独具特色的会计原则。

(1)收付实现制原则。与正常企业不同,清算会计必须以收付实现制进行财产变现、债务清偿及剩余财产分配和清算损益的确认,这是企业清算的终极性所决定的。

(2)现行价格原则。企业进入清算程序后,其资产要按现行清算价值估价、变现,债务亦按现实应偿还额,根据清算财产的多少和债务类别清偿,因此,清算损益、清算报表均是在现行价格基础上确认和编制的。

(3)相互对应原则。在企业破产清算中,为保护债权人和债务人的合法权益,应将资产分为担保财产和普通财产,债务也做相应的分类,担保债务依据担保财产清偿、非担保债务依据普通财产清偿,从而维护清算工作的合法性、公正性。

(4)公正性原则。清算会计涉及债权人、债务人、企业所有者、人民法院、职工等各方面关系人。清算会计人员除做到会计管理的客观性外,还必须公正地处理清算业务,不偏不倚地反映清算状况及结果。

四、破产清算会计处理

根据我国企业破产法及破产实践的要求,财政部于1997年发布实施了《国有企业试行破产有关会计处理问题暂行规定》,该规定将企业破产会计分为破产企业会计处理与清算组会计处理两个部分,设置了资产、负债、损益三类共23个会计科目。

随着2006年修订后的企业破产法的颁布实施以及处置僵尸企业的需要,相关法律环境、经济环境、社会环境等发生了重大变化,为规范企业破产清算的会计处理,向人民法院和债权人会议等提供企业破产清算期间的相关财务信息,财政部于2016年12月20日发布实施了《企业破产清算有关会计处理规定》,适用于经法院宣告破产处于破产清算期间的企业法人,取代了1997年发布的《国有企业试行破产有关会计处理问题暂行规定》。

(一)会计基础与计量属性

破产企业会计确认、计量和报告以非持续经营为前提。企业经法院宣告破产的,应当按照法院或债权人会议要求的时点(包括破产宣告日、债权人会议确定的编报日、破产终结申请日等,以下简称"破产报表日")编制清算财务报表,并由破产管理人签章。

破产企业在破产清算期间的资产应当以破产资产清算净值计量。其中:资产是指破产法规定的债务人(破产企业)财产;破产资产清算净值是指在破产清算的特定环境下和规定时限内,最可能的变现价值扣除相关的处置税费后的净额。最可能的变现价值应当为公开拍卖的变现价值,但是债权人会议另有决议或国家规定不能拍卖或限制转让的资产除外。债权人会议另有决议的,最可能的变现价值应当为其决议的处置方式下的变现价值;按照国家规定不能拍卖或限制转让的,应当将按照国家规定的方式处理后的所得作为变现价值。

破产企业在破产清算期间的负债应当以破产债务清偿价值计量。破产债务清偿价值,是指在不考虑破产企业的实际清偿能力和折现等因素的情况下,破产企业按照相关法律规定或合同约定应当偿付的金额。

(二)确认与计量

破产企业应当按照破产资产清算净值对破产宣告日的资产进行初始确认计量,按照破产债务清偿价值对破产宣告日的负债进行初始确认计量,初始确认价值与原账面价值的相关差额直接计入清算净值。

破产企业在破产清算期间的资产,应当按照破产资产清算净值进行后续计量,负债按照破产债务清偿价值进行后续计量,按照破产报表日的破产资产清算净值和破产债务清偿价值,对资产和负债的账面价值分别进行调整,差额计入清算损益。

破产清算期间发生资产处置的,破产企业应当终止确认相关被处置资产,并将处置所得金额与被处置资产的账面价值的差额扣除直接相关的处置费用后,计入清算损益。

破产清算期间发生债务清偿的,破产企业应当按照偿付金额,终止确认相应部分的负债。在偿付义务完全解除时,破产企业应当终止确认该负债的剩余账面价值,同时确认清算损益。

破产清算期间发生各项费用、取得各项收益应当直接计入清算损益。

在破产清算期间,破产企业按照税法规定需缴纳企业所得税的,应当计算所得税费用,并将其计入清算损益。所得税费用应当仅反映破产企业当期应交的所得税,不考虑递延所得税。

破产企业因盘盈、追回等方式在破产清算期间取得的资产,应当按照取得时的破产资产清算净值进行初始确认计量,初始确认计量的账面价值与取得该资产的成本之间存在差额的,该差额应当计入清算损益。

破产企业在破产清算期间新承担的债务,应当按照破产债务清偿价值进行初始确认计量,并计入清算损益。

(三) 破产清算会计科目

破产管理人接管破产企业后,可以比照破产企业原有资产、负债类会计科目,根据实际情况设置相关科目,并增设相关负债类、清算净值类和清算损益类等会计科目。破产企业还可以根据实际需要,在一级科目下自行设置明细科目,可以增设下列会计科目:

1."应付破产费用"科目。本科目核算破产企业在破产清算期间发生的破产法规定的各类破产费用。

2."应付共益债务"科目。本科目核算破产企业在破产清算期间发生的破产法规定的各类共益债务。共益债务是指在人民法院受理破产申请后,为全体债权人的共同利益而管理、变卖和分配破产财产而负担的债务,主要包括因管理人或者债务人请求对方当事人履行双方均未履行完毕的合同所产生的债务、债务人财产受无因管理所产生的债务、因债务人不当得利所产生的债务、为债务人继续营业而应当支付的劳动报酬和社会保险费用以及由此产生的其他债务、管理人或者相关人员执行职务致人损害所产生的债务以及债务人财产致人损害所产生的债务。

3."清算净值"科目。本科目核算破产企业在破产报表日结转的清算净损益科目余额。破产企业资产与负债初始确认的相关差额,也在本科目核算。

4."资产处置净损益"科目。本科目核算破产企业在破产清算期间处置破产资产产生的、扣除相关处置费用后的净损益。

5."债务清偿净损益"科目。本科目核算破产企业在破产清算期间清偿债务产生的净损益。

6."破产资产和负债净值变动净损益"科目。本科目核算破产企业在破产清算期间按照破产资产清算净值调整资产账面价值,以及按照破产债务清偿价值调整负债账面价值产生的净损益。

7."其他收益"科目。本科目核算除资产处置、债务清偿以外,在破产清算期间发生的其他收益。

8."破产费用"科目。本科目核算破产企业破产清算期间发生的破产法规定的各项破产费用,主要包括破产案件的诉讼费用,管理、变价和分配债务人资产的费用,管理人执行职务的费用、报酬和聘用工作人员的费用。本科目应按发生的费用项目设置明细账。

9."共益债务支出"科目。本科目核算破产企业破产清算期间发生的破产法规定的共益债务相关的各项支出。

10."其他费用"科目。本科目核算破产企业破产清算期间发生的除破产费用和共益债务支出之外的各项其他费用。

11."所得税费用"科目。本科目核算破产企业破产清算期间发生的企业所得税费用。

12."清算净损益"科目。本科目核算破产企业破产清算期间结转的上述各类清算损益科目余额。

破产企业可根据具体情况增设、减少或合并某些会计科目。

(四)破产清算报表列报

破产企业应当按照要求编制清算财务报表,向法院、债权人会议等报表使用者反映破产企业在破产清算过程中的财务状况、清算损益、现金流量变动和债务偿付状况。

法院宣告企业破产的,破产企业应当以破产宣告日为破产报表日编制清算资产负债表及相关附注。法院或债权人会议等要求提供清算财务报表的,破产企业应当根据其要求提供清算财务报表的时点确定破产报表日,编制清算资产负债表、清算损益表、清算现金流量表、债务清偿表及相关附注。

向法院申请裁定破产终结的,破产企业应当编制清算损益表、债务清偿表及相关附注。

(五)破产清算会计处理

管理人接管破产清算企业后,管理人会计应核实破产企业移交的科目余额表,进行相应的余额结转和调整,编制清算资产负债表,根据相关资产处置、债务清偿等交易事项进行会计处理,按要求向人民法院、债权人会议等编报清算财务报表、附注在内的清算财务报告。

1.结转破产宣告日相关会计科目的余额。破产企业根据法院宣告企业破产日的科目余额表,结转相关会计科目余额:将原"应付账款""其他应付款"等科目中属于破产法所规定的破产费用的余额,转入"应付破产费用"科目,属于破产法所规定的共益债务的余额,转入"应付共益债务"科目;将原"商誉""长期待摊费用""递延所得税资产""递延所得税负债""递延收益""股本""资本公积""盈余公积""其他综合收益""未分配利润"等科目的余额,转入"清算净值"科目。

【例6-9】江云公司因不能清偿到期债务、资产不足以清偿全部债务,于2×20年8月3日被人民法院宣告破产,该日的科目余额表如表6-1所示。

表6-1　　　　　　　　　　江云公司科目余额表
2×20年8月3日　　　　　　　　　　　　　　　　　单位:元

科目名称	借方余额	贷方余额
库存现金	1 000	
银行存款	3 400	

续表

科目名称	借方余额	贷方余额
库存商品	12 500	
应收账款	30 000	
其他应收款	7 000	
长期待摊费用	4 000	
长期股权投资	10 000	
固定资产	387 500	
累计折旧	-49 600	
短期借款		30 000
长期借款		400 000
应交税费		80 000
应付账款		10 000
其他应付款		7 500
应付职工薪酬		25 000
实收资本		500 000
资本公积		65 000
利润分配		-711 700
合计	405 800	405 800

上述科目余额表中，假设"其他应付款"中含有破产费用5 000元，含有共益债务1 000元，相关结转分录为：

借：其他应付款　　　　　　　　　　　　　　　　　　　　　6 000
　　贷：应付破产费用　　　　　　　　　　　　　　　　　　5 000
　　　　应付共益债务　　　　　　　　　　　　　　　　　　1 000
借：清算净值　　　　　　　　　　　　　　　　　　　　　　4 000
　　贷：长期待摊费用　　　　　　　　　　　　　　　　　　4 000
借：实收资本　　　　　　　　　　　　　　　　　　　　　500 000
　　资本公积　　　　　　　　　　　　　　　　　　　　　65 000
　　贷：清算净值　　　　　　　　　　　　　　　　　　　565 000

借:清算净值　　　　　　　　　　　　　　　　　　　　　　　　　711 700
　　贷:利润分配　　　　　　　　　　　　　　　　　　　　　　　　711 700

2. 调整破产宣告日相关会计科目的余额。破产企业应当对拥有的各类资产(包括原账面价值为零的已提足折旧的固定资产、已摊销完毕的无形资产等)登记造册,估计其破产资产清算净值,按照其破产资产清算净值对各资产科目余额进行调整,并相应调整"清算净值"科目。对各类负债按照破产债务清偿价值进行重新计量,按计量后的金额与原账面价值的差额调整"清算净值"科目。

假设江云公司有关资产、负债重新计量后的金额及其差额如表 6-2 所示。

表 6-2　　　　　　　　　江云公司资产与负债调整表

2×20 年 8 月 3 日　　　　　　　　　　　　　单位:元

项目	资产			负债		
	账面价值	评估净值	差额	账面价值	清偿价值	差额
库存商品	12 500	10 000	-2 500			
应收账款	30 000	15 000	-15 000			
其他应收款	7 000	6 200	-800			
长期股权投资	10 000	12 000	2 000			
固定资产	337 900	300 000	-37 900			
短期借款				30 000	30 000	0
长期借款				400 000	400 000	0
应交税费				80 000	80 000	0
应付账款				10 000	9 000	1 000
其他应付款				1 500	1 500	0
应付职工薪酬				25 000	25 000	0

根据上述资料,编制调整会计分录如下:

借:清算净值　　　　　　　　　　　　　　　　　　　　　　　　53 200
　　长期股权投资　　　　　　　　　　　　　　　　　　　　　　2 000
　　应付账款　　　　　　　　　　　　　　　　　　　　　　　　1 000
　　贷:库存商品　　　　　　　　　　　　　　　　　　　　　　　2 500
　　　　应收账款　　　　　　　　　　　　　　　　　　　　　　15 000

| 其他应收款 | 800 |
| 固定资产 | 37 900 |

3. 编制清算资产负债表。清算资产负债表反映破产企业在破产报表日资产的破产资产清算净值,负债的破产债务清偿价值,清算净值及其相互关系的信息,左方为资产,右方为负债及清算净值。

本表列示的项目不区分流动和非流动,其中,"应收账款"或"其他应收款"项目,应分别根据"应收账款"或"其他应收款"的科目余额填列,同时,"长期应收款"科目余额也在上述两项目中分析填列;"借款"项目,应根据"短期借款"和"长期借款"科目余额合计数填列;"应付账款"或"其他应付款"项目,应分别根据"应付账款""其他应付款"的科目余额填列,同时,"长期应付款"科目余额也在该项目中分析填列;"金融资产投资"项目,应根据"以公允价值计量且其变动计入当期损益的金融资产""持有至到期投资""可供出售金融资产"的科目余额合计数填列。本表的"清算净值"项目反映破产企业于破产报表日的清算净值,本项目应根据"清算净值"科目余额填列。

破产企业应当在清算资产负债表附注中,区分是否用作担保,分别披露破产资产明细信息,披露依法追回的账外资产、取回的质物和留置物等明细信息(如追回或取回有关资产的时间、有关资产的名称、破产资产清算净值等),披露经法院确认以及未经法院确认的债务的明细信息(债务项目名称以及有关金额等),披露应付职工薪酬的明细信息(如所欠职工的工资和医疗、伤残补助、抚恤费用,所欠的应当划入职工个人账户的基本养老保险、基本医疗保险费用,以及法律、行政法规规定应当支付给职工的补偿金等)。

根据表 6-1、表 6-2 的相关资料,编制清算资产负债表如表 6-3。

表 6-3 　　　　　　　　　　清算资产负债表

会清 01 表

编制单位:江云公司　　　　2×20 年 8 月 3 日　　　　　　　　　　单位:元

资　产	行次	期末数	负债及清算净值	行次	期末数
货币资金		4 400	负债:		
应收票据			借款		430 000
应收账款		15 000	应付票据		
其他应收款		6 200	应付账款		9 000
预付款项			预收款项		

续表

资产	行次	期末数	负债及清算净值	行次	期末数
存货		10 000	其他应付款		1 500
金融资产投资			应付债券		
长期股权投资		12 000	应付破产费用		5 000
投资性房地产			应付共益债务		1 000
固定资产		300 000	应付职工薪酬		25 000
在建工程			应交税费		80 000
无形资产			……		
……					
			负债合计		551 500
			清算净值:		-203 900
			清算净值		-203 900
资产总计		347 600	负债及清算净值总计		347 600

4. 处置破产财产。根据债权人会议讨论通过、人民法院裁定的破产财产变价方案,管理人应适时变价出售破产财产。变价出售破产财产应当通过拍卖进行,但债权人会议另有决议的除外。破产企业可以全部或者部分变价出售财产。变价出售时,可以将其中的无形资产和其他财产单独变价出售。按照国家规定不能拍卖或者限制转让的财产,应当按照国家规定的方式处理。变现财产原账面价值与变现收入的差额计入"资产处置净损益"科目。

江云公司各项财产经过估价、变现,共获得货币收入471 000元,其中:库存商品6 000元,应收账款12 000元,其他应收款3 000元,长期股权投资9 000元,A厂房150 000元(账面价值200 000元),B厂房175 000元(账面价值70 000元),其他固定资产25 000元,无偿划拨土地的使用权收归国家,国家给予补偿100 000元,共计变现价值480 000元。应编制的会计分录为(增值税略):

借:银行存款　　　　　　　　　　　　　　　　　　　　　6 000
　　资产处置净损益　　　　　　　　　　　　　　　　　　4 000
　　贷:库存商品　　　　　　　　　　　　　　　　　　　　10 000
借:银行存款　　　　　　　　　　　　　　　　　　　　　15 000

资产处置净损益		6 200
贷：应收账款		15 000
其他应收款		6 200
借：银行存款		9 000
资产处置净损益		3 000
贷：长期股权投资		12 000
借：银行存款		325 000
贷：固定资产——A 厂房		200 000
——B 厂房		70 000
资产处置净损益		55 000
借：银行存款		25 000
资产处置净损益		5 000
贷：固定资产		30 000
借：银行存款		100 000
贷：其他收益		100 000

5. 破产财产的分配。破产财产包括破产申请受理时属于债务人的全部财产，以及破产申请受理后至破产程序终结前债务人取得的财产。债务人财产分为担保财产与破产财产（普通财产）两大类。

债务人财产不足以清偿所有破产费用和共益债务的，先行清偿破产费用；不足以清偿所有破产费用或者共益债务的，按照比例清偿；不足以清偿破产费用的，管理人应当提请人民法院终结破产程序，人民法院应当自收到请求之日起十五日内裁定终结破产程序，并予以公告。

担保财产偿还担保债务，担保财产变现金额大于担保债务部分计入破产财产，担保财产变现金额不足清偿的担保债务部分计入普通债务。

破产财产在优先清偿破产费用和共益债务后，依照下列顺序清偿：破产人所欠职工的工资和医疗、伤残补助、抚恤费用，所欠的应当划入职工个人账户的基本养老保险、基本医疗保险费用，以及法律、行政法规规定应当支付给职工的补偿金；破产人欠缴的除前项规定以外的社会保险费用和破产人所欠税款；普通破产债务。破产财产不足以满足同一顺序的清偿要求的，按比例在债权人之间分配。

(1) 支付破产费用与偿还共益债务。江云公司破产清算期间，有关破产费用、共益债务及其会计处理如下：

①由银行支付聘用人员工资和留守人员工资 44 200 元。

借：破产费用——人员费用　　　　　　　　　　　　　　44 200

　　　　贷：银行存款　　　　　　　　　　　　　　　　　　　　　　　　44 200
　②以银行存款支付办公用品费600元。
　　　借：破产费用——办公费　　　　　　　　　　　　　　　　　　　　600
　　　　贷：银行存款　　　　　　　　　　　　　　　　　　　　　　　　　600
　③管理人派人外出催讨债务，预借差旅费2 250元。
　　　借：其他应收款——×××(借款人)　　　　　　　　　　　　　2 250
　　　　贷：银行存款　　　　　　　　　　　　　　　　　　　　　　　2 250
　④银行转来通知，水电费400元已付讫。
　　　借：破产费用——办公费　　　　　　　　　　　　　　　　　　　　400
　　　　贷：银行存款　　　　　　　　　　　　　　　　　　　　　　　　　400
　⑤支付资产评估机构的资产评估费2 500元。
　　　借：破产费用——评估费　　　　　　　　　　　　　　　　　　　2 500
　　　　贷：银行存款　　　　　　　　　　　　　　　　　　　　　　　2 500
　⑥外出讨债人员报销差旅费2 000元，余250元欠款交回现金。
　　　借：破产费用——差旅费　　　　　　　　　　　　　　　　　　　2 000
　　　　库存现金　　　　　　　　　　　　　　　　　　　　　　　　　　250
　　　　贷：其他应收款——×××　　　　　　　　　　　　　　　　　2 250
　⑦以银行存款支付财产拍卖的公告费500元。
　　　借：破产费用——公告费　　　　　　　　　　　　　　　　　　　　500
　　　　贷：银行存款　　　　　　　　　　　　　　　　　　　　　　　　　500
　⑧支付法院转来的法律诉讼费1 500元。
　　　借：破产费用——诉讼费　　　　　　　　　　　　　　　　　　　1 500
　　　　贷：银行存款　　　　　　　　　　　　　　　　　　　　　　　1 500
　⑨管理人决定解除某合同，按照合同规定应该给予对方10 000元的赔偿。
　　　借：共益债务支出　　　　　　　　　　　　　　　　　　　　　10 000
　　　　贷：应付共益债务　　　　　　　　　　　　　　　　　　　　10 000
　⑩江云公司暂存的一辆外单位货车，因管理不善造成毁损，经协商应赔偿3 000元。
　　　借：共益债务支出　　　　　　　　　　　　　　　　　　　　　3 000
　　　　贷：应付共益债务　　　　　　　　　　　　　　　　　　　　3 000
　⑪以银行存款支付上述共益债务。
　　　借：应付共益债务　　　　　　　　　　　　　　　　　　　　　13 000
　　　　贷：银行存款　　　　　　　　　　　　　　　　　　　　　　13 000

⑫按照相关规定,以银行存款支付管理人报酬 25 000 元。

借:破产费用——管理人报酬　　　　　　　　　　　　　　25 000
　　贷:银行存款　　　　　　　　　　　　　　　　　　　　　　25 000

⑬支付应偿还的应付破产费用 5 000 元、应付共益债务 1 000 元。

借:应付破产费用　　　　　　　　　　　　　　　　　　　　5 000
　　应付共益债务　　　　　　　　　　　　　　　　　　　　1 000
　　贷:银行存款　　　　　　　　　　　　　　　　　　　　　　6 000

至此,所有财产经过变现后,共有货币资金 484 400 元(4 400+480 000),支付上述破产费用 81 700 元,支付共益债务 14 000 元,余 388 700 元应按照法律规定的顺序和要求进行分配。

(2)偿还其他债务。假设本例中,A 厂房变现 150 000 元,其担保甲银行的长期借款债务 250 000 元,不足清偿的 100 000 元计入普通债务;B 厂房变现 175 000 元,其担保乙银行的长期借款债务 150 000 元,全额清偿,余 25 000 元已经是货币形态,用于清偿普通债务。

①偿还担保债务。

借:长期借款——甲银行　　　　　　　　　　　　　　　　150 000
　　　　　　——乙银行　　　　　　　　　　　　　　　　150 000
　　贷:银行存款　　　　　　　　　　　　　　　　　　　　　300 000

②偿还应付职工薪酬。

借:应付职工薪酬　　　　　　　　　　　　　　　　　　　　25 000
　　贷:银行存款　　　　　　　　　　　　　　　　　　　　　　25 000

③偿还应交税款。截至 2×21 年 9 月 10 日,江云公司偿还上述债务后,只有 63 700 元(388 700-300 000-25 000)剩余资产(其中银行存款 62 450 元,库存现金 1 250 元),所欠税款 16 300 元,欠丙银行短期借款、A 公司应付账款、B 公司其他应付款均无法偿还,均依法豁免。

借:应交税费　　　　　　　　　　　　　　　　　　　　　　80 000
　　贷:银行存款　　　　　　　　　　　　　　　　　　　　　　62 450
　　　　库存现金　　　　　　　　　　　　　　　　　　　　　1 250
　　　　债务清偿净损益　　　　　　　　　　　　　　　　　　16 300

依法豁免债务的分录为:

借:长期借款——甲银行　　　　　　　　　　　　　　　　100 000
　　短期借款——丙银行　　　　　　　　　　　　　　　　30 000
　　应付账款——A 公司　　　　　　　　　　　　　　　　9 000

其他应付款——B公司　　　　　　　　　　　　　　　　　　　　1 500
　　　贷:其他收益　　　　　　　　　　　　　　　　　　　　　　　　140 500

6. 清算损益的结转。在编制破产清算期间的财务报表前,应进行相关损益的结转,将"资产处置净损益""债务清偿净损益""破产资产和负债净值变动净损益""其他收益""破产费用""共益债务支出""其他费用""所得税费用"科目结转至"清算净损益"科目,将"清算净损益"科目余额转入"清算净值"科目。

本例中:

$$资产处置净损益 = -4\ 000 - 6\ 200 - 3\ 000 + 55\ 000 - 5\ 000 = 36\ 800(元)$$

$$其他收益 = 100\ 000 + 140\ 500 = 240\ 500(元)$$

$$破产费用 = 44\ 200 + 600 + 400 + 2\ 500 + 2\ 000 + 500 + 1\ 500 + 25\ 000 = 76\ 700(元)$$

$$共益债务支出 = 10\ 000 + 3\ 000 = 13\ 000(元)$$

　　借:债务清偿净损益　　　　　　　　　　　　　　　　　　　　16 300
　　　贷:清算净损益　　　　　　　　　　　　　　　　　　　　　　16 300
　　借:资产处置净损益　　　　　　　　　　　　　　　　　　　　36 800
　　　贷:清算净损益　　　　　　　　　　　　　　　　　　　　　　36 800
　　借:其他收益　　　　　　　　　　　　　　　　　　　　　　　240 500
　　　贷:清算净损益　　　　　　　　　　　　　　　　　　　　　240 500
　　借:清算净损益　　　　　　　　　　　　　　　　　　　　　　89 700
　　　贷:破产费用　　　　　　　　　　　　　　　　　　　　　　　76 700
　　　　共益债务支出　　　　　　　　　　　　　　　　　　　　　13 000
　　借:清算净损益　　　　　　　　　　　　　　　　　　　　　　203 900
　　　贷:清算净值　　　　　　　　　　　　　　　　　　　　　　　203 900

上述破产费用、共益债务支出均属于清算期间的费用,破产企业被宣告破产前发生的属于应付破产费用(本例为5 000元)、应付共益债务(本例为1 000元)部分,在企业被宣告破产前已经列支,不属于清算期间的费用。

至此所有账目结清,"清算净值"账户借方合计为768 900元(4 000+711 700+53 200),贷方合计为768 900元(565 000+203 900),所有账目结清。

7. 编制破产清算期末会计报表。破产清算终结时,应当编制清算损益表、清算现金流量表、债务清偿表。

(1)清算损益表。清算损益表反映破产企业在破产清算期间发生的各项收益、费用。清算损益表至少应当单独列示反映下列信息的项目:资产处置净收益(损失)、债务清偿净收益(损失)、破产资产和负债净值变动净收益(损失)、破产费用、共益债务支出、所得税费用等。江云公司的清算损益见表6-4。

表 6-4　　　　　　　　　　　　　清算损益表

编制单位：江云公司　　　　　　　　　　　　　　　　　　　　　会清 02 表

2×20 年 8 月 3 日至 2×21 年 9 月 10 日　　　　　　　　　　　　单位：元

项目	行次	本期数	累计数
一、清算收益（清算损失以"-"号表示）			
（一）资产处置净收益（净损失以"-"号表示）		36 800	
（二）债务清偿净收益（净损失以"-"号表示）		16 300	
（三）破产资产和负债净值变动净收益（净损失以"-"号表示）			
（四）其他收益		240 500	
小计		293 600	
二、清算费用			
（一）破产费用（以"-"号表示）		76 700	
（二）共益债务支出（以"-"号表示）		13 000	
（三）其他费用（以"-"号表示）			
（四）所得税费用（以"-"号表示）			
小计		89 700	
三、清算净收益（清算净损失以"-"号表示）		203 900	

（2）清算现金流量表。清算现金流量表反映破产企业在破产清算期间货币资金余额的变动情况。清算现金流量表应当采用直接法编制，至少应当单独列示反映下列信息的项目：处置资产收到的现金净额、清偿债务支付的现金、支付破产费用的现金、支付共益债务支出的现金、支付所得税的现金等。江云公司的清算现金流量见表 6-5。

表 6-5　　　　　　　　　　　　　清算现金流量表

　　　　　　　　　　　　　　　　　　　　　　　　　　　　　　　　会清 03 表

编制单位：江云公司　　　2×20 年 8 月 3 日至 2×21 年 9 月 10 日　　　　单位：元

项目	行次	本期数	累计数
一、期初货币资金余额		4 400	
二、清算现金流入			
（一）处置资产收到的现金净额		480 000	
（二）收到的其他现金			

续表

项目	行次	本期数	累计数
清算现金流入小计		480 000	
三、清算现金流出			
（一）清偿债务支付的现金		388 700	
（二）支付破产费用的现金		81 700	
（三）支付共益债务的现金		14 000	
（四）支付所得税费用的现金			
（五）支付的其他现金			
清算现金流出小计		484 400	
四、期末货币资金余额		0	

（3）债务清偿表。债务清偿表反映破产企业在破产清算期间发生的债务清偿情况。债务清偿表应当根据破产法规定的债务清偿顺序，按照各项债务的明细单独列示。债务清偿表中列示的各项债务至少应当反映其确认金额、清偿比例、实际需清偿金额、已清偿金额、尚未清偿金额等信息。江云公司债务清偿表如表6-6所示。

表 6-6　　　　　　　　　　　　债务清偿表

会清04表

编制单位：江云公司　　　2×20年8月3日至2×21年9月10日　　　　　单位：元

债务项目	行次	期末数	经法院确认债务的金额	清偿比例	实际需清偿金额	已清偿金额	尚未清偿金额
有担保的债务：							
甲银行长期借款			250 000		250 000	150 000	100 000
乙银行长期借款			150 000		150 000	150 000	0
小计			400 000		400 000	300 000	100 000
普通债务：							
第一顺序：劳动债务			25 000		25 000	25 000	0

第六章　债务重组与破产清算

续表

债务项目	行次	期末数	经法院确认债务的金额	清偿比例	实际需清偿金额	已清偿金额	尚未清偿金额
其中:应付职工薪酬			25 000		25 000	25 000	0
第二顺序:国家税款债务			80 000		80 000	62 450	16 300
其中:应交税费			80 000		80 000	62 450	16 300
第三顺序:普通债务							
其中:借款							
丙银行					30 000	0	30 000
应付款项							
A公司					9 000	0	9 000
B公司					1 500	0	1 500
小计							56 800
合计							156 800

8. 企业破产清算报表附注。破产企业应当在清算财务报表附注中披露下列信息:破产资产明细信息;破产管理人依法追回的账外资产明细信息;破产管理人依法取回的质物和留置物的明细信息;未经法院确认的债务的明细信息;应付职工薪酬的明细信息;期末货币资金余额中已经提存用于向特定债权人分配或向国家缴纳税款的金额;资产处置损益的明细信息,包括资产性质、处置收入、处置费用及处置净收益;破产费用的明细信息,包括费用性质、金额等;共益债务支出的明细信息,包括具体项目、金额等。

本章小结

由于内外部环境变化以及产品、管理、技术、信息等方面的变化,企业可能发生无法如期偿还债务的情况。对此主要有两大类解决方式:一是企业未达到破产界限,或虽然达到破产界限但没有受到有关破产起诉,经过与债权人的私下和解并达成债权人的谅解,进行债务重组;二是达到了破产界限,通过破产和解、破产重整、破产清算等破产程序清理债权债务关系。

债务重组是指在债务人发生财务困难的情况下,债权人按照其与债务人达成的协议或者法院的裁定作出让步的事项,分为以资产清偿债务、将债务转为资本、修改其他债务条件以及上述三种方式的组合四类方式,债务人债务重组前后相关账面价值的差额作为重组收益计入营业外收入,重组债务转让的相关资产公允价值与账面价值的差额计入当期损益,债权人则将重组前后债权账面价值的差额作为重组损失计入营业外支出。

企业破产分为破产和解、破产重整、破产清算三类,其中前两类属于拯救企业的破产制度,企业仍然处于持续经营状态,破产清算则进入终止经营状态。企业清算会计是企业处于终止经营状态的会计工作,其资金运动具有一次性、同方向、不形成资金循环和资金周转的特点,在会计假设、会计原则等方面呈现出诸多特殊性,管理人的会计人员要根据破产清算程序接管破产清算企业、结转和调整相关资产与负债账面价值、变现财产、清偿债务、结清账目、编制破产清算会计报告等工作。

本章关键词

财务困难	financial difficulty
债务重组	debt restructuring
债务重组日	debt restructuring date
重组债务	debt to be restructured
重组债权	creditors' rights in restructuring
债务重组利得	gain in debt restructuring
债务重组损失	loss in debt restructuring
破产和解	bankruptcy reconciliation
和解债权人	creditor involved in the compromise
和解协议	compromise agreement
破产重整	bankruptcy reorganization
重整期间	period of reorganization
重整计划	reorganization plan

破产清算	bankruptcy liquidation
债务人财产	debtor's property
担保债权	secured claim
担保债务	guaranteed debt
普通债权	common claim
普通债务	common debt
债务清册	a complete list of debts
债权清册	a complete list of claims
破产财产	bankruptcy property
破产费用	expenses for bankruptcy proceedings
共益债务	debts incurred for the common good of creditors
清算损益	gain or loss from liquidation
清算资产负债表	liquidation balance sheet
清算财产表	liquidation property table
债务清偿表	payment of debts table

思考与练习题

一、思考题

1. 为什么破产重整计划中的债务重组不能确认相关重组损益？

2. 债务人抵债的非现金资产的公允价值与其账面价值之间的差额，是否作为债务重组损益，为什么？

3. 债务人在债务重组中是否会发生债务重组损失？债权人在债务重组中是否会发生债务重组收益？为什么？

4. 债务人以金融资产清偿债务时，清偿债务的账面价值与偿债金融资产账面价值的差额记入"投资收益"科目，为什么？

5. 以公允价值计量且其变动计入其他综合收益的非交易性权益工具投资清偿债务的，原计入其他综合收益的累计利得或损失计入哪里？为什么？

6. 债务人以非金融资产清偿债务时，所清偿债务账面价值与转让资产账面价值之间的差额，是否计入投资收益？为什么？

7. 债权人放弃债权的公允价值与账面价值之间的差额，为什么记入"投资收益"科目而不是记入"其他收益"科目?

8. 企业破产清算中,资产为什么采用破产资产清算净值计量?

9. 破产清算会计是否存在会计分期?为什么?

10. 应该如何设计企业破产清算会计科目?

11. 清算资产负债表与正常企业资产负债表有何区别,为什么?

12. 企业破产清算会计报表是否应该设计现金流量表?如何设计?

二、练习题

1.【目的】以非现金资产低偿债务的债务重组业务处理与计算。

2×20 年 5 月 31 日,光华公司销售一批商品给大方公司,开出的增值税专用发票上注明的销售价款为 320 000 元,增值税销项税额为 41 600 元,款项尚未受到。2×21 年 10 月 31 日双方协议进行债务重组,光华公司同意将大方公司拥有的一项长期股权投资用于抵偿债务。该项长期股权投资的账面余额为 280 000 元,计提的相关减值准备为 5 000 元。大方公司转让该项长期股权投资时发生相关费用 1 000 元,光华公司已对该项债权提取了 2 200 元坏账准备。假定不考虑其他相关税费。

【要求】

(1)编制债务人大方公司重组债务业务有关的会计分录。

(2)编制债权人光华公司重组债权业务有关的会计分录。

2.【目的】以混合重组方式清偿债务的债务重组业务处理与计算。

甲公司销售一批商品给乙公司(非股份有限公司),价款 565 000 元(含增值税)。在债务到期时,因乙公司无法如期清偿,甲公司与乙公司协商进行债务重组,达成如下重组协议:

(1)甲公司先豁免金额为 35 000 元的债务。

(2)乙公司剩余的 530 000 元债务中,500 000 元转为甲公司对乙公司的股权投资。

(3)剩余 20 000 元债务以一项账面价值为 55 000 元的无形资产抵偿。

假定整个交易过程中没有发生相关税费,乙公司没有对用于抵债的无形资产计提减值准备,甲公司也没有对重组债权计提坏账准备。

【要求】

(1)编制债务人乙公司重组债务业务有关的会计分录。

(2)编制债权人甲公司重组债权业务有关的会计分录。

3.【目的】破产清算会计核算。

(1)江明公司 2×21 年 9 月 6 日被人民法院宣告破产清算,该日的科目余额表如表 1 所示。

表1 江明公司科目余额表

2×21年9月6日　　　　　　　　　　　　　　　　　　　　　　　　　　单位：元

科目名称	借方余额	科目名称	贷方余额
库存现金	3 400	短期借款	17 000
银行存款	22 950	应付票据	4 250
其他货币资金	9 350	应付账款	9 775
应收票据	850	其他应付款	425
应收账款	51 000	应付职工薪酬	2 975
预付账款	2 125	应交税费	3 400
其他应收款	1 275	应付利息	13 600
物资采购	8 075	长期借款	138 250
原材料	35 275	应付债券	25 500
周转材料	8 500	长期应付款	4 250
库存商品	6 800	股本	85 000
生产成本	12 325	资本公积	51 000
长期股权投资	44 200	坏账准备	2 550
固定资产	87 550	累计折旧	34 000
在建工程	3 400		
无形资产	5 950		
长期待摊费用	8 500		
利润分配	80 450		
合计	391 975	合计	391 975

注：该公司长期借款中欠甲银行的30 000元，以账面价值为40 000元的厂房为抵押物。

（2）江明公司清算过程中，资产账面价值与其清算净值相符，上述债务已经确认，各项资产变现价值为其账面价值的60%，另发生破产费用50 000元、共益债务10 000元。该公司于2×22年10月6日清算终结。

【要求】

（1）编制相关会计分录，包括相关余额结转、财产变现、清偿各项债务、破产费用与共益债务的发生和结转、清算损益结转等会计分录。

(2) 编制相关破产清算会计报表。

进一步思考

上海超日太阳能科技发展有限公司(以下简称"超日太阳")于2003年6月26日在上海市工商行政管理局奉贤分局登记注册,2007年6月30日变更为股份有限公司。2010年11月18日,超日太阳股票(证券代码002506)在深圳交易所挂牌上市。

超日太阳因连续三年亏损,公司股票自2014年5月28日起暂停上市。因不能清偿到期债务,且资产不足以清偿全部债务,法院于2014年6月26日裁定受理超日太阳重整并指定北京市金杜律师事务所上海分所、毕马威华振会计师事务所(特殊普通合伙)上海分所担任管理人。重整期间,管理人多轮次与主要出资人、债权人、投资人进行真诚的沟通、交流,在充分听取、吸收各方意见和建议的基础上,充分尊重评估机构的专业评估结论和偿债能力分析意见,充分进行法律风险评估和论证、可行性预判和分析,制订出超日太阳重整计划,主要内容包括:

1. 超日太阳法律主体不变。经重整的超日太阳仍是一家在交易所上市的股份有限公司。

2. 调整股权。超日太阳以资本公积之股本溢价转增股本16.8亿股,该等股份由全体出资人无偿让渡并由投资人有条件受让。投资人受让上述转增股份应支付14.6亿元,超日太阳通过处置境内外资产和借款等方式筹集资金5亿元,合计19.6亿元将用于支付重整费用、清偿债务、提存初步确认债权和预计债权以及作为超日太阳后续经营的流动资金。

3. 重组债权。职工债权和税款债权全额受偿;有财产担保债权按照担保物评估价值优先受偿,未能就担保物评估价值受偿的部分作为普通债权受偿;普通债权20万元以下部分(含20万元)全额受偿,超过20万元部分按照20%的比例受偿。按照上述方案受偿后未获清偿的部分,超日太阳不再承担清偿责任。

4. 调整业务。超日太阳将继续原有部分经营业务,并将重新部署和整合生产经营格局,提高经营效率和盈利能力,争取符合申请股票恢复上市的条件。超日太阳拟实施资产重组,由投资人适时向超日太阳注入资产,提高超日太阳持续经营和盈利能力。

请针对上述案例,思考下列问题:
(1)重整后的超日太阳没有改变法律主体,为什么?
(2)出资人无偿让渡股权给投资人,是否表明了出资人的奉献精神?为什么?

(3)不同性质的债权受偿比例不同,是否违背了公平性原则?为什么?

(4)按照重整方案受偿后未获清偿的部分,超日太阳不再承担清偿责任,是否说明超日太阳失去了基本道德?为什么?

(5)重整后,超日太阳将调整业务,实施资产重组,是否说明超日太阳失去了初心和信心?为什么?

第七章

企业合并

本章主要介绍企业合并的含义和分类,非同一控制下企业合并以及同一控制下企业合并的会计处理。本章内容对应的企业会计准则是《企业会计准则第20号——企业合并》。通过本章的学习,要求了解企业合并的含义和范围、同一控制下的企业合并与非同一控制下的企业合并的划分标准、我国关于企业合并的规定、合并会计报表的种类,熟悉购并日合并会计报表的特点;掌握企业合并购买法的特点、购买方和购买日的确定以及购买方合并成本、商誉或损益的确定及其在吸收合并和控股合并方式下的会计处理;理解企业合并权益结合法的特点和合并方合并对价的支付,取得的资产、负债价值的计量及其吸收合并和控股合并方式下的会计处理。

第一节 企业合并的含义及分类

一、企业合并的含义

(一) 企业合并的含义

我国《企业会计准则第20号——企业合并》中将企业合并定义为:"企业合并是指将两个或两个以上单独的企业合并形成一个报告主体的交易或事项。"企业合并的结果通常是一个企业取得了对一个或多个业务的控制权。如果一个企业获得了对另一个或多个业务的控制权,而被购买方(或被合并方)并不构成业务,该交易或事项不形成企业合并。企业取得了不形成业务的一组资产或是净资产时,应将购买成本基于购买日所取得的各项可辨认资产、负债的相对公允价值进行分配,不按照企业合并准则进行处理。

业务是指企业内部某些生产经营活动或资产负债的组合,该组合具有投入、加工处理过程和产出能力,能够独立计算其成本费用或所产生的收入,但一般不构成一个企业、不具有独立的法人资格,如企业的分公司、独立的生产车间、不具有独立法人资格的分部等。

从企业合并的定义看,是否形成企业合并除要看取得的企业是否构成业务之外,关键要看有关交易或事项发生前后,是否引起报告主体的变化。报告主体的变化产生于控制权的变化。在交易事项发生以后,一方能够对另一方的生产经营决策实施控制,形成母子公司关系,涉及控制权的转移,该交易或事项发生以后,子公司需要纳入母公司合并财务报表的范围中,从合并财务报告角度形成报告主体的变化;交易事项发生以后,一方能够控制另一方的全部净资产,被合并的企业在合并后失去其法人资格,也涉及控制权的变化及报告主体的变化,形成企业合并。

我国 2006 年颁发的《企业会计准则第 20 号——企业合并》规定的企业合并,不涉及下列事项:

1. 通过合并形成的两方或两方以上形成合营企业的企业合并。这是因为,合营企业的合营各方对其生产经营活动实施共同控制,并不存在占主导地位的控制方。

2. 仅通过合同而不是所有权份额将两个或两个以上单独的企业合并形成一个报告主体的企业合并。这是因为,一个企业即使能够通过一些非股权因素对另一个企业实施控制,但因无法明确计量企业合并成本或者甚至不发生任何成本,而不能按照企业合并准则的规范进行会计处理。

(二) 企业合并的动因

在市场经济全球化条件下,企业之间的竞争呈现出日趋激烈状态。企业出于提高经济实力、增强国内外竞争能力的需要,不断扩大生产经营规模,进行多元化经营,通常要对原有效益不佳或经济效益良好的经济资源进行重新组合,实现生产要素的合理流动,调整产业结构和产品结构,通过资产重组和产权转让,以较低的投资风险、较少的投资成本,较快地实现规模经济,达到扩张的目的,这就导致了企业间的合并。除此之外,通过企业合并实现经济资源的合理组合,还会收到降低成本、增加利润、合理避税的效果。

企业合并作为市场经济发展的必然产物,不论从宏观经济还是从微观经济角度看,都有其外在和内在的动因。

首先,从宏观经济角度看,通过企业合并,可以收到以下效果:①让经营良好、经济实力强的企业合并经营欠佳、经济实力差的企业,可以盘活亏损企业资产,中止亏损继续发生,保全现有资本,并在新的组合下逐渐实现经济资源的增值;②促使有限的社会经济资源的合理流动,优化生产要素的组合,根据社会经济发展需要调整产业结构和产品结构,实现国民经济的良性循环;③纵向和横向的经济联合,可以扩大生产规模和生产能力,实现行业的规模经营,特别是强强联合会极大提高行业国际竞争能力,以适应经济全球化发展的需要;④企业合并与企业破产相比,还可以避免亏损企业破产对生产力的破坏,以及职工失业带来的社会震荡,实现国泰民安背景下的经济体制改革和国民经济腾飞。

其次,从微观经济角度看,通过企业合并,同样可以收到以下效果:①可以用较低的成本实现战略重组,开展多元化经营,扩大生产规模,提高生产能力,稳定或扩展收入来源,分散经营风险;②购买现有企业生产线,接收现有企业的市场,比开发新产品、拓展新市场的投资风险要小,同时,对企业合并形成的固定资产进行必要的改造、改良就可以投入生产,较早地形成生产能力;③吸收人才,引进技术,提高生产经营管理活动的效率,提高资源的利用效率,提高营销能力,扩大市场份额;④企业合并所取得的无形资产,如专利权、专营权、商标权、土地使用权、出口特许权等,也将给企业的经营带来无形的效益;⑤企业合并还能提高企业的偿债能力,并可能实现合理避税,减轻企业的税收负担。所有这些都将使企业迅速达到规模经济,降低成本,提高盈利率,实现自身利润最大化。

二、企业合并的分类

(一) 按照参与合并企业的控制主体分类

按照参与合并企业的控制主体,可将企业合并分为非同一控制下的企业合并和同一控制下的企业合并。

1. 非同一控制下的企业合并。非同一控制下的企业合并,是指参与合并的各方在合并前后均不受同一方或相同的多方最终控制。非同一控制下的企业合并,购买方在购买日取得被购买方的控制权。非同一控制下企业合并具有以下特点:①这类企业合并通常是在非关联方之间进行的,交易价格以市价为基础,相对公平合理,可以作为核算基础;②购买方所控制的被购买方的净资产实际金额应以公允价值计量。

2. 同一控制下的企业合并。同一控制下的企业合并,是指参与合并的企业在合并前后均受同一方或相同的多方最终控制且该控制并非暂时性的。

判断某项企业合并是否属于同一控制下的企业合并,应注意以下问题:

(1)能够对参与合并各方在合并前后均能实施最终控制的一方通常是指企业集团的母公司。一般来说,同一企业集团内部母公司与子公司之间、各子公司相互之间的合并,从本质上看是集团内部企业之间的资产或权益的转移,属于同一控制下的企业合并。如母公司将其持有的某一个子公司的净资产转移至另一个子公司等。

(2)对参与合并各方在合并前后均能实施最终控制的相同多方,主要是指根据投资者之间的协议约定,为了扩大其中某一投资者对被投资单位的表决权比例,或巩固其中某一投资者对被投资单位的控制权,在对被投资单位的生产经营决策行使表决权时,采用相同意见的两个或两个以上的法人或其他组织。在这种情况下,被投资单位受相同的多方的最终控制。

(3)实施的最终控制并非暂时的,是指参与合并各方在合并前后受最终控制方的控制时间都应在1年以上(含1年)。如果在企业合并后1年内,合并方即将在企业合并中取得的具有重要性的资产、负债出售获得即期损益,合并方对于原进行的企业合并应当改按非同一控制下的企业合并原则进行调整。

(4)判断企业之间的合并是否属于同一控制下的企业合并,应当遵循实质重于形式的原则。通常同一控制下的企业合并发生在同一企业集团内部企业之间,除此之外,一般不作为同一控制下的企业合并。同受国家控制的企业之间的合并,不应仅仅因为参与合并各方在合并前后均受国家控制而将其作为同一控制下的企业合并。

(5)购买子公司的少数股权的全部或部分,不属于企业合并。这是因为,在母公司购买少数股权之前,母公司已经享有对子公司的控制权,该项交易或事项发生前后,不涉及控股权的转移,并未发生财务报告主体的变化。

同一控制下的企业合并,合并方在合并日取得被合并方的控制权。同一控制下的企业合并具有以下特点:①最终实施控制方所能够实施控制的净资产,账面价值基本没有发生变化;②这类企业合并发生于关联方之间,双方议定的交易价格往往不公允,不宜作为核算基础。

(二)按照法律形式分类

1. 吸收合并,是指合并方(或购买方)通过企业合并取得被合并方(或被购买方)的全部净资产,合并后注销被合并方(或被购买方)的法人资格,将被合并方(或被购买方)持有的资产、负债,并入合并方(或被购买方)自身的账簿和报表的企业合并。例如,原作为独立法人企业的甲公司和乙公司合并,甲公司吸收合并了乙公司,乙公司丧失法人资格,成为甲公司的组成部分,从法律上讲,甲公司+乙公司=甲公司。

2. 新设合并,又称创立合并,是指参与合并的各方在合并后法人资格均被注销,重新注册成立一家新企业的企业合并。在这种方式下,参与合并的各家企业都丧失了法人资格,而合并成一家新的具有法人资格的企业。例如,甲公司和乙公司合并,成立了一家 A 公司，参与合并的甲公司和乙公司同时丧失法人资格，成为新设立的 A 公司的组成部分，从法律上讲甲公司+乙公司＝A 公司。新组成的 A 公司要接收甲、乙两公司的资产和负债，并向原甲、乙两公司所有者签发出资证明。如果甲、乙两公司的所有者不再作为 A 公司的所有者，A 公司所有者应向甲、乙两公司原所有者支付产权转让价款。

3. 控股合并，是指合并方(或购买方)在企业合并中取得对被合并方(或被购买方)的控制权，被合并方(或被购买方)在合并后仍保持独立的法人资格并继续经营，合并方(或购买方)确认企业合并形成的对被合并方(或被购买方)的投资的企业合并。在这种方式下，虽然被合并方(或被购买方)在合并后仍保持独立的法人资格，但是其财务及生产经营政策受到合并方(或购买方)的控制。例如，甲公司购入乙公司有表决权股份的 60%，控制了乙公司的生产经营权以及财务与经营决策权，甲公司成为控股公司，即母公司，乙公司成为甲公司的附属公司，即子公司。这种情况下，乙公司应该纳入甲公司合并财务报表的编制范围，甲公司要编制合并财务报表。

从理论上讲，只有持股份额占被合并方(或被购买方)有表决权股份的 50% 以上，才达到控制的目的。因此，即使一个企业持有另一个企业不到 100% 的股权，只要在 50% 以上，也就完成了企业合并。但证券市场发达的国家，由于企业的股份分散在众多股东手中，一家企业只要拥有另一家企业 30% 甚至 25% 左右的有表决权的股份，就足以达到控制目的。因此，控股比例并不是绝对的，合并的概念应以合并方(或购买方)对被合并方(被购买方)的生产经营管理是否具有控制能力为准。

(三)按照企业合并所涉及的行业分类

1. 横向合并，是指同行业中生产工艺、产品、劳务相同或接近的两个以上企业的合并。例如，一个汽车制造公司收购了另外一家或几家汽车制造公司，一个客运汽车公司收购了另外一家或几家客运汽车公司等，均属于这种合并。横向合并可以达到以下目的：充分有效地利用现有生产设备和生产技术，提高产品质量，改进品种结构，提高市场占有率和竞争能力；通过同行业的强强联合、强弱联合实现优势互补，提高经营管理水平和生产能力，以走出低谷，渡过经济难关；将若干小规模企业联合，形成一个更大的企业，可实现规模经济，从规模经济中获益。但是横向合并将会减少行业间的企业数量，在削弱竞争的同时也会造成企业垄断。所以，横向合并在一些国家通常会受到政府的管制。

2. 纵向合并，是指处于生产经营不同阶段，但具有前后联系的两个以上企业的合并。例如，汽车制造公司合并零配件企业、橡胶轮胎企业，钢铁冶炼企业合并煤炭、矿石开采企业以及运输企业等，均属于这种合并。企业进行不同生产经营阶段纵向一体化合并的原因有很多，诸如节约再加工成本、运输成本，减少磋商价格、签订合同、收取货款、发布广告等成本,促进企业集团内部成员企业供、产、销的良性循环等。当然,纵向合并也可能会使一体化企业在经营的某个阶段拥有垄断力量,从而对那些独立的企业提高投入要素的价格,并对最终产品市场实行掠夺性定价以压榨独立的企业。这种反竞争的效应,在一些国家也得到了重视。

3. 混合合并,是指从事不相关类型经营的、没有内在联系的两个以上企业的合并。例如,钢铁冶炼企业合并了建筑公司、房地产公司、电脑公司等。混合合并一般会形成跨行业的企业集团。这种合并可以达到的主要目的有:①实现多元化经营以分散经营风险,提高企业的生存能力和发展空间;②利用不同行业的环境条件,拓展市场;③吸收不同行业先进的管理经验,通过协同效应,实现经济效益;④有利于现金流量的内部合理调度,使现金流向从成长性和营利性角度看都更有吸引力的领域,以实现资源转移,改善资源的配置。

(四)按照企业合并的性质分类

按照企业合并的性质又可分为购买合并和权益结合合并。

1. 购买合并。在各种企业合并中,只要一个参与合并的企业占支配地位,能辨认出哪一个企业是购买方,就可称之为购买合并。《国际财务报告准则第3号——企业合并》指出,所有企业合并都应认定一个购买方。购买方是获得对其他参与合并主体或业务的控制权的参与合并主体。

购买方可按下述方法确定:

(1) 一个参与合并主体获得对另一个参与合并主体一半以上的表决权,因而获得了另一个参与合并主体的控制权。

(2) 一个参与合并主体未取得其他参与合并主体半数以上的表决权,但企业合并的结果使得一个参与合并主体:①通过与其他投资者之间的协议,获得对另一个主体一半以上表决权的权力;②通过法律或协议,获得统驭另一个主体的财务和经营政策的权力;③获得任命或解除另一主体董事会或类似治理机构大多数成员的权力;④获得在另一个主体董事会或类似治理机构会议中投多数票的权力。

(3) 虽然难以认定购买方,但常常有迹象表明购买方的存在:①若一个参与合并主体的公允价值大大超过另一个参与合并主体的公允价值,公允价值较大的主体可能是购买方;②若企业合并通过以现金或其他资产换取有表决权的普通股权益工具来实现,放弃现金或其他资产的主体可能是购买方;③若企业合并使得一个参与合并主体的管理层能够控制合并后主体管理团队的选配,管理层处于控制地位的主体是购买方。

2. 权益结合合并,又称股权联合合并。在企业合并中,无法辨认出哪一个参与合并主体是购买方,就可称之为权益结合合并。原《国际会计准则第22号——企业合并》对权益结合作了如下定义:权益结合指参与合并的企业的股东联合控制他们的全部或实质上是全部的净资产和经营活动,以便继续对合并后实体分享利润和分担风险的企业合并。在这种情况下,参与合并企业的股东签订一项本质上平等的协议,共同控制合并后企业的全部或实际上全部的净资产和经营权,参与合并企业的股东共同分担和分享合并后企业的风险和报酬。为了达到这一目的,应具备如下条件:

(1)参与合并的企业有表决权的普通股,应全部参与交换或合并,如果不是全部,至少也应是绝大多数参与交换或合并。

(2)一个企业财产的公允价值不能与另一个企业财产的公允价值相差很远。

(3)合并之后,各企业的股东在合并后的主体中应大体保持与合并前同样的表决权和股权。《国际财务报告准则第3号——企业合并》没有规范权益结合合并。

购买合并和权益结合合并具有本质的不同,相应地应采用购买法和权益结合法两种不同的会计方法。目前我国颁发的《企业会计准则第20号——企业合并》,考虑到我国国有企业之间的合并现象较多,非同一控制下的企业合并采用购买法进行会计处理,同一控制下的企业合并采用权益结合法进行会计处理。

第二节 同一控制下企业合并

一、同一控制下企业合并特点

(一)同一控制下企业合并的会计处理方法

我国《企业会计准则第20号——企业合并》规定,不论合并对价是货币性资产、非货币性资产,还是承担债务或发行权益工具,凡属于同一控制下的企业合并,均采用权益结合法进行会计处理。权益结合法又称联营法或股权联合法,它假设企业合并是两个或两个以上参与合并企业的经济资源的联合、现有股东权益的联合,而不是一家企业购买另一家或几家企业的产权交易行为。有些企业合并,合并方不需要向被合并方支付现金,而是通过增发股票以换取被合并方原有股东的普通股,并将换回的原有股票注销。在这种情况下,被合并方原有所有者又成为合并后企业的所有者。这种合并的实质是合并前各企业股东权益在新的合并后企业的联合和继续。由于合并的完成不需要任何一个参与合并的企业流出资产,且所有者权益继续存在,因此不存在购买价格,参与合并企业的资产、负债和净资产仍按原账面价值计价,不会形成商誉。与购买法相比较,权益结合法主要表现出以下特点:

1. 不论吸收合并、新设合并方式,还是控股合并方式,合并方在企业合并中取得的资产和负债应当按照合并日在被合并方的原账面价值计量。合并方取得的净资产账面价值与支付的合并对价账面价值(或发行股份面值总额)的差额,应调整资本公积;资本公积不足冲减的,调整留存收益。

2. 合并方为进行企业合并发生的各项直接相关费用和间接费用(包括为进行企业合并而支付的审计费用、评估费用、法律服务费用、咨询费用等),应分别以下情况分别进行会计处理。

(1)企业合并中发生的与企业合并直接相关的费用应当计入当期损益。

(2)为合并发行的债券或承担其他债务支付的手续费、佣金等费用,应计入所发行债券及其他债务的初始计量金额。

(3)企业合并中发行权益性证券发生的手续费、佣金等费用,应当抵减权益性证券溢价收入,溢价收入不足冲减的,冲减留存收益。

3. 合并当年被合并方自合并当期期初至合并日实现的损益,也包括在合并方当期实现的损益中。

4. 合并日之前被合并方的留存收益计入合并方的合并日的留存收益。

5. 在控股合并方式下,合并日需要编制合并资产负债表、合并利润表和合并现金流量表。

(二)同一控制下企业合并的会计处理原则

同一控制下的企业合并,在合并中不涉及自少数股东手中购买股权的情况下,合并方应遵循以下原则进行相关的处理。

1. 合并日的确定。企业应当在购买日确认因企业合并取得的资产和负债,因此,确定购买日是进行会计处理的重要前提。从理论上讲,合并日是指合并方实际取得对被合并方控制权的日期,也可以说是被购买方的净资产或经营决策的控制权实质上转移给购买方的日期。购买日是购买法开始应用的日期。自购买日起,被购买方的净资产和经营决策控制权上的主要风险和报酬已转移给购买企业。在实务中,被购买方净资产或经营决策控制权上的主要风险和报酬的转移,应当在满足参与合并各方权益的所有条件时予以认定。《企业会计准则第20号——企业合并》规定,同时满足以下条件的,通常可认为实现了控制权的转移:

(1)企业合并合同或协议已获股东大会等通过。

(2)企业合并事项需要经过国家有关主管部门审批的,已获得批准。

(3)参与合并各方已办理必要的财产转移手续。

(4)合并方或购买方已支付了合并价款的大部分(一般超过50%),并且有能力、有计划支付剩余款项。

(5)合并方或购买方实际上已经控制了被合并方或被购买方的财务和经营决策,并拥有相应的利益、承担相应的风险。

分次实现的企业合并,其购买日应为按照有关标准判断购买方最终取得对被购买方控制权的日期。

2. 资产、负债的全面清查和账面价值调整。如前所述,在权益结合法下,参与合并的企业的资产、负债和所有者权益均按账面价值计价。但是,在以下两种情况下需要对合并各方的账面价值作必要调整:

(1)对合并各方资产、负债进行全面清查,对盘盈、盘亏、毁损、报废的资产,通过"待处理财产损溢"账户进行调整,做到账实相符;对待摊费用、预提费用项目进行分析,对以后经营活动无作用的应予以注销;对不能收回的应收账款进行转销;对不能偿还的债务,计入营业外收入。通过清查后账目的调整,保证合并日参与合并各方资产、负债和所有者权益的真实、准确。

(2)统一合并各方的会计政策。同一控制下的企业合并中,被合并方采用的会计政策与合并方不一致的,为了保证合并后企业各会计期间会计信息的纵向和横向可比性,合并方在合并日应当按照本企业会计政策对被合并方的财务报表相关项目进行调整,按调整后的账面价值进行计量,重编合并日前期的财务报表,对被合并方在合并日的资产、负债和所有者权益等项目重新加以确认。

3. 合并方在合并中确认取得的被合并方的资产、负债仅限于被合并方账面上原已确认的资产和负债,合并中不产生新的资产和负债。同一控制下的企业合并,从最终控制方的角度来看,其在企业合并发生前后能够控制的净资产价值量并没有发生变化,因此合并中不产生新的资产,但被合并方在企业合并前账面上原已确认的商誉应作为合并中取得的资产确认。

4. 合并方在合并中取得的被合并方各项资产、负债应维持其在被合并方的原账面价值不变。合并方在同一控制下企业合并中取得的有关资产和负债不应因该项合并而改记其账面价值,从最终控制方的角度,该项交易或事项仅是其原本已经控制的资产、负债空间位置的转移,原则上不应影响所涉及资产、负债的计价基础变化。

5. 合并方在合并中取得的净资产的入账价值相对于为进行企业合并支付的对价账面价值之间的差额,不作为资产的处置损益,不影响合并当期利润表,有关差额应调整所有者权益相关项目。合并方在企业合并中取得的价值量相对于所放弃价值量之间存在差额的,应当调整所有者权益。在根据合并差额调整合并方的所有者权益时,应首先调整资本公积(资本溢价或股本溢价),资本公积(资本溢价或股本溢价)的余额不足冲减的,应冲减留存收益。

6. 对于同一控制下的控股合并,合并方在编制合并财务报表时,应视同合并后形成的报告主体自最终控制方开始实施控制时一直是一体化存续下来的,参与合并各方在合并以前期间实现的留存收益应体现为合并财务报表中的留存收益。合并财务报表中,应以合并方的资本公积(或经调整后的资本公积中的资本溢价部分)为限,在所有者权益内部进行调整,将被合并方在合并日以前实现的留存收益中按照持股比例计算归属于合并方的部分自资本公积转入留存收益。

二、同一控制的吸收合并

在同一控制下,不论吸收合并、新设合并还是控股合并,被合并方都无需按评估确认的公允价值调整各项资产、负债和净资产账面价值;被合并方财产清查的会计处理与购买法相同;在吸收合并情况下,被合并方结束旧账的会计处理也与购买法相同。因此,这里仅述合并方的会计处理。

(一)合并方吸收合并的会计处理

同一控制下的吸收合并,合并方在合并日主要涉及以下三方面的会计处理:①将取得的被合并方的资产、负债的原账面价值并入合并方的相应资产、负债项目;②确认取得净资产的账面价值与所付出对价的差额,调整所有者权益;③编制合并日财务报告。

【例7-1】假设甲公司和乙公司属于同一控制下的企业,2×21年12月31日,甲公司向乙公司的股东定向增发600万股普通股(每股面值为1元,市价为1.5元)对乙公司进行吸收合并,并于当日取得乙公司净资产。假定甲公司和乙公司在企业合并前资产、负债和所有者权益有关账户余额和净资产如表7-1所示,其中乙公司固定资产原值8 100 000元、累计折旧2 100 000元。

表7-1 甲、乙公司资产负债表

2×21年12月31日 单位:万元

项目	甲公司	乙公司	
		账面价值	公允价值
货币资金(银行存款)	850	40	40
应收账款	30	120	100
存货	70	300	290
固定资产	750	600	670
无形资产	150	30	30
资产总计	1 850	1 090	1 130

续表

项目	甲公司	乙公司	
		账面价值	公允价值
短期借款	400	220	220
应付账款	180	26	26
长期借款	220	100	100
长期应付款	80	60	60
负债合计	880	406	406
实收资本（股本）	530	500	500
资本公积	64	80	120
盈余公积	200	60	60
未分配利润	176	44	44
所有者权益合计	970	684	724
负债及所有者权益总计	1 850	1 090	1 130

股本 = 1×6 000 000 = 6 000 000（元）
股本溢价 = 6 840 000 - 6 000 000 = 840 000（元）

甲公司应编制如下合并会计分录：

借：银行存款　　　　　　　　　　　　　　　　400 000
　　应收账款　　　　　　　　　　　　　　　1 200 000
　　原材料　　　　　　　　　　　　　　　　1 000 000
　　生产成本　　　　　　　　　　　　　　　　500 000
　　库存商品　　　　　　　　　　　　　　　1 500 000
　　固定资产　　　　　　　　　　　　　　　8 100 000
　　无形资产　　　　　　　　　　　　　　　　300 000
　贷：短期借款　　　　　　　　　　　　　　2 200 000
　　　应付账款　　　　　　　　　　　　　　　260 000
　　　长期借款　　　　　　　　　　　　　　1 000 000
　　　长期应付款　　　　　　　　　　　　　　600 000
　　　累计折旧　　　　　　　　　　　　　　2 100 000
　　　股本　　　　　　　　　　　　　　　　6 000 000

资本公积　　　　　　　　　　　　　　　　　　　　　840 000

如果上述例题中甲公司定向发行750万股进行吸收合并,其他资料不变。

$$股本 = 1 \times 7\,500\,000 = 7\,500\,000(元)$$

$$股本溢价 = 6\,840\,000 - 7\,500\,000 = -660\,000(元)$$

甲公司应编制如下合并会计分录:

借:银行存款　　　　　　　　　　　　　　　　　　　400 000
　　应收账款　　　　　　　　　　　　　　　　　　 1 200 000
　　原材料　　　　　　　　　　　　　　　　　　　 1 000 000
　　生产成本　　　　　　　　　　　　　　　　　　　500 000
　　库存商品　　　　　　　　　　　　　　　　　　 1 500 000
　　固定资产　　　　　　　　　　　　　　　　　　 8 100 000
　　无形资产　　　　　　　　　　　　　　　　　　　300 000
　　资本公积　　　　　　　　　　　　　　　　　　　640 000
　　盈余公积　　　　　　　　　　　　　　　　　　　 20 000
贷:短期借款　　　　　　　　　　　　　　　　　　 2 200 000
　　应付账款　　　　　　　　　　　　　　　　　　　260 000
　　长期借款　　　　　　　　　　　　　　　　　　 1 000 000
　　长期应付款　　　　　　　　　　　　　　　　　　600 000
　　累计折旧　　　　　　　　　　　　　　　　　　 2 100 000
　　股本　　　　　　　　　　　　　　　　　　　　 7 500 000

(二)吸收合并的合并日财务报告的编制

因被合并方在企业合并后丧失法人资格,在合并日,合并方应根据上述合并会计分录将被合并方所有的资产、负债均并入合并方的账簿,并结出合并后各账簿新的余额,据以编制合并日资产负债表。

在合并日,合并方还应根据参与合并各方自合并当期期初至合并日实现的收入、费用和损益情况,汇总编制自合并当期期初至合并日的利润表;根据参与合并各方自合并当期期初至合并日现金流入、流出情况,汇总编制自合并当期期初至合并日的现金流量表。

三、同一控制的控股合并

同一控制下的控股合并,被合并方仍然保留法人资格,合并方作为母公司,被合并方作为子公司,组成企业集团。合并方在合并日主要涉及两个方面的会计处理:一是对于该项企业合并形成的对被合并方的长期股权投资初始成本的确定和计量;二是合并日合并财务报表的编制。

（一）对企业合并形成的对被合并方的长期股权投资的确认和计量

按照《企业会计准则第2号——长期股权投资》的规定，同一控制下企业合并形成的长期股权投资，合并方应以合并日应享有被合并方账面所有者权益的份额作为长期股权投资的初始投资成本，借记"长期股权投资"科目，按享有被投资单位已宣告但尚未发放的现金股利或利润，借记"应收股利"科目，按支付的合并对价的账面价值，贷记有关资产或有关负债科目，以支付现金、非现金资产方式进行的，该初始投资成本与支付的现金、非现金资产的差额，相应调整资本公积（资本溢价或股本溢价），资本公积（资本溢价或股本溢价）的余额不足冲减的，相应调整盈余公积和未分配利润；以发行权益性证券方式进行的，长期股权投资的初始投资成本与所发行股份的面值总额之间的差额，应调整资本公积（资本溢价或股本溢价），资本公积（资本溢价或股本溢价）的余额不足冲减的，相应调整盈余公积和未分配利润。

（二）编制合并日合并财务报表

同一控制下的企业合并形成母子公司关系的，合并方一般应在合并日编制合并财务报表，反映在合并日形成的报告主体的财务状况、视同该主体一直存在产生的经营成果等。考虑有关因素的影响，编制合并日的合并财务报表存在困难的，下列有关原则同样适用于合并当期期末合并财务报表的编制。

编制合并日的合并财务报表时，一般包括合并资产负债表、合并利润表及合并现金流量表。

1. 合并资产负债表。被合并方的有关资产、负债应以其账面价值（合并方与被合并方采用的会计政策不同的，按照合并方的会计政策，对被合并方有关资产、负债经调整后的账面价值）并入合并财务报表。合并方与被合并方在合并日及以前期间发生的交易，应作为内部交易进行抵销。

同一控制下企业合并的基本处理原则是视同合并后形成的报告主体在合并日及以前期间一直存在的，在合并资产负债表中，对于被合并方在企业合并前实现的留存收益（盈余公积和未分配利润之和）中归属于合并方的部分，应按以下规定，自合并方的资本公积转入留存收益。

(1)确认企业合并形成的长期股权投资后，合并方账面资本公积（资本溢价或股本溢价）贷方余额大于被合并方在合并前实现的留存收益中归属于合并方的部分，在合并资产负债表中，应将被合并方在合并前实现的留存收益中归属于合并方的部分自"资本公积"转入"盈余公积"和"未分配利润"。在合并工作底稿中，借记"资本公积"项目，贷记"盈余公积"和"未分配利润"项目。

(2)确认企业合并形成的长期股权投资后，合并方账面资本公积（资本溢价或股本溢价)贷方余额小于被合并方在合并前实现的留存收益中归属于合并方的部分的,在合并资产负债表中,应以合并方资本公积(资本溢价或股本溢价)的贷方余额为限,将被合并方在企业合并前实现的留存收益中归属于合并方的部分自"资本公积"转入"盈余公积"和"未分配利润"。在合并工作底稿中,借记"资本公积"项目,贷记"盈余公积"和"未分配利润"项目。

因合并方的资本公积(资本溢价或股本溢价)余额不足,被合并方在合并前实现的留存收益在合并资产负债表中未予全额恢复的,合并方应当在会计报表附注中对这一情况进行说明。

【例7-2】假设甲公司和乙公司属于同一控制下的企业,仍以甲公司吸收合并乙公司为例,2×21年12月31日,甲公司向乙公司的股东定向增发600万股普通股(每股面值为1元,市价为1.5元)对乙公司进行控股合并,并获得乙公司100%股权。合并前合并各方净资产的相关资料如表7-2所示。

表7-2　　　　　　　　甲、乙公司合并前净资产　　　　　　　　单位:万元

净资产	甲公司	乙公司
实收资本(股本)	530	500
资本公积	64	80
盈余公积	200	60
未分配利润	176	44
所有者权益合计	970	684

甲公司会计分录为:
借:长期股权投资　　　　　　　　　　　　　　　　　　　　　6 840 000
　贷:股本　　　　　　　　　　　　　　　　　　　　　　　　6 000 000
　　　资本公积　　　　　　　　　　　　　　　　　　　　　　　840 000

甲企业合并中形成的长期股权投资后资本公积贷方余额为1 480 000元(640 000+840 000)大于被合并方合并前的留存收益1 040 000元,在合并日合并工作底稿中,应编制如下调整分录和抵销分录:

借:资本公积　　　　　　　　　　　　　　　　　　　　　　　1 040 000
　贷:盈余公积　　　　　　　　　　　　　　　　　　　　　　　600 000
　　　未分配利润　　　　　　　　　　　　　　　　　　　　　　440 000
借:实收资本　　　　　　　　　　　　　　　　　　　　　　　5 000 000

资本公积	800 000
盈余公积	600 000
未分配利润	440 000
贷:长期股权投资	6 840 000

【例7-3】沿用例7-2资料,若甲公司采用控股方式合并乙公司,甲公司发行了7 000 000股每股1元的普通股股票,换取乙公司全部普通股股票。甲公司会计分录为:

借:长期股权投资	6 840 000
资本公积	160 000
贷:股本	7 000 000

由于甲公司合并后确认长期股权投资后的资本公积贷方余额(股本溢价)为480 000元(640 000-160 000),小于被合并方合并前实现的留存收益中属于合并方的份额1 040 000元,在合并日合并工作底稿中应编制如下调整分录和抵销分录:

借:资本公积	480 000
贷:盈余公积　　　　(480 000×600 000/1 040 000)	276 923
未分配利润　　　(480 000×440 000/1 040 000)	203 077

【例7-4】沿用例7-2资料,若甲公司采用控股方式合并乙公司,甲公司发行7 500 000股每股1元的普通股股票,换取乙公司全部普通股股票。甲公司编制如下会计分录:

借:长期股权投资	6 840 000
资本公积	640 000
盈余公积	20 000
贷:股本	7 500 000

由于控股合并交易,合并对价与取得被合并方净资产的差额为660 000元,不仅冲减合并方的资本公积(股本溢价)640 000元,还应冲减合并方的留存收益20 000元,导致合并后确认的长期股权投资后的资本公积(股本溢价)的贷方余额为零,所以无须编制调整分录,只需编制的如下抵销分录:

借:实收资本	5 000 000
资本公积	800 000
盈余公积	600 000
未分配利润	440 000
贷:长期股权投资	6 840 000

2. 合并利润表。合并方在编制合并日的合并利润表时,应包含合并方及被合并方

自合并当期期初至合并日实现的净利润,双方在当期所发生的交易,应当按照合并财务报表的有关原则进行抵销。例如,同一控制下的企业合并发生于2×21年12月31日,合并方当日编制合并利润表时,应包括合并方及被合并方自2×21年1月1日至2×21年12月31日实现的净利润。

为了帮助企业的会计信息使用者了解合并利润表中净利润的构成,发生同一控制下企业合并的当期,合并方在合并利润表中的"净利润"项下应单列"其中:被合并方在合并前实现的净利润"项目,反映因同一控制下企业合并规定的编表原则,导致该项企业合并自被合并方在合并当期带入的损益情况。

合并日合并现金流量表的编制与合并利润表的编制原则相同。

第三节 非同一控制下企业合并

一、非同一控制下企业合并的基本要求

(一)企业合并的会计处理方法

我国《企业会计准则第20号——企业合并》规定,非同一控制下的企业合并采用购买法进行会计处理。购买法又称购受法,是假设企业合并是一个企业取得其他参与合并企业的净资产的一种交易。在多数情况下,企业合并通常是一家参与合并企业作为购买方,其他参与合并的企业作为被购买方,购买方以货币性资产或其他代价购进被购买方的净资产。这种产权交易的实质与购买方从企业外部购入原材料、机器设备相类似。

购买法的特点主要表现在以下几个方面:

第一,购买方在购买日需要确定合并中取得的被购买方各项可辨认资产、负债和净资产的公允价值。在吸收合并和新设合并方式下,购买方在购买日应当按照合并中取得的被购买方各项可辨认资产、负债的公允价值确定入账价值;在控股合并方式下,母公司应当设置备查账簿,记录合并中取得的子公司各项可辨认资产、负债及或有负债在购买日公允价值,在编制合并财务报表时,应以购买日确定的子公司各项可辨认资产、负债的公允价值为基础对子公司的财务报表进行调整。

第二,购买方在购买日需要确定和分配合并成本。合并成本是指购买方在购买日为取得被购买方的控制权而付出的资产、发生或承担的负债以及发行的权益性证券的公允价值。购买方在购买日应对合并成本进行分配,将取得的被购买方各项可辨认资

产、负债及或有负债的账面价值调整为公允价值。合并成本大于合并中取得的被购买方可辨认净资产公允价值份额的差额,应当确认为商誉;合并成本小于合并中取得的被合并方可辨认净资产公允价值份额的差额,经复核后确认为当期损益。

第三,购买方为进行企业合并发生的各项直接相关费用(包括为进行企业合并而支付的审计费用、评估费用、法律服务费用、咨询费用等),按照与同一控制下企业合并相同的处理原则进行处理。

第四,被购买方在购买日之前实现的损益不计入购买方购买日的损益中。

第五,购买日之前被购买方的留存收益也不计入购买方购买日的留存收益中。

第六,在控股合并方式下,购买日只需要编制合并资产负债表。

(二)非同一控制下企业合并的会计处理原则

采用购买法进行会计处理,应遵循以下会计处理原则。

1. 确定购买方。如前所述,购买方是指在企业合并中取得另一方或多方控制权的一方。合并中一方取得了另一方半数以上有表决权股份的,除非有明确的证据表明该股份不能形成控制,一般认为取得控股权的一方为购买方。某些情况下,即使一方没有取得另一方半数以上有表决权股份,但存在以下情况时,一般也可认为其获得了对另一方的控制权,如:

(1)通过与其他投资者签订协议,实质上拥有被购买企业半数以上表决权。例如,A公司拥有B公司40%的表决权资本,C公司拥有B公司30%的表决权资本。A公司与C公司达成协议,C公司在B公司的权益由A公司代表。在这种情况下,A公司实质上拥有B公司70%表决权资本的控制权,在B公司的章程等没有特别规定的情况下,表明A公司实质上控制B公司。

(2)按照协议规定,具有主导被购买企业财务和经营决策的权力。例如,A公司拥有B公司45%的表决权资本,同时,根据协议,B公司的董事长和总经理由A公司派出,总经理有权负责B公司的经营管理。A公司可以通过其派出的董事长和总经理对B公司进行经营管理,达到对B公司的财务和经营政策实施控制。

(3)有权任免被购买企业董事会或类似权力机构绝大多数成员。这种情况是指虽然投资企业拥有被投资单位50%或以下表决权资本,但根据章程、协议等有权任免被投资单位董事会或类似机构的绝大多数成员,以达到实质上控制的目的。

(4)在被购买企业董事会或类似权力机构具有绝大多数投票权。这种情况是指虽然投资企业拥有被投资单位50%或以下表决权资本,但能够控制被投资单位董事会等类似权力机构的会议,从而能够控制其财务和经营政策,达到对被投资单位的控制。

2. 确定购买日。合并日是指合并方实际取得对被合并方控制权的日期,即生产经营决策的控制权转移给合并方的日期。合并日确定的条件与前述购买日相同。

3. 合并成本的计量。企业合并成本包括购买方为进行企业合并支付的现金或非现金资产、发行或承担的债务、发行的权益性证券等在购买日的公允价值。购买方应当将合并协议约定的或有对价作为企业合并转移对价的一部分,按照其在购买日的公允价值计入合并成本。根据《企业会计准则第22号——金融工具确认和计量》以及其他相关会计准则的规定,或有对价符合金融负债或权益工具定义的,购买方应将拟支付的或有对价确认为一项负债或权益;符合资产定义并满足资产确认条件的,购买方应将符合合并协议约定条件的、对已支付的合并对价中可收回的部分的权利确认为一项资产。

通过多次交换交易,分步取得股权最终形成企业合并的,在购买方的个别财务报表中,应当以购买日之前所持被购买方的股权投资的账面价值与购买日新增投资成本之和,作为该项投资的初始投资成本;在合并报表中,以购买日之前所持被购买方股权于购买日的公允价值与购买日支付对价的公允价值之和,作为合并成本。

4. 企业合并发生的直接费用和间接费用的处理。购买方为企业合并发生的各项直接和间接费用(包括为进行企业合并而支付的审计费用、评估费用、法律服务费用、咨询费用等),应分别以下情况进行会计处理:

(1)企业合并中发生的与企业合并直接相关的费用应当计入当期损益。

(2)为合并发行的债券或承担其他债务支付的手续费、佣金等费用,应计入所发行债券及其他债务的初始计量金额。

(3)企业合并中发行权益性证券发生的手续费、佣金等费用,应当抵减权益性证券溢价收入,溢价收入不足冲减的,冲减留存收益。

5. 企业合并成本在取得的可辨认资产和负债之间的分配。非同一控制下的企业合并中,通过企业合并交易,购买方无论是取得对被购买方生产经营决策的控制权还是取得被购买方的全部净资产,从本质上看,取得的均是对被购买方净资产的控制权。视合并方式的不同:吸收合并的情况下,合并中取得的被购买方各项可辨认资产、负债等直接体现为购买方账簿及个别财务报表中的资产、负债项目;控股合并的情况下,购买方在其个别财务报表中应确认所形成的对被购买方的长期股权投资,该长期股权投资所代表的是购买方在合并中取得的对被购买方各项资产、负债中享有的份额,具体体现在合并财务报表中应列示的有关资产、负债的价值。

(1)购买方在企业合并中取得的被购买方各项可辨认资产和负债,要作为本企业的资产、负债(或合并财务报表中的资产、负债)进行确认,在购买日,应当满足资产、负债的确认条件。有关的确认条件包括:

合并中取得的被购买方的各项资产(无形资产除外),其所带来的未来经济利益预期能够流入企业且公允价值能够可靠计量的,应单独作为资产确认。

合并中取得的被购买方的各项负债(或有负债除外),履行有关的义务预期会导致经济利益流出企业且公允价值能够可靠计量的,应单独作为负债确认。

(2)企业合并中取得的无形资产在其公允价值能够可靠计量的情况下应单独予以确认。企业合并中取得的需要区别于商誉单独确认的无形资产一般是按照合同或法律产生的权利,某些并非产生于合同或法律规定的无形资产,需要区别于商誉单独确认的条件是能够对其进行区分,即能够区别于被购买企业的其他资产并且能够单独出售、转让、出租等。

公允价值能够可靠计量的情况下,应区别于商誉单独确认的无形资产一般包括:商标、版权及与其相关的许可协议、特许权、分销权等类似权利,专利技术,专有技术,商业秘密等。

(3)对于购买方在企业合并时可能需要代被购买方承担的或有负债,在其公允价值能够可靠计量的情况下,应作为合并中取得的负债单独确认。

企业合并中对于或有负债的确认条件,与企业在正常经营过程中因或有事项需要确认负债的条件不同,在购买日,可能相关的或有事项导致经济利益流出企业的可能性还比较小,但其公允价值能够合理确定的情况下,即需要作为合并中取得的负债确认。

(4)企业合并中取得的资产、负债在满足确认条件后,应以其公允价值计量。

对于被购买方在企业合并之前已经确认的商誉和递延所得税项目,购买方在对企业合并成本进行分配、确认合并中取得可辨认资产和负债时不应予以考虑。

在按照规定确定了合并中应予确认的各项可辨认资产、负债的公允价值后,其计税基础与账面价值不同形成暂时性差异的,应当按照所得税会计准则的规定确认相应的递延所得税资产或递延所得税负债。

6. 企业合并成本与合并中取得的被购买方可辨认净资产公允价值份额差额的处理。购买方对于企业合并成本与确认的可辨认净资产公允价值份额的差额,应视情况分别处理:

(1)企业合并成本大于合并中取得的被购买方可辨认净资产公允价值份额的差额应确认为商誉。视企业合并方式的不同,吸收合并的情况下,该差额是购买方在其账簿及个别财务报表中应确认的商誉;控股合并的情况下,该差额是指在合并财务报表中应予列示的商誉,即长期股权投资的成本与购买日按照持股比例计算确定应享有被购买方可辨认净资产公允价值份额之间的差额。

商誉代表的是合并中取得的由于不符合确认条件未予确认的净资产以及被购买方有关资产产生的协同效应或超额收益能力。

商誉在确认以后,持有期间不要求摊销,企业应当按照《企业会计准则第8号——资产减值》的规定对其价值进行测试,按照账面价值与可收回金额孰低的原则计量,对于可收回金额低于账面价值的部分,计提减值准备,有关减值准备在提取以后,不能够转回。

（2）企业合并成本小于合并中取得的被购买方可辨认净资产公允价值份额的部分，应计入合并当期损益。

该种情况下，购买方首先要对合并中取得的资产、负债的公允价值、作为合并对价的非现金资产或发行的权益性证券等的公允价值进行复核，如果复核结果表明所确定的各项资产和负债的公允价值确定是恰当的，应将企业合并成本低于取得的被购买方可辨认净资产公允价值份额之间的差额，计入合并当期的营业外收入，并在会计报表附注中予以说明。

与商誉的确认相同，在吸收合并的情况下，上述企业合并成本小于合并中取得的被购买方可辨认净资产公允价值份额的差额，应计入购买方的合并当期的个别利润表；在控股合并的情况下，上述差额应体现在合并当期的合并利润表中，不影响购买方的个别利润表。

7. 企业合并成本或有关可辨认资产、负债公允价值暂时确定的情况。对于非同一控制下的企业合并，如果在购买日或合并当期期末，因各种因素影响无法合理确定企业合并成本或合并中取得有关可辨认资产、负债公允价值的，在合并当期期末，购买方应以暂时确定的价值为基础进行核算。其后取得进一步信息表明有关资产、负债公允价值的，应分别以下情况进行处理：

（1）购买日后12个月内对有关价值量的调整。在合并当期期末以暂时确定的价值对企业合并进行处理的情况下，自购买日起12个月内取得进一步的信息表明需对原暂时确定的企业合并成本或所取得的资产、负债的暂时性价值进行调整的，应视同在购买日发生，即应进行追溯调整，同时对以暂时性价值为基础提供的比较报表信息，也应进行相关的调整。

例如，甲企业于2×21年8月1日对乙公司进行吸收合并，合并中取得的一项固定资产不存在活跃市场，为确定其公允价值，甲企业聘请了有关的资产评估机构对其进行评估。至甲企业2×21年财务报告对外报出时，尚未取得评估报告。甲企业在其2×21年财务报告中对该项固定资产暂估的价值为150万元，预计使用年限为10年，净残值为0，按照年限平均法计提折旧。该项企业合并中甲企业确认商誉300万元。假定甲企业不编制中期财务报告。

2×22年4月，甲企业取得了资产评估报告，确认该项固定资产的价值为180万元，则甲企业应视同在购买日确定的该项固定资产的公允价值为180万元，相应调整2×21年财务报告中确认的商誉价值（调减30万元）及利润表中的折旧费用（调增3万元）。

（2）超过规定期限后的价值量调整。自购买日起12个月以后对企业合并成本或合并中取得的可辨认资产、负债价值的调整，应当按照《企业会计准则第28号——会计政策、会计估计变更和会计差错更正》的原则进行处理，即应视为会计差错更正，在调整相关资产、负债账面价值的同时，应调整所确认的商誉或是计入合并当期利润表中的金额，以及相关资产的折旧、摊销等。

8. 购买日合并财务报表的编制。非同一控制下的企业合并中形成母子公司关系的，购买方一般应于购买日编制合并资产负债表，反映其于购买日开始能够控制的经济资源情况。在合并资产负债表中，合并中取得的被购买方各项可辨认资产、负债应以其在购买日的公允价值计量，长期股权投资的成本大于合并中取得的被购买方可辨认净资产公允价值份额的差额，体现为合并财务报表中的商誉；长期股权投资的成本小于合并中取得的被购买方可辨认净资产公允价值份额的差额，应计入合并利润表中作为合并当期损益。因购买日不需要编制合并利润表，该差额体现在合并资产负债表上，应调整合并资产负债表的盈余公积和未分配利润。

二、非同一控制下吸收合并

按照购买法进行企业合并的会计处理，一方面涉及购买方的会计处理，另一方面涉及被购买方的会计处理。

(一)购买方的会计处理

购买方的会计处理主要涉及合并成本的确定、购买价款的支付、商誉和损益的计算。如果以发行权益性证券实施企业合并，还涉及股本和资本公积的确定。对于吸收合并还会涉及购买方取得的资产和承担的负债的确认和计量。

非同一控制下的吸收合并，购买方在购买日应当将在企业合并取得的各项可辨认资产、负债，按其公允价值确认为本企业的资产和负债；购买方作为合并对价支付的非货币性资产在购买日的公允价值与账面价值的差额，应作为资产处置损益，计入合并当期的利润表；企业合并成本与取得的被购买方可辨认净资产公允价值之间的差额，视情况分别确认为商誉或当期损益，计入购买方账簿及个别财务报表。

非同一控制下吸收合并，如果非股权支付额不高于所支付股权股票面值价值的20%，属于免税合并。吸收合并后，合并方并入的被合并方的资产账面价值按照合并准则以被合并方的公允价值为基础，由于是免税合并，税法规定的被合并方的资产计税基础是被合并方资产原账面价值，由此产生暂时性差异，按规定应确认递延所得税资产或递延所得税负债。

1. 以货币性资产为对价取得被购买方净资产。

【例7-5】承例7-1，甲公司和乙公司为非同一控制下的企业。2×21年12月31日，乙公司被甲公司吸收合并，丧失法人资格，甲公司保留法人资格。两公司的会计年度均为日历年度，并采用相同的会计政策。甲公司以7 500 000元的价格购买乙公司的全部股份,另支付与合并有关的直接费用为 40 000 元,与合并有关的间接费用为 8 000 元。假设不考虑合并中所得税因素的影响。合并前甲公司和乙公司资产、负债、所有者权益的账面价值和公允价值如表 7-1 所示。

(1)计算合并成本:

$$合并成本 = 7\ 500\ 000(元)$$

(2)确认合并商誉:

$$合并商誉 = 7\ 500\ 000 - (11\ 300\ 000 - 4\ 060\ 000) = 260\ 000(元)$$

(3)编制如下会计分录:

①借:管理费用 48 000
　　贷:银行存款 48 000
②借:银行存款 400 000
　　　应收账款 1 000 000
　　　原材料 1 500 000
　　　生产成本 400 000
　　　库存商品 1 000 000
　　　固定资产 6 700 000
　　　无形资产 300 000
　　　商誉 260 000
　　贷:短期借款 2 200 000
　　　　应付账款 260 000
　　　　长期借款 1 000 000
　　　　长期应付款 600 000
　　　　银行存款 7 500 000

【例 7-6】承例 7-5,若甲公司以 6 000 000 元的价格购买乙公司全部股权,实施吸收合并,另支付与合并有关的直接费用 40 000 元,与合并有关的间接费用 5 000 元。且经复核合并成本小于取得的被购买企业可辨认净资产公允价值。

(1)计算合并成本:

$$合并成本 = 6\ 000\ 000(元)$$

(2)确认营业外收入:

$$营业外收入 = 6\ 000\ 000 - (11\ 300\ 000 - 4\ 060\ 000) = -1\ 240\ 000(元)$$

(3)编制如下会计分录:

①借:管理费用 45 000

　　　　贷:银行存款　　　　　　　　　　　　　　　　　　　　　45 000
　　②借:银行存款　　　　　　　　　　　　　　　　　　　　　400 000
　　　　应收账款　　　　　　　　　　　　　　　　　　　　　1 000 000
　　　　原材料　　　　　　　　　　　　　　　　　　　　　　1 500 000
　　　　生产成本　　　　　　　　　　　　　　　　　　　　　400 000
　　　　库存商品　　　　　　　　　　　　　　　　　　　　　1 000 000
　　　　固定资产　　　　　　　　　　　　　　　　　　　　　6 700 000
　　　　无形资产　　　　　　　　　　　　　　　　　　　　　300 000
　　　　贷:短期借款　　　　　　　　　　　　　　　　　　　　2 200 000
　　　　　　应付账款　　　　　　　　　　　　　　　　　　　260 000
　　　　　　长期借款　　　　　　　　　　　　　　　　　　　1 000 000
　　　　　　长期应付款　　　　　　　　　　　　　　　　　　600 000
　　　　　　营业外收入　　　　　　　　　　　　　　　　　　1 240 000
　　　　　　银行存款　　　　　　　　　　　　　　　　　　　6 000 000

2. 以非货币性资产取得被购买方净资产。在这种情况下,购买方在购买日作为合并对价付出的非货币性资产的公允价值与其账面价值的差额,计入当期损益。

【例7-7】承例7-5,如果甲公司以一项无形资产作为对价,吸收合并乙公司。无形资产的账面价值为7 000 000元、公允价值为7 800 000元,另支付与合并有关的费用60 000元

(1)计算合并成本:
　　　　　　　　　　　合并成本=7 800 000(元)
(2)确认合并商誉:
　　　　　　　商誉=7 800 000-(11 300 000-4 060 000)=560 000(元)
(3)确认资产转让损益:
　　　　　　　资产转让损益=7 800 000-7 000 000=800 000(元)
(4)编制如下会计分录:
　　①借:管理费用　　　　　　　　　　　　　　　　　　　　60 000
　　　　贷:银行存款　　　　　　　　　　　　　　　　　　　　60 000
　　②借:银行存款　　　　　　　　　　　　　　　　　　　　　400 000
　　　　应收账款　　　　　　　　　　　　　　　　　　　　　1 000 000
　　　　原材料　　　　　　　　　　　　　　　　　　　　　　1 500 000
　　　　生产成本　　　　　　　　　　　　　　　　　　　　　400 000
　　　　库存商品　　　　　　　　　　　　　　　　　　　　　1 000 000

固定资产	6 700 000
无形资产	300 000
商誉	560 000
贷:短期借款	2 200 000
应付账款	260 000
长期借款	1 000 000
长期应付款	600 000
无形资产	7 000 000
资产处置损益	800 000

3. 购买企业发行权益证券为对价取得被购买方净资产。在这种情况下,证券发行费用应先冲减股本溢价,不足冲减的部分,再冲减留存收益,不得计入合并成本。

【例7-8】假如例7-5中其他资料不变,甲公司发行4 500 000股每股面值1元、市价2元的股票,换取乙公司股东持有的每股面值1元的5 000 000股股票,另支付与合并有关的直接费用8 000元,证券发行费用50 000元。

(1)计算合并成本:

合并成本=4 500 000×2=9 000 000(元)

(2)确认商誉:

合并商誉=9 000 000-(11 300 000-4 060 000)=1 760 000(元)

(3)编制如下会计分录:

①借:管理费用	8 000
资本公积——股本溢价	50 000
贷:银行存款	58 000
②借:银行存款	400 000
应收账款	1 000 000
原材料	1 500 000
生产成本	400 000
库存商品	1 000 000
固定资产	6 700 000
无形资产	300 000
商誉	1 760 000
贷:短期借款	2 200 000
应付账款	260 000
长期借款	1 000 000

  长期应付款   600 000
  股本   4 500 000
  资本公积   4 500 000

依据例7-8,判断该项合并属于免税合并。依据前述表7-1资料,被合并方资产的暂时性差异资料见表7-3,并确认递延所得税资产和递延所得税负债。

表7-3   被合并方资产的暂时性差异   单位:万元

项 目	账面价值	计税基础	可抵扣差异	应纳税差异
应收账款	100	120	20	
存货	290	300	10	
固定资产	670	600		70
合 计			30	70

$$递延所得税资产 = 30 \times 25\% = 7.5(万元)$$
$$递延所得税负债 = 70 \times 25\% = 17.5(万元)$$

依据上述计算结果,编制如下会计分录:
  借:递延所得税资产   75 000
    商誉   100 000
   贷:递延所得税负债   175 000

(二)被购买方的会计处理

在吸收合并方式下,被购买方的会计处理主要涉及财产清查、资产评估和结束旧账。

1. 财产清查。被购买方首要对各项资产和负债进行全面清查登记。在清查过程中发生的资产盘盈、盈亏、毁损、报废等,其会计处理方法与一般企业相同,在尚未批准转销前先通过"待处理财产损溢"账户核算,报经批准后计入损益或有关账户。这里需要注意的是:①应积极清理债权债务,及时收回应收回的账款和欠款,及时偿付应偿还的债务。对于确认为坏账损失的应收款项,先冲销已计提的坏账准备,不足核销部分,再计入管理费用。对于确实不能偿还的债务,计入营业外收入。②对清理出来的尚未处理的潜亏、产成品清查损失和亏损挂账,报经主管部门批准后,冲减盈余公积、未分配利润、资本公积,不足部分冲减实收资本。

2. 资产评估。被购买方在资产评估中所发生的减值,应在调整资产的原账面价值的同时,冲减资本公积;在资产评估中所发生的增值,在调整资产的原账面价值的同时,增加资本公积。如果评估增值部分未来应缴纳所得税的,应先按增值额计算出未来应缴所得税,并记入"递延所得税负债"账户的贷方,其余部分记入"资本公积"账户的贷方。

3. 结束旧账。被购买方在产权转让后,丧失法人资格的被购买方应结束旧账。在结束旧账时,被购买方已按评估确认的价值调整了有关账簿记录账,应按评估确认的公允价值编制结束旧账的会计分录。

三、非同一控制下控股合并

(一)购买方的会计处理

吸收合并会计处理的基本思路和方法同样适用于控股合并,不同的是:①在控股合并情况下,由于被购买方仍保留法人资格,购买方仅确认长期股权投资的初始投资成本,不将被购买方的资产、负债和所有者权益并入购买方相应科目。②购买方在账簿和个别财务报表上不将购买日合并成本与取得的被购买方净资产公允价值的差额确认为商誉或损益,而是由购买方作为母公司在编制购买日合并财务报表中确认商誉或损益。③被购买方也不将其资产、负债和净资产的账面价值调整为公允价值,而是由购买方作为母公司在编制合并财务报表时予以调整。④子公司资产、负债的公允价值与其账面价值作为计税基础形成的暂时性差异,确认递延所得税资产或递延所得税负债。

依据上述例7-5至例7-8,如果属于控股合并,甲公司取得乙公司100%的股权,依据我国企业会计准则,应编制如下会计分录:

(1)依据例7-5资料:

借:长期股权投资　　　　　　　　　　　　　　　　　　　　　7 500 000
　　管理费用　　　　　　　　　　　　　　　　　　　　　　　　 48 000
　　贷:银行存款　　　　　　　　　　　　　　　　　　　　　　 7 548 000

在购买日合并财务报表中将子公司资产、负债的账面价值调整为公允价值,并确认商誉260 000元,同时将母公司对子公司投资与拥有的子公司净资产公允价值予以抵销,编制如下调整分录和抵销分录:

借:固定资产　　　　　　　　　　　　　　　　　　　　　　　　700 000
　　贷:应收账款　　　　　　　　　　　　　　　　　　　　　　 200 000
　　　　存货　　　　　　　　　　　　　　　　　　　　　　　　 100 000
　　　　资本公积　　　　　　　　　　　　　　　　　　　　　　 400 000

依据表7-1资料,乙公司资产产生的暂时性差异,应收账款、存货项目形成可抵扣暂时性差异共计300 000元;固定资产项目形成应纳税暂时性差异为70万元,分别确认递延所得税资产75 000元(300 000×25%),递延所得税负债1 750 000元。会计分录如下:

借：资本公积　　　　　　　　　　　　　　　　　　　　100 000
　　递延所得税资产　　　　　　　　　　　　　　　　　　75 000
　　贷：递延所得税负债　　　　　　　　　　　　　　　　　175 000
借：实收资本　　　　　　　　　　　　　　　　　　　　5 000 000
　　资本公积　　　　　　　　　　　　（800 000+400 000）1 200 000
　　盈余公积　　　　　　　　　　　　　　　　　　　　　600 000
　　未分配利润　　　　　　　　　　　　　　　　　　　　440 000
　　商誉　　　　　　　　　　　　　　　　　　　　　　　260 000
　　贷：长期股权投资　　　　　　　　　　　　　　　　7 500 000

（2）依据例7-6：
借：长期股权投资　　　　　　　　　　　　　　　　　6 000 000
　　管理费用　　　　　　　　　　　　　　　　　　　　　45 000
　　贷：银行存款　　　　　　　　　　　　　　　　　　6 045 000

在购买日合并财务报表中除了将子公司资产、负债的账面价值调整为公允价值以及递延所得税资产和递延所得税负债外（会计分录略），还应确认营业外收入1 240 000元，同时将母公司对子公司投资与拥有的子公司净资产公允价值予以抵销。

借：实收资本　　　　　　　　　　　　　　　　　　　　5 000 000
　　资本公积　　　　　　　　　　　　（800 000+400 000）1 200 000
　　盈余公积　　　　　　　　　　　　　　　　　　　　　600 000
　　未分配利润　　　　　　　　　　　　　　　　　　　　440 000
　　贷：长期股权投资　　　　　　　　　　　　　　　　6 000 000
　　　　营业外收入　　　　　　　　　　　　　　　　　1 240 000

在以后年度编制合并报表时，调增期初未分配利润1 240 000元，或分别调增盈余公积124 000元、期初未分配利润1 116 000元。

（3）依据例7-7：
借：长期股权投资　　　　　　　　　　　　　　　　　7 800 000
　　管理费用　　　　　　　　　　　　　　　　　　　　　60 000
　　贷：无形资产　　　　　　　　　　　　　　　　　　7 000 000
　　　　资产处置损益　　　　　　　　　　　　　　　　　800 000
　　　　银行存款　　　　　　　　　　　　　　　　　　　60 000

在购买日合并财务报表中将子公司资产、负债的账面价值调整为公允价值以及递延所得税资产和递延所得税负债外（会计分录略），确认商誉560 000元，同时将母公司对子公司投资与拥有的子公司净资产公允价值予以抵销。

借：实收资本 5 000 000
　　资本公积 (800 000+400 000)1 200 000
　　盈余公积 600 000
　　未分配利润 440 000
　　商誉 560 000
　　贷：长期股权投资 7 800 000

(4) 依据例7-8：
借：长期股权投资 (4 500 000×2)9 000 000
　　贷：股本 4 500 000
　　　　资本公积——股本溢价 4 500 000
借：管理费用 8 000
　　资本公积——股本溢价 50 000
　　贷：银行存款 58 000

在购买日合并财务报表中将子公司资产、负债的账面价值调整为公允价值（会计分录略），确认商誉1 760 000元，同时将母公司对子公司投资与拥有的子公司净资产公允价值予以抵销。

借：实收资本 5 000 000
　　资本公积 (800 000+400 000)1 200 000
　　盈余公积 600 000
　　未分配利润 440 000
　　商誉 1 760 000
　　贷：长期股权投资 9 000 000

（二）被购买方的会计处理

在控股合并方式下，被购买方虽然也需要进行财产清查和资产评估，并确认各项资产、负债和净资产的公允价值，但是，因其还是独立的法律实体和会计实体，按照我国会计准则的规定，不需要按评估确认的公允价值调整资产、负债和净资产的账面价值。因此，在控股合并方式下，被购买方一般只作财产清查和资产评估的会计处理。

1. 财产清查，与吸收合并被购买方的财产清查的会计处理相同。
2. 资产评估。被购买方在资产评估中所发生的增值或减值，只有在100%股权的情况下，才调整资产、负债的原账面价值，并同时调整资本公积。如果评估增值部分未来应缴纳所得税的，应先按增值额计算出未来应缴所得税，并记入"递延所得税负债"账户的贷方，其余部分记入"资本公积"账户的贷方。在取得被购买方部分股权的情况下，评估所产生的增值或减值，无须调整被购买方有关资产、负债的账面价值，而由购买方在其备查账簿中予以记录,待其编制合并财务报表时,再将被购买方的资产、负债的账面价值调整为公允价值。

本章小结

通过本章的学习,正确理解企业合并的定义,判断发生的交易或事项是否是企业合并,企业合并应满足两个条件:一是所合并的企业必须构成业务;二是引起合并前后财务报告主体的变化。企业合并前后可以引起会计主体和法律主体的改变,也可以不引起会计主体和法律主体的改变,但一定会引起合并前后财务报告主体的变化。企业合并方式可以从以下角度进行划分:①企业合并按照参与合并企业的控制主体分为同一控制下企业合并和非同一控制下企业合并两类,判断的关键在于参与合并的企业合并前后是否均受同一方或相同的多方最终控制。②按照企业合并的法律形式,可以分为吸收合并、新设合并和控股合并。吸收合并和新设合并,引起合并前后会计主体和法律主体的改变,也会引起财务报告主体的改变。控股合并只引起财务报告主体的改变。③按照合并的性质分为购买合并和权益结合合并。

依据我国《企业会计准则 33 号——合并财务报表》的规定:非同一控制下企业合并采用购买法进行会计核算,同一控制下企业合并采用权益结合法核算。二者具有本质上的不同,具体表现为:购买法是以被合并方资产和负债的公允价值作为计价基础,合并成本与其公允价值的差额作为商誉或损益;被合并方合并前的损益和留存收益均不纳入合并方。权益结合法是以被合并方资产和负债的账面价值作为计价基础,按合并成本与其账面价值的差额调整资本公积,不确认商誉或损益;被合并方合并前的损益和留存收益均纳入合并方。

本章关键词

企业合并	business combination
报告主体	reporting entity
吸收合并	absorbing merger
控股合并	control merger

同一控制	common control
非同一控制	non-common control
合并方	acquirer
被合并方	acquiree
购买法	purchase method
权益结合法	pooling of interest method
合并成本	cost of combination
商誉	goodwill
公允价值	fair value

思考与练习题

一、思考题

1. 如何判断企业发生的交易或事项属于企业合并？
2. 非同一控制和同一控制下的企业合并的会计处理方法有何区别？
3. 非同一控制下的吸收合并与控股合并在会计处理程序上有何不同？
4. 非同一控制和同一控制下的控股合并，长期股权投资的初始成本如何确定？
5. 同一控制下的吸收合并对未来的财务报表影响有哪些？
6. 非同一控制和同一控制下的控股合并在核算内容上有何不同？

二、练习题

1.【目的】练习、掌握非同一控制下企业吸收合并购买法的会计处理与计算。

【资料】2×21年12月31日，B公司被A公司吸收合并，A公司以银行存款800 000元购入B公司全部净资产并承担债务。B公司合并前资产、负债和所有者权益各项目的账面价值和公允价值如表1所示。A公司还另支付登记费8 000元、审计费等合并费用17 000元。A公司和B公司为非同一控制下的企业。

表1　　　　　　　　B公司合并前资产、负债和所有者权益　　　　　　　　单位：元

资　产	账面价值	公允价值	负债及所有者权益	账面价值	公允价值
银行存款	32 000	32 000	短期借款	64 000	64 000

续表

资产	账面价值	公允价值	负债及所有者权益	账面价值	公允价值
应收账款	84 000	80 000	应付账款	90 000	90 000
存货(省略具体项目)	140 000	160 000	长期借款	130 000	130 000
长期股权投资	120 000	140 000	长期应付款	120 000	102 000
固定资产原值	600 000	640 000	股本	240 000	72 000
无形资产	40 000	36 000	资本公积	300 000	
			盈余公积	72 000	
资产合计	1 016 000	1 088 000	负债及所有者权益合计	1 016 000	1 088 000

【要求】

(1) 计算购买成本、商誉并编制 A 公司购买 B 公司的会计分录。

(2) 如果 A 公司以 600 000 元购入 B 公司，实施吸收合并，其他资料相同，编制 A 公司购买 B 公司的会计分录。

2.【目的】练习、掌握非同一控制下企业吸收合并购买法的会计处理与计算。

【资料】第 1 题资料中，若 A 公司发行 400 000 股每股面值 1 元的普通股股票，换取 B 公司 240 000 股、股票面值 1 元的普通股股票。另支付发行费用 800 元。A 公司股票每股市价 2 元，所得税税率为 25%。其他条件不变。

【要求】计算购买成本、商誉并编制 A 公司购买 B 公司的会计分录。

3.【目的】练习、掌握同一控制下企业按吸收合并权益结合法的会计处理与计算。

【资料】若甲公司发行 660 000 股每股 1 元的普通股股票，换取乙公司 240 000 股每股 1 元的普通股股票。甲公司股票每股 2 元。甲公司另支付手续费等 4 000 元、登记费 1 200 元。合并前甲公司、乙公司所有者权益资料见表 2。

表 2　　　　　　　　　　甲公司、乙公司所有者权益　　　　　　　　单位：元

项目	甲公司	乙公司	合计
股本	400 000	240 000	640 000
资本公积——股本溢价	60 000	300 000	360 000
盈余公积	250 000	62 000	312 000

续表

项 目	甲公司	乙公司	合 计
未分配利润	100 000	10 000	110 000
净资产合计	810 000	612 000	1 422 000

【要求】按权益法计算合并后新形成的资本公积,编制企业合并的会计分录,各项资产、负债科目简化为"净资产"列示。

4.【目的】练习、掌握非同一控制下企业控股合并的会计处理与计算。

【资料】2×21年12月31日,A公司以银行存款800 000元购入B公司100%股权,并对B公司实施控制,所得税税率为25%,其他资料同题1。

【要求】编制A公司对B公司长期股权投资的会计分录。

5.【目的】练习、掌握同一控制下企业控股合并的会计处理与计算。

【资料】甲公司与乙公司为同一控制下的企业,2×21年12月31日,甲公司对乙公司实施控股合并。有关资料见题3。

【要求】编制甲公司对乙公司长期股权投资的会计分录。

进一步思考

中国北车股份有限公司(以下简称"中国北车")是经国资委批准,由中国北方机车车辆工业集团公司联合大同前进投资有限责任公司、中国诚通控股集团有限责任公司和中国华融资产管理公司,于2008年6月26日共同发起设立的股份有限公司,主营铁路机车车辆、城市轨道车辆、工程机械机电子的研发、设计、制造、修理、服务业务,注册资本为122.6亿元,2013年营业收入为972.41亿元,截至2014年9月,资产总额为1 529.31亿元。中国南车集团公司(以下简称"中国南车")是经国务院批准,从原中国铁路机车车辆工业总公司分离重组,于2000年9月组建成立的国有独资大型集团公司,2010年3月9日起更名为中国南车集团公司,主营轨道交通设备、工程机械、交通设备、相关部件的生产、研发及修理、技术服务等业务,公司注册资本为138.08亿元,2013年营业收入为978.9亿元,截至2014年9月,资产总额为1 509.12亿元。中国南车与中国北车作为我国高铁建设行业的两大巨头,为了各自企业的经济利益,出现恶意竞争,导致各自的利润率下降。在2013年对阿根廷高铁项目竞标过程中,中国南车与中国北车相互压价,争夺竞标项目,从而导致这一项目暂停,给国家带来重大损失。

国务院总理李克强在2013—2014年访问泰国、中东欧、英国、德国期间,多次提出推动高铁等先进技术设备走出国门,拓展高铁项目的交流往来,鼓励中国参与国际上高铁先进技术设备的竞标业务,从而导致两大公司合并,主要内容有:

1. 签订合并协议。中国南车与中国北车于2014年12月30日联合发布公告,宣布双方依循"对等合并、着眼未来、规范操作"的原则就合并方案签订了协议。

2. 确定合并方式。本次合并采取中国南车换股吸收合并中国北车的方式。中国南车和中国北车的A股和H股拟采用同一换股比例进行换股,以使同一公司的所有A股股东和H股股东获得公平对待,因而同一公司的不同类别股东持有股票的相对比例在合并前后保持不变。本次合并的具体换股比例为1∶1.10,即每1股中国北车A股股票可以换取1.10股中国南车将发行的中国南车A股股票,每1股中国北车H股股票可以换取1.10股中国南车将发行的中国南车H股股票。合并后新公司拟采用新的公司名称"中国中车股份有限公司"和新的组织机构代码、股票简称和代码、法人治理结构、战略定位、组织架构、管理体系、公司品牌等(其中股票简称和代码的变更取决于可操作性的进一步论证)。合并后新公司将承继及承接中国南车与中国北车的全部资产、负债、业务、人员、合同、资质及其他一切权利与义务。两家公司在交易完成之前将继续独立运作。2015年3月6日,中国南车、中国北车公告称,合并方案已获国资委批准。

3. 更改公司名称。2015年3月9日,中国南车、中国北车公告称,两公司股东大会通过了与南北车合并的议案,3月10日起复牌。2015年6月1日中国南车公告称,由于公司与中国北车A股、H股合并均已实施完成,合并后将采用新公司名称,变更后公司名称为"中国中车股份有限公司",简称"中国中车"。2015年9月28日,据国资委网站消息,由中国南车和中国北车重组合并而成的中国中车集团公司,于9月28日正式宣告成立。

请依据上述案例资料,思考下列问题:

(1)案例中合并方式与所学的合并方式是否有所不同?

(2)此次合并是否符合我国经济发展战略?如何理解?

(3)此次合并前,两家公司是否存在违背商业道德、市场道德行为?表现是什么?

第八章

合并财务报表

本章主要介绍合并财务报表的合并理论,合并财务报表编制的要求和程序,合并日合并财务报表的编制,合并日后以及连续年度合并财务报表的编制,合并财务报表编制的特殊问题以及合并财务报表编制的所得税的影响等。本章内容对应的企业会计准则是《企业会计准则第 33 号——合并财务报表》。通过本章的学习,应理解合并财务报表的合并理论,编制购并日后合并财务报表时集团内部交易和事项的抵销原理;掌握合并财务报表的性质、特点、合并范围、编制原则、编制前提和编制程序,购并日后合并财务报表的编制方法,权益结合法下购并日合并财务报表的编制;熟练掌握购买法下购并日合并财务报表的编制,母公司对子公司长期股权投资的抵销处理,集团内部债权债务的抵销处理、存货交易的抵销处理、固定资产交易的抵销处理;了解合并财务报表的特殊问题,合并财务报表编制的所得税影响。

第一节 合并财务报表概述

一、合并财务报表的性质和特点

在吸收合并情况下,合并后被合并企业已不复存在,合并后的企业仍然是一个单一的会计主体,只需编制个别财务报表,不存在合并财务报表编制问题。在控股合并情况下,实施合并企业通过购买其他参与合并企业的股份,或发行股票换取其他参与合并企业的股份,且这项长期股权投资占被投资单位50%以上表决权资本时,就可以控制被投资单位的财务与经营决策。在这种情况下,实施合并企业作为投资企业成为被合并方的母公司,被合并方则成为投资企业的子公司。母公司和被母公司控制的若干子公司,虽然彼此仍是独立的法律主体和会计主体,需要编制个别财务报表,但是,为了反映母公司和子公司组成的企业集团整体的财务状况、经营成果和现金流量,就需要再编制合并财务报表。

合并财务报表,简称合并报表,是以母公司和子公司组成的企业集团作为会计主体,以母公司和子公司单独编制的个别财务报表为基础,由母公司编制的综合反映企业集团整体财务状况、经营成果和现金流量的财务报表。合并财务报表与个别财务报表相比较,具有如下特点:

第一,合并财务报表的反映对象是由母公司和若干子公司组成的企业集团。合并财务报表反映的是企业集团整体的财务状况、经营成果和现金流量。企业集团只是经济意义上的会计主体,并不是法律意义上的会计主体。个别财务报表反映的是具有法人资格的单个企业的财务状况、经营成果和现金流量。

第二,合并财务报表的编制者是企业集团中对其他企业拥有控制权的母公司。为了反映企业集团整体的财务状况、经营成果和现金流量,应由母公司编制合并财务报表,不是企业集团中所有企业都需编制合并财务报表,更不是所有企业都需编制合并财务报表。企业集团中的母公司和纳入合并范围内的所有子公司都应先编制个别财务报表。

第三,合并财务报表的编制基础是个别财务报表。企业个别财务报表是根据总账、明细账和其他有关资料编制的。合并财务报表不是以企业集团的账簿资料,而是以纳入合并范围的企业的个别财务报表为基础,再根据其他资料编制的。

第四,合并财务报表的编制方法具有独特性。企业编制个别财务报表有一套完整的会计核算方法体系,包括取得原始凭证、编制记账凭证、设置账户、登记账簿、调账、结账等,最后根据总账和明细账的资料计算填列个别财务报表。合并财务报表的编制,是在对个别报表数据汇总的基础上,通过编制抵销分录和调整分录以及编制合并工作底稿等特殊的方法完成的。

二、合并财务报表的合并理论

合并财务报表的编制应依据相应合并理论,不同的合并理论在企业集团的界定、合并范围的确定、合并财务报表编制方法等方面均有所不同。目前国际上主要形成了母公司理论、实体理论编制合并财务报表的合并理论。

（一）母公司理论

母公司理论将母公司控制的企业集团作为合并财务报表的反映对象,将子公司定义为被母公司所控制的企业,将企业集团定义为母公司及其全体子公司。母公司理论强调了母公司对子公司的控制权,其将合并财务报表视为母公司本身财务报表反映范围的扩大,并认为合并财务报表主要是为母公司的股东和债权人服务的。以此为目的,母公司理论在确定合并范围时,通常以法定控制权为依据,凡是能够为母公司所控制的被投资单位均可纳入合并范围。在母公司理论下所采用的合并财务报表的编制方法也是从母公司本身的股东利益考虑的,主要表现为:对于少数股东所享有的权益在合并资产负债表中,通常视为负债处理;对于少数股东享有的损益视为费用处理;对于集团内部相关交易的抵销,也仅抵销多数股权的份额,对少数股东份额的内部交易不进行抵销。

（二）实体理论

实体理论将由母公司和子公司构成的企业集团视为一个经济联合体,作为合并财务报表的反映对象。实体理论并不强调母公司对子公司的控制权,它强调的是企业集团中所有成员企业所构成的经济实体。该合并理论认为合并财务报表是为企业集团所有的股东和债权人服务的。以此为出发点,实体理论在确定合并范围时,通常并不强调母公司对子公司的控制权,而是更注重其成员企业的经济资源、实现的利润等对企业集团整体经济实力的影响。在实体理论下所采用的合并财务报表的编制方法也是从构成经济实体的各成员企业的股东利益考虑的,它将构成企业集团的多数股权的股东和少数股权的股东都视为共同组成的经济实体的股东同等对待,具体表现为:将少数股东享有权益作为股东权益的一部分;将少数股东享有的净收益同样作为合并的经济实体的净收益;对于集团内部相关交易的抵销,不分多数股权和少数股权的份额,全额予以抵销。

我国颁发的《企业会计准则第 33 号——合并财务报表》在确定合并范围时采用的是母公司理论,而在少数股东权益和少数股东收益的列示上采用的是实体理论。

三、合并财务报表的合并范围

（一）合并范围的确定

合并财务报表的合并范围是指纳入合并财务报表编报的子公司的范围,主要明确应将哪些被投资单位纳入合并财务报表编报范围,哪些被投资单位不应纳入合并财务报表编报范围。合并范围的确定是编制合并财务报表的前提。依据我国《企业会计准则第 33 号——合并财务报表》有关规定,合并财务报表的合并范围应当以控制为基础予以确定,母公司应当将其控制的所有子公司(含特殊目的主体等),无论是小规模的子公司还是经营业务性质特殊的子公司,均应纳入合并财务报表的合并范围。

1. 控制的定义。控制,是指投资方拥有对被投资方的权利,通过参与被投资方的相关活动而享有可变回报,并且有能力运用对被投资方的权利影响其回报金额。要达到控制,需要满足以下条件:

(1)因涉入被投资方的活动享有的是可变回报。可变回报,是指不固定且可能随着被投资方业绩而变化的回报,可变回报主要有正回报和负回报。可变回报的形式主要包括:股利、被投资方经济利益的其他分配、投资方对被投资方的投资的价值变动;因向被投资方的资产或负债提供服务而得到的报酬等、因提供信用支持或流动性支持而收取的费用或承担的损失等;其他利益持有方无法得到的回报。

(2)拥有对被投资方的权利,并且有能力运用对被投资单位的权利影响其回报金额。所谓的权利,是指投资方能够主导被投资方的相关活动,称为投资方对被投资方享有权利。在判断投资方是否对被投资方拥有权利时,应注意以下几点:一是权利只表明投资方主导被投资方相关活动的显示能力,并不要求投资方实际行使其权利;二是权利是一种实质性权利,而不是保护性权利;三是权利是为自己行使的,而不是代其他方行使;四是权利通常表现为表决权,但有时也可能表现为其他合同安排。

所谓相关活动,是指对被投资方的回报产生重大影响的活动。由此可见,判断相关活动应关注的是那些对被投资方的回报具有重大影响的活动。通常情况下,企业的经营和财务活动会对其回报产生重大影响,但应根据企业的行业特点、业务特点、市场环境等相关因素加以判断。相关活动通常包括:商品或劳务的销售和购买;金融资产的管理;资产的购买和处置;研究与开发活动;确定资本结构和获取融资等。

2. 企业对被投资方实施控制的方式。投资方对被投资单位实施控制的方式主要包括以下几种。

(1)母公司拥有被投资单位半数以上(不包括半数)表决权资本。这里所说的表决权的资本是指有限责任公司投资者的出资额、股份有限公司的普通股。当母公司拥有被投资单位50%以上的表决权资本时,就能够控制被投资单位的经营和财务活动,拥有对被投资单位的控制权,应当将该被投资单位认定为子公司。在这种情况下,就需要将子公司的个别财务报表所反映的财务状况、经营成果和现金流量纳入合并财务报表,以综合反映以母公司为主的企业集团的财务状况、经营成果和现金流量。母公司拥有被投资单位半数以上表决权资本,又具体表现为以下三种情况:

一是母公司直接拥有被投资单位半数以上的表决权资本。例如,A公司直接拥有B公司发行的普通股股票的60%,B公司便成为A公司的子公司,A公司在编制合并财务报表时,应将 B 公司纳入合并范围。

二是母公司间接拥有被投资单位 50%以上的表决权资本。例如,甲公司拥有乙公司 100%的表决权资本,乙公司又拥有丙公司 55%的表决权资本。这时,甲公司通过其子公司乙公司间接拥有丙公司 55%的表决权资本,从而使丙公司也成为甲公司的子公司,甲公司在编制合并财务报表时,也应将丙公司纳入合并范围。

三是母公司直接和间接拥有被投资单位 50%以上的表决权资本。例如,甲公司拥有丙公司 35%的表决权资本,不足半数以上表决权资本,但甲公司拥有乙公司 100%的表决权资本,而乙公司拥有丙公司 45%的表决权资本。这时,甲公司直接拥有丙公司 35%的表决权资本,与甲公司通过其子公司乙公司间接拥有丙公司 45%的表决权资本之和达到 80%,从而使丙公司成为甲公司的子公司,甲公司编制合并财务报表时,也应将丙公司纳入合并范围。

但需要指出的是,母公司直接拥有被投资单位半数以下表决权资本,但同时通过间接方式拥有该被投资单位一定数量的表决权资本,直接拥有和间接拥有合计超过被投资单位半数以上表决权资本。在这种情况下,确定合并范围时应注意以下两个问题:①母公司通过子公司间接拥有被投资单位的表决权资本,必须以母公司对该子公司拥有控制权为前提条件。上例中,如果甲公司仅拥有乙公司 30%的表决权资本,则不能将丙公司作为甲公司的子公司,不能将丙公司纳入甲公司的合并范围。②在计算间接控制的比例时,直接采用子公司拥有其被投资单位表决权资本的比例,而不将母公司拥有子公司的表决权资本比例与子公司拥有其被投资单位表决权资本的比例相乘。例如,甲公司拥有乙公司 80%的表决权资本,乙公司拥有丙公司 60%的表决权资本,则甲公司间接拥有丙公司 60%的表决权资本,而不是间接拥有 48%(80%×60%)的表决权资本。由此可见,合并范围的确定是定性的问题,而不是定量的问题。

(2)母公司虽未达到被投资方有表决权资本的半数以上,但实质上控制被投资单位。当母公司通过直接和间接的方式未能拥有被投资单位半数以上表决权资本时,如果母公司通过其他方式能够主导被投资单位的经营和财务活动,在实质上已经对被投资方实施控制。满足下列条件之一的,视为母公司能够控制被投资单位,将其认定为子公司,纳入合并财务报表的合并范围。

一是通过与被投资单位的其他投资者之间的协议,持有该被投资单位半数以上的表决权。这种情况是指母公司与共同投资于这个被投资单位的其他投资者签订协议,受托管理其权益,从而在该被投资单位拥有半数以上的表决权,可以对该被投资单位的经营活动和财务活动实施控制。

二是根据相关章程或协议,有权决定或主导被投资单位的经营和财务活动。这种情况是指被投资单位的章程、协议等文件中明确规定其经营和财务活动受母公司管理控制,从而使母公司实质上拥有对被投资单位的经营和财务活动的控制权。

三是有权任免被投资单位的董事会或类似权力机构的多数成员。这种情况是指母公司有权任免被投资单位董事会的董事、股东大会代表、监事会等多数成员,从而实现对被投资单位的经营和财务活动的控制。

四是在被投资单位的董事会或类似机构占有半数以上表决权。这种情况是指母公司在被投资单位董事会等权力机构的会议上,通过多数投票权控制该被投资单位的财务和经营政策,以实现对该被投资单位经营和财务活动的控制。

上述四种情况都表明,该被投资单位已成为母公司事实上的子公司,应纳入合并财务报表的合并范围。

(二)纳入合并范围的特殊情况——对被投资方可分割部分的控制(单独主体)

投资方通常应当对是否控制被投资单位整体进行判断,但在某种情况下,如果有确凿证据表明同时满足下列条件并且符合相关法律法规规定的,投资方应当将被投资方的一部分视为被投资方可分割的部分,进而判断是否控制该部分。具体条件为:

1. 该部分的资产是偿付该部分负债或该部分其他其他利益方的唯一来源,不能用于偿还该部分以外的被投资方的其他负债。

2. 除与该部分相关的各方外,其他方不享有与该部分资产相关的权利,也不享有与该部分资产剩余现金流量相关的权利。

(三)合并范围的豁免——投资性主体

1. 豁免规定。如果母公司是投资性主体,只应将那些为投资性主体的投资活动提供相关服务的子公司纳入合并范围,其他子公司不应予以合并,母公司对其他子公司的投资应当按照公允价值计量且其变动计入当期损益。如果母公司本身不是投资性主体,则应将其控制的全部主体(包括投资性主体以及通过投资性主体间接控制的主体)纳入合并财务报表。

2. 母公司属于投资性主体满足的条件:①该公司以向投资方提供投资管理服务为目的,从一个或多个投资者获取资金。②该公司的唯一经营目的,是通过资本增值、投资收益或两者兼有而让投资者获得回报。③该公司按照公允价值对几乎所有投资的业绩进行计量和评价。

(四)因投资性主体转换引起的合并范围的变化

1. 母公司由非投资性主体转为投资性主体。在此种情况下,除仅将为其投资活动提供相关服务的子公司纳入合并财务报表范围编制合并财务报表外,企业自转变日对其他子公司不应予以合并,其会计处理参照部分处置子公司股权但不丧失控制权的处理原则。

2. 母公司由投资性主体转为非投资性主体,在此种情况下,应将原未纳入合并财务报表范围的子公司于转变日纳入合并财务报表范围,将转变日视为购买日,原未纳入合并财务报表范围的子公司于转变日的公允价值视为购买的交易对价,按照非同一控制下企业合并的会计处理方法进行会计处理。

(五)不纳入合并范围的被投资单位

1. 共同控制主体。与其他投资者共同控制的被投资单位,合同约定其同受两方或多方控制,某一个投资企业单方面实际上控制不了这个共同控制主体。共同控制不完全符合控制的定义,共同控制主体不是母公司的子公司。因此,在我国《企业会计准则第33号——合并财务报表》不再将原采用比例合并法核算的合营企业纳入合并范围,对合营企业规定采用权益法进行核算。

2. 已宣告被清理整顿的原子公司和已宣告破产的原子公司。当期被宣告清理整顿的被投资单位和已宣告破产的被投资单位,在当期已经由董事会、股东大会或人民法院指定的有关人员组成的清算组对其进行日常管理,在清算期间,被投资单位不再开展与清算无关的经营活动,因此,母公司不再控制该被投资单位,不能将该被投资单位继续认定为母公司的子公司。

3. 母公司不能控制的其他被投资单位。母公司不能控制的其他被投资单位,如联营企业,不能认定为子公司。

四、合并财务报表的种类和编制原则

(一)合并财务报表的种类

合并财务报表至少应包括合并资产负债表、合并利润表、合并现金流量表、合并所有者权益变动表和附注。

1. 合并资产负债表,是反映由母公司和子公司所形成的企业集团在某一特定日期的资产、负债和所有者权益的财务报表。根据合并资产负债表,可以分析企业集团的财务状况。合并资产负债表是以母公司和子公司的个别资产负债表为基础,抵销企业集团内部经济业务的影响后编制的。

2. 合并利润表,是反映由母公司和子公司所形成的企业集团在某一会计期间的收入、费用和净利润的财务报表。根据合并利润表,可以分析企业集团在某一会计期间的经营成果。合并利润表是以母公司和子公司的个别利润表为基础,抵销内部销售业务的影响后编制的。

3. 合并现金流量表,是反映由母公司和子公司所形成的企业集团在一定会计期间的现金流入、流出数量以及现金净增减情况的财务报表。根据合并现金流量表,可以分析企业集团获取现金及其等价物的能力,并可进一步揭示企业集团财务状况优劣的具体原因。合并现金流量表正表是以母公司和子公司的个别现金流量表为基础,抵销企业集团内部经济业务的影响后编制的;其附注是以合并资产负债表和合并利润表为基础,采用与个别现金流量表相同的方法编制的。

4. 合并所有者权益变动表,是反映由母公司和子公司所形成的企业集团在某一会计期间各所有者权益项目增减变动情况的财务报表。根据合并所有者权益变动表,可以分析企业集团某一会计期间各所有者权益项目增减变动的情况及其原因。合并所有者权益变动表是以母公司和子公司的个别所有者权益变动表为基础,抵销内部交易的影响后编制的。

(二)合并财务报表的编制原则

我国《企业会计准则——基本准则》规定了会计信息质量要求的8条基本原则。《中华人民共和国会计法》明确提出,必须保证财务会计报告的真实、完整。《企业财务会计报告条例》为保证财务报表的真实、完整作出了若干具体规定。合并财务报表和个别财务报表的编制都必须遵循有关会计法规、会计准则、会计条例、会计制度规定的一般原则和要求。

由于合并财务报表是反映由母公司和子公司所形成的企业集团的财务状况、经营成果和现金流量的财务报表,因此,编制合并财务报表除需遵循财务报表编制的一般原则外,还应遵循以下特殊原则。

1. 以个别财务报表为基础的原则。由于企业集团并非独立的法律实体和会计实体,它本身不单独设置账户、登记账簿,合并财务报表不是根据其自身的账簿资料来编制的,更不可能直接根据母公司和各个子公司的账簿资料编制合并财务报表,因此,编制合并财务报表最可行的方法,就是根据母公司和子公司所提供的个别财务报表的数据,运用编制抵销分录和工作底稿的特殊方法来完成。

2. 一体性原则。既然合并财务报表是反映由母公司和子公司所形成的企业集团的财务状况和经营成果等情况的,那么在编制合并财务报表时就应当将企业集团作为一个整体,视为一个会计主体。为此,在合并财务报表上所报告的资产、负债、所有者权益、收入、费用和利润等财务信息,都应从企业集团整体这一角度考虑。例如,合并财务报表所反映的应收账款、应付账款等往来款项数据,应为企业集团各成员企业对企业集团以外的单位和个人的债权、债务,即企业集团意义上的债券、债务。同样合并财务报表所反映的营业收入等数据,也应为企业集团各成员企业对企业集团以外的单位或个人而实现的收入。

按照一体性原则的要求,在编制合并财务报表时,应根据个别财务报表各项目的加总数,通过编制抵销分录,将内部债权、债务,内部销售收入等予以抵销,再求得各项目的合并数。

3. 重要性原则。重要性原则是会计核算的一般原则。合并财务报表的编制特别

强调重要性原则的运用,主要体现在以下两个方面:

(1)企业集团中的母公司和众多子公司经营范围通常各异,涉及多种行业,而不同行业经营活动存在很大差异。如有些项目对子公司是重要的项目,而对企业集团而言,其所占的份额不一定具有重要性,这样,在设计合并财务报表项目时则可不单独列示。但是,对企业集团具有重要意义的相关项目,应作为单独项目予以列示。可见,应按重要性原则设计合并财务报表的项目,决定对个别财务报表项目的取舍。

(2)企业集团中母公司与子公司、子公司相互之间的内部经济业务有时很多,有些对企业集团财务状况和经营成果等会计信息有重大影响,有些影响则不大。对于那些是否予以抵销对企业集团财务状况和经营成果均无明显影响的内部经济业务,可以不作抵销处理;对于那些不予抵销处理就会对企业集团的财务状况和经营成果产生重大影响的内部经济业务,必须进行抵销处理。例如,如果企业集团中某一成员企业将使用过的价值50 000元的固定资产出售给另一成员企业作为商品使用,对企业集团总体财务状况和经营成果影响不大,不必编制抵销分录予以抵销。但企业集团中某一成员企业将其生产的价值300 000元的产品出售给另一个成员企业作为固定资产使用管理,其涉及内部销售收入应抵销300 000元,也涉及购买方固定资产原值和当年计提的折旧中含有未实现内部利润,必须编制相应的抵销分录予以抵销。可见,应按重要性原则决定合并抵销手续和抵销内容的取舍。

(三)合并财务报表的编制前提

合并财务报表是以个别财务报表为基础编制的,而企业集团的母公司和境内外子公司的会计期间、会计政策、计量单位有时并不一致,为了全面地、准确地反映企业集团的财务状况和经营成果,在编制合并财务报表时必须满足以下前提条件,并做好相应的准备工作。

1. 统一母公司和子公司的会计政策。会计政策是指企业在会计确认、计量和报告中所采用的原则、基础和会计处理方法,是编制财务报表的基础,统一母公司和子公司的会计政策是保证母子公司财务报表个别项目反映内容一致的基础。因此,在编制财务报表前,应当尽可能统一母子公司的会计政策,统一要求子公司所采用的会计政策与母公司保持一致。对一些境外子公司的会计政策与母公司不一致的,应当按照母公司的会计政策对子公司财务报表进行必要的调整,或者要求子公司按照母公司的会计政策重新编制财务报表。

2. 统一母公司和子公司的资产负债表日和会计期间。合并财务报表和个别财务报表一样,反映特定日期会计主体的财务状况和一定会计期间会计主体的经营成果及现金流量。因此,只有母公司和子公司的资产负债表日和会计期间一致,根据相同资产负债表日和会计期间的个别财务报表编制的合并财务报表,才能提供企业集团财务状况和经营成果准确、可靠的信息。为此,在编制合并财务报表时,母公司应当统一子公司的资产负债表日和会计期间,使子公司的资产负债报表日和会计期间与母公司保持一致。子公司的资产负债表日和会计期间与母公司不一致的,应当按照母公司的资产负债表日和会计期间对子公司财务报表进行调整,或者要求子公司按照母公司的资产负债表日和会计期间重新编制财务报表。

3. 将外币表示的子公司的财务报表进行折算。在母公司和子公司所采用的货币计量单位不同时,应按母公司记账本位币编制合并财务报表。母公司的境外子公司一般采用所在国或地区的货币作为记账本位币,母公司的外币业务比较多的境内子公司也可能采用某种外币作为记账本位币。为了对母公司和子公司的财务报表进行合并,必须统一计量单位,将子公司提供的外币财务报表折算为母公司记账本位币表示的财务报表。我国外币财务报表基本上采用的是现行汇率法。有关外币财务报表的具体折算方法参照外币业务的相关内容。

4. 收集编制合并财务报表的相关资料。子公司除了应当向母公司提供财务报表外,还应当在个别财务报表附注中向母公司提供下列资料:①子公司相应期间的财务报表;②与母公司及其他子公司之间发生的内部购销交易、债权债务、投资及其产生的现金流量和未实现内部销售损益的期初、期末余额及变动情况资料;③子公司所有者权益变动和利润分配的有关资料;④编制合并财务报表所需的其他资料,如非同一控制下企业合并购买日被合并方的公允价值资料。

五、合并财务报表的编制程序

合并财务报表编制是一项较为繁杂的工作,不仅涉及母公司本身会计业务和财务报表,还涉及纳入合并范围的诸多子公司的会计业务和财务报表。为使合并财务报表编制工作有条不紊,必须按照移动程序和步骤进行。合并财务报表编制程序大致如下。

(一)设计合并工作底稿

合并工作底稿是编制合并财务报表的手段。应当说,编制合并财务报表不是必须借助合并工作底稿,但是,如果合并财务报表项目多,需要抵销的内部经济业务也多,合并财务报表编制就很复杂,不借助合并工作底稿,就很可能遗漏项目和应抵销的业务。为了及时、准确地编制合并财务报表,并便于审核和查找错误,通常需要借助合并工作底稿。

在合并工作底稿中应设计合并财务报表项目名称、母公司和子公司个别财务报表各项目的金额、个别财务报表各项目的加总数、抵销分录、少数股东权益和合并数等栏目。合并工作底稿的格式见表8-1。

表 8-1　　　　　　　　　　合并资产负债表合并工作底稿

单位名称　　　　　　　　　　年　月　日　　　　　　　　　　单位：

项　目	母公司	子公司	合计数	抵销分录（含调整分录）		合并金额
				借方	贷方	
货币资金						
以公允价值计量且其变动计入当期损益的金融资产						
应收票据						
应收账款						
……						

（二）将母公司和子公司的个别财务报表的数据过入合并工作底稿，并求出各项目的合计数

在编制合并财务报表时，应将母公司和子公司的个别资产负债表、个别利润表、个别现金流量表和个别所有者权益变动表各项目的数据抄入合并工作底稿的相应栏目，并在合并工作底稿"合计数"栏将个别财务报表各项目的数据加总出合计数，以作为抵销内部经济业务并最终求出合并财务报表各项目合并数的基础。

（三）编制调整分录和抵销分录

在合并工作底稿中，应对子公司个别财务报表数据作两方面调整，并编制调整分录：一是将非同一控制下企业合并取得的子公司各项可辨认资产、负债和净资产的账面价值调整为公允价值，并相应调整当期的折旧额、摊销额和发出额，以及对当期损益的影响；二是将母公司个别财务报表中按成本法确认的长期股权投资的投资收益调整为权益法。

合并工作底稿中母公司和子公司个别财务报表各项目的合计数是个别财务报表的简单的加总，必须将母公司与子公司、子公司相互之间发生的内部经济业务的影响予以抵销，以剔除加总数据中重复计算的因素，这就需要根据个别财务报表及其附注中提供的有关资料编制抵销分录。编制抵销分录是编制合并财务报表的关键步骤。抵销分录编制得是否真实、完整、准确，直接影响到合并工作底稿中合并数的有用性。

为缩减合并工作底稿的篇幅，统一排列调整分录和抵销分录的顺序号，本书将调整分录和抵销分录不再区分，通称为抵销分录。

（四）计算合并财务报表各项目的合并金额

在个别财务报表加总后的合计数的基础上，根据抵销分录，加上该项目的调增金

额,减去该项目的减少金额,即可求得合并财务报表各该项目的合并金额。具体计算方法如下:

1. 资产类、成本费用类和利润分配类的各项目,应根据各该项目加总的合计数,加上各该项目抵销分录借方发生额,减去各该项目抵销分录贷方发生额,计算确定其合并金额。

2. 负债类、所有者权益类、收入类和利润类各项目,应根据各该项目加总的合计数,加上各该项目抵销分录贷方发生额,减去各该项目抵销分录借方发生额,计算确定其合并金额。

3. 对于合并非全资子公司资产负债表中的少数股东权益的金额,视同抵销分录借方发生额处理。

(五) 填列合并财务报表

通过上述步骤,在合并工作底稿的"合并金额"栏,已计算确定出合并财务报表中资产、负债、所有者权益、收入、费用和利润各项目的合并金额,可据以填列正式的合并资产负债表、合并利润表和合并利润分配表。

第二节 购并日合并财务报表的编制

一、购并日合并财务报表的特点

为了反映企业集团成立时的财务状况,企业集团中的控股公司(母公司)应在购买日编制母公司和子公司组成的企业集团的合并财务报表。

(一) 非同一控制下购买日合并财务报表的特点

1. 母公司应在购买日编制合并财务报表。非同一控制下母公司应根据母公司和子公司提供的购买日个别财务报表及有关资料,按上一章有关购并日的确定原则,在购买日编制购买日合并财务报表。如果控股合并的购买日正好是6月30日或12月31日,按会计准则规定,上市公司应在6月30日和12月31日提供合并财务报表,那么,这种半年末或年末编制的合并财务报表也正是购买日合并财务报表。

2. 非同一控制下购买日只编制合并资产负债表。在非同一控制下,被合并方自合并当期期初至合并日实现的损益和留存收益均不并入合并方。合并日母公司编制企业集团合并财务报表只有母公司自身当年已实现的利润和留存收益,合并日编制的合并利润表和合并所有者权益变动表,实际上就是母公司自身的个别利润表和所有者权益变动表,无须其他合并财务报表。

3. 购买日合并财务报表的编制可以采用简便的方法。如前所述,合并财务报表有特殊的编制方法,即编制调整分录、抵销分录和工作底稿。非同一控制下企业合并,合并各方属于非关联方关系。因此,在实际工作中,如果涉及的资产、负债、所有者权益项目少,合并各方内部的交易、内部债权债务很少的情况下,在编制购买日合并财务报表时,可以不通过工作底稿程序和调整分录以及抵销分录,而直接依据个别财务报表和有关资料编制合并资产负债表。

4. 购并日少数股东权益的确认。如果子公司为母公司的全资子公司,说明母公司拥有子公司全部股权,母公司对子公司长期股权投资的金额可以和子公司所有者权益各项目的金额直接抵销。如果子公司为母公司的非全资子公司,说明母公司未拥有子公司全部股权,在编制合并财务报表时,需要先将子公司所有者权益总额计算分解为母公司所占的份额和少数股权所占的份额,而少数股权所占有的份额称为少数股东权益。在不同的合并理论下,对少数股东权益的处理方法是不同的。下文中,我们将依据《企业会计准则第 33 号——合并财务报表》及其应用指南,采用实体理论处理少数股东权益,将少数股东权益在合并资产负债表中所有者权益项目下以"少数股东权益"项目列示。

5. 价值差额和被购买方净资产账面价值的调整。依据我国《企业会计准则第 20 号——企业合并》《企业会计准则第 33 号——合并财务报表》的规定,在非同一控制下的企业合并中采用购买法核算,购买方按取得的被购买方可辨认净资产的公允价值的份额作为长期股权投资的初始投资成本,购买方合并成本大于合并中所取得的被购买方可辨认净资产公允价值份额的差额,在合并财务报表中确认为商誉;购买方合并成本小于合并中所取得的被购买方可辨认净资产公允价值份额的差额,经复核后合并成本仍小于合并中所取得的被购买方可辨认净资产公允价值份额的,其差额在合并财务报表中计入当期损益,以后年度调整期初留存收益。同时,在控股合并方式下,由于企业购并完成后,子公司继续以独立的法人企业存在,并持续经营,因此,在未取得被合并方全部股权的情况下,不允许按评估确认的公允价值调整被购买方的资产、负债和净资产的账面价值。在编制合并财务报表时,应当首先以购买日确定的各项可辨认资产、负债及或有负债的公允价值为基础对子公司的财务报表进行调整,即将各项可辨认资产、负债及或有负债的账面价值调整为公允价值,然后再将母公司的长期股权投资与子公司净资产公允价值予以抵销。可见,合并差额是母公司对子公司表决权资本投资与拥有的子公司净资产账面价值的差额,主要包括两部分:一是母公司对子公司投资成本与子公司净资产公允价值的差额,该种差额称为合并商誉和合并损益;二是子公司净资产公允价值与其账面价值之间的差额,该种差额称为价值差额。

(二) 同一控制下购买日合并财务报表的特点

在我国,同一控制下的企业合并应采用权益结合法进行企业合并的会计处理。企业合并形成母子公司关系的,母公司应当编制合并日的合并财务报表。同一控制下合并财务报表表现出以下特点:

1. 母公司应在合并日编制合并财务报表。同一控制下母公司应根据母公司和子公司提供的购买日个别财务报表及有关资料,按上一章有关原则确定购买日,并编制购买日合并财务报表。如果控股合并的购买日正好是6月30日或12月31日,按会计准则规定,上市公司应在6月30日和12月31日提供合并财务报表,那么,这种半年末或年末编制的合并财务报表也正是购买日合并财务报表。

2. 在合并日除了需要编制合并资产负债表外,还需要编制合并利润表和合并现金流量表。由于同一控制下将企业合并视为合并前各企业股东权益在合并后新企业的联合和继续,因此,被合并方在合并前当年实现的利润、留存收益也要包括在合并后企业利润和留存收益中;同时,合并前被合并方的现金流入、流出也需要纳入合并后企业的现金流量中。为此,在合并日,母公司不仅需要编制合并资产负债表,还需要编制合并利润表和合并现金流量表。

3. 纳入合并范围被合并方的各项资产、负债及净资产,应当按其账面价值计量,因被合并方采用的会计政策与合并方不一致的,应按规定进行调整,以调整后的账面价值计量。既然同一控制下的权益结合法将企业合并视为股东权益的结合,而不是合并方购买被合并方产权的交易行为,企业合并时,主要采用发行权益性证券方式以换取被投资单位原有股东的普通股,因此,不论合并方还是被合并方的资产、负债和净资产在合并资产负债表上都按账面价值计量,不需要按公允价值计量,也无须确认商誉或损益。在编制合并日合并资产负债表时,只需抵销母公司对子公司长期股权投资和子公司所有者权益各项目。

4. 在编制合并日合并利润表和合并现金流量表时,合并利润表应当包括参与合并各方自合并当期期初至合并日所发生的收入、费用和利润。合并现金流量表应当包括参与合并各方自合并当期期初至合并日的现金流量。同时将母公司与子公司、子公司相互之间以现金投资或收购股权增加的投资所产生的现金流量予以抵销。

5. 如果参与合并各方在合并日前没有发生过内部交易,可将母公司和子公司在合并日编制的个别报表上的各相应项目金额直接相加求出合并金额;如果母公司和子公司在合并前的当年发生了相互之间的购销业务或债权、债务,那么,在编制合并日合并财务报表时,除了应抵销母公司对子公司长期股权投资与子公司所有者权益外,还应抵销与内部交易相关的内部销售收入和销售成本、内部利息收入和利息支出、内部应收款项和应付款项、内部现金流量等;如果在合并日前母公司持有子公司部分股权,公司间发放的股利也应予以抵销,其抵销方法详见后文具体内容。

二、非同一控制合并下合并财务报表的编制

(一)拥有子公司全部股权合并财务报表的编制

当投资企业取得被购买方全部股权时,会计核算主要包括以下内容:①个别报表层面,甲公司应按支付合并对价的公允价值确认长期股权投资的初始成本;②在合并报表层面,在编制合并财务报表工作底稿时,应将被合并方的各项资产、负债的账面价值调整为公允价值;③子公司资产的公允价值与原账面价值形成的暂时性差异,确认递延所得税资产或递延所得税负债;④将母公司对子公司长期股权投资与子公司的所有者权益进行抵销;⑤合并日母公司与子公司之间内部债券、债务等项目抵销。举例说明如下。

【例8-1】甲公司和乙公司为非同一控制下的企业,2×16年12月31日,甲公司以控股合并方式购买乙公司全部股权,采用购买法核算。甲公司支付7 500 000元购入被购买方的全部股份,甲公司的应收账款中应收乙公司的货款100 000元。甲公司和乙公司于2×16年12月31日合并前个别资产负债表如表8-2所示。

表8-2　　　　　　　　　　甲、乙公司资产负债表

2×16年12月31日　　　　　　　　　　单位:万元

项　目	甲公司	乙公司	
		账面价值	公允价值
货币资金(银行存款)	850	40	40
应收账款	30	120	100
存货	70	300	290
固定资产	750	600	670
无形资产	150	30	30
资产总计	1 850	1 090	1 130
短期借款	400	220	220
应付账款	180	26	26
长期借款	220	100	100
长期应付款	80	60	60
负债合计	880	406	406

续表

项 目	甲公司	乙公司	
		账面价值	公允价值
实收资本（股本）	530	500	500
资本公积	64	80	120
盈余公积	200	60	60
未分配利润	176	44	44
所有者权益合计	970	684	724
负债及所有者权益总计	1 850	1 090	1 130

甲公司应编制如下会计分录：

借：长期股权投资　　　　　　　　　　　　　　　　　　　　　　7 500 000
　　贷：银行存款　　　　　　　　　　　　　　　　　　　　　　7 500 000

在购买日合并财务报表中将子公司资产、负债的账面价值调整为公允价值，编制调整分录：

（1）借：固定资产　　　　　　　　　　　　　　　　　　　　　　700 000
　　　　贷：应收账款　　　　　　　　　　　　　　　　　　　　　200 000
　　　　　　存货　　　　　　　　　　　　　　　　　　　　　　　100 000
　　　　　　资本公积　　　　　　　　　　　　　　　　　　　　　400 000

依据表 8-2 资料，子公司资产的公允价值与原账面价值形成的暂时性差异，确认递延所得税资产或递延所得税负债。

（2）借：递延所得税资产　　　　　　　　　　　　　　　　　　　75 000
　　　　　资本公积　　　　　　　　　　　　　　　　　　　　　100 000
　　　　贷：递延所得税负债　　　　　　　　　　　　　　　　　175 000

根据一体化原则，甲公司对乙公司的长期股权投资，并不引起企业集团资产、负债和所有者权益的增减变动。但是，将甲公司、乙公司的个别资产负债表相关项目加总，所有者权益增加了 6 840 000 元。同时，甲公司以 7 500 000 元取得了乙公司全部股权，并不因此而引起企业集团对外长期股权投资的增加，只是将甲公司的 7 500 000 元资金拨付给乙公司。但是，将甲公司、乙公司个别资产负债表相关项目加总，使得长期股权投资增加了 7 500 000 元。因此，在编制合并财务报表时，必须将母公司对子公司长期股权投资项目与子公司所有者权益各项目予以抵销。应编制如下抵销分录：

(3)借:实收资本 5 000 000
　　　资本公积 (800 000+400 000-100 000)1 100 000
　　　盈余公积 600 000
　　　未分配利润 440 000
　　　商誉 360 000
　　贷:长期股权投资 7 500 000
(4)借:应付账款 100 000
　　贷:应收账款 100 000

甲公司所编制的合并工作底稿和购买日合并资产负债表见表8-3和表8-4。

表8-3　　　　　　　　　　甲公司合并工作底稿

2×16年12月31日　　　　　　　　　　　　单位:万元

项 目	甲公司	乙公司	合计	抵销分录 借方	抵销分录 贷方	合并数
货币资金	100	40	140			140
应收账款	30	120	150		(1)20(4)10	120
存货	70	300	370		(1)10	360
长期股权投资	750		750		(3)750	0
固定资产	750	600	1 350	(1)70		1 420
无形资产	150	30	180			180
商誉				(3)36		36
递延所得税资产				(2)7.5		7.5
资产总计	1 850	1 090	2 940	113.5	790	2 263.5
短期借款	400	220	620			620
应付账款	180	26	206	(4)10		196
长期借款	220	100	320			320
长期应付款	80	60	140			140
递延所得税负债					(2)17.5	17.5
负债合计	880	406	1 286	10	17.5	1 293.5

续表

项目	甲公司	乙公司	合计	抵销分录 借方	抵销分录 贷方	合并数
股本	530	500	1 030	(3)500		530
资本公积	64	80	144	(2)10(3)110	(1)40	64
盈余公积	200	60	260	(3)60		200
未分配利润	176	44	220	(3)44		176
所有者权益合计	970	684	1 654	724	40	970
负债及所有者权益总计	1 850	1 090	2 940	734	57.5	2 263.5

经过上述抵销后,母公司对子公司的表决权资本投资被并入合并财务报表的子公司的各项资产和负债所取代,即被子公司的净资产金额所取代,子公司的所有者权益各项目被母公司的所有者权益所取代。在子公司为母公司全资子公司的情况下,子公司的投资者就是母公司,子公司的所有者权益是母公司所有者权益中的一部分。对于企业集团而言,合并财务报表反映的所有者权益就是母公司的所有者权益,所反映的长期股权投资是企业集团中的成员企业对企业集团以外的单位和个人的投资。

表 8-4　　　　　　　　　甲公司合并资产负债表

编制单位:甲公司　　　　2×16 年 12 月 31 日　　　　单位:万元

资产	期末余额	年初余额	负债和所有者权益	期末余额	年初余额
流动资产:		（略）	流动负债:		（略）
货币资金	140		短期借款	620	
以公允价值计量且其变动计入当期损益的金融资产			以公允价值计量且其变动计入当期损益的金融负债		
衍生金融资产			衍生金融负债		
应收票据			应付票据		
应收账款	120		应付账款	196	
预付款项			预收款项		
应收利息			应付职工薪酬		

续表

资产	期末余额	年初余额	负债和所有者权益	期末余额	年初余额
应收股利			应交税费		
其他应收款			应付利息		
存货	360		应付股利		
一年内到期的非流动资产			其他应付款		
其他流动资产			一年内到期的非流动负债		
			其他流动负债		
流动资产合计	620		流动负债合计	816	
非流动资产：			非流动负债：		
其他债权投资			长期借款	320	
债权投资			应付债券		
长期应收款			长期应付款	140	
长期股权投资			专项应付款		
投资性房地产			预计负债		
固定资产	1 420		递延所得税负债	17.5	
在建工程			其他非流动负债		
工程物资			非流动负债合计	477.5	
固定资产清理			负债合计	1 293.5	
生产性生物资产			股东权益：		
油气资产			实收资本(或股本)	530	
无形资产	180		其他权益工具		
开发支出			其中:优先股		
合并商誉	36		永续股		
长期待摊费用			资本公积	64	
递延所得税资产	7.5		减：库存股		
其他非流动资产			其他综合收益		
非流动资产合计	1 643.5		专项储备		

续表

资　产	期末余额	年初余额	负债和所有者权益	期末余额	年初余额
			盈余公积	200	
			未分配利润	176	
			归属于母公司股东权益合计	970	
			少数股东权益		
资产总计	2 263.5		负债及所有者权益合计	2 263.5	

【例8-2】沿用例8-1资料,假设甲公司采取定向增发本公司股票的方式,以每股面值1元、市价1.5元的本公司4 000 000股股票,获取乙公司全部股权。购买日甲公司应编制如下会计分录:

借:长期股权投资　　　　　　　　　　　　　　　　　　　　　6 000 000
　贷:股本　　　　　　　　　　　　　　　　　　　　　　　　　4 000 000
　　　资本公积　　　　　　　　　　　　　　　　　　　　　　　2 000 000

在购买日合并财务报表中将子公司资产、负债的账面价值调整为公允价值,编制调整分录:

(1)借:固定资产　　　　　　　　　　　　　　　　　　　　　　700 000
　　贷:应收账款　　　　　　　　　　　　　　　　　　　　　　200 000
　　　　存货　　　　　　　　　　　　　　　　　　　　　　　　100 000
　　　　资本公积　　　　　　　　　　　　　　　　　　　　　　400 000

依据表8-2资料,子公司资产的公允价值与原账面价值形成暂时性差异,确认递延所得税资产或递延所得税负债。

(2)借:递延所得税资产　　　　　　　　　　　　　　　　　　　75 000
　　　资本公积　　　　　　　　　　　　　　　　　　　　　　100 000
　　贷:递延所得税负债　　　　　　　　　　　　　　　　　　　175 000

将母公司对子公司长期股权投资项目与子公司所有者权益各项目予以抵销,应编制如下抵销分录:

(3)借:实收资本　　　　　　　　　　　　　　　　　　　　　5 000 000
　　　资本公积　　　　　　　(800000+400000-100 000)1 100 000
　　　盈余公积　　　　　　　　　　　　　　　　　　　　　　600 000
　　　未分配利润　　　　　　　　　　　　　　　　　　　　　440 000
　　贷:长期股权投资　　　　　　　　　　　　　　　　　　　6 000 000

营业外收入(未分配利润)   1 140 000
(4)借:应付账款   100 000
    贷:应收账款   100 000

甲公司所编制的合并工作底稿和购买日合并资产负债表略。

(二)拥有子公司部分股权合并财务报表的编制

当投资企业取得被购买方部分股权时,会计核算主要包括以下内容:①个别报表层面,甲公司应按支付合并对价的公允价值确认长期股权投资的初始成本;②在合并报表层面,在编制合并财务报表工作底稿时,应将被合并方的各项资产、负债的账面价值调整为公允价值;③子公司资产的公允价值与原账面价值形成的暂时性差异,确认递延所得税资产或递延所得税负债;④将母公司对子公司长期股权投资以及少数股东权益与子公司的所有者权益进行抵销;⑤合并日母公司与子公司之间内部债券、债务等项目的抵销。举例说明如下。

【例8-3】甲公司和乙公司为非同一控制下的企业,2×16年12月31日,甲公司以控股合并方式购买乙公司部分股权,采用购买法核算。甲公司支付6 000 000元购入被购买方的80%股份,甲公司的应收账款中应收乙公司的货款为100 000元。甲公司和乙公司2×16年12月31日合并前个别资产负债表见表8-2所示。

甲公司应编制如下会计分录:
借:长期股权投资   6 000 00
    贷:银行存款   6 000 000

在购买日合并财务报表中将子公司资产、负债的账面价值调整为公允价值,编制调整分录:

(1)借:固定资产   700 000
    贷:应收账款   200 000
       存货   100 000
       资本公积   400 000

依据表8-2资料,子公司资产的公允价值与原账面价值形成的暂时性差异,确认递延所得税资产或递延所得税负债。

(2)借:递延所得税资产   75 000
      资本公积   100 000
    贷:递延所得税负债   175 000

根据一体化原则,甲公司对乙公司的长期股权投资,并不引起企业集团资产、负债和所有者权益的增减变动。但是,将甲公司、乙公司的个别资产负债表相关项目加总,所有者权益增加了6 840 000元。同时,甲公司以6 000 000元取得了乙公司部分股权,并不因此而引起企业集团对外长期股权投资的增加,而只是将甲公司的6 000 000元资金拨付给乙公司。但是,将甲公司、乙公司个别资产负债表相关项目加总,使得长期股权投资增加了6 000 000元。因此,在编制合并财务报表时,必须将母公司对子公司长期股权投资项目以及少数股东权益与子公司所有者权益各项目予以抵销。应编制如下抵销分录:

属于母公司的合并商誉=6 000 000-(7 240 000×80%)=208 000(元)

(3)借:实收资本　　　　　　　　　　　　　　　　　　　　5 000 000
　　　资本公积　　　　　　　　　(800 000+400000-100 000)1 100 000
　　　盈余公积　　　　　　　　　　　　　　　　　　　　　　600 000
　　　未分配利润　　　　　　　　　　　　　　　　　　　　　440 000
　　　商誉　　　　　　　　　　　　　　　　　　　　　　　　288 000
　　贷:长期股权投资　　　　　　　　　　　　　　　　　　6 000 000
　　　少数股东权益　　　　　　　　　　　　　　　　　　　1 428 000

说明:上述商誉288 000元(6 000 000-7 140 000×80%),是指属于母公司的商誉,不包括属于少数股东的商誉。由于上述(2)会计分录确认了递延所得税冲减资本公积100 000元,导致乙公司所有者权益总额减至7 140 000元,导致商誉增加8 000元。

(4)借:应付账款　　　　　　　　　　　　　　　　　　　　　100 000
　　贷:应收账款　　　　　　　　　　　　　　　　　　　　　100 000

甲公司所编制的合并工作底稿和购买日合并资产负债表见表8-5和表8-6。

表8-5　　　　　　　　　　　　甲公司合并工作底稿

2×16年12月31日　　　　　　　　　　　　　　单位:万元

项　目	甲公司	乙公司	合计	抵销分录		少数股东权益	合并数
				借方	贷方		
货币资金	250	40	290				290
应收账款	30	120	150		(1)20(4)10		120
存货	70	300	370		(1)10		360
长期股权投资	600		600		(3)600		0
固定资产	750	600	1 350	(1)70			1 420
无形资产	150	30	180				180
商誉	0	0	0	(3)28.8			28.8

续表

项目	甲公司	乙公司	合计	抵销分录 借方	抵销分录 贷方	少数股东权益	合并数
递延所得税资产	0	0	0	(2)7.5			7.5
资产总计	1 850	1 090	2 940	106.3	640		2 406.3
短期借款	400	220	620				620
应付账款	180	26	206	(4)10			196
长期借款	220	100	320				320
长期应付款	80	60	140				140
递延所得税负债	0	0	0		(2)17.5		17.5
负债合计	880	406	1 286	10	17.5		1 293.5
股本	530	500	1 030	(3)500			530
资本公积	64	80	144	(2)10(3)110	(1)40		64
盈余公积	200	60	260	(3)60			200
未分配利润	176	44	220	(3)44			176
所有者权益合计	970	684	1 654	724	40		970
少数股东权益						(3)142.8	142.8
负债及所有者权益总计	1 850	1 090	2 940	734	57.5	142.8	2 406.3

表 8-6 　　　　　　　　　　甲公司合并资产负债表　　　　　　　　　　会合 01 表

编制单位:甲公司　　　　　　2×16 年 12 月 31 日　　　　　　　　单位:万元

资　产	期末余额	年初余额	负债和所有者权益	期末余额	年初余额
流动资产:		（略）	流动负债:		（略）
货币资金	290		短期借款	620	
以公允价值计量且其变动计入当期损益的金融资产			以公允价值计量且其变动计入当期损益的金融负债		
衍生金融资产			衍生金融负债		

续表

资产	期末余额	年初余额	负债和所有者权益	期末余额	年初余额
应收票据			应付票据		
应收账款	120		应付账款	196	
预付款项			预收款项		
应收利息			应付职工薪酬		
应收股利			应交税费		
其他应收款			应付利息		
存货	360		应付股利		
一年内到期的非流动资产			其他应付款		
其他流动资产			一年内到期的非流动负债		
			其他流动负债		
流动资产合计	770		流动负债合计	816	
非流动资产：			非流动负债：		
其他债权投资			长期借款	320	
债权投资			应付债券		
长期应收款			长期应付款	140	
长期股权投资			专项应付款		
投资性房地产			预计负债		
固定资产	1 420		递延所得税负债	17.5	
在建工程			其他非流动负债		
工程物资			非流动负债合计	477.5	
固定资产清理			负债合计	1 293.5	
生产性生物资产			股东权益：		
油气资产			实收资本(或股本)	530	
无形资产	180		其他权益工具		

续表

资　产	期末余额	年初余额	负债和所有者权益	期末余额	年初余额
开发支出			其中:优先股		
合并商誉	28.8		永续股		
长期待摊费用			资本公积	64	
递延所得税资产	7.5		减:库存股		
其他非流动资产			其他综合收益		
非流动资产合计	1 636.3		专项储备		
			盈余公积	200	
			未分配利润	176	
			归属于母公司股东权益合计	970	
			少数股东权益	142.8	
资产总计	2 406.3		负债及所有者权益合计	2 406.3	

【例8-4】沿用例8-1资料,假设甲公司采取定向增发本公司股票的方式,以每股面值1元,市价1.5元的本公司3 200 000股股票换取乙公司80%股权。购买日甲公司应编制如下会计分录:

借:长期股权投资　　　　　　　　　　　　　　　　　　　　4 800 000
　贷:股本　　　　　　　　　　　　　　　　　　　　　　　3 200 000
　　　资本公积　　　　　　　　　　　　　　　　　　　　　1 600 000

在购买日合并财务报表中将子公司资产、负债的账面价值调整为公允价值,编制调整分录:

(1)借:固定资产　　　　　　　　　　　　　　　　　　　　700 000
　　贷:应收账款　　　　　　　　　　　　　　　　　　　　200 000
　　　　存货　　　　　　　　　　　　　　　　　　　　　　100 000
　　　　资本公积　　　　　　　　　　　　　　　　　　　　400 000

依据表8-2资料,子公司资产的公允价值与原账面价值形成的暂时性差异,确认递延所得税资产或递延所得税负债。

(2)借:递延所得税资产　　　　　　　　　　　　　　　　　75 000
　　　资本公积　　　　　　　　　　　　　　　　　　　　　100 000

贷：递延所得税负债　　　　　　　　　　　　　　　　　　　175 000

将母公司对子公司长期股权投资项目与子公司所有者权益各项目予以抵销。应编制如下抵销分录：

合并商誉＝4 800 000－（7 140 000×80%）＝－912 000 元

(3) 借：实收资本　　　　　　　　　　　　　　　　　　　5 000 000
　　　　资本公积　　　　　　　　　　　　　　　　　　　1 100 000
　　　　盈余公积　　　　　　　　　　　　　　　　　　　　 600 000
　　　　未分配利润　　　　　　　　　　　　　　　　　　　 440 000
　　　贷：长期股权投资　　　　　　　　　　　　　　　　　4 800 000
　　　　　少数股东权益　　　　　　　　　　　　　　　　　1 428 000
　　　　　营业外收入（未分配利润）　　　　　　　　　　　　912 000

说明：上述合并损益反映的是属于母公司合并损益，不包括少数股东权益的合并损益。

(4) 借：应付账款　　　　　　　　　　　　　　　　　　　　100 000
　　　贷：应收账款　　　　　　　　　　　　　　　　　　　　100 000

甲公司所编制的合并工作底稿和购买日合并资产负债表略。

(三) 通过多次交易分步实现企业合并的合并财务报表的编制

在非同一控制的条件下，如果企业合并并非通过一次交换交易实现，而是通过多次交换交易分步实现的，企业在每一单项交易发生时，应确认对被投资单位的投资。投资企业在持有被投资单位的部分股权后，通过增加持股比例等达到对被投资单位控制的，购买方应当区分个别财务报表和合并财务报表分别进行处理。

1. 个别财务报表。在个别财务报表中，购买方应当以购买日之前所持被购买方的股权投资的账面价值与购买日新增股权投资成本之和，作为该项投资的初始投资成本。购买日之前持有的被购买方的股权涉及其他综合收益的，应当在处置该项投资时将与其相关的其他综合收益转入当期投资收益，并按以下原则进行会计处理：

(1) 购买方于购买日之前持有的被购买方的股权投资，保持其账面价值不变。其中，购买日前持有的股权投资作为长期股权投资并采用权益法核算的，为权益法核算下至购买日应有的账面价值；购买日前持有的股权投资作为金融资产并按公允价值计量的，为至购买日的账面价值。

(2) 追加的投资，按照购买日支付对价的公允价值计量，并确认长期股权投资。购买方应当以购买日之前所持被购买方的股权投资的账面价值与购买日新增投资成本之和，作为该项投资的初始投资成本。

相关计算公式如下：

$$\text{购买日初始投资成本} = \text{购买日之前所持被购买方的股权投资于购买日的账面价值（原投资按公允价值计量，即为购买日公允价值）} + \text{购买日新增投资成本}$$

(3)购买方对于购买日之前持有的被购买方的股权投资涉及其他综合收益的,例如,购买方原持有的股权投资按照权益法核算时,被购买方持有的其他权益工具投资公允价值变动确认的其他综合收益,购买方按持股比例计算应享有的份额并确认为其他综合收益的部分,不予处理。待购买方出售被购买方股权时,再将出售股权相对应的其他综合收益部分转入出售当期的损益。

(4)如果通过多次交易实现非同一控制下吸收合并的,按照非同一控制下吸收合并的原则进行会计处理。

2. 合并报表。在合并财务报表中,购买方对于购买日之前持有的被购买方的股权,应当按照该股权在购买日的公允价值进行重新计量,并按照以下原则处理:

(1)购买方对于购买日之前持有的被购买方的股权,按照该股权在购买日的公允价值进行重新计量,公允价值与其账面价值的差额计入当期投资收益。

(2)购买日之前持有的被购买方的股权于购买日的公允价值,与购买日新购入股权所支付对价的公允价值之和,为合并财务报表中的合并成本。

$$\text{合并成本} = \text{购买日之前持有的被购买方于购买日的公允价值} + \text{购买日新购入股权所支付对价的公允价值}$$

(3)在按上述计算的合并成本基础上,比较购买日被购买方可辨认净资产公允价值的份额,确定购买日应予确认的商誉,或者应计入发生当期损益的金额。

(4)购买方对于购买日之前持有的被购买方的股权涉及其他综合收益的,与其相关的其他综合收益应当转为购买日所属当期投资收益。

【例8-5】长江公司于2×18年1月1日以货币3 100万元取得了大海公司30%的有表决权股份,对大海公司能够施加重大影响,大海公司当日辨认净资产的公允价值为11 000万元。2×18年1月1日,大海公司除一项固定资产公允价值与其账面价值不同外,其他资产和负债公允价值与账面价值均相等。该固定资产的公允价值为300万元,账面价值为100万元,剩余使用年限10年,采用年限平均法计提折旧,无残值。

大海公司2×18年度实现净利润1 000万元,未发放现金股利,因其他权益工具投资公允价值变动增加其他综合收益200万元。

2×19年1月1日,长江公司以货币资金5 220万元进一步取得大海公司40%的有表决权股份,因此取得了控制权。大海公司在该日所有者权益的账面价值为12 000万元,其中:股本5 000万元,资本公积1 200万元,其他综合收益1 000万元,盈余公积480万元,未分配利润4 320万元;可辨认净资产的公允价值为12 300万元。2×19年1月1日,大海公司除一项固定资产的公允价值与其账面价值不同外,其他资产和负债的公允价值与账面价值均相等。当日该固定资产的公允价值为390万元,账面价值为90万元,剩余使用年限9年,采用年限平均法计提折旧,无残值。长江公司和大海公司属于非同一控制下的公司。

假定:①原30%股权在该购买日的公允价值为3 915万元。②不考虑所得税和内部交易的影响。

要求:

(1)编制2×18年1月1日至2×19年1月1日长江公司对大海公司长期股权投资的会计分录。

(2)计算2×19年1月1日长江公司追加投资后个别财务报表中长期股权投资的账面价值。

(3)计算长江公司对大海公司投资形成的商誉的金额。

(4)编制在购买日合并财务报表工作底稿中对大海公司个别财务报表进行调整的会计分录。

(5)在购买日合并财务报表工作底稿中编制调整长期股权投资的会计分录。

(6)在合并财务报表工作底稿中编制购买日与投资有关的抵销分录。

解析:

(1)2×18年1月1日确定股权投资初始成本:

借:长期股权投资——投资成本　　　　　　　　　　　　　　　31 000 000
　　贷:银行存款　　　　　　　　　　　　　　　　　　　　　　31 000 000
借:长期股权投资——投资成本　(110 000 000×30% -31 000 000)2 000 000
　　贷:营业外收入　　　　　　　　　　　　　　　　　　　　　 2 000 000

2×18年12月31日,以公允价值为基础的投资收益的调整及其他综合收益的核算。

借:长期股权投资——损益调整
　　　　　　　{[10 000 000-(3 000 000-1 000 000)÷10]×30%}2 940 000
　　贷:投资收益　　　　　　　　　　　　　　　　　　　　　　 2 940 000
借:长期股权投资——其他综合收益　　　　　(2 000 000×30%)600 000
　　贷:其他综合收益　　　　　　　　　　　　　　　　　　　　 6 00 000

2×19年1月1日:

借:长期股权投资——投资成本　　　　　　　　　　　　　　　52 200 000
　　贷:银行存款　　　　　　　　　　　　　　　　　　　　　　52 200 000

(2)个别报表中长期股权投资账面价值 = 36 540 000+52 200 000 = 88 740 000(元)。

(3)长江公司对大海公司投资形成的商誉 = (39 150 000+52 200 000)-123 000 000×

(30% +40%)= 5 250 000(元)。

(4)将大海公司固定资产账面价值调整为公允价值。

借:固定资产 3 000 000
　贷:资本公积 (3 900 000-900 000)3 000 000

(5)将原30%持股比例长期股权投资账面价值调整到购买日公允价值

借:长期股权投资 2 610 000
　贷:投资收益 2 610 000

将原30%持股比例长期股权投资按权益法核算所形成的其他综合收益转入投资收益。

借:其他综合收益 600 000
　贷:投资收益 600 000

(6)抵销分录:

借:股本 50 000 000
　资本公积 (12 000 000+3 000 000)15 000 000
　其他综合收益 10 000 000
　盈余公积 4 800 000
　未分配利润 43 200 000
　商誉 5 250 000
　贷:长期股权投资 (39 150 000+52 200 000)91 350 000
　　少数股东权益 (123 000 000×30%)36 900 000

三、同一控制合并下合并财务报表的编制

依据现行会计准则,同一控制下的控股合并使用权益结合法进行会计核算,由于被合并方自合并当期期初至合并日的损益、留存收益以及现金流量均并入合并后所形成的企业集团中,因此,母公司应在合并日编制合并财务报表,主要编制合并资产负债表、合并利润表和合并现金流量表等合并财务报表。本部分主要涉及合并资产负债表和合并利润表的编制。

(一)拥有被合并方全部股权的合并日合并财务报表的编制

母公司拥有被合并方全部股权时,涉及的会计核算内容主要有:①统一合并各方会计政策、会计期间以及资产负债表日,若被合并方的会计政策、会计期间以及资产负债日等与合并方不一致,应按照与合并方一致的会计政策、会计期间及资产负债表日进行调整。②合并日母公司应将取得被合并方可辨认净资产账面价值的份额,作为从长期股权投资初始投资成本,股权投资成本与所付出的合并对价之间的差额,调整资本公积。③编制合并工作底稿时,母公司合并形成长期股权投资后,母公司的资本公积(股

本溢价)的贷方余额应与被合并方合并前的留存收益属于母公司份额的金额相比较,如前者大于后者时,应全额进行还原,自资本公积项目转入盈余公积和未分配利润项目;若前者小于后者时,应以母公司资本公积(股本溢价)的贷方余额为限,按确定的金额进行还原。④在合并财务报表工作底稿中,母公司对子公司的长期股权投资与子公司的所有者权益各项目进行抵销,编制抵销分录。⑤编制合并日合并财务报表。

【例8-6】甲公司和乙公司为同一控制下的企业,2×16年12月31日,甲公司以控股合并方式购买乙公司全部股权,采用权益结合法核算。甲公司支付6 000 000元购入被购买方的全部股份,甲公司的应收账款中应收乙公司的货款100 000元。假设甲公司和乙公司采用相同的会计政策、会计期间及资产负债表日。甲公司和乙公司2×16年12月31日合并前个别资产负债表见表8-7所示。

表8-7 甲、乙公司资产负债表
2×16年12月31日 单位:万元

项目	甲公司	乙公司 账面价值
货币资金	850	40
应收账款	30	120
存货	70	300
固定资产	750	600
无形资产	150	30
资产总计	1 850	1 090
短期借款	400	220
应付账款	180	26
长期借款	220	100
长期应付款	80	60
负债合计	880	406
实收资本(股本)	530	500
资本公积	64	80
盈余公积	200	60
未分配利润	176	44
所有者权益合计	970	684
负债及所有者权益总计	1 850	1 090

母公司合并时,编制如下会计分录:

借:长期股权投资　　　　　　　　　　　　　　　　　　6 840 000
　贷:银行存款　　　　　　　　　　　　　　　　　　　　6 000 000
　　　资本公积　　　　　　　　　　　　　　　　　　　　　840 000

甲公司编制合并财务报表工作底稿,应将被合并方合并前留存收益属于母公司份额的部分进行还原。本例中合并后母公司资本公积贷方余额为 1 480 000 元(640 000+840 000)大于属于母公司的份额 1 040 000 元,应全额自资本公积转入盈余公积和未分配利润。编制如下调整分录:

(1)借:资本公积　　　　　　　　　　　　　　　　　　1 040 000
　　贷:盈余公积　　　　　　　　　　　　　　　　　　　　600 000
　　　　未分配利润　　　　　　　　　　　　　　　　　　　440 000

将母公司对子公司的长期股权投资与子公司所有者权益各项目以及内部债权、债务进行抵销,编制如下抵消分录:

(2)借:股本　　　　　　　　　　　　　　　　　　　　5 000 000
　　　　资本公积　　　　　　　　　　　　　　　　　　　　800 000
　　　　盈余公积　　　　　　　　　　　　　　　　　　　　600 000
　　　　未分配利润　　　　　　　　　　　　　　　　　　　440 000
　　贷:长期股权投资　　　　　　　　　　　　　　　　　6 840 000
(3)借:应付账款　　　　　　　　　　　　　　　　　　　100 000
　　贷:应收账款　　　　　　　　　　　　　　　　　　　　100 000

甲公司编制的合并财务报表工作底稿如表8-8和表8-9所示。

表8-8　　　　　　　　　　甲公司合并工作底稿
　　　　　　　　　　　2×16年12月31日　　　　　　　　　单位:万元

项　目	甲公司	乙公司	合计	抵销分录		合并数
				借方	贷方	
货币资金	250	40	290			290
应收账款	30	120	150		(3)10	140
存货	70	300	370			370
长期股权投资	684		684		(2)684	0
固定资产	750	600	1 350			1 350
无形资产	150	30	180			180

续表

项 目	甲公司	乙公司	合计	抵销分录 借方	抵销分录 贷方	合并数
资产总计	1 934	1 090	3 024		694	2 330
短期借款	400	220	620			620
应付账款	180	26	206	(3)10		196
长期借款	220	100	320			320
长期应付款	80	60	140			140
负债合计	880	406	1 286	10		1 276
股本	530	500	1 030	(2)500		530
资本公积	148	80	228	(1)104(2)80		44
盈余公积	200	60	260	(2)60	(1)60	260
未分配利润	176	44	220	(2)44	(1)44	220
所有者权益合计	1 054	684	1 738	788	104	1 054
负债及所有者权益总计	1 934	1 090	3 024	798	104	2 330

表 8-9　　　　　　　　　　甲公司合并资产负债表　　　　　　　　会合 01 表

编制单位:甲公司　　　　　　　2×16 年 12 月 31 日　　　　　　　　单位:万元

资产	期末余额	年初余额	负债和所有者权益	期末余额	年初余额
流动资产:		（略）	流动负债:		（略）
货币资金	290		短期借款	620	
以公允价值计量且其变动计入当期损益的金融资产			以公允价值计量且其变动计入当期损益的金融负债		
衍生金融资产			衍生金融负债		
应收票据			应付票据		
应收账款	140		应付账款	196	
预付款项			预收款项		

续表

资　　产	期末余额	年初余额	负债和所有者权益	期末余额	年初余额
应收利息			应付职工薪酬		
应收股利			应交税费		
其他应收款			应付利息		
存货	370		应付股利		
一年内到期的非流动资产			其他应付款		
其他流动资产			一年内到期的非流动负债		
			其他流动负债		
流动资产合计	800		流动负债合计	816	
非流动资产：			非流动负债：		
其他债权投资			长期借款	320	
债权投资			应付债券		
长期应收款			长期应付款	140	
长期股权投资			专项应付款		
投资性房地产			预计负债		
固定资产	1 350		递延所得税负债		
在建工程			其他非流动负债		
工程物资			非流动负债合计	460	
固定资产清理			负债合计	1 276	
生产性生物资产			股东权益：		
油气资产			实收资本(或股本)	530	
无形资产	180		其他权益工具		
开发支出			其中：优先股		

续表

资产	期末余额	年初余额	负债和所有者权益	期末余额	年初余额
合并商誉			永续股		
长期待摊费用			资本公积	44	
递延所得税资产			减:库存股		
其他非流动资产			其他综合收益		
非流动资产合计	1 530		专项储备		
			盈余公积	260	
			未分配利润	220	
			归属于母公司股东权益合计	1 054	
			少数股东权益		
资产总计	2 330		负债及所有者权益合计	2 330	

【例8-7】沿用例8-6资料,假设2×16年12月31日,甲公司以定向增发本企业股票的方式换取乙公司全部股份。甲公司发行6 500 000股股票换取乙公司股东持有的被购买方5 000 000股股票,并获得乙公司全部股份。另外支付股票发行费用180 000元。其他资料不变。

甲公司合并时,编制如下会计分录:

借:长期股权投资　　　　　　　　　　　　　　　　　　　　6 840 000
　　贷:股本　　　　　　　　　　　　　　　　　　　　　　　6 500 000
　　　　资本公积　　　　　　　　　　　　　　　　　　　　　　340 000
借:资本公积　　　　　　　　　　　　　　　　　　　　　　　　180 000
　　贷:银行存款　　　　　　　　　　　　　　　　　　　　　　180 000

甲公司编制合并财务报表工作底稿时,应将被合并方合并前留存收益属于母公司份额的部分进行还原。本例中合并后母公司资本公积贷方余额为800 000元(640 000+340 000-180 000),小于属于母公司的份额1 040 000元,应以资本公积贷方余额800 000元为限自资本公积转入盈余公积和未分配利润。编制如下调整分录:

转入的盈余公积=800 000×(600 000÷1 040 000)=461 538(元)
转入的未分配利润=800 000×(440 000÷1 040 000)=338 462(元)

(1) 借:资本公积　　　　　　　　　　　　　　　　　　800 000
　　　贷:盈余公积　　　　　　　　　　　　　　　　　　461 538
　　　　未分配利润　　　　　　　　　　　　　　　　　338 462
将母公司对子公司的长期股权投资与子公司所有者权益各项目以及内部债权、债务进行抵销,编制如下抵消分录:
(2) 借:股本　　　　　　　　　　　　　　　　　　　　5 000 000
　　　资本公积　　　　　　　　　　　　　　　　　　　800 000
　　　盈余公积　　　　　　　　　　　　　　　　　　　600 000
　　　未分配利润　　　　　　　　　　　　　　　　　　440 000
　　　贷:长期股权投资　　　　　　　　　　　　　　　6840 000
(3) 借:应付账款　　　　　　　　　　　　　　　　　　　100 000
　　　贷:应收账款　　　　　　　　　　　　　　　　　　100 000
甲公司编制的合并财务报表工作底稿略。

(二)拥有被合并方部分股权合并日合并财务报表的编制

【例8-8】沿用例8-7的资料,假设甲公司定向发行本企业股票5 200 000股,换取乙公司股东持有的乙公司80%的股份,支付股票的发行费用144 000元。其他资料不变。

企业合并时,甲公司应编制如下会计分录:
借:长期股权投资　　　　　　　　　　　　　　　　　5 472 000
　　贷:股本　　　　　　　　　　　　　　　　　　　　5 200 000
　　　　资本公积——资本溢价　　　　　　　　　　　　272 000
借:资本公积——资本溢价　　　　　　　　　　　　　　144 000
　　贷:银行存款　　　　　　　　　　　　　　　　　　144 000

甲公司编制合并财务报表工作底稿时,应将被合并方合并前留存收益属于母公司份额的部分进行还原。本例中合并后母公司资本公积贷方余额为768 000元(640 000+272 000-144 000),小于属于母公司的份额(832 000元),应以资本公积贷方余额768 000元为限,自资本公积转入盈余公积和未分配利润。编制如下调整分录:

　　　　转入的盈余公积=768 000×(480 000÷832 000)=443 077(元)
　　　　转入的未分配利润=768 000×(352 000÷832 000)=324 923(元)
(1) 借:资本公积　　　　　　　　　　　　　　　　　　768 000
　　　贷:盈余公积　　　　　　　　　　　　　　　　　　443 077
　　　　未分配利润　　　　　　　　　　　　　　　　　324 923
将母公司对子公司的长期股权投资与子公司所有者权益各项目以及内部债权、债

务进行抵销,编制如下抵消分录:

(2) 借:股本   5 000 000
    资本公积   800 000
    盈余公积   600 000
    未分配利润   440 000
  贷:长期股权投资   5 472 000
    少数股东权益   1 368 000

(3) 借:应付账款   100 000
  贷:应收账款   100 000

甲公司合并工作底稿以及合并财务报表如表 8-10 和表 8-11 所示。

表 8-10   甲公司合并工作底稿

2×16 年 12 月 31 日   单位:万元

项目	甲公司	乙公司	合计	抵销分录 借方	抵销分录 贷方	少数股东权益	合并数
货币资金	835.6	40	875.6				875.6
应收账款	30	120	150		(3)10		140
存货	70	300	370				370
长期股权投资	547.2		547.2		(2)547.2		0
固定资产	750	600	1 350				1 350
无形资产	150	30	180				180
资产总计	2 382.8	1 090	3 472.8		557.2		2 915.6
短期借款	400	220	620				620
应付账款	180	26	206	(3)10			196
长期借款	220	100	320				320
长期应付款	80	60	140				140
负债合计	880	406	1 286	10			1 276
股本	1 050	500	1 550	(2)500			1 050
资本公积	76.8	80	156.8	(1)76.8 (2)80			0

续表

项目	甲公司	乙公司	合计	抵销分录 借方	抵销分录 贷方	少数股东权益	合并数
盈余公积	200	60	260	(2)60	(1)44.307 7		244.307 7
未分配利润	176	44	220	(2)44	(1)32.492 3		208.492 3
所有者权益合计	1 502.8	684	2 186.8	760.8	76.8		1 502.8
少数股东权益						(3)136.8	136.8
负债及所有者权益总计	2 382.8	1 090	3472.8	770.8	76.8	136.8	2 915.6

表 8-11　　　　　　　　　甲公司合并资产负债表　　　　　　　会合 01 表
编制单位:甲公司　　　　　　　2×16 年 12 月 31 日　　　　　　　单位:万元

资产	期末余额	年初余额	负债和所有者权益	期末余额	年初余额
流动资产:		(略)	流动负债:		(略)
货币资金	875.6		短期借款	620	
以公允价值计量且其变动计入当期损益的金融资产			以公允价值计量且其变动计入当期损益的金融负债		
衍生金融资产			衍生金融负债		
应收票据			应付票据		
应收账款	140		应付账款	196	
预付款项			预收款项		
应收利息			应付职工薪酬		
应收股利			应交税费		
其他应收款			应付利息		
存货	370		应付股利		
一年内到期的非流动资产			其他应付款		
其他流动资产			一年内到期的非流动负债		

续表

资　产	期末余额	年初余额	负债和所有者权益	期末余额	年初余额
			其他流动负债		
流动资产合计	1 385.6		流动负债合计	816	
非流动资产：			非流动负债：		
其他债权投资			长期借款	320	
债权投资			应付债券		
长期应收款			长期应付款	140	
长期股权投资			专项应付款		
投资性房地产			预计负债		
固定资产	1 350		递延所得税负债		
在建工程			其他非流动负债		
工程物资			非流动负债合计	460	
固定资产清理			负债合计	1 276	
生产性生物资产			股东权益：		
油气资产			实收资本(或股本)	1 050	
无形资产	180		其他权益工具		
开发支出			其中:优先股		
合并商誉			永续股		
长期待摊费用			资本公积	0	
递延所得税资产			减:库存股		
其他非流动资产			其他综合收益		
非流动资产合计	1 530		专项储备		
			盈余公积	244.307 7	
			未分配利润	208.492 3	
			归属于母公司股东权益合计	1 502.8	
			少数股东权益	136.8	
资产总计	2 915.6		负债及所有者权益合计	2 915.6	

(三)通过多次交易实现合并的合并财务报表的编制

在同一控制的条件下,如果企业合并并非通过一次交换交易实现,而是通过多次交换交易分步实现,企业在每一单项交易发生时,应确认对被购买方的投资。投资企业在持有被投资单位的部分股权后,通过增加持股比例等达到对被投资单位控制的,购买方应当区分个别财务报表和合并财务报表分别进行处理:

1. 个别财务报表。通过多次交易分步实现同一控制下企业合并,合并日,将取得被合并方所有者权益账面价值的份额作为长期股权投资的初始投资成本,合并日长期股权投资初始投资成本,与达到合并前的长期股权投资账面价值加上合并日取得股份新支付对价的公允价值(应为账面价值)之和的差额,调整资本公积(资本溢价或股本溢价),资本公积不足冲减的,冲减留存收益。合并日之前持有的被合并方的股权涉及其他综合收益的也直接转入资本公积(资本溢价或股本溢价)。具体计算公式如下:

$$合并日初始投资成本 = 合并日相对于最终控制方而言的被合并方所有者权益账面价值 \times 全部持股比例 + 最终控制方收购被合并方而形成的商誉$$

$$新增投资部分初始投资成本 = 合并日初始投资成本 - 原长期股权投资账面价值$$

按以下原则进行会计处理:

(1)合并方于合并日之前持有的被合并方的股权投资,保持其账面价值不变。其中,合并日前持有的股权投资作为长期股权投资并采用权益法核算的,为权益法核算下至合并日应有的账面价值;合并日前持有的股权投资作为金融资产并按公允价值计量的,为至合并日的账面价值。

(2)这里所谓的被合并方账面所有者权益,是指被合并方的所有者权益相对于最终控制方而言的账面价值。如果被合并方本身编制合并财务报表的,被合并方的账面所有者权益的价值应当以其合并财务报表为基础确定。

(3)如果通过多次交易实现同一控制下吸收合并的,按照同一控制下吸收合并相同的原则进行会计处理。

2. 合并财务报表。多次交易分步实现的同一控制下企业合并,合并日原所持股权采用权益法核算,按被投资单位实现净利润和原持股比例计算确认的损益、其他综合收益及其他净资产变动部分,在合并财务报表中予以冲回,即冲回原权益法下确认的损益和其他综合收益,并转入资本公积(资本溢价或股本溢价)。

合并方的财务报表比较数据追溯调整的期间应不早于双方处于最终控制方的控制之下孰晚的时间。

【例8-9】甲公司于2×18年1月1日以货币资金3 400万元取得了A公司30%的有表决权股份,对A公司能够施加重大影响,当日A公司的可辨认净资产的公允价值是11 000万元(与账面价值相等)。

A 公司 2×18 年度实现净利润 1 000 万元,未发放现金股利,因其他权益工具投资公允价值变动增加其他综合收益 200 万元。

2×19 年 1 月 1 日,甲公司从集团内部以货币资金 5 000 万元进一步取得 A 公司 40% 的有表决权股份,能够对 A 公司实施控制。合并日,A 公司的所有者权益的账面价值为 12 200 万元,与最终控制方持续计算的账面价值相等(最终控制方此前编制合并财务报表时有商誉 100 万元),其中:股本 5 000 万元,资本公积 5 200 万元,其他综合收益 200 万元,盈余公积 480 万元,未分配润 1 320 万元。

假定:①甲公司 2×19 年 1 月 1 日"资本公积——资本溢价"金额为 2 000 万元;②不考虑所得税和内部交易的影响。

要求:

(1)编制 2×18 年 1 月 1 日至 2×19 年 1 月 1 日甲公司对 A 公司长期股权投资时的会计分录。

(2)编制合并日在合并财务报表工作底稿相关会计分录。

解析:

(1)个别报表。

2×18 年 1 月 1 日:

借:长期股权投资——投资成本　　　　　　　　　　　　　　34 000 000

　　贷:银行存款　　　　　　　　　　　　　　　　　　　　　34 000 000

2×18 年 12 月 31 日:

借:长期股权投资——损益调整　　　　　(10 000 000×30%)3 000 000

　　贷:投资收益　　　　　　　　　　　　　　　　　　　　　3 000 000

借:长期股权投资——其他综合收益　　　　(2 000 000×30%)600 000

　　贷:其他综合收益　　　　　　　　　　　　　　　　　　　600 000

2×19 年 1 月 1 日:

合并日长期股权投资初始投资成本 = 122 000 000× 70%+1 000 000 = 86 400 000(元)

新增长期股权成本 = 86 400 000−(34 000 000+3 000 000+600 000) = 48 800 000(元)

借:长期股权投资　　　　　　　　　　　　　　　　　　　　48 800 000

　　资本公积——股本溢价　　　　　　　　　　　　　　　　　1 200 000

　　贷:银行存款　　　　　　　　　　　　　　　　　　　　　50 000 000

(2)合并财务报表。

调整权益法核算:

借:投资收益　　　　　　　　　　　　　　　　　　　　　　3 000 000

　　贷:资本公积——股本溢价　　　　　　　　　　　　　　　3 000 000

借:其他综合收益 600 000
　　贷:资本公积——股本溢价 600 000
编制合并日抵销分录:
借:股本 50 000 000
　　资本公积 52 000 000
　　其他综合收益 2 000 000
　　盈余公积 4 800 000
　　未分配利润 13 200 000
　　商誉 1 000 000
　贷:长期股权投资 86 400 000
　　少数股东权益 (12 200 000×30%)36 600 000
将合并日抵销的盈余公积和未分配利润予以恢复:
借:资本公积——股本溢价 12 600 000
　贷:盈余公积 (4 800 000×70%)3 360 000
　　未分配利润 (13 200 000×70%)9 240 000
甲公司合并工作底稿和合并财务报表的编制与一次交易实现合并的程序和方法相同。

第三节　购并当年的合并财务报表

在企业合并以后各会计期间,不论是同一控制下的控股合并还是非同一控制下的控股合并,母公司所编制的购并日后合并财务报表都比购并日复杂得多。这是因为:①需要编制的合并财务报表种类多了,为了全面、完整地反映企业集团的财务状况、经营成果和现金流量,各报告期末母公司都必须编制合并资产负债表、合并利润表、合并现金流量表和合并所有者权益变动表四张基本报表及其附注说明;②需要抵销的项目多,母公司与子公司以及子公司相互之间会发生商品购销、劳务的供受、债权债务、投资筹资、利润形成与分配等繁多的内部交易,都应予以抵销处理;③涉及内部交易形成的固定资产折旧、无形资产摊销的抵销处理;④涉及内部交易形成资产计提减值准备的抵销处理等。

关于购并当年合并财务报表的编制,需要说明以下几点:
第一,购并当年的合并财务报表,主要是指自购并日至下一个资产负债表日的会计期间编制的合并财务报表。如果购并日是在某一会计年度的年中某一时期,那么并购当年的合并财务报表,是指购买日至本年年末这一时期合并财务报表;若购买日是在某年年末,合并当年合并财务报表是指购买日至下一年年末这一时期合并财务报表。

第二,合并财务报表编制程序中,最关键的环节是编制调整分录、抵销分录和合并工作底稿,因此,我们在论述合并财务报表编制方法时,主要讨论如何编制调整分录和抵销分录,并在工作底稿上计算出各项目的合并金额,不分别单独论述每一张合并财务报表的编制方法。

第三,本节所论述的调整、抵销处理项目,主要涉及合并资产负债表和合并利润表合并金额的编制;本节最后单独探讨合并现金流量表和合并所有制权益变动表的编制。

第四,采用不同的企业合并会计处理方法,其购并日和购并日后的合并财务报表的编制方法都是有区别的。因为购买法下购买日后合并财务报表的编制较为复杂,所以本节将主要以购买法为例说明购并当年合并财务报表的编制方法,而对在权益结合法下购并当年合并财务报表的编制方法仅作简要说明。

一、子公司个别财务报表的调整

在合并当年合并财务报表的编制之前应对子公司的个别财务报表进行调整,以合理、真实地反映企业集团财务状况、经营成果以及现金流量等的财务信息。如前所述,企业控股合并分为同一控制和非同一控制两类,对子公司个别财务报表的调整主要包括以下两个方面。

(一)同一控制下子公司个别财务报表的调整

1. 统一母公司和子公司的会计政策。统一母公司和子公司的会计政策是保证母子公司财务报表各个项目反映内容一致的基础。因此,在编制财务报表之前,应尽可能统一母子公司的会计政策,对一些境外子公司的会计政策与母公司不一致的,应当按照母公司的会计政策对子公司财务报表进行必要的调整。

2. 统一母公司和子公司的资产负债表日和会计期间。合并财务报表和个别财务报表一样,均反映特定日期会计主体的财务状况和一定会计期间会计主体的经营成果及现金流量。因此,只有母公司和子公司的资产负债表日和会计期间一致,根据相同资产负债表日和会计期间的个别财务报表编制的合并财务报表,才能提供企业集团财务状况和经营成果准确、可靠的信息。因此,在编制合并财务报表时,母公司应当统一子公司的资产负债表日和会计期间,如果子公司的资产负债表日和会计期间与母公司不一致的,应当按照母公司的资产负债表日和会计期间对子公司财务报表进行调整。

3. 将外币表示的子公司的财务报表进行折算。在母公司和子公司所采用的货币计量单位不同时,应按母公司记账本位币编制合并财务报表。母公司的境外子公司一般采用所在国或地区的货币作为记账本位币,母公司的外币业务比较多的境内子公司也可能采用某种外币作为记账本位币。为了对母公司和子公司的财务报表进行合并,必须统一计量单位,将子公司提供的外币财务报表折算为母公司记账本位币表示的财务报表。

(二)非同一控制下对子公司个别财务报表的调整

1. 非同一控制下,如果存在子公司的会计政策、会计期间、资产负债表日以及记账本位币与母公司不一致的情况,按上述同一控制调整原则和方法对子公司的个别财务报表进行相应的调整,使其与母公司保持一致。

2. 子公司个别报表的各项资产和负债的账面价值的调整。合并财务报表是以个别报表为基础进行编制的,在合并财务报表工作底稿中,应当根据母公司为该子公司设置的备查簿的记录,以记录的该子公司的各项可辨认资产、负债及或有负债等在购买日的公允价值为基础,通过编制调整分录,对该子公司的个别财务报表进行调整,以使子公司的个别财务报表反映的本期资产负债表日确定的可辨认资产、负债及或有负债以公允价值为基础。

3. 合并当期,子公司可辨认的净资产、负债以公允价值作为账面价值,原账面价值作为计税基础,由此形成暂时性差异,应确认递延所得税资产或递延所得税负债。

4. 对子公司当期实现的净损益进行调整。子公司本期实现的净损益是以其账面价值为基础确认的,长期股权投资权益法要求以被投资单位公允价值基础确认的净损益,投资单位按其享有的以公允价值基础确认的净损益的份额,确认当期投资损益。因此,应对子公司个别利润表所反映的净损益进行调整,使其反映公允价值基础上的净损益。

二、子公司长期股权投资的调整

长期股权投资核算有成本法和权益法两种方法。按照我国《企业会计准则第2号——长期股权投资》的规定,不论是同一控制下的企业合并还是非同一控制下的企业合并,投资企业对被投资单位具有共同控制或重大影响的长期股权投资应当采用权益法核算;投资企业对被投资单位实施控制的长期股权投资采用成本法核算。因此,母公司对子公司的长期股权投资日常核算应当采用成本法。但是,按照我国《企业会计准则第33号——合并财务报表》的规定,在编制合并财务报表时,应当按照权益法调整长期股权投资。

合并报表准则规定,合并财务报表应当以母公司和其子公司的财务报表为基础,根据其他有关资料,按照权益法调整对子公司的长期股权投资后,由母公司编制。在确认应享有子公司净损益的份额时,非同一控制下应以子公司在购买日的公允价值为基础的净损益计算确定,同一控制下应以子公司的净损益直接计算确定。

在合并工作底稿中,编制的抵销分录为:实现净利润时,按应享有的份额,借记"长期股权投资"账目,贷记"投资收益"项目;发生亏损时,编制相反的会计分录。对于当期收到的现金股利,借记"投资收益"项目,贷记"长期股权投资"项目。

对于子公司除净损益以外所有者权益的其他变动,按应享有的份额,借记"长期股权投资"项目,贷记"其他综合收益""资本公积"项目。

【例8-10】甲公司和乙公司为非同一控制下的企业,均为增值税一般纳税企业,有关业务资料如下:

(1)2×16年1月1日,甲公司以25 000 000元取得乙公司80%股权,对乙公司实施控制。2×16年1月1日乙公司所有者权益公允价值为30 000 000元.其中股本20 000 000元,资本公积5 000 000元,盈余公积3 500 000元,未分配利润1 500 000元。

(2)2×16年5月10日,乙公司董事会提出利润分配方案,分配现金股利5 000 000元,提取盈余公积6 000 000元;4月20日股东大会审议通过董事会的利润分配方案,并于当日对外宣告利润分配方案;5月25日,乙公司实际发放现金股利。

(3)2×16年乙公司实现的净利润12 000 000元。

2×16年甲公司资产负债表和利润表有关项目数字如下:

  按成本法确认的长期股权投资项目余额=25 000 000(元)

  按成本法确认的投资收益=5 000 000×80%=4 000 000元

  按权益法确认的长期股权投资项目余额=25 000 000-4 000 000+12 000 000×80%
      =30 600 000(元)

在编制合并财务报表时,将长期股权投资成本法转为权益法,应编制如下调整分录:

  借:长期股权投资   (12 000 000×80%-4 000 000)5 600 000
    贷:投资收益   5 600 000
      合并商誉=25 000 000-30 000 000×80%=1 000 000(元)
  借:长期股权投资   (12 000 000×80%)9 600 000
    贷:投资收益   9 600 000
  借:投资收益   4 000 000
    贷:长期股权投资   4 000 000

三、母公司对子公司长期股权投资项目与子公司所有者权益项目的抵销

(一)非同一控制母公司的长期股权投资与子公司所有者权益项目的抵销

在这种情况下,应按下列程序进行会计处理:①应当调整子公司净资产公允价值大

于账面价值的差额,将子公司相关资产、负债的账面价值调整为公允价值;②将子公司资产、负债公允价值与计税基础形成的暂时性差异确认递延所得税资产或递延所得税负债;③对被投资单位的净利润进行调整,将子公司的净利润调整为公允价值基础的净利润;④将母公司长期股权投资由成本法调整为权益法;⑤将母公司的长期股权投资与子公司的所有者权益项目进行抵销。

【例8-11】沿用例8-3资料,2×16年12月31日,甲公司以6 000 000元购入乙公司的80%股权。2×17年乙公司实现净利润2 000 000元,宣告分派现金股利1 200 000元,提取盈余公积300 000元;甲公司实现净利润3 000 000元,提取盈余公积450 000元,宣告分派现金股利1 700 000元。2×17年12月31日甲公司和乙公司个别资产负债表资料表8-12所示。

表8-12　　　　　　　甲公司和乙公司个别资产负债表资料

2×17年12月31日　　　　　　　　　　单位:万元

资产	甲公司	乙公司	负债及所有者权益	甲公司	乙公司
货币资产	220	130	短期借款	300	160
应收票据	50	20	应付票据	30	40
应收账款	70	30	应付账款	20	30
应收股利	120	30	应付股利	20	120
预付账款	10	20	长期借款	350	100
存货	80	90	应付债券	30	30
长期股权投资	650	100	长期应付款	230	6
债权投资	30	0	实收资本	530	500
在建工程	0	20	资本公积	64	80
固定资产净额	700	650	盈余公积	245	90
无形资产	150	160	未分配利润	261	94
资产总计	2 080	1 250	负债及所有者权益总计	2 080	1 250

根据表8-12合并日乙公司资产负债表资料,在编制合并财务报表时,应当以购买日确定的各项可辨认资产、负债的公允价值为基础对乙公司财务报表进行调整。调整时,需要编制价值差额摊销表和相应的调整分录、抵销分录。价值差额摊销表见表8-13,其中商誉不予摊销,应进行减值测试,如果本期末商誉发生减值,应将减值损

失计入当期损益,并将商誉按减值后的净额列示于合并财务报表。

表 8-13　　　　　　　　　　价值差额摊销表　　　　　　　　　　单位:元

项　目	价差构成	当年摊销额			累计摊销额	尚待摊销额
		营业成本	信用减值损失	合计		
应收账款	-200 000		-200 000	-200 000	-200 000	0
存货	-100 000	-100 000		-100 000	-100 000	0
固定资产	700 000 (剩余年限 10 年)	70 000		70 000	70 000	630 000
合计	400 000	-30 000	-200 000	-230 000	-230 000	630 000

应编制如下调整分录和抵销分录:
(1)借:固定资产　　　　　　　　　　　　　　　　　　　　　　　700 000
　　　贷:应收账款　　　　　　　　　　　　　　　　　　　　　　200 000
　　　　　存货　　　　　　　　　　　　　　　　　　　　　　　　100 000
　　　　　资本公积　　　　　　　　　　　　　　　　　　　　　　400 000
(2)借:递延所得税资产　　　　　　　　　　　　　　　　　　　　 75 000
　　　　资本公积　　　　　　　　　　　　　　　　　　　　　　 100 000
　　　贷:递延所得税负债　　　　　　　　　　　　　　　　　　　175 000
(3)借:应收账款　　　　　　　　　　　　　　　　　　　　　　　200 000
　　　　存货　　　　　　　　　　　　　　　　　　　　　　　　　100 000
　　　贷:固定资产　　　　　　　　　　　　　　　　　　　　　　 70 000
　　　　　营业成本　　　　　　　　　　　　　　　　　　　　　　 30 000
　　　　　信用减值损失　　　　　　　　　　　　　　　　　　　　200 000
(4)借:长期股权投资　　　［(2 000 000-1 200 000+230 000)×80％］824 000
　　　贷:投资收益　　　　　　　　　　　　　　　　　　　　　　824 000
(5)借:股本　　　　　　　　　　　　　　　　　　　　　　　　 5 000 000
　　　　资本公积　　　　　　　　　　　　　　　　　　　　　 1 100 000
　　　　盈余公积　　　　　　　　　　　　　　　　　　　　　　 900 000
　　　　未分配利润　　　　　　　　　　　　　　　　　　　　 1 170 000
　　　　商誉　　　　　　　　　　　　　　　　　　　　　　　　 288 000
　　　贷:长期股权投资　　　　　　　　　(6 000 000+824 000)6 824 000

少数股东权益　　　　　　　　（7 140 000×20% +1 030 000×20%）1 634 000

据此编制的合并工作底稿见表8-14所示。

表8-14　　　　　　　　　甲公司合并工作底稿

2×17年12月31日　　　　　　　　　　　　　　单位：万元

项　目	甲公司	乙公司	合计	抵销分录 借方	抵销分录 贷方	少数股东权益	合并数
货币资金	220	130	350				350
应收票据	50	20	70				70
应收账款	70	30	100	(3)20	(1)20		100
应收股利	120	30	150				150
预付账款	10	20	30				30
存货	80	90	170	(3)10	(1)10		170
长期股权投资	650	100	750	(4)82.4	(5)682.4		150
债权投资	30	0	30				30
固定资产净额	700	650	1 350	(1)70	(3)7		1 413
在建工程	0	20	20				20
无形资产	150	160	310				310
商誉				(5)28.8			28.8
递延所得税资产	0	0	0	(2)7.5			7.5
资产总计	2 080	1 250	3 330	218.7	719.4		2 829.3
短期借款	300	160	460				460
应付票据	30	40	70				70
应付账款	20	30	50				50
应付股利	20	120	140				140
长期借款	350	100	450				450
应付债券	30	30	60				60
长期应付款	230	6	236				236

续表

项 目	甲公司	乙公司	合计	抵销分录 借方	抵销分录 贷方	少数股东权益	合并数
递延所得税负债	0	0	0		(2)17.5		17.5
负债合计	980	486	1 466		17.5		1 483.5
股本	530	500	1 030	(5)500			530
资本公积	64	80	144	(2)10(5)110	(1)40		64
盈余公积	245	90	335	(5) 90			245
未分配利润	261	94	355	(5)117	(3)23(4)82.4		343.4
所有者权益合计	1 100	764	1 864	827	145.4		1182.4
少数股东权益						163.4	163.4
负债及所有者权益总计	2 080	1 250	3 330	827	162.9	163.4	2 829.3

我国《企业会计准则第 33 号——合并财务报表》第 11 条明确规定,母公司应按权益法调整对子公司的长期股权投资后,编制合并财务报表。同时,也允许企业在成本法核算基础上直接编制合并财务报表。成本法下合并日后第一年年末合并财务报表的直接编制程序如下:

1. 对子公司个别财务报表进行调整,将子公司财务报表的资产、负债从账面价值调整为购买日的公允价值,对应调整报表项目为"资本公积",反映购买法的处理原则。

2. 计算以子公司可辨认净资产、负债的公允价值为计价基础的账面价值与计税基础形成的暂时性差异,确认递延所得税资产或递延所得税负债。

3. 抵销购买日对子公司长期股权投资账户和子公司所有者权益项目,确认商誉和购买日少数股东权益。

4. 确认子公司可辨认净资产公允价值和账面价值的差额的后续影响,即将子公司实现的账面净利润调整为以购买日公允价值为基础实现的净利润。

5. 从购买日后子公司所有者权益新增部分分离出少数股东权益的账务处理。

【例 8-12】沿用例 8-2 资料,2×16 年 12 月 31 日,甲公司以 6 000 000 元购入乙公司的 80%股权。合并日甲、乙公司资产负债表的相关资料见表 8-2 所示。2×17 年乙公司实现净利润 2 000 000 元,宣告分派现金股利 1 200 000 元,提取盈余公积 300 000 元;甲公司实现净利润 3 000 000 元,提取盈余公积 450 000,宣告分派现金股利 700 000

元。2×17年12月31日甲公司和乙公司个别资产负债表如表8-12所示。

第一步,调整乙公司的账面价值为公允价值。

(1)借:固定资产　　　　　　　　　　　　　　　　　　　700 000
　　　贷:应收账款　　　　　　　　　　　　　　　　　　　200 000
　　　　　存货　　　　　　　　　　　　　　　　　　　　　100 000
　　　　　资本公积　　　　　　　　　　　　　　　　　　　400 000

第二步,计算以子公司可辨认净资产、负债的公允价值为计价基础的账面价值与计税基础形成的暂时性差异,确认递延所得税资产或递延所得税负债。

(2)借:递延所得税资产　　　　　　　　　　　　　　　　 75 000
　　　　资本公积　　　　　　　　　　　　　　　　　　　100 000
　　　贷:递延所得税负债　　　　　　　　　　　　　　　 175 000

第三步,抵销购买日对子公司长期股权投资账户和子公司所有者权益项目,确认商誉和购买日少数股东权益

(3)借:实收资本　　　　　　　　　　　　　　　　　　5 000 000
　　　　资本公积　　　　　　　　　　　　　　　　　　1 100 000
　　　　盈余公积　　　　　　　　　　　　　　　　　　　600 000
　　　　未分配利润　　　　　　　　　　　　　　　　　　440 000
　　　　商誉　　　　　　　　　　　　　　　　　　　　　288 000
　　　贷:长期股权投资　　　　　　　　　　　　　　　 6 000 000
　　　　　少数股东权益　　　　　　　　　　　　　　　1 428 000

第四步,将乙公司账面价值与公允价值的差额进行摊销,调整子公司利润。

(4)借:应收账款　　　　　　　　　　　　　　　　　　　200 000
　　　　存货　　　　　　　　　　　　　　　　　　　　　100 000
　　　贷:固定资产　　　　　　　　　　　　　　　　　　　70 000
　　　　　营业成本　　　　　　　　　　　　　　　　　　　30 000
　　　　　信用减值损失　　　　　　　　　　　　　　　　200 000

第五步,从购买日后乙公司所有者权益新增部分分离出少数股东权益的账务处理。

从乙公司合并日后增加的留存
收益中分离的少数股东权益 ＝乙公司调整的净利润×持股比例

＝2 230 000×20%＝446 000(元)

由于乙公司本期分配股利1 200 000元,留存收益增加值为调整后净利润减去宣派的股利,金额为1 030 000元(2 230 000-1 200 000),留存收益增加值属于少数股东权益的金额为206 000元(1 030 000×20%),同时抵销乙公司当年计提的盈余公积。甲公

司编制如下会计分录：

(5) A 借：盈余公积　　　　　　　　　　　　　　　　　　　　　　300 000
　　　贷：未分配利润　　　　　　　　　　　　　　　　　　　　　　　　300 000
　　B 借：未分配利润　　　　　　　　　　　　　　　　　　　　　　206 000
　　　贷：少数股东权益　　　　　　　　　　　　　　　　　　　　　　　206 000

依据长期股权投资成本法直接编制合并财务报表工作底稿如表 8-15 所示。

表 8-15　　　　　　　　　甲公司合并工作底稿

2×17 年 12 月 31 日　　　　　　　　　　　　　　　单位：万元

项目	甲公司	乙公司	合计	抵销分录 借方	抵销分录 贷方	少数股东权益	合并数
货币资金	220	130	350				350
应收票据	50	20	70				70
应收账款	70	30	100	(4) 20	(1) 20		100
应收股利	120	30	150				150
预付账款	10	20	30				30
存货	80	90	170	(4) 10	(1) 10		170
长期股权投资	650	100	750		(3) 600		150
债权投资	30	0	30				30
固定资产净额	700	650	1 350	(1) 70	(4) 7		1 413
在建工程	0	20	20				20
无形资产	150	160	310				310
商誉				(3) 28.8			28.8
递延所得税资产	0	0	0	(2) 7.5			7.5
资产总计	2 080	1 250	3 330	218.7	719.4		2 829.3
短期借款	300	160	460				460
应付票据	30	40	70				70
应付账款	20	30	50				50
应付股利	20	120	140				140

续表

项目	甲公司	乙公司	合计	抵销分录 借方	抵销分录 贷方	少数股东权益	合并数
长期借款	350	100	450				450
应付债券	30	30	60				60
长期应付款	230	6	236				236
递延所得税负债	0	0	0		(2)17.5		17.5
负债合计	980	486	1 466		17.5		1 483.5
股本	530	500	1 030	(3)500			530
资本公积	64	80	144	(2)10 (3)110	(1)40		64
盈余公积	245	90	335	(3)60 (5)A30			245
未分配利润	261	94	355	(3)44 (5)B20.6	(4)23 (5)A30		343.4
所有者权益合计	1 100	764	1 864	774.6	93		1182.4
少数股东权益						(3)142.8 (5)B20.6	163.4
负债及所有者权益总计	2 080	1 250	3 330	774.6	110.5	163.4	2 829.3

通过上述举例可以得知,成本法直接编制合并财务报表与成本法转为权益法编制合并财务报表的结果是相同的。下面主要对在将母公司长期股权投资的成本法调整为权益法的基础上编制合并财务报表的相关抵销内容进行说明。

(二)同一控制下母公司长期股权投资与子公司所有者权益项目的抵销

在这种情况下,应按下列程序进行会计处理:首先,将母公司长期股权投资由成本法调整为权益法;其次,将母公司的长期股权投资与子公司所有者权益项目进行抵销。

【例8-13】沿用例8-7资料,2×16年12月31日,甲公司定向发行本企业股票5 200 000股,换取乙公司股东持有的乙公司80%的股份。其他资料不变。2×17年乙公司实现净利润4 000 000元,宣告分派现金股利2 500 000元,提取盈余公积800 000元;甲公司实现净利润6 000 000元,提取盈余公积900 000元,宣告分派现金股利2 900 000元。2×17年12月31日甲公司和乙公司个别资产负债表资料表8-16所示。

表 8-16　　　　　甲公司和乙公司个别资产负债表资料
2×17 年 12 月 31 日　　　　　　　　　　　　单位:万元

资产	甲公司	乙公司	负债及所有者权益	甲公司	乙公司
货币资产	800	150	短期借款	87.2	100
应收票据	80	50	应付票据	100	20
应收账款	90	20	应付账款	180	40
应收股利	250	10	应付股利	120	290
预付账款	40	20	长期借款	150	60
存货	100	240	应付债券	150	50
长期股权投资	550	80	长期应付款	100	6
债权投资	90	60	实收资本	1 050	500
固定资产净额	600	520	资本公积	76.8	80
无形资产	100	250	盈余公积	290	140
			未分配利润	396	114
资产总计	2 700	1 400	负债及所有者权益总计	2 700	1 400

企业应编制如下会计分录:
(1)甲公司将长期股权投资由成本法调整为权益法:
借:长期股权投资　　　　　　[(4 000 000-2 500 000)×80%] 1 200 000
　　贷:投资收益　　　　　　　　　　　　　　　　　　　　1 200 000
(2)甲公司长期股权投资与乙公司所有者权益项目的抵销:
借:股本　　　　　　　　　　　　　　　　　　　　　　　5 000 000
　　资本公积　　　　　　　　　　　　　　　　　　　　　　800 000
　　盈余公积　　　　　　　　　　　　　　　　　　　　　1 400 000
　　未分配利润　　　　　　　　　　　　　　　　　　　　1 140 000
　　贷:长期股权投资　　　　　　　　　　　　　　　　　　6 672 000
　　　　少数股东权益　　　　　　　　　　　　　　　　　1 668 000
甲公司编制合并工作底稿略。

四、母公司内部投资收益等项目与子公司利润分配有关项目的抵销

母公司内部投资收益,是指母公司对子公司权益性资本投资的投资收益。如果子

公司是母公司的全资子公司,母公司内部投资收益就等于子公司取得的各项收入减去相配比的各项费用以及所得税后的余额。也可以说,母公司对某一个全资子公司的投资收益就是该子公司当期实现的净利润。如果子公司是母公司的非全资子公司,母公司对某一非全资子公司的投资收益,应以该子公司当期实现的净利润乘以母公司持股比例求得。在编制合并利润表时,一方面,母公司个别利润表中按成本法列示了对子公司权益性投资的投资收益,在编制合并财务报表时,又在工作底稿上按权益法调整了长期股权投资和投资收益,在未作这项抵销之前,合并工作底稿上的母公司投资收益正好相当于拥有子公司净利润的份额;另一方面,子公司个别利润表上也列示了子公司各项收入,与收入相配比的成本、费用、所得税和净利润。通过编制合并工作底稿,将母公司和子公司的营业收入、营业成本、期间费用、营业外收支等相应项目的金额加总得出的合计数,自然重复反映了子公司本期实现的净利润,因此,在编制合并利润表时,需要将母公司对子公司权益性资本投资的投资收益予以抵销,也就是将母公司的内部投资收益还原为企业集团的收入、成本和费用。

由于合并所有者权益变动表中的本年利润分配项目是站在企业集团角度,反映对母公司股东的利润分配和提取盈余公积情况,不应包括子公司对其股东的利润分配情况,因此,子公司个别所有者权益变动表本年利润分配各项目的金额必须予以抵销。

由于母公司对子公司权益性资本投资,先采用成本法核算,在编制合并财务报表时又按会计期间实现净利润的一部分,必然包括在母公司以前会计期间的投资收益中,即包括在母公司期初未分配利润中。与此相类似,子公司期末未分配利润也必然包括在母公司期末未分配利润中。因此,必然将子公司期初、期末未分配利润项目予以抵销。

(一)非同一控制下拥有子公司部分股权情况下的抵销

在母公司拥有子公司部分股权的情况下,在编制合并利润表工作底稿时,会计核算主要包括以下内容:①依据合并日母公司备查簿中记录子公司可辨认的各项资产和负债的公允价值与其账面价值进行比较,按其差额进行摊销,对子公司本期以其账面价值为基础实现的净利润进行调整,使其体现以公允价值为基础的净利润,并按母公司和子公司少数股东的持股比例,分别计算出母公司内部投资收益和少数股东损益。②以调整后子公司净利润为基础,将母公司对子公司的长期股权投资由成本法调整为权益法。③母公司长期股权投资与子公司所有者权益项目抵销。④根据个别财务报表资料可编制如下抵销分录:借记"投资收益""少数股东损益""期初未分配利润"项目,贷记"提取盈余公积""对所有者的分配""期末未分配利润"项目。

【例8-14】依据例8-11资料,2×17年乙公司实现净利润2 000 000元,宣告分派现金股利1 200 000元,提取盈余公积300 000元;甲公司实现净利润3 000 000元,提取盈余公积450 000元,宣告分派现金股利1 700 000元。2×17年12月31日甲公司和乙公司利润表 8-17 所示。

表 8-17　　　　　　个别利润表及所有者权益变动表资料

2×17 年　　　　　　　　　　　　　　　　单位:万元

项目	甲公司	乙公司	合计数
一、营业收入	900	800	1 700
减:营业成本	500	450	950
税金及附加	40	20	60
销售费用	50	35	85
管理费用	40	30	70
财务费用	30	25	55
资产(或信用)减值损失	20	30	50
加:公允价值变动损益(减损失)			
投资收益(减:损失)	250	100	350
二、营业利润	470	310	780
加:营业外收入	30	46.67	76.67
减:营业外支出	100	90	190
三、利润总额	400	266.67	666.67
减:所得税费用	100	66.67	166.67
四、净利润	300	200	500
加:期初未分配利润	176	44	220
五、可供分配利润	476	244	720
减:提取盈余公积	45	30	75
对所有者的分配	170	120	290
六、未分配利润	261	94	355

承接例 8-11 的会计分录(1)—(5)。甲公司在编制合并利润表工作底稿时,将母公司内部投资收益与子公司利润分配有关项目进行抵销,应编制如下会计分录:

(6)借:投资收益　　　　　　　　[(2 000 000+230 000)×80%]1 784 000
　　　少数股东损益　　　　　　　[(2 000 000+230 000)×20%]446 000

期初未分配利润　　　　　　　　　　　　　　　　440 000
　贷:提取盈余公积　　　　　　　　　　　　　　　300 000
　　　对所有者分配　　　　　　　　　　　　　　1 200 000
　　　未分配利润——年末　　　　　　（940 000+230 000）1 170 000

合并利润表工作底稿如表 8-18 所示。

表 8-18　　　　　　　　　合并利润表工作底稿

2×17 年　　　　　　　　　　　　　　　　单位:万元

项　目	甲公司	乙公司	合计	抵销分录 借方	抵销分录 贷方	少数股东权益	合并数
一、营业收入	900	800	1 700				1 700
减:营业成本	500	450	950		(3)3		947
税金及附加	40	20	60				60
销售费用	50	35	85				85
管理费用	40	30	70				70
财务费用	30	25	55				55
资产(或信用)减值损失	20	30	50		(3)20		30
加:公允价值变动损益(-损失)							
投资收益(减:损失)	250	100	350	(6)178.4	(4)82.4		254
二、营业利润	470	310	780	178.4	105.4		707
加:营业外收入	30	46.67	76.67				76.67
减:营业外支出	100	90	190				190
三、利润总额	400	266.67	666.67	178.4	105.4		593.67
减:所得税费用	100	66.67	166.67				166.67
四、净利润	300	200	500	178.4	105.4		427
(一)归属于母公司损益							382.4
(二)归属于少数股东损益						(6)44.6	44.6
五、每股收益							

续表

项 目	甲公司	乙公司	合计	抵销分录 借方	抵销分录 贷方	少数股东权益	合并数
六、期初未分配利润	176	44	220	(6)44			176
七、可供分配利润	476	244	720	222.4	105.4		603
提取盈余公积	45	30	75		(6)30		45
对所有者的分配	170	120	290		(6)120		170
八、未分配利润	261	94	355	(5)117	(6)117		343.4
				339.4	372.4	44.6	

注：合并未分配利润 343.3＝355+372.4−339.4+44.6。

（二）同一控制下拥有子公司部分股权情况下的抵销

在母公司拥有子公司部分股权的情况下，在编制合并利润表工作底稿时，会计核算主要包括以下内容：①直接以子公司本期净利润为基础，确定归属于母公司的损益和少数股东享有的损益，将母公司对子公司的长期股权投资由成本法调整为权益法；②母公司长期股权投资与子公司所有者权益项目抵销；③根据个别财务报表资料，编制如下抵销分录：借记"投资收益""少数股东损益""期初未分配利润"项目，贷记"提取盈余公积""对所有者的分配""期末未分配利润"项目。

【例 8-15】依据例 8-13 资料，2×16 年 12 月 31 日，甲公司定向发行本企业股票 5 200 000 股，换取乙公司股东持有的乙公司 80% 的股份。其他资料不变。2×17 年乙公司实现净利润 4 000 000 元，宣告分派现金股利 2 500 000 元，提取盈余公积 800 000 元；甲公司实现净利润 6 000 000 元，提取盈余公积 900 000 元，宣告分派现金股利 2 900 000 元。2×17 年 12 月 31 日甲公司和乙公司个别利润表及所有者权益变动相关资料如表 8-19 所示。

表 8-19　　　　　　　　　个别利润表及所有者权益变动表资料

2×17 年　　　　　　　　　　　　　　　　单位：万元

项 目	甲公司	乙公司	合计数
一、营业收入	1 800	1 000	2 800
减：营业成本	1 000	450	1 450
税金及附加	80	30	110

续表

项　　目	甲公司	乙公司	合计数
销售费用	100	40	140
管理费用	80	30	110
财务费用	60	50	110
资产(或信用)减值损失	40	30	70
加:公允价值变动损益(减损失)			
投资收益(减:损失)	500	200	700
二、营业利润	940	570	1 510
加:营业外收入	60	34	94
减:营业外支出	200	70	270
三、利润总额	800	534	1 334
减:所得税费用	200	134	334
四、净利润	600	400	1 000
加:期初未分配利润	176	44	220
五、可供分配利润	776	444	1 220
减:提取盈余公积	90	80	170
对所有者的分配	290	250	540
六、未分配利润	396	114	510

甲公司在编制合并利润表工作底稿时,将母公司内部投资收益与子公司利润分配有关项目进行抵销,应编制如下会计分录:

　　借:投资收益　　　　　　　　　　　　(4 000 000×80%)3 200 000
　　　　少数股东损益　　　　　　　　　　(4 000 000×20%)800 000
　　　　期初未分配利润　　　　　　　　　　　　　　　　440 000
　　　贷:提取盈余公积　　　　　　　　　　　　　　　　　800 000
　　　　对所有者分配　　　　　　　　　　　　　　　　2 500 000
　　　　未分配利润——年末　　　　　(440 000+700 000)1 140 000

合并利润表工作底稿略。

五、企业集团内部债权、债务相关项目的抵销

(一)内部债权债务抵销概述

企业集团内部母公司与子公司之间,或子公司相互之间债权债务项目,是指母公司与子公司、子公司相互之间的应收账款与应付账款、预付账款和预收账款、应收票据与应付票据,以及应付债券与债权投资等项目。在控股合并情况下,由于母公司和子公司均是独立的企业法人和会计主体,企业集团内部债权、项目债务,从个别财务报表来说,债权方在其财务报表中确认为一项债权资产,债务方则在其财务报表中确认为一项负债。但是,根据一体性原则,合并财务报表应反映企业集团的债权、债务。也就是说,只有成员企业与企业集团以外的单位或个人的债权、债务,才能确认为债权、债务。为此,母公司在编制合并财务报表时,必须对企业集团内部交易在个别财务报表上所反映的内部债权债务予以抵销。

(二)内部债权债务相关项目的抵销

企业集团内部交易所引起的内部债权、债务,在编制合并资产负债表时需要进行抵销处理的项目主要有以下三大方面:①内部应收账款与内部应付账款、内部应收票据和内部应付票据、内部预付账款与内部预收账款、内部债权投资与内部应付债券、内部应收股利与内部应付股利、内部其他应收款与内部其他应付款;②内部债权减值准备的抵销;③内部债券投资实现的投资损益与债券利息费用的抵销。

与前述母公司对子公司长期股权投资相关项目抵销不同的是,需要抵销的企业集团内部交易的项目和金额不能从个别财务报表中直接取得,而需要依据个别财务报表附注说明所提供的内部交易资料。

【例8-16】假设2×17年12月31日甲公司应收账款150 000元中有100 000元为应收乙公司的货款;应收票据100 000元中有60 000元为应收乙公司的商业汇票;应收股利80 000元全部为应收乙公司股利;应付债券200 000元中有100 000元为应付乙公司债券款,乙公司将该项债券投资作为债权投资核算。在编制合并资产负债表时,应编制如下抵销分录:

(1)借:应付账款　　　　　　　　　　　　　　　　　100 000
　　　贷:应收账款　　　　　　　　　　　　　　　　　　　100 000
(2)借:应付票据　　　　　　　　　　　　　　　　　　60 000
　　　贷:应收票据　　　　　　　　　　　　　　　　　　　60 000
(3)借:应付股利　　　　　　　　　　　　　　　　　　80 000
　　　贷:应收股利　　　　　　　　　　　　　　　　　　　80 000
(4)借:应付债券　　　　　　　100 000

贷：债权投资　　　　　　　　　　　　　　　　　　　　　　　　100 000

　　说明：如果企业集团内部的债券投资企业不是从企业集团内部债券发行企业直接购进债券，而是在证券市场上从第三者处购进债券，将有可能导致内部债券投资的余额同内部应付债券的余额不一致，在进行抵销时，应将两者的差额计入投资收益或财务费用，具体会计处理为当债券发行方的应付债券账面价值大于债券持有方的债权投资的账面价值时，其差额计入财务费用；若小于，应将其差额计入投资收益。上例中。如果内部应付债券账面价值为 105 000 元，内部持有至到期投资为 100 00 元，则抵销分录（4）为：

　　借：应付债券　　　　　　　　　　　　　　　　　　　　　　　　105 000
　　　贷：债权投资　　　　　　　　　　　　　　　　　　　　　　　100 000
　　　　　财务费用　　　　　　　　　　　　　　　　　　　　　　　　5 000

　　如果企业内部发行的是分期付息、到期还本的债券，由于各期应收和应付利息，分别在"应收利息"和"应付利息"项目进行列示。因此，除上述应付债券和债权投资账面价值的抵销以外，还应对相关的应收利息和应付利息项目进行抵销。

（三）内部应收账款坏账准备的抵销

　　企业对于包括应收账款、应收票据、预付账款以及其他应收款在内的应收款项，应当根据其预计可收回金额的变动情况，确认减值损失，计提坏账准备。这其中也包括集团内部母公司与子公司以及子公司之间的应收款项。在采用备抵法核算坏账损失、为应收款项（包括应收账款和其他应收款）计提坏账准备的情况下，母公司和子公司都对其应收款项计提坏账准备，并列示于个别财务报表。在编制合并财务报表时，随着内部应收款项的抵销，也必须将内部应收款项计提的坏账准备予以抵销。这里需要说明的是，在合并资产负债表中，"应收账款"和"应收票据"、"预付账款"和"其他应收款"项目是按抵减坏账准备后的净额填列的，但是，为了区分内部债权、债务项目的抵销与内部应收款项计提坏账准备的抵销，在抵销分录中抵销的坏账准备以"应收账款（应收票据）——坏账准备"等项目列示，在编制合并工作底稿时填列在"应收账款（或应收票据）"项目。在抵销内部应收款项坏账准备时，借记"应收账款（或应收票据）——坏账准备"等项目，贷记"信用减值损失"项目。

　　在编制合并财务报表时，随着内部应收账款的抵销，以及内部应收账款计提的坏账准备的抵销，通过对其进行合并抵销处理后，合并财务报表中该内部应收账款已不存在，由内部应收账款账面价值与计税基础所形成的暂时性差异也不能存在。在编制合并财务报表时，对持有该集团内部应收账款的企业因可抵扣暂时性差异确认的递延所得税资产应进行抵销处理，编制抵销分录，借记"所得税费用"项目，贷记"递延所得税资产"项目。

本部分主要以内部应收账款坏账准备为例说明应收款项坏账准备的抵销处理。

【例 8-17】2×17 年 12 月 31 日甲公司应收账款中有 150 000 元为应收乙公司货款，企业合并后应收账款坏账准备按当期应收账款余额的 10% 计提，当期计提的内部应收账款坏账准备 15 000 元。该集团适用的所得税率为 25%。编制如下抵销分录：

(5) 借：应收账款——坏账准备　　　　　　　　　　　　　　　　15 000
　　　贷：信用减值损失　　　　　　　　　　　　　　　　　　　　　　　15 000

2×17 年 12 月 31 日，甲公司个别财务报表内部应收账款的余额为 150 000 元，并计提坏账准备 15 000 元，该项应收账款账面价值为 135 000 元。该项应收账款的计税基础为 150 000 元，由此导致应收账款的账面价值小于计税基础，产生可抵扣暂时性差异 15 000 元，并确认递延所得税资产 3 750 元（15 000×25%），但随着内部应收账款余额及其坏账准备的相继抵销，内部应收账款在合并财务报表已不存在，因该项应收账款确认的递延所得税资产 3 750 元也不应该存在，因此，在合并财务报表工作底稿中予以抵销。

(6) 借：所得税费用　　　　　　　　　　　　　　　　　　　　　　　3 750
　　　贷：递延所得税资产　　　　　　　　　　　　　　　　　　　　　　　3 750

(四) 内部债权投资减值准备的抵销

随着内部债权投资的抵销，投资方为该项内部投资计提的减值准备也应予以抵销。通过对其进行合并抵销处理后，合并财务报表中该内部应收账款已不存在，由内部持有至到期投资账面价值与计税基础所形成的暂时性差异也不能存在。在编制合并财务报表时，对持有该集团内部持有至到期投资的企业因可抵扣暂时性差异确认的递延所得税资产应进行抵销处理，编制抵销分录，借记"所得税费用"项目，贷记"递延所得税资产"项目。

【例 8-18】2×17 年 12 月 31 日甲公司持有乙公司发行的公司债券账面价值 500 000 元，计提的减值准备 10 000 元。该集团适用的所得税率为 25%。2×17 年年末在编制合并财务报表时的抵销分录为：

(7) 借：债权投资——债权投资减值准备　　　　　　　　　　　　10 000
　　　贷：信用减值损失　　　　　　　　　　　　　　　　　　　　　　　10 000

2×17 年 12 月 31 日，甲公司个别财务报表内部持有至到期投资的余额为 500 000 元，并计提坏账准备 10 000 元，该项持有至到期投资账面价值为 490 000 元。该项应收账款的计税基础为 500 000 元，由此导致其账面价值小于计税基础，产生可抵扣暂时性差异 10 000 元，并确认递延所得税资产 2 500 元（10 000×25%），但随着内部持有至到期投资余额及其减值准备的相继抵销，该项确认的递延所得税资产 2 500 元也不应该存在，因此，在合并财务报表工作底稿中予以抵销。

(8)借:所得税费用　　　　　　　　　　　　　　　　　　　　　　2 500
　　贷:递延所得税资产　　　　　　　　　　　　　　　　　　　　　　2 500

(五)内部债权投资的投资收益与财务费用的抵销

企业集团内部成员企业之间的债权、债务,还可能发生内部利息收入和内部利息支出。例如,集团中某成员企业持有另一成员企业发行的债券,发行债券的成员企业要确认利息支出,而购买债券的成员企业要确认利息收入,并在各自的个别利润表中分别以财务费用(或在建工程)和投资收益予以反映。根据一体性原则,从企业集团整体看,企业集团内部各成员企业之间相互提供信贷或发行和购买债券,是企业集团内部的资金调拨行为。因此,在编制合并财务报表时,随着企业集团内部债权、债务的抵销,也必须相应抵销因内部债权、债务而产生的内部利息收入和内部利息支出。

【例8-19】2×17年1月1日,集团内部甲公司为购建固定资产筹集资金,按面值发行三年期、票面年利率为6%的到期还本付息的公司债券,2×17年12月31日,内部应付债券账面价值为1 060 000元,其中含利息60 000元。乙公司在债券发行日购入甲公司债券,2×17年12月31日乙公司内部持有的债权投资账面价值为1 060 000元,其中利息60 000元。在2×17年的个别财务报表上,甲公司确认债券利息支出60 000元,甲公司将利息支出的70%予以资本化计入在建工程成本,30%计入财务费用。乙公司确认的该项内部债券投资的投资收益为60 000元。在合并工作底稿上应编制如下抵销分录:

(9)借:投资收益　　　　　　　　　　　　　　　　　　　　　　60 000
　　贷:在建工程　　　　　　　　　　　　　　　　　　　　　　　　42 000
　　　　财务费用　　　　　　　　　　　　　　　　　　　　　　　　18 000

六、内部销售商品的合并处理

在企业集团内部母公司与子公司之间、子公司相互之间发生的商品购销、劳务供受活动,称为内部营业活动。在控股合并的情况下,企业集团内部各成员企业之间发生内部营业活动的情况,购销商品企业双方作为独立的会计主体,都从自身的角度分别进行了核算。销售商品企业确认了商品销售收入并计算了营业利润,其营业利润中包含了企业集团内部营业利润;购买商品的企业则以支付的价款作为取得存货入账,其存货成本中包含了企业集团内部营业利润。根据一体性原则,内部营业收入和内部营业利润应予以抵销。

在内部商品购销业务中,购买企业对其从内部成员企业购进的商品可能用于对外销售,也可能作为固定资产等劳动资料在生产经营过程中使用。购买企业将购进的商品作为劳动资料使用将在后面阐述,本部分主要阐述以下三大方面的内容:①购买企业将购进的商品作为存货核算的内容;②内部购买商品期末形成存货计提存货跌价准备的抵销内容;③递延所得税相关内容的抵销。

在购买企业将从内部成员企业购进的商品作为存货核算的情况下,当期购进的商品具体可分为以下三种情况:①内部购进的商品全部实现对外销售;②内部购进的商品全部未实现对外销售而形成期末存货;③内部购进的商品部分实现对外销售,部分形成期末存货。

(一)当期内部购进商品全部实现对外销售的抵销处理

在企业集团内部购销活动中,销售企业在本期确认销售收入、结转销售成本,并计算销售毛利。如果购买企业将内部购入的商品全部实现对外销售,也要在本期确认销售收入、结转销售成本,并计算销售毛利。也就是说,同一购销业务,在销货企业和购货企业的个别利润表中都作了反映。但根据一体性原则,从企业集团整体看,这一购销活动应只实现一次销售,即内部购买企业将其从内部购进的商品实现对外销售。内部销售企业将其存货销售给另一成员企业,相当于企业集团内部的物资调拨行为,不会增加商品价值,不应确认销售收入,也不会实现利润。也就是说,从企业集团整体看,这一购销活动真正的销售收入应是内部购买企业对外销售商品所实现的销售收入,其销售成本也应是内部销售企业销售该项商品的成本。但是,由于在个别利润表上购销双方都反映了营业收入、营业成本,因此,在编制合并财务报表时,必须将重复反映的营业收入和营业成本予以抵销。在合并工作底稿上编制如下抵销分录:借记"营业收入"项目,贷记"营业成本"项目,其金额为内部销售企业的销售收入、内部购买企业的购货成本。在不考虑购货费用的情况下,销售企业的销售收入就是购买企业的购货成本。

【例8-20】2×17年12月31日,甲公司个别利润表中营业收入9 000 000元,其中对乙公司内部销售收入500 000元;营业成本7 000 000元,其中对乙公司内部销售成本350 000元,销售毛利30%[(500 000-350 0000)÷500 000]。乙公司本期将内部购进的商品在本期全部实现对外销售,售价580 000元。在合并工作底稿中应编制如下抵销分录:

借:营业收入　　　　　　　　　　　　　　　　　　　　　　500 000
　　贷:营业成本　　　　　　　　　　　　　　　　　　　　　500 0000

(二)当期内部购销形成存货中包含的未实现内部销售利润的抵销处理

1. 如果内部购买企业未将从内部购进的商品全部实现对外销售,具体表现为以下两种情况:一是全部形成期末存货;二是部分对外销售、部分形成期末存货。在这样的情况下,除了要比照上述方法抵销内部销售收入和销售成本外,还应抵销内部购销形成存货中包含的未实现内部销售利润。其原因在于当内部购买企业将从内部购进的商品形成期末存货时,其期末存货价值中包括两部分内容:一是企业集团真正的存货成本,即销售企业的销售成本;二是销售企业的销售毛利。从企业集团整体看,既然内部购销活动实际上只是企业集团内部的物资调拨行为,就不应增加商品的价值,在合并财务报表上,内部购销形成的存货中就不应包含未实现内部销售利润,因此,必须将内部购销形成存货中包含的未实现内部销售利润予以抵销。在合并工作底稿上,可按以下两种方法编制抵销分录。

方法一:将购买企业形成存货部分的内部销售收入、内部销售成本和存货中包含的未实现内部利润单独予以抵销。在这种方法下,在合并工作底稿中,先将购买企业内部购销商品中已实现对外销售部分的销售收入予以抵销,借记"营业收入"项目,贷记"营业成本"项目;再将未实现对外销售的部分内部销售收入予以抵销,借记"营业收入"项目,贷记"营业成本"项目和"存货"项目。

方法二:将当期内部销售收入、内部销售成本全额抵销,再抵销内部购销形成存货中包含的未实现内部销售利润。在这种方法下,在合并工作底稿中,先将当期内部销售收入全额抵销,借记"营业收入"项目,贷记"营业成本"项目;然后,再将内部购销形成存货中包含的未实现内部销售利润,借记"营业成本"项目,贷记"存货"项目。

2. 在不考虑计提资产减值准备的情况下,个别购买企业取得的成本即存货的账面价值,这时其账面价值与其计税基础一致,不存在暂时性差异,也不涉及确认递延所得税资产和递延所得税负债的问题。在编制合并财务报表过程中,由于合并资产负债表所反映的存货价值是以原来内部销售企业该商品的销售成本列示的,不再包含未实现内部销售损益。由此导致合并财务报表所列示的存货的价值与持有该存货的企业计税基础不一致,存在着暂时性差异。这一暂时性差异的金额就是编制合并财务报表时所抵销的未实现内部销售损益的数额。从合并财务报表编制来说,对于这一暂时性差异,必须确认递延所得税资产或递延所得税负债。会计处理为:借记"递延所得税资产"项目,贷记"所得税费用"项目;或借记"所得税费用"项目,贷记"递延所得税负债"项目。

对于当期内部销售收入和存货中包含的未实现内部销售利润的抵销处理举例如下。

【例 8-21】沿用例 8-20 相关资料,如果乙公司本期内部购进的商品期末全部形成存货,按照上述不同的抵销方法,在合并工作底稿中应编制如下抵销分录:

按照方法一进行抵销,由于本期没有实现对外销售,该方法中第一步的会计分录可以省略,编制第二步的会计分录:

借:营业收入　　　　　　　　　　　　　　　　　　　　　　　　500 000
　　贷:营业成本　　　　　　　　　　　　　　　　　　　　　　350 000
　　　　存货　　　　　　　　　　　　　　　　　　　　　　　　150 000

按照方法二进行抵销,编制如下会计分录:

借：营业收入 500 000
　　贷：营业成本 500 000
借：营业成本 150 000
　　贷：存货 150 000

上述两种方法抵销后的结果相同。

确认因编制合并财务报表导致的存货账面价值与其计税基础之间的暂时性差异相关的递延所得税资产。本例中，乙公司持有该存货的账面价值与其计税基础均为500 000元，从集团角度来说，合并资产负债表中该存货的价值为350 000元。因此，企业集团该存货的账面价值小于乙公司持有该存货的计税基础，产生可抵扣暂时性差异150 000元，在编制合并财务报表时，应确认递延所得税资产37 500元（150 000×25%）。

借：递延所得税资产 37 500
　　贷：所得税费用 37 500

【例8-22】仍沿用例8-20相关资料，乙公司内部购进的商品中，当期销售80%，其销售成本400 000元，销售收入464 000元，另20%形成期末存货，存货金额为100 000元。该集团适用的所得税税率为25%。在合并工作底稿中应编制如下抵销分录。

按照方法一进行抵销，编制如下会计分录：

借：营业收入 （500 000×80%）400 000
　　贷：营业成本 400 000
借：营业收入 （500 000×20%）100 000
　　贷：营业成本 （350 000×20%）70 000
　　　　存货 （150 000×20%）30 000

按照方法二进行抵销，编制如下会计分录：

(10) 借：营业收入 500 000
　　　 贷：营业成本 500 000
(11) 借：营业成本 30 000
　　　 贷：存货 （150 000×20%）30 000

确认因编制合并财务报表导致的存货账面价值与其计税基础之间的暂时性差异相关的递延所得税资产。本例中，乙公司持有该存货的账面价值与其计税基础均为100 000元，从集团角度来说，合并资产负债表中该存货的价值为70 000元。因此，企业集团该存货的账面价值小于乙公司持有该存货的计税基础，产生可抵扣暂时性差异30 000元，在编制合并财务报表时，应确认递延所得税资产7 500元（30 000×25%）。

(12) 借：递延所得税资产 7 500

贷:所得税费用　　　　　　　　　　　　　　　　　　　7 500

(三)合并当期内部购销形成存货计提存货跌价准备的抵销处理

依据《企业会计准则第1号——存货》规定,资产负债表日,存货应当按照成本和可变现净值孰低计量。存货成本高于可变现净值的,应当计提存货跌价准备。当企业本期计提的存货跌价准备中包括内部购销形成存货计提的跌价准备时,应随着内部购销形成存货中包含的未实现内部销售利润的抵销,作相应的抵销处理。主要包括:

1. 内部购销形成存货计提存货跌价准备的抵销处理。从企业集团内部购买企业而言,在期末计提存货跌价准备时,是将内部购销形成存货的取得成本与该项存货的可变现净值比较,按可变现净值低于取得成本的差额计提该项存货跌价准备。从整个企业集团而言,是否需要为该项存货计提跌价准备,应将该项存货的可变现净值与内部销售企业从外部购买该项存货的成本或生产这一存货的生产成本相比较,当可变现净值低于内部销售企业从外部购买该项存货的成本或生产这一存货的生产成本时,企业集团才应为该项存货计提跌价准备。

由此可见,内部购销形成存货计提存货跌价准备的抵销的金额需要进行两个层次的比较加以确定。第一层次,站在个别企业角度,即期末企业集团内部购买企业将内部购销形成存货的取得成本与该项存货的可变现净值比较,按可变现净值低于取得成本的差额计提该项存货跌价准备。第二层次,站在企业集团的角度,即集团内部销售企业外购该批存货的成本或生产成本与该批存货的可变现净值进行比较,从而确定企业集团期末是否计提存货跌价准备以及应计提存货跌价准备的金额,在编制合并工作底稿时,应将上述两个层次计提存货跌价准备形成的差额进行抵销。具体表现为以下两种情况。

(1)购买企业期末内部购销形成存货的可变现净值低于其取得成本,但高于销售企业的销售成本。在这种情况下,内部购买企业按存货可变现净值低于其取得成本的差额计提存货跌价准备,同时将跌价损失计入当期资产减值损失,并列示于个别资产负债表的"存货"项目和利润表的"资产减值损失"项目。但从合并财务报表来说,随着内部购销形成存货中包含的未实现内部销售利润的抵销,该项存货已还原为内部销售企业的销售成本,内部销售企业的销售成本也就是企业集团取得该项存货的成本。存货的可变现净值高于企业集团的取得成本时,合并财务报表中是不需要计提存货跌价准备的,因此,应将个别财务报表中计列的内部购销形成存货计提的存货跌价准备全额予以抵销。

(2)购买企业期末内部购销形成存货的可变现净值低于销售企业的销售成本。在这种情况下,内部购买企业按该项存货的可变现净值低于其取得成本的差额计提存货跌价准备,其金额既包括购买企业取得成本高于销售企业销售成本的差额,也包括销售企业销售成本高于该存货可变现净值的差额。从合并财务报表来说,相对于购买企业取得成本高于销售企业销售成本的差额的部分计提的跌价准备的金额,已随着内部购销形成存货中包含的未实现内部销售利润的抵销而抵销,因此,在编制合并财务报表时,也应将这部分金额予以抵销。相对于销售企业销售成本高于该存货可变现净值的部分计提的跌价准备的金额,恰恰是企业集团应对该项存货计提的跌价准备,应在合并财务报表中予以反映,不能予以抵销。

2. 确认因编制合并财务报表导致的存货账面价值与其计税基础之间的暂时性差异相关的递延所得税资产。在存货计提减值准备的情况下,购买企业的个别财务报表存货项目的账面价值与其计税基础产生暂时性差异,购买企业应确认递延所得税资产。从合并财务报表来看,按照不含未实现内部销售损益的存货的账面价值与集团(购买企业)的计税基础相比较,依据其产生的暂时性差异,确认合并财务报表意义的递延所得税资产,然后与购买企业的个别财务报表已确认的递延所得税资产进行比较,依据二者的差异,在合并财务报表工作底稿中编制抵销分录。

【例 8-23】沿用例 8-22 资料,2×17 年 12 月 31 日,乙公司从甲公司购买商品形成存货的有关资料及分析见表 8-20 所示。

表 8-20　　　　　　　　　存货相关资料　　　　　　　　单位:元

销售方销售成本	购货方取得成本	可变现净值	个别报表计提的准备	合并报表应计提的准备	合并报表抵销数
70 000	100 000	85 000	15 000	0	15 000

在编制合并财务报表时,应作如下抵销处理:

(13)借:存货——跌价准备　　　　　　　　　　　　　15 000
　　　　贷:资产减值损失　　　　　　　　　　　　　　　　　15 000

2×17 年 12 月 31 日,乙公司存货期末账面价值为 85 000 元,其计税基础为 100 000 元,产生可抵扣暂时性差异 15 000 元,确认递延所得税资产 3 750 元(15 000×25%)。在合并财务报表上,由于上述存货中未实现内部销售损益抵销 15 000 元,从集团整体看已调整为真正意义上存货的账面价值,即不含未实现内部销售损益存货成本,由此导致集团存货的账面价值 70 000 元(100 000-30 000)小于集团存货计税基础 100 000元,合并财务报表应确认递延所得税资产 7 500 元(30 000×25%)。由于个别财务报表本期已确认递延所得税资产 3 750 元,应按二者的差额 3 750 元(7 500-3 750)进行抵销,并编制如下抵销会计分录:

(14)借:递延所得税资产　　　　　　　　　　　　　　　　3 750

贷:所得税费用   3 750

【例8-24】仍沿用例8-23相关资料,如果内部购销形成存货的可变现净值为60 000元,其他资料及分析见表8-21。

表8-21　　　　　　　　　存货相关资料　　　　　　　　　　单位:元

销售方销售成本	购货方取得成本	可变现净值	个别报表计提的准备	合并报表应计提的准备	合并报表抵销数
70 000	100 000	60 000	40 000	10 000	30 000

在编制合并财务报表时,应作如下抵销处理:
借:存货——跌价准备   30 000
　　贷:资产减值损失   30 000

上述举例表明,抵销的跌价准备的金额就是购买企业取得成本高于销售企业销售成本的差额,企业集团计提的存货跌价准备正是销售企业销售成本高于该存货可变现净值的差额。

2×17年12月31日,乙公司存货期末账面价值为60 000元,其计税基础为100 000元,产生可抵扣暂时性差异40 000元,确认递延所得税资产10 000元(40 000×25%)。在合并财务报表上,由于上述存货中未实现内部销售损益抵销30 000元,从集团整体看已调整为真正意义上存货的账面价值,即不含未实现内部销售损益存货成本,由此导致集团存货的账面价值60 000元(70 000-10 000)小于集团存货计税基础100 000元,合并财务报表应确认递延所得税资产10 000元(40 000×25%)。由于个别财务报表本期已确认递延所得税资产10 000元,合并财务报表与持有该存货的乙公司确认的递延所得税资产均为10 000元,二者差异为零,因此,期末无需对递延所得税资产进行抵销处理。

七、内部长期资产交易的抵销

企业集团内部的长期资产交易,是指母公司与子公司之间或子公司相互之间所发生的固定资产、工程物资、在建工程、无形资产的购销业务和租赁业务。本部分将重点阐述当期内部固定资产交易相关内容的抵销处理。

(一)内部固定资产交易的类型

企业集团内部固定资产交易可以划分为以下三种类型:

1. 企业集团内部某成员企业将自身使用的固定资产出售给企业集团内部的其他企业作为固定资产使用。在这种情况下,对销售企业而言,要在其个别财务报表中反映固定资产账面价值减少，同时，还应反映固定资产处置的损益。如果出售固定资产的价款收入减去清理费用后的净收入大于该项固定资产账面价值，表现为本期营业外收入的增加；如果出售固定资产的价款收入减去清理费用后的净收入小于该项固定资产账面价值，表现为营业外支出的增加。对于购买企业而言，将在其个别财务报表中反映固定资产的增加。其固定资产原值由以下三部分组成：①销售企业的固定资产账面价值；②销售企业出售固定资产所实现的损益；③购买企业发生的运杂费、安装费等。但从企业集团整体看，这种内部固定资产交易属于企业集团内部固定资产调拨行为，不会产生损益，固定资产不会发生增值或减值，除非购买企业发生的运杂费、安装费大于销售企业原来发生的运杂费、安装费。因此，必须将销售企业处置固定资产所实现的损益予以抵销，并同时抵销购买企业该项固定资产原值中包含的未实现内部销售损益。在合并工作底稿中应编制的抵销分录为：借记"资产处置损益"项目，贷记"固定资产原值"项目，或者借记"固定资产原值"项目，贷记"资产处置损益"项目。

由于这种类型的内部固定资产交易不经常发生，且发生的金额一般不大，根据重要性原则，在编制合并财务报表时一般可以不作抵销处理。但是，这种类型的固定资产交易金额较大时，需要进行抵销处理。

2. 企业集团内部某成员企业将自身使用的固定资产出售给企业集团内的其他企业作为普通商品销售。在这种情况下，销售企业的个别财务报表中要反映固定资产账面价值的减少，同时，还应反映固定资产处置的净损益。对于购买企业而言，要在其个别财务报表中反映存货的增加，其存货成本包括三部分：①销售企业的固定资产账面价值；②销售企业出售固定资产的净损益；③购买企业发生的运杂费等。但从企业集团整体看，这种固定资产内部交易属于企业集团内部物资调拨行为，不会产生损益。因此，必须将销售企业处置固定资产所实现的损益予以抵销，并同时抵销购买企业存货中包含的未实现内部销售损益。在编制合并财务报表工作底稿中应作的抵销分录为：借记"资产处置损益"项目，贷记"存货"项目，或者借记"存货"项目，贷记"资产处置损益"项目。如果购买企业已经将内部购入的存货售出，应按购买企业的销售收入，借记"资产处置损益"项目，按购买企业的销售成本，贷记"营业成本"项目，按销售收入和销售成本之间的差额，贷记"资产处置损益"项目。

由于这种类型的内部固定资产交易极少发生，且发生的金额一般也不大，根据重要性原则，在编制合并财务报表时一般不作抵销处理。

3. 企业集团内部某成员企业将其生产的产品销售给企业集团内的其他企业作为固定资产使用。在这种情况下，销售企业的个别财务报表中，一方面，将销售产品的价款确认为销售收入，销售产品的成本确认为销售成本；另一方面，要把两者的差额确认为销售损益。对购买企业而言，则以支付的价款和运杂费、安装费作为固定资产原值，在固定资产原值中包含销售企业出售产品的净损益。但从企业集团整体看,这种交易相当于通过自营方式购建固定资产,其形成的固定资产原值只能是购建成本,不应包括销售企业产生的利润。因此,必须将销售企业的内部销售收入和内部销售成本予以抵销,并同时抵销购买企业固定资产原值中包含的未实现内部销售利润。通过抵销处理,在合并利润表中反映的营业利润、利润总额和净利润,都不再包含这部分未实现内部销售利润,反映的固定资产原值是企业集团固定资产的实际成本,也不包含未实现内部销售利润。

这种类型的内部固定资产交易经常发生,且金额一般较大,因此它是企业集团内部固定资产交易的主要形式。下文叙述的就是这种内部固定资产交易的抵销处理方法。

(二)发生内部固定资产交易当期的抵销处理

固定资产的价值在个别资产负债表和合并资产负债表中均列示固定资产净额,固定资产净额以固定资产净值减去固定资产减值准备求得,固定资产净值是以固定资产原值减累计折旧求得。内部固定资产交易的抵销处理主要包括以下内容:

第一,交易发生当期未实现内部销售利润的抵销处理,而且涉及内部交易形成的固定资产发挥效益以后各会计期间的固定资产原值中包含的未实现内部销售利润的抵销处理。

第二,由于内部交易形成的固定资产在持有期间必须计提折旧,计提的折旧额中也包含未实现内部销售利润,因此,还必须将当期计提的折旧额和累计折旧额中包含的未实现内部销售利润予以抵销;如果内部交易形成的固定资产计提了减值准备,也应作相关的抵销处理。

第三,合并当期内部交易固定资产相关所得税会计的合并处理。在不考虑计提资产减值准备的情况下,其取得的成本即是固定资产的账面价值,这时其账面价值与计税基础一致,不存在暂时性差异,也不涉及确认递延所得税资产和递延所得税负债的问题。在编制合并财务报表过程中,由于合并资产负债表所反映的固定资产价值是以原来内部销售企业该商品的销售成本列示的,不再包含未实现内部销售损益,由此导致在合并财务报表所列示的固定资产的价值与持有该固定资产的企业计税基础不一致,存在着暂时性差异。这一暂时性差异的金额就是编制合并财务报表时所抵销的未实现内部销售损益的数额。从合并财务报表编制来说,对于这一暂时性差异,必须确认递延所得税资产或递延所得税负债。

在考虑计提减值准备的情况下,购买企业的个别财务报表固定资产项目的账面价值与计税基础产生暂时性差异,购买企业应确认递延所得税资产。从合并财务报表来看,将不含未实现内部销售损益的固定资产的账面价值与集团(购买企业)的计税基础相比较,依据其产生的暂时性差异,确认合并财务报表意义的递延所得税资产,然后与购买企业的个别财务报表已确认的递延所得税资产进行比较,依据二者的差异,在合并合并财务报表工作底稿中编制抵销分录。

1. 内部交易形成的固定资产原值中包含的未实现内部销售利润的抵销处理。如前所述,根据一体性原则,内部交易形成的固定资产原值中不应包含未实现内部销售利润,因此,在编制合并财务报表时,必须将内部交易形成的固定资产原值中包含的未实现内部销售利润予以抵销。其抵销方法是:一方面抵销内部固定资产交易中销售企业所确认的销售收入和销售成本;另一方面抵销购买企业固定资产原值中包含的未实现内部销售利润,即借记"营业收入"项目,贷记"营业成本"和"固定资产原值"项目。

【例 8-25】2×16 年 12 月 31 日,甲公司将其成本为 800 000 元的产品销售给乙公司作为固定资产使用,销售收入 1 000 000 元。乙公司以 1 000 000 元作为固定资产原值入账。该集团适用所得税税率为 25%。2×17 年 12 月 31 日在编制合并报表时,应编制如下抵销分录:

(15)借:营业收入   1 000 000
   贷:营业成本   800 000
    固定资产——原值   200 000

2. 内部交易形成的固定资产计提折旧中包含的未实现内部销售利润的抵销处理。由于购买企业是以固定资产原值作为计提折旧依据的,既然其内部交易形成的固定资产原值中包含未实现内部销售利润,那么,不论采用何种折旧方法,计提的折旧额中都必然包含未实现内部销售利润。但对企业集团而言,固定资产原值中不应包含未实现内部销售利润,固定资产折旧中也自然不能包含未实现内部销售利润。为此,必须将个别财务报表中多计提的折旧对合并净利润的影响予以抵销。其抵销方法是,借记"固定资产——累计折旧"项目,贷记"管理费用""存货"等项目。

【例 8-26】沿用例 8-25 有关资料,内部交易形成的固定资产从 2×17 年 1 月份开始采用直线法计提折旧,固定资产预计使用 5 年,预计净残值为零。乙公司每年计提的折旧为 200 000 元(1 000 000÷5),含未实现内部销售利润 40 000 元[(1 000 000-800 000)÷5]。对企业集团而言,固定资产原值应为 800 000 元,每年计提折旧应为 160 000 元(800 000÷5)。个别财务报表上每年多计提折旧 40 000 元,若乙公司将固定资产用于企业管理部门,每年多列支管理费用 40 000 元。在编制合并财务报表时应编制如下抵销分录:

(16)借:固定资产——累计折旧   40 000
   贷:管理费用   40 000

假设乙公司对内部交易固定资产采用与税法相同的折旧方法,2×17 年 12 月 31 日,乙公司个别财务报表反映的固定资产账面价值为 800 000 元(1 000 000-200 000),

其计税基础为 800 000 元,不产生暂时性差异,没有确认递延所得税资产或递延所得税负债的问题。但从企业集团的合并财务报表上看,随着上述两个内容的抵销,2×17 年 12 月 31 日企业集团真正意义的固定资产账面价值为 640 000 元(800 000-160 000),与乙公司个别财务报表固定资产项目的计税基础 800 000 元相比较,形成 160 000 元的可抵扣暂时性差异,因此,合并财务报表工作底稿中,应确认递延所得税资产 40 000 元[(800 000-640 000)×25%]。

(17) 借:递延所得税资产　　　　　　　　　　　　　　40 000
　　　　贷:所得税费用　　　　　　　　　　　　　　　　　40 000

依据本节上述抵销项目所编制的(1)~(17)抵销分录,编制的合并工作底稿见表 8-22。

表 8-22　　　　　　　　　甲公司合并工作底稿

2×17 年　　　　　　　　　　　　　　　　单位:万元

项　目	甲公司	乙公司	合计	抵销分录		合并数
				借方	贷方	
一、营业收入	900	800	1 700	(10) 50 (15) 150		1 550
减:营业成本	500	450	950	(11) 3	(10) 50 (15) 80	823
……			—			
税金及附加	40	20	60			60
销售费用	50	35	85			85
管理费用	40	30	70		(16) 4	66
财务费用	30	25	55		(9) 1.8	53.2
资产(或信用)减值损失	20	30	50		(5) 1.5 (7) 1 (13) 1.5	46
投资收益(减:损失)	250	100	350	(9) 6		344
二、营业利润	470	310	780	159	139.8	760.8
减:所得税费用	100	66.7	166.7	(6) 0.375 (8) 0.25	(12) 0.76 (14) 0.375 (17) 4	162.2

续表

项目	甲公司	乙公司	合计	抵销分录 借方	抵销分录 贷方	合并数
期初未分配利润	176	44	220			
……						
未分配利润	261	94	355	159.625	144.925	340.3
资产负债表部分						
应收票据	50	20	70		(2)6	64
应收账款	70	30	100	(5)1.5	(1)10	91.5
应收股利	120	30	150		(3)8	142
预付账款	10	20	30			30
存货	80	90	170	(13)1.5	(11)3	168.5
债权投资	30	0	30	(7)1	(4)10	21
固定资产净额	700	650	1 350	(16)4	(15)20	1 334
在建工程	0	20	20		(9)4.2	15.8
应付票据	30	40	70	(2)6		64
应付账款	20	30	50	(1)10		40
应付股利	20	120	140	(3)8		132
应付债券	30	30	60	(4)10		50
……						
递延所得税资产	0	1	1	(12)0.75 (14)0.375 (17)4	(6)0.375 (8)0.25	5.5

八、购并当期合并现金流量表的编制

(一)合并现金流量表的编制方法

合并现金流量表是综合反映由母公司和子公司组成的企业集团在一定会计期间现金流入、现金流出及其增减变动情况的财务报表。从理论上讲,合并现金流量表的编制方法有以下两种。

第一种方法，以母公司和子公司的个别现金流量表为基础，通过在合并现金流量表工作底稿中编制抵销分录，抵销母公司与子公司以及子公司相互之间发生的内部交易对合并现金流量表的影响，编制合并现金流量表。这种方法的编制原理、编制方法和编制程序与合并资产负债表、合并利润表和合并利润分配表的编制原理、编制方法和编制程序相同。在编制程序上，首先，应将个别现金流量表资料过入合并工作底稿，并加总出合计数；其次，编制抵销分录，抵销企业集团内部现金流量，并过入合并工作底稿；最后，计算出合并现金流量表各项目的合并数，并填列合并现金流量表。

《企业会计准则第33号——合并财务报表》规定，合并现金流量表正表应当以母公司和子公司的现金流量表为基础在抵销内部交易的影响后，由母公司编制。因此，本部分主要阐述第一种方法。

第二种方法，以合并资产负债表和合并利润表为基础，采用与个别现金流量表相同的方法编制合并现金流量表。也就是说，合并现金流量表可以根据合并资产负债表、合并利润表及补充资料分析计算填列，此种方法与企业个别现金流量表编制方法和程序相同。

（二）合并现金流量表编制应抵销的项目

根据现金流量表和个别财务报表附注说明中企业集团内部交易的资料，在编制合并现金流量表正表时需要抵销的内部交易有以下六个项目：

1. 母公司与子公司、子公司相互之间当期以现金投资或收购股权增加的投资所产生的现金流量流入和流出相互抵销。

2. 母公司与子公司、子公司相互之间当期取得投资收益收到的现金，与分配股利、利润或偿付利息支付的现金相互抵销。

3. 母公司与子公司、子公司相互之间以现金结算债权与债务所产生的现金流入和流出相互抵销。

4. 母公司与子公司、子公司相互之间当期销售商品所收到的现金，与购买商品支付的现金相互抵销。

5. 母公司与子公司、子公司相互之间处置固定资产、无形资产和其他长期资产收回的现金净额，应当与购建固定资产、无形资产和其他长期资产支付的现金相互抵销。

6. 母公司与子公司、子公司相互之间当期发生的其他交易所产生的现金流入和流出相互抵销。

（三）合并现金流量表正表的编制

由于合并现金流量表是动态报表，无须提供期初和期末的静态指标，又由于子公司不论是母公司的全资子公司还是非全资子公司，不论是否与母公司为同一控制下的企业，在实现企业合并后的各报告年度其内部现金流量的抵销处理方法都是相同的，因此无须分别阐述母公司拥有子公司全部股权和部分股权、同一控制下的企业合并和非同一控制下的企业合并的合并现金流量表的编制方法。但应当按照《企业会计准则33号——合并财务报表》的规定，确定纳入合并现金流量表的编制范围，具体内容如下：

1. 母公司在报告期内因同一控制下的企业合并增加的子公司，应当将该子公司合并当期期初至报告期末的现金流量纳入合并现金流量表。与此相适应，应将合并当期期初至合并日之间该子公司与母公司及其他子公司之间的内部现金流量予以抵销。

2. 母公司在报告期内因非同一控制下的企业合并增加的子公司，只能将该子公司购买日至报告期末的现金流量纳入合并现金流量表。与此相适应，只能将购买日至报告期末之间该子公司与母公司及其他子公司之间的内部现金流量予以抵销。

3. 母公司在报告期内处置子公司，应当将该子公司期初至处置日的现金流量纳入合并现金流量表。与此相适应，也只能将期初至处置日该子公司与母公司及其他子公司之间的内部现金流量予以抵销。

4. 在子公司为非全资子公司的情况下，对于子公司与少数股东之间发生的现金流入和现金流出，也应在合并现金流量表中予以反映。对于子公司少数股东增加对子公司的权益性资本投资，在合并现金流量表中应当在"筹资活动产生的现金流量"之下的"吸收投资收到的现金"项目下"其中：子公司吸收少数股东投资收到的现金"项目反映；对于子公司向少数股东支付现金股利或利润，在合并现金流量表中应当在"筹资活动产生的现金流量"之下的"分配股利、利润或偿付利息支付的现金"项目下"其中：子公司支付给少数股东的股利、利润"项目反映。

下面以2×17年甲公司拥有乙公司部分股权为例，说明合并现金流量表正表的编制方法。

【例8-27】甲公司和乙公司为非同一控制下的企业。2×17年发生以下涉及现金流量表业务：

（1）2×17年1月1日母公司甲公司以银行存款740 000元购入乙公司表决权资本的10%，至此，甲公司持有乙公司90%的股权。同时以银行存款260 000元购买乙公司当期发行的3年期公司债券，面值250 000元，溢价10 000元，年利率6%。2×17年，甲公司从乙公司收到上年现金股利400 000元，本年现金股利360 000元；甲公司收到乙公司债券利息10 000元；甲公司收到因2×16年购买乙公司发行的公司债券的债券利息60 000元。

（2）甲公司收到乙公司支付的货款600 000元，其中2×16年应收账款200 000元、应收票据款100 000元，2×17年应收账款120 000元，现销货款180 000元。

（3）乙公司将其生产的两台机械设备出售给甲公司，成本80 000元，售价100 000元，货款已结清；甲公司将一台固定资产出售给乙公司，固定资产账面价值为200 000

元,价款为 220 000 元,乙公司已支付价款 140 000 元。

(4)甲公司以经营租赁方式将一台运输设备出租给乙公司使用,2×17 年甲公司收到乙公司租金 20 000 元。

在 2×17 年,甲公司合并工作底稿中应编制如下抵销分录:

(1)借:投资活动现金流量——投资支付的现金　　　　　　　1 000 000
　　　贷:筹资活动现金流量——吸收投资收到的现金　　　　　　1 000 000

(2)借:筹资活动产生的现金流量
　　　　——分配股利、利润或偿付利息支付的现金　　　　　　830 000
　　　贷:投资活动现金流量——取得投资收益收到的现金　　　　830 000

(3)借:经营活动现金流量——购买商品、接受劳务支付的现金　600 000
　　　贷:经营活动现金流量——销售商品、提供劳务收到的现金　600 000

(4)借:投资活动现金流量
　　　　——购建固定资产、无形资产和其他长期资产支付的现金　240 000
　　　贷:经营活动现金流量
　　　　——销售商品、提供劳务收到的现金　　　　　　　　　100 000
　　　　投资活动现金流量
　　　　——处置固定资产、无形资产和其他长期资产收回的现金净额　140 000

(5)借:经营活动现金流量——支付的其他与经营活动有关的现金　20 000
　　　贷:经营活动现金流量——收到的其他与经营活动有关的现金　20 000

第(4)项业务中,如果为融资租赁固定资产,则应编制如下抵销分录:

借:筹资活动现金流量——支付的其他与筹资活动有关的现金　　20 000
　　贷:投资活动现金流量——收到的其他与投资活动有关的现金　　20 000

2×17 年合并工作底稿见表 8-23。

表 8-23　　　　　　　　　　甲公司合并工作底稿

2×17 年　　　　　　　　　　　　　　　　　　　单位:万元

项　目	甲公司	乙公司	合计数	贷方抵销分录		合并数
				借方	贷方	
(现金流量表部分)						
一、经济活动产生的现金流量:						
销售商品、提供劳务收到的现金	2 897	960	3 857		(3)60 (4)10	3 787

续表

项 目	甲公司	乙公司	合计数	贷方抵销分录 借方	贷方抵销分录 贷方	合并数
收到的税费返还						
收到的其他与经营活动有关的现金	8	40	48		(5)2	46
现金流入小计	2 905	1 000	3 905		72	3 833
购买商品、接受劳务支付的现金	1 480.4	660	2 140.4	(3)60		2 080.4
支付给职工以及为职工支付的现金	690	210	900			900
支付的各项税费	214	70	284			284
支付的其他与经营活动有关的现金	823.6	10	833.6	(5)2		831.6
现金流出小计	3 208	950	4 158	62		4 096
经营活动产生的现金流量净额	-303	50	-253	62	72	-263
二、投资活动产生的现金流量：						
收回投资收到的现金						
取得投资收益收到的现金	174		174		(2)83	91
处置固定资产、无形资产和其他长期资产收回的现金净额	160	10	170		(4)14	156
收到其他与投资活动有关的现金						
现金流入小计	334	10	344		97	247
购建固定资产、无形资产和其他长期资产支付的现金	80	20	100	(4)24		76
投资支付的现金	240		240	(1)100		140
支付的其他与投资活动有关的现金		1	1			1

续表

项目	甲公司	乙公司	合计数	贷方抵销分录 借方	贷方抵销分录 贷方	合并数
现金流出小计	320	21	341	124		217
投资活动产生的现金流量净额	14	-11	3	124	97	30
三、筹资活动产生的现金流量：						
吸收投资收到的现金		300	300		(1)74	226
其中:子公司吸收少数股东权益性投资收到的现金			100			100
取得借款收到的现金	2 000	300	2 300		(1)26	2 274
收到其他与筹资活动有关的现金						
现金流入小计	2 000	600	2 600		100	2 500
偿还债务所支付的现金	750	200	950			950
分配股利、利润或偿付利息支付的现金						
其中:子公司支付少数股东的股利	634	160	794	(2)83		711
支付的其他与筹资活动有关的现金						
其中:子公司依法减资支付给少数股东的现金						
现金流出小计	1 384	360	1 744	83		1 661
筹资活动产生的现金流量净额	616	240	856	83	100	839
四、汇率变动对现金的影响额						
五、现金及现金等价物净增加额	327	279	606	269	269	606

(四)合并现金流量附表的编制方法

合并现金流量表补充资料可以比照个别现金流量表补充资料的编制方法,根据合并资产负债表和合并利润表进行编制。

九、合并所有者权益变动表的编制

(一) 合并所有者权益变动表编制的两种方法

《企业会计准则第 33 号——合并财务报表》规定：合并所有者权益变动表应当以母公司和子公司的所有者权益变动表为基础，在抵销母公司与子公司、子公司相互之间发生的内部交易对合并所有者权益变动表的影响后由母公司合并编制。在编制合并工作底稿时，应抵销以下项目：

1. 母公司对子公司的长期股权投资应当与母公司在子公司所有者权益中所拥有的份额相互抵销。各子公司之间的长期股权投资以及子公司对母公司的长期股权投资，应当比照这种方法抵销，将长期股权投资与其对应的子公司或母公司所有者权益中所拥有的份额相互抵销。

2. 母公司对子公司、子公司相互之间持有对方长期股权投资的投资收益，应当与对方当期净利润相互抵销。

3. 母公司与子公司、子公司相互之间当期发生的其他交易对所有者权益变动的影响相互抵销。

同时准则又规定：合并所有者权益变动表也可以根据合并资产负债表和合并利润表进行编制。

可见，合并所有者权益变动表有两种编制方法：一是通过编制合并工作底稿，在各所有制权益项目加总数的基础上，抵销企业集团内部所有者权益变动的影响，求得所有者权益各项目的合并数；二是根据合并资产负债表和合并利润表编制合并所有者权益变动表。

(二) 借助于合并工作底稿编制

应当说，本节前述母公司对子公司长期股权投资与子公司所有者权益各项目的抵销、母公司内部投资收益与子公司利润分配各项目的抵销、企业集团内部交易涉及收入费用利润项目的抵销，既涉及合并资产负债表、合并利润表的编制，也涉及合并所有者权益变动表的编制，都应根据前述抵销分录同时抵销所有者权益变动表部分相应的加总数，在合并工作底稿上最终求得合并所有者权益变动表各项目的合并数。其具体方法与合并资产负债表、合并利润表相同。也就是说，合并所有者权益变动表的编制，不必像合并现金流量表那样单独编制抵销分录。

第四节　购并第二年以后的合并财务报表

一、购并第二年以后的合并财务报表的概述

合并第二年以后的合并财务报表的编制,也称为连续年度合并财务报表的编制,是指合并当期的下一年以及以后各年的合并财务报表编制。本章合并当期期末是指2×17年12月31日,因此,本节阐述的购并第二年及以后各年合并财务报表的编制,是指2×18年以及以后各年的合并财务报表的编制。编制购并第二年及以后合并财务报表应按下列的会计处理程序进行。

第一,应对上期相关抵消内容对本期期初未分配利润的影响进行调整。连续编制合并财务报表时,之所以要对本期期初未分配利润进行调整的原因在于合并当期(上期)在合并财务报表工作底稿中对集团内部交易中的有关营业收入、营业成本、减值损失等损益项目进行调整和抵销,使得上期合并财务报表的期末未分配利润产生增减变化,而母公司和子公司的个别财务报表并未进行相应的调整和抵销,其上期期末的未分配利润没有发生变化。按照合并财务报表编制方法,下一年度合并财务报表是以母公司和子公司的个别财务报表为基础编制的,这就导致合并上期期末未分配利润的数额与下一年度合并财务报表工作底稿中期初未分配利润的数额不一致。所以,为使连续年度合并财务报表的上期期末未分配利润与下期期初未分配利润相一致,应对下期期初未分配利润的数额进行调整。

第二,对本期集团内部交易,按照一体化原则进行调整和抵销。下面主要依据2×17年合并当期内部交易的调整和抵销资料为依据,结合2×18年发生的内部交易事项,对购并第二年以后合并财务报表的编制进行阐述和说明。

二、母公司长期股权投资与子公司所有者权益项目的抵销

(一)非同一控制下母公司长期股权投资与子公司所有者权益项目的抵销

非同一控制下合并后第二年合并财务报表编制应按下列程序进行:

1. 将子公司各项资产和负债的账面价值调整为公允价值,应按下列具体情况编制调整分录:

(1)如果相关资产和负债仍然存在,并未在本期实现,应按原有资产和负债项目进行调整,编制抵销分录。

(2)如果相关资产和负债在本期已不存在,即在本期均已对外实现,则以"未分配利润"项目代替原有相关的资产和负债项目,编制相关会计分录。编制第二年合并财务报表时,子公司资产负债的账面价值调整为公允价值后,其公允价值的计价基础与计税基础形成的暂时性差异,应确认递延所得税资产或递延所得税负债。

2. 将上期相关项目的抵销对本期期初未分配利润的影响进行调整,使上期期末未分配利润与本期期初未分配利润相一致。具体内容主要包括:

(1)上期长期股权投资成本法调整为权益法,此项调整项目将导致上期期末未分配利润与本期期初未分配利润不一致,应进行调整。

(2)对上期子公司相关资产和负债的公允价值与账面价值的差额进行摊销,同样也会导致上期期末未分配利润与本期期初未分配利润不一致,应进行调整。

3. 确定子公司相关资产和负债公允价值与账面价值的差额应在本期的摊销额,编制调整分录,对子公司本期实现的净利润进行调整,将其调整为公允价值基础的净利润。

4. 在对本期实现净利润进行调整的基础上,即依据公允价值基础的净利润,将长期股权投资由成本法调整为权益法。

5. 将长期股权投资与子公司所有者权益项目进行抵销。

【例8-28】沿用例8-11和例8-12资料,2×16年12月31日,甲公司以6 000 000元购入乙公司的80%股权。2×18年乙公司实现净利润3 000 000元,宣告分派现金股利1 500 000元,提取盈余公积840 000元;甲公司实现净利润4 000 000元,提取盈余公积800 000元,宣告分派现金股利2 500 000元。假设截至2×18年12月31日,应收账款已按合并日公允价值收回,合并日的存货已全部对外实现销售,合并日固定资产公允价值增加是因为产品生产的设备,对其在10年内进行摊销。2×18年12月31日甲公司和乙公司个别资产负债表资料表8-24所示。

表8-24 甲公司和乙公司个别资产负债表资料

2×18年12月31日 单位:万元

资产	甲公司	乙公司	负债及所有者权益	甲公司	乙公司
货币资产	450	300	短期借款	300	120
应收票据	80	40	应付票据	60	60
应收账款	100	80	应付账款	70	80
应收股利	120	50	应付股利	90	160
预付账款	20	20	长期借款	500	100

续表

资产	甲公司	乙公司	负债及所有者权益	甲公司	乙公司
存货	180	200	应付债券	100	50
长期股权投资	720	100	长期应付款	270	16
债权投资	120	60	实收资本	530	500
固定资产净额	700	550	资本公积	64	80
无形资产	150	100	盈余公积	325	174
			未分配利润	331	160
资产总计	2 640	1 500	负债及所有者权益总计	2 640	1 500

2×18 年 12 月 31 日在合并财务报表工作底稿中,应编制如下调整分录和抵销分录:

(1)将子公司资产负债的账面价值调整为公允价值,由于合并日子公司的应收账款已收回,存货已全部对外出售,所以,应通过"未分配利润"项目核算。

借:固定资产　　　　　　　　　　　　　　　　　　700 000
　　贷:期初未分配利润　　　　　　　　　　　　　　200 000
　　　　期初未分配利润　　　　　　　　　　　　　　100 000
　　　　资本公积　　　　　　　　　　　　　　　　　400 000
借:递延所得税资产　　　　　　　　　　　　　　　　75 000
　　资本公积　　　　　　　　　　　　　　　　　　　100 000
　　贷:递延所得税负债　　　　　　　　　　　　　　175 000

(2)将上期应收账款、存货以及固定资产公允价值与账面价值的差额摊销对本期期初未分配利润的影响进行调整。基于上述同样的原因,对已经收回和已经实现对外出售的资产,通过"未分配利润"项目进行核算

借:期初未分配利润　　　　　　　　　　　　　　　　200 000
　　期初未分配利润　　　　　　　　　　　　　　　　100 000
　　贷:固定资产　　　　　　　　　　　　　　　　　70 000
　　　　期初未分配利润　　　　　　　　　　　　　　30 000
　　　　期初未分配利润　　　　　　　　　　　　　　200 000

或简化为:

借:期初未分配利润　　　　　　　　　　　　　　　　70 000

贷:固定资产 70 000

(3)上期母公司以子公司调整后的净利润为基础将长期股权投资调整为权益法,对本期期初未分配利润的影响进行调整。

借:长期股权投资 824 000
　　贷:期初未分配利润 824 000

(4)本期继续对固定资产的公允价值的增加进行摊销,调整本期子公司净利润,编制抵销分录。

借:营业成本 70 000
　　贷:固定资产 70 000

(5)以调整的子公司本期净利润为基础,将长期股权投资成本法调整为权益法。

权益法下对乙公司的投资收益=(3 000 000-1 500 000-70 000)×80%=1 144 000(元)

借:长期股权投资 1 144 000
　　贷:投资收益 1 144 000

(6)母公司长期股权投资与子公司所有者权益项目进行抵销。

少数股东权益对乙公司的投资收益=(3 000 000-1 500 000-70 000)×20%=286 000(元)

乙公司调整后2×18年年末未分配利润余额
=940 000+300 000-70 000+3 000 000-70 000-1 500 000-840 000
=1 760 000(元)

借:股本 5 000 000
　　资本公积 1 100 000
　　盈余公积 1 740 000
　　未分配利润 1 760 000
　　商誉 288 000
　　贷:长期股权投资 (6 824 000+1 144 000)7 968 000
　　　　少数股东权益 (1 634 000+286 000)1 920 000

据此编制的合并工作底稿见表8-25所示。

表8-25　　　　　　　　　　甲公司合并工作底稿
2×18年12月31日　　　　　　　　　　　　　　　　单位:万元

| 项目 | 甲公司 | 乙公司 | 合计 | 抵销分录 | | 少数股东权益 | 合并数 |
				借方	贷方		
货币资金	450	300	750				750
应收票据	80	40	120				120

续表

项目	甲公司	乙公司	合计	抵销分录 借方	抵销分录 贷方	少数股东权益	合并数
应收账款	100	80	180				180
应收股利	120	50	170				170
预付账款	20	20	40				40
存货	180	200	380				380
长期股权投资	720	100	820	(3)82.4(5)114.4	(6)796.8		220
持有至到期投资	120	60	180				180
固定资产净额	700	550	1 250	(1)70	(2)7(4)7		1 306
无形资产	150	100	250				250
商誉				(6)28.8			28.8
递延所得税资产	0	0	0	(2)7.5			7.5
资产总计	2 640	1 500	4 140	303.1	810.8		3 632.3
短期借款	300	120	420				420
应付票据	60	60	120				120
应付账款	70	80	150				150
应付股利	90	160	250				250
长期借款	500	100	600				600
应付债券	100	50	150				150
长期应付款	270	16	286				286
递延所得税负债	0	0			(1)17.5		17.5
负债合计	1 390	586	1 976		17.5		1 993.5
股本	530	500	1 030	(6)500			530
资本公积	64	80	144	(1)10(6)110	(1)40		64
盈余公积	325	174	499	(6)174			325
未分配利润							

续表

项 目	甲公司	乙公司	合计	抵销分录 借方	抵销分录 贷方	少数股东权益	合并数
——期初	261	94	355	(2)7	(1)30(3)82.4		460.4
——期末	331	160	491	(6)176(4)7	(5)114.4		527.8
所有者权益合计	1 250	914	2 164	984	266.8		1 446.8
少数股东权益						(6)192	192
负债及所有者权益总计	2 640	1 500	4 140	984	284.3	192	3 632.3

说明：

(1)由于没有编制合并利润表和合并所有者权益工作底稿，上述项抵销分录涉及合并利润表和所有者权益的抵销分录，分别反映在合并资产负债工作底稿中"期初未分配利润"和"期末未分配利润"项目；表中期末未分配利润中借方 7 万元反映的是本期利润的调减，贷方金额 114.4 万元反映的是本期净利润的调增金额。

(2)合并资产负债表中"期末未分配利润"合并数 527.8 万元，是通过期末未分配利润合计数(491)+未分配利润贷方发生额(30+82.4+114.4)-未分配利润借方发生额(7+176+7)计算确定的。

(二)同一控制下母公司长期股权投资与子公司所有权益项目的抵销

同一控制下合并后第二年合并财务报表编制应按下列程序进行：

1. 将上期相关项目的抵销对本期期初未分配利润的影响进行调整，使上期期末未分配利润与本期期初未分配利润相一致。具体内容主要是指将上期长期股权投资成本法调整为权益法，此项调整项目将导致上期期末未分配利润与本期期初未分配利润不一致，应进行调整。

2. 在子公司本期实现净利润的基础上，将长期股权投资由成本法调整为权益法。

3. 将长期股权投资与子公司所有者权益项目进行抵销。

【例 8-29】沿用例 8-7 和例 8-13 资料，2×16 年 12 月 31 日，甲公司定向发行本企业股票 5 200 000 股，换取乙公司股东持有的乙公司 80% 的股份。其他资料不变。2×18 年乙公司实现净利润 4 500 000 元，宣告分派现金股利 2 500 000 元，提取盈余公积 1 000 000 元；甲公司实现净利润 7 000 000 元，提取盈余公积 950 000 元，宣告分派现金股利 5 050 000 元。2×17 年 12 月 31 日甲公司和乙公司个别资产负债表资料如表 8-16 所示。2×18 年 12 月 31 日甲公司和乙公司个别资产负债表资料见表 8-26。

表 8-26 　　　　　甲公司和乙公司个别资产负债表资料

2×18 年 12 月 31 日　　　　　　　　　　　单位:万元

资　产	甲公司	乙公司	负债及所有者权益	甲公司	乙公司
货币资产	850	270	短期借款	187.2	250
应收票据	90	80	应付票据	120	100
应收账款	100	100	应付账款	180	150
应收股利	280	50	应付股利	160	180
预付账款	50	40	长期借款	150	170
存货	180	300	应付债券	200	100
长期股权投资	650	100	长期应付款	100	16
持有到期投资	100	60	实收资本	1 050	500
固定资产净额	700	650	资本公积	76.8	80
无形资产	100	350	盈余公积	380	240
			未分配利润	496	214
资产总计	3 100	2 000	负债及所有者权益总计	3 100	2 000

甲企业在编制合并财务报表工作底稿时,应编制如下会计分录:

(1)将上期长期股权投资成本法调整为权益法对本期期初未分配利润的影响进行调整。

借:长期股权投资　　　　　　　　　　　　　　　　　　　　1 200 000
　　贷:期初未分配利润　　　　　　　　　　　　　　　　　　1 200 000

(2)甲公司本期将长期股权投资由成本法调整为权益法。

借:长期股权投资　　　　　　[(4 500 000−2 500 000)×80%]1 600 000
　　贷:投资收益　　　　　　　　　　　　　　　　　　　　　1 600 000

(3)甲公司长期股权投资与乙公司所有者权益项目的抵销。

借:股本　　　　　　　　　　　　　　　　　　　　　　　　5 000 000
　　资本公积　　　　　　　　　　　　　　　　　　　　　　　800 000
　　盈余公积　　　　　　　　　　　　　　　　　　　　　　2 400 000
　　未分配利润　　　　　　　　　　　　　　　　　　　　　2 140 000
　　贷:长期股权投资　　　　　　　(6 672 000+1 600 000)8 272 000

少数股东权益 (1 668 000+400 000) 2 068 000

甲公司编制合并工作底稿见表8-27所示。

表8-27 　　　　　　　　　甲公司合并工作底稿

2×18年12月31日　　　　　　　　　　　单位：万元

项　目	甲公司	乙公司	合计	抵销分录 借方	抵销分录 贷方	少数股东权益	合并数
货币资金	850	270	1 120				1 120
应收票据	90	80	170				170
应收账款	100	100	200				200
应收股利	280	50	330				330
预付账款	50	40	90				90
存货	180	300	480				480
长期股权投资	650	100	750	(1)120 (2)160	(3)827.2		202.8
债权投资	100	60	160				160
固定资产净额	700	650	1 350				1 350
无形资产	100	350	450				450
资产总计	3 100	2 000	5 100	280	827.2		4 552.8
短期借款	187.2	250	437.2				437.2
应付票据	120	100	220				220
应付账款	180	150	330				330
应付股利	160	180	340				340
长期借款	150	170	320				320
应付债券	200	100	300				300
长期应付款	100	16	116				116
负债合计	1 097.2	966	2 063.2				2 063.2
股本	1 050	500	1 550	(3)500			1 050
资本公积	76.8	80	156.8	(3)80			76.8
盈余公积	380	240	620	(3)240			380
未分配利润							

续表

项 目	甲公司	乙公司	合计	抵销分录 借方	抵销分录 贷方	少数股东权益	合并数
——期初	396	114	510		(1)120		630
——期末	496	214	710	(3)214	(2)160		776
所有者权益合计	2 002.8	1 034	3 036.8	1 034	280		2 282.8
少数股东权益						(3)206.8	206.8
负债及所有者权益总计	3 100	2 000	5 100	1 034	280	206.8	4 552.8

说明：合并资产负债表中"期末未分配利润"合并数776万元，是通过期末未分配利润合计数(710)+未分配利润贷方发生额(120+160)-未分配利润借方发生额(214)计算确定的。

三、母公司内部投资收益等项目与子公司利润分配有关项目的抵销

(一)非同一控制下母公司内部投资收益等项目与子公司利润分配有关项目的抵销

购并后第二年以后的母公司内部投资收益与子公司利润分配有关项目的抵销与合并当期抵销的程序和核算基本相同。以子公司本期调整后的净利润为基础，编制抵销分录。借记"投资收益""期初未分配利润""少数股东损益"项目，贷记"提取的盈余公积""对所有者的分配""期末未分配利润"项目。

【例8-30】 沿用例8-28的相关资料，2×18年乙公司实现净利润3 000 000元，宣告分派现金股利1 500 000元，提取盈余公积840 000元；甲公司实现净利润4 000 000元，提取盈余公积800 000元，宣告分派现金股利2 500 000元。假设截至2×18年12月31日，应收账款已按合并日公允价值收回，合并日的存货已全部对外实现销售，合并日固定资产公允价值增加是因为产品生产的设备，将其在10年内进行摊销。

乙公司2×18年12月31日调整的净利润=3 000 000-70 000=2 930 000(元)

2×18年12月31日乙公司调整后的年初未分配利润 = 940 000(2×17年年末)+300 000(上期抵销对本期期初的影响)-70 000(上期抵销对本期期初的影响)
= 1 170 000(元)

2×18年12月31日乙公司调整后的期末未分配利润余额 = 940 000+300 000-70 000+3 000 000-70 000-1 500 000-840 000
= 1 760 000(元)

借：投资收益　　　　　　　　　　　　　　(2 930 000×80%)2 344 000
　　少数股东损益　　　　　　　　　　　　(2 930 000×20%)586 000

期初未分配利润	1 170 000
贷:提取盈余公积	840 000
对所有者的分配	1 500 000
期末未分配利润	1 760 000

合并财务报表工作底稿(略)。

(二)同一控制下母公司内部投资收益等项目与子公司利润分配有关项目的抵销

购并后第二年以后的母公司内部投资收益与子公司利润分配有关项目的抵销与合并当期抵销的程序和核算基本相同。直接以子公司本期实现净利润为基础,编制抵销分录。借记"投资收益""期初未分配利润""少数股东损益"项目,贷记"提取的盈余公积""对所有者的分配""期末未分配利润"项目。

【例8-31】沿用例8-29的相关资料,2×18年乙公司实现净利润4 500 000元,宣告分派现金股利2 500 000元,提取盈余公积1 000 000元;甲公司实现净利润7 000 000元,提取盈余公积950 000元,宣告分派现金股利5 050 000元。

2×18年12月31日,甲公司应编制如下会计分录:

借:投资收益	3 600 000
少数股东损益	900 000
期初未分配利润	1 140 000
贷:提取盈余公积	1 000 000
对所有者分配	2 500 000
期末未分配利润	2 140 000

合并财务报表工作底稿(略)。

四、内部债权债务的抵销

购并后第二年内部债权债务的抵销与并购当期内部债权债务的种类基本相同,但核算程序和内容均会有所区别。购并后第二年内部债权债务的抵销应按下列程序进行处理:

①应将上期资产减值损失中抵销的内部债权资产计提的相应减值准备对本期期初未分配利润的影响进行抵销,编制相应的调整分录。②对本期集团内部发生的债权债务交易,按照债权债务的种类分别编制抵销分录。与合并当期内部债权债务抵销的会计处理相同。③对于本期相关债权资产在个别财务报表中补提或冲减的相应减值准备的数额也予以抵销,编制抵销分录。

本部分主要说明内部应收账款以及内部债权投资的抵销处理。

(一)内部应收账款以及坏账准备的抵销处理

购并第二年编制合并财务报表进行合并处理时,其主要的内容及步骤有:

第一步,应将上期内部应收账款减值损失项目中抵销的内部应收账款计提的坏账准备对本期期初未分配利润的影响予以抵销,即按上期应收账款减值损失中抵销的内部应收账款计提的相应的坏账准备的数额,借记"应收账款——坏账准备"项目,贷记"期初未分配利润"项目。

第二步,将上期抵销的递延所得税资产对本期期初未分配利润的影响予以抵销。上期抵销的递延所得税资产由于调增上期所得税费用,使得上期期末未分配利润与本期期初未分配利润金额不一致,所以,应对本期期初未分配利润的影响进行抵销,编制抵销分录,借记"期初未分配利润"项目,贷记"递延所得税资产"项目。

第三步,将本期发生的内部应收账款予以抵销,借记"应付账款"项目,贷记"应收账款"项目。

第四步,对于本期内部应收账款在个别财务报表中补提或冲减的坏账准备的数额应予以抵销。如果本期内部应收账款在个别财务报表补提坏账准备,应借记"应收账款——坏账准备",贷记"信用减值损失";若在本期期末冲减坏账准备,则编制相反的会计分录。

第五步,根据个别财务报表本期递延所得税资产的期末余额与期初余额的比较数额,编制抵销分录。如果期末余额大于期初余额,应借记"所得税费用"项目,贷记"递延所得税资产"项目;如果期末余额小于期初余额,应借记"递延所得税资产"项目,贷记"所得税费用"项目。

具体会计核算内容可分为以下三种情况:

1. 内部应收账款余额本期与上期相等。在这种情况下,由于本期内部应收账款余额与上期相等,本期末在个别报表上无须补提或冲销内部应收账款坏账准备,所以,抵销内容包括:①将上期内部应收账款计提的坏账准备对本期期初未分配利润的影响予以抵销;②将上期抵销的递延所得税资产对本期期初未分配利润进行抵销;③将其内部应收账款和应付账款款进行抵销。

【例8-32】沿用例8-17的资料,2×17年12月31日甲公司应收账款中有150 000元为应收乙公司货款,企业合并后应收账款坏账准备按当期应收账款余额的10%计提,当期计提的内部应收账款坏账准备15 000元。2×18年12月31日甲公司对乙公司内部应收账款余额仍为150 000元,乙公司个别财务报表中内部应付账款余额也仍为150 000元,本期期末未补提或冲销坏账准备。抵销分录如下:

(1)借:应收账款——坏账准备　　　　　　　　　　　　　15 000
　　　贷:期初未分配利润　　　　　　　　　　　　　　　　　　　15 000

(2)借:期初未分配利润　　　　　　　　　　　　　　　　　　3 750
　　　贷:递延所得税资产　　　　　　　　　　　　　　　　　　　　3 750
(3)借:应付账款　　　　　　　　　　　　　　　　　　　　　150 000
　　　贷:应收账款　　　　　　　　　　　　　　　　　　　　　　150 000

通过在合并工作底稿上编制上述抵销分录,一方面将个别财务报表上内部应收账款、计提的坏账准备以及确认的递延所得税资产全部抵销;另一方面,也调整了本期期初合并未分配利润,使其与上期期末合并未分配利润一致。

2. 内部应收账款余额本期大于上期。在这种情况下,由于内部应收账款余额本期大于上期,说明本期在个别财务报表上对内部应收账款补提了坏账准备,所以,抵销内容包括:①将上期内部应收账款计提的坏账准备对本期期初未分配利润的影响予以抵销;②将上期抵销的递延所得税资产对本期期初未分配利润进行抵销;③将其内部应收账款和应付账款进行抵销;④对当期补提的坏账准备进行抵销;⑤对本期确认的递延所得税资产进行抵销。

【例8-33】沿用例8-32的相关资料,2×17年12月31日甲公司应收账款中有150 000元为应收乙公司货款,企业合并后应收账款坏账准备按当期应收账款余额的10%计提,当期计提的内部应收账款坏账准备15 000元。2×18年12月31日甲公司对乙公司内部应收账款余额为250 000元,在个别资产负债表上坏账准备余额为25 000元,则在合并工作底稿中应编制如下抵销分录:

(1)借:应收账款——坏账准备　　　　　　　　　　　　　　15 000
　　　贷:期初未分配利润　　　　　　　　　　　　　　　　　　　15 000
(2)借:期初未分配利润　　　　　　　　　　　　　　　　　　3 750
　　　贷:递延所得税资产　　　　　　　　　　　　　　　　　　　　3 750
(3)借:应付账款　　　　　　　　　　　　　　　　　　　　　250 000
　　　贷:应收账款　　　　　　　　　　　　　　　　　　　　　　250 000
(4)借:应收账款——坏账准备　　　　　　　　　　　　　　10 000
　　　贷:信用减值损失　　　　　　　　　　　　　　　　　　　　　10 000

由于2×18年内部应收账款余额为250 000元,计提坏账准备25 000元,产生可抵扣暂时性差异25 000元,期末确认递延所得税资产为6 250元,与年初递延所得税资产3 750元相比较,本期递延所得税资产增加2 500元,在编制合并财务报表时应予以抵销。

(5)借:所得税费用　　　　　　　　　　　　　　　　　　　　2 500
　　　贷:递延所得税资产　　　　　　　　　　　　　　　　　　　　2 500

通过以上抵销分录,将2×18年12月31日内部应收账款及其坏账准备余额25 000

元全部抵销。

3. 内部应收账款余额本期小于上期。在这种情况下，由于内部应收账款余额本期小于上期，说明在个别财务报表上冲销了本期多计提的内部应收账款坏账准备，所以，抵销内容包括：①将上期内部应收账款计提的坏账准备对本期期初未分配利润的影响予以抵销；②将上期抵销的递延所得税资产对本期期初未分配利润进行抵销；③将其内部应收账款和应付账款进行抵销；④对当期冲减的坏账准备进行抵销；⑤对本期确认的递延所得税资产进行抵销。

【例 8-34】沿用例 8-32 的相关资料，2×17 年 12 月 31 日甲公司应收账款中有 150 000 元为应收乙公司货款，企业合并后应收账款坏账准备按当期应收账款余额的 10% 计提，当期计提的内部应收账款坏账准备 15 000 元。2×18 年 12 月 31 日甲公司对乙公司内部应收账款余额为 80 000 元，在个别资产负债表上坏账准备余额 8 000 元，则在合并工作底稿中应编制如下抵销分录：

(1) 借：应收账款——坏账准备　　　　　　　　　　　　　　　15 000
　　　贷：期初未分配利润　　　　　　　　　　　　　　　　　　　　15 000
(2) 借：期初未分配利润　　　　　　　　　　　　　　　　　　　 3 750
　　　贷：递延所得税资产　　　　　　　　　　　　　　　　　　　　 3 750
(3) 借：应付账款　　　　　　　　　　　　　　　　　　　　　　80 000
　　　贷：应收账款　　　　　　　　　　　　　　　　　　　　　　　80 000
(4) 借：信用减值损失　　　　　　　　　　　　　　　　　　　　 7 000
　　　贷：应收账款——坏账准备　　　　　　　　　　　　　　　　 7 000

由于 2×18 年内部应收账款余额为 80 000 元，计提坏账准备 8 000 元，产生可抵扣暂时性差异 8 000 元，期末确认递延所得税资产为 2 000 元，与年初递延所得税资产 3 750 元相比较，本期递延所得税资产减少 1 750 元，在编制合并财务报表时应予以抵销。

(5) 借：递延所得税资产　　　　　　　　　　　　　　　　　　　 1 750
　　　贷：所得税费用　　　　　　　　　　　　　　　　　　　　　　 1 750

通过上述抵销分录，将 2×18 年 12 月 31 日内部应收账款及其坏账准备余额 8 000 元全部抵销。

从例 8-32、例 8-33、例 8-34 可以看出，以后各年在合并工作底稿上抵销内部应收账款坏账准备时，不论是编制两笔抵销分录，还是三笔抵销分录，最终都要将个别财务报表上内部应收账款坏账准备余额全部抵销。第一种情况下抵销分录的金额应为上期内部应收账款坏账准备的余额，例题为 15 000 元(150 000×10%)；第二、三种情况下抵销分录的金额应为本期补提或冲销的内部应收账款坏账准备的发生额。在第三期编制合并财务报表时,必须先将与第二期内部应收账款期末余额相应的坏账准备予以抵销,然后再将本期(第三期)内部应收账款期末余额与第二期内部应收账款期末余额相比较,计算出本期(第三期)内部应收账款补提或冲销的坏账准备金额,并予以抵销。以后各期依此类推,其抵销分录的编制方法与第二期的三种情况相同。

【例8-35】沿用例8-33的相关资料,假设甲公司2×19年12月31日应收账款中有应收乙公司的货款450 000元,在个别财务报表中坏账准备余额为45 000元。2×19年12月31日在合并财务报表工作底稿时,编制如下抵销分录:

(1)将2×17年、2×18年坏账准备抵销累计对2×19年期初未分配利润的影响予以抵销:

借:应收账款——坏账准备　　　　　　　　　　　(15 000+10 000)25 000
　　贷:期初未分配利润　　　　　　　　　　　　　　　　　　　　　　25 000

(2)将2×17年、2×18年递延所得税资产抵销累计对2×19年期初未分配利润的影响予以抵销:

借:期初未分配利润　　　　　　　　　　　　　　　(3 750+2 500)6 250
　　贷:递延所得税资产　　　　　　　　　　　　　　　　　　　　　　6 250

(3)抵销本期内部应收账款和应付账款:

借:应付账款　　　　　　　　　　　　　　　　　　　　　　　　 450 000
　　贷:应收账款　　　　　　　　　　　　　　　　　　　　　　　　450 000

(4)将本期补提的坏账准备的数额20 000元(45 000-10 000-15 000)予以抵销:

借:应收账款——坏账准备　　　　　　　　　　　　　　　　　　　20 000
　　贷:信用减值损失　　　　　　　　　　　　　　　　　　　　　　20 000

(5)抵销递延所得税资产:

借:所得税费用　　　　　　　　　　　　　　　　　　　　　　　　 5 000
　　贷:递延所得税资产　　　　　　　　　　　　　　　　　　　　　 5 000

上述(1)、(2)抵销分录,将上期(第二期)内部应收账款计提的坏账准备以及确认的递延所得税资产予以抵销,同时调整了本期(第三期)合并期初未分配利润,使之与上期(第二期)合并期末未分配利润一致;上述(4)、(5)抵销分录,将本期(第三期)因内部应收账款净增加200 000元而补提的坏账准备以及本期增加的递延所得税资产予以抵销。通过上述抵销分录,将本期(第三期)内部应收账款及其坏账准备余额以及递延所得税资产余额全部抵销。

(二)内部债权投资及其减值准备的抵销

内部债权投资是指母公司或子公司持有集团内部某成员企业发行的债券而持有的投资,从企业集团的角度,并非集团真正的债权投资。按照一体化原则,应将集团内部的债权投资与发行债券的企业所持有的应付债券进行抵销。随着内部债权投资与内部应付债券的抵销,内部债权投资计提的减值准备也应予以抵销。合并后第二年抵销的程序与内部应收账款及其坏账准备的抵销程序相同。

【例8-36】沿用例8-18的有关资料,2×17年1月1日甲公司购入乙公司发行的3年期、票面利率为3%、到期还本付息的公司债券。2×17年12月31日,甲公司持有内部债权投资账面价值500 000元,并计提减值准备10 000元。2×18年12月31日甲公司该债权投资账面价值为510 000元,该项投资计提坏账准备期末余额为10 200元。2×18年12月31日在编制合并财务报表时的抵销分录为:

(1)将上年(2×17年)抵销的减值准备对本期期初未分配利润的影响予以抵销。

借:债权投资——债权投资减值准备　　　　　　　　　　10 000
　　贷:期初未分配利润　　　　　　　　　　　　　　　　10 000

(2)将上年(2×17年)抵销的递延所得税资产对本期期初未分配利润的影响予以抵销。

借:期初未分配利润　　　　　　　　　　　　　　　　　2 500
　　贷:递延所得税资产　　　　　　　　　　　　　　　　2 500

(3)将本期内部持有至到期投资与应付债券进行抵销。

借:应付债券　　　　　　　　　　　　　　　　　　　510 000
　　贷:债权投资　　　　　　　　　　　　　　　　　　510 000

(4)将本期在个别财务报表补提的坏账准备的金额予以抵销。

借:债权投资——债权投资减值准备　　　　　　　　　　　200
　　贷:资产减值损失　　　　　　　　　　　　　　　　　　200

(5)将本期增加的递延所得税资产50元予以抵销。

借:所得税费用　　　　　　　　　　　　　　　　　　　　50
　　贷:递延所得税资产　　　　　　　　　　　　　　　　　50

五、合并第二年内部销售商品的抵销处理

(一)合并后第二年内部销售收入和存货中包含的未实现内部销售利润的抵销处理

企业合并后上期内部购销形成的期末存货中包含的未实现内部利润的抵销,一方面使得合并资产负债表中合并存货的金额减少,另一方面使得合并利润表中合并净利润减少,最终使合并资产负债表和合并所有者权益变动表中合并期末未分配利润减少。在以后年度连续编制合并财务报表时,其当期期初未分配利润的金额,在合并工作底稿上,是以母公司和子公司的本期个别财务报表为基础加总求得的。它与上期个别财务报表的期末未分配利润的加总金额是相同的,却往往和上期合并财务报表中的期末未

分配利润金额不一致。但是，在连续编制合并财务报表的情况下，上期合并期末未分配利润的金额应当就是本期合并期初未分配利润的金额。为此，必须将上期编制合并财务报表时抵销的内部购销形成的存货中包含的未实现内部销售利润对本期期初未分配利润的影响进行抵销，以调整本期期初未分配利润金额，使之与上期合并财务报表中的合并期末未分配利润金额一致。

在以后年度连续编制合并财务报表时，对内部销售收入和存货中包含的未实现内部销售利润的抵销处理，应按以下步骤进行。

第一，将上年抵销的存货价值中包含的未实现内部销售利润对本期期初未分配利润的影响进行抵销。也就是说，按照上期抵销的内部购销形成的存货的价值中包含的未实现内部销售利润的金额，借记"期初未分配利润"项目，贷记"营业成本"项目。这笔抵销分录，一方面将根据个别财务报表加总求得的期初未分配利润的金额，抵减期初存货中包含的未实现内部销售利润，从而使得本期合并期初未分配利润与上期合并财务报表的合并期末未分配利润金额一致；另一方面假设上期内部购销形成的存货在本期实现对外销售，期初内部购货形成的存货价值中包含的未实现内部销售利润在本期视同为已实现的利润，冲减当期营业成本。同时，应对上期对递延所得税资产的抵销对本期期初未分配利润的影响进行抵销，基于与上述相同的假设，借记"营业成本"项目，贷记"期初未分配利润"项目。如果上期内部购销形成的存货在本期并未实现对外销售，将在第三个步骤中予以调整。

第二，将本期发生的内部购销活动所形成的内部销售收入和内部销售成本予以抵销。也就是说，将企业集团内部销售企业的内部销售收入的金额，借记"营业收入"项目，贷记"营业成本"项目。

第三，将期末内部购销形成的存货价值中包含的未实现内部销售利润予以抵销。也就是说，将子公司和母公司个别财务报表补充资料中提供的内部购销形成的存货中包含的未实现内部销售利润的金额予以抵销，借记"营业成本"项目，贷记"存货"项目。这笔抵销分录，一方面通过增加本期营业成本抵减了期末内部购销形成存货价值中的未实现内部销售利润，从而减少了合并利润和合并净利润金额；另一方面将上期结转形成的和本期内部购货形成的存货中包含的未实现内部销售利润抵减了存货项目的加总数，从而使得合并存货项目的金额反映企业集团实实在在的存货成本，不再包含未实现内部销售利润。

第四，在不考虑存货计提减值准备的情况下，个别财务报表中的存货项目的期末账面价值始终与其计税基础保持一致，从个别财务报表看，不会确认递延所得税资产和递延所得税负债，所以连续年度所得税的合并处理是在合并财务报表意义上的合并处理。将本期期末合并财务报表确认递延所得税资产或递延所得税负债与其期初余额相比较:如果期末余额大于期初余额,应借记"递延所得税资产"项目,贷记"所得税费用"项目或借记"所得税费用"项目,贷记"递延所得税负债"项目;如果期末余额小于期初余额,应借记"所得税费用"项目,贷记"递延所得税资产"项目或借记"递延所得税负债"项目,贷记"所得税费用"项目。

具体抵销方法举例如下。

【例8-37】沿用例8-22有关资料,2×17年12月31日,甲公司个别利润表中营业收入9 000 000元(其中对乙公司内部销售收入500 000元),营业成本7 000 000元(其中对乙公司内部销售成本350 000元),销售毛利30%[(500 000-350 0000)÷500 000];乙公司本期将内部购进的商品当期销售80%,其销售成本400 000元,销售收入464 000元,另20%形成期末存货,存货金额为100 000元。2×18年甲公司向乙公司销售商品1 000 000元,销售成本为700 000元,销售毛利率与上年相同,2×18年12与31日内部购进存货期末余额为400 000元。2×18年12月31日在合并工作底稿中应编制如下抵销分录:

(1)借:期初未分配利润　　　　　　　　　　　　(100 000×30%)30 000
　　　贷:营业成本　　　　　　　　　　　　　　　　　　　　30 000
(2)借:递延所得税资产　　　　　　　　　　　　　　　　　　7 500
　　　贷:期初未分配利润　　　　　　　　　　　　　　　　　　7 500
(3)借:营业收入　　　　　　　　　　　　　　　　　　　　1 000 000
　　　贷:营业成本　　　　　　　　　　　　　　　　　　　1 000 000
(4)借:营业成本　　　　　　　　　　　　　　　　　　　　　120 000
　　　贷:存货　　　　　　　　　　　　　　　　　(400 000×30%)120 000

(5)2×18年12月31日,个别报表的存货的账面价值与其计税基础均为400 000元,不存在递延所得税资产或递延所得税负债的确认问题。但从合并财务报表角度来看,年末存货的账面价值为280 000元(400 000×70%),小于企业持有该存货的计税基础400 000元,产生可抵扣的暂时性差异120 000元,期末应确认递延所得税资产30 000元(120 000×25%)。与其期初递延所得税资产的余额7 500元相比,增加了22 500元,应进行如下会计处理:

借:递延所得税资产　　　　　　　　　　　　　　　　　　22 500
　贷:所得税费用　　　　　　　　　　　　　　　　　　　　22 500

(二)合并后第二年内部购销形成存货计提存货跌价准备的抵销处理

在连续编制合并财务报表时,应分两步进行抵销处理:

首先,应将上期抵销的存货跌价准备对本期期初未分配利润的影响予以抵销,这是因为,上期抵销的内部购销形成存货计提的跌价准备增加了上期合并的期末未分配利润,本期期初未分配利润的加总数是以母公司和子公司当期的个别财务报表为基础加总求得的,与上期合并利润分配表的期末未分配利润金额之间存在差额,必须通过抵销调整求得当期合并的期初未分配利润,才能与上期合并的期末未分配利润的金额一致。具体抵销时,应分别以下两种情况进行处理:①上期购进而期末形成的存货在本期尚未实现对外销售时,应借记"存货"项目,贷记"期初未分配利润"项目。②上期购进而期末形成的存货在本期实现对外销售时,应借记"营业成本"项目,贷记"期初未分配利润"项目。

其次,应将上期抵销的递延所得税资产对本期期初未分配利润的影响予以抵销,原因与上述存货跌价准备相同。具体抵销时,上期购进而期末形成的存货在本期尚未实现对外销售时,应借记"递延所得税资产"项目,贷记"期初未分配利润"项目。

再次,将本期对内部购销形成的存货补提或冲销的存货跌价准备的金额予以抵销。

最后,在考虑存货计提减值准备的情况下,应按下列程序进行会计处理:①根据个别财务报表本期期末存货的账面价值与其计税基础产生的可抵扣暂时性差异,确认本期递延所得税资产的期末余额,并与其递延所得税资产的期初余额相比较,计算本期递延所得税资产变化的金额。②根据合并财务报表本期期末存货的账面价值与其计税基础产生的可抵扣暂时性差异,由此确认本期递延所得税资产的期末余额,并与其递延所得税资产的期初余额相比较,计算本期递延所得税资产变化的金额。③将合并财务报表本期递延所得税变化的金额减去个别财务报表本期递延所得税资产变化的金额。结果若为正数,在合并财务报表工作底稿中编制如下抵销分录,借记"递延所得税资产"项目,贷记"所得税费用"项目;计算结果如为负数,则编制相反的会计分录。

具体抵销时,应分别以下两种情况进行处理:

1. 购买企业期末内部购销形成存货的可变现净值低于其取得成本,但高于销售企业的销售成本。在这种情况下,首先,应将上期抵销的存货跌价准备对本期期初未分配利润的影响予以抵销。其次,抵销本期存货跌价准备的增加额。分两步将第二期期末内部购销形成存货计提的存货跌价准备全额予以抵销。

【例8-38】沿用例8-23资料,2×17年12月31日,甲公司个别利润表中营业收入9 000 000元(其中对乙公司内部销售收入500 000元),营业成本7 000 000元(其中对乙公司内部销售成本350 000元),销售毛利30%[(500 000-350 0000)÷500 000];乙公司本期将内部购进的商品当期销售80%,其销售成本400 000元,销售收入464 000元,另20%形成期末存货,存货金额为100 000元,期末该存货可变现净值为85 000元。2×18年甲公司向乙公司销售商品1 000 000元,销售成本为700 000元,销售毛利率与上年相同,2×18年12月31日内部购进存货期末余额为600 000元,期末可变现净值为450 000元,假设上期购进的商品形成的存货在本期尚未对外销售。资料及分析见表 8-28。

表 8-28　　　　　　　　　　存货相关资料　　　　　　　　　　单位：元

项　　目	销售方销售成本	购货方取得成本	可变现净值	个别报表计提的准备	合并报表应计提的准备	合并报表抵销数
2×17 年年末	70 000	100 000	85 000	15 000	0	15 000
2×18 年年末	420 000 (600 000×70%)	600 000	450 000	150 000 本期补提 135 000	0	135 000

在编制合并财务报表时,2×18 年 12 月 31 日在合并工作底稿中应编制如下抵销分录：

(1) 借：存货——存货跌价准备　　　　　　　　　　　　　　　　15 000
　　　贷：期初未分配利润　　　　　　　　　　　　　　　　　　　15 000
(2) 借：递延所得税资产　　　　　　　　　　　　　　　　　　　　3 750
　　　贷：期初未分配利润　　　　　　　　　　　　　　　　　　　3 750
(3) 借：存货——存货跌价准备　　　　　　　　　　　　　　　　135 000
　　　贷：资产减值损失　　　　　　　　　　　　　　　　　　　135 000
(4) 2×18 年 12 月 31 日,计算下列相关内容：

乙公司个别财务报表中期末存货项目的账面价值 450 000 元(600 000-150 000),计税基础 600 000 元,递延所得税资产期末余额 37 500 元(150 000×25%)。

乙公司本期递延所得税资产变化的金额＝37 500(期末)-3 750(期初)＝33 750 元

合并财务报表中期末存货项目的账面价值 420 000 元,计税基础 600 000 元,递延所得税资产期末余额为 45 000 元(180 000×25%)。

合并财务报表本期递延所得税资产变化的金额＝45 000(期末)-7 500(期初)＝37 500(元)

本期合并财务递延所得税资产调整数＝37 500(合并变化量)-33 750(个别变化量)＝3 750(元)

依据上述计算结果,编制如下抵销分录：

借：递延所得税资产　　　　　　　　　　　　　　　　　　　　3 750
　贷：所得税费用　　　　　　　　　　　　　　　　　　　　　3 750

2. 购买企业期末内部购销形成存货的可变现净值低于销售企业的销售成本。在这种情况下,首先,应将上期抵销的存货跌价准备对本期期初未分配利润的影响予以抵销。其次,将相对于购买企业该项存货的取得成本高于销货企业销售成本的差额计提的跌价准备金额扣除期初内部购销形成存货计提的跌价准备后的余额予以抵销。

【例 8-39】沿用例 8-24 资料,2×18 年 2 月 31 日内部购销形成存货的余额为

400 000 元,可变现净值为 250 000 元,假设上期购进形成的存货在本期全部实现对外售出。购货方的个别财务报表上补提的存货跌价准备为 150 000 元,资料及分析见表 8-29。

表 8-29　　　　　　　　　　存货相关资料　　　　　　　　　　单位:元

项　目	销售方销售成本	购货方取得成本	可变现净值	个别报表计提的准备	合并报表应计提的准备	合并报表抵销数
2×17 年年末	70 000	100 000	60 000	40 000	10 000	30 000
2×18 年年末	280 000 (400 000×70%)	400 000	250 000	本期补提 150 000	20 000	130 000

2×18 年 12 月 31 日在编制合并财务报表时,应作如下抵销处理:
(1) 借:营业成本　　　　　　　　　　　　　　　　　　　　30 000
　　　贷:期初未分配利润　　　　　　　　　　　　　　　　　　30 000
(2) 由于上期在合并财务报表中没有对递延所得税资产进行抵销,所以对本期期初未分配利润没有影响,无须进行会计处理。
(3) 由于上期形成的存货在本期全部对外售出,个别报表在结转销售成本的同时,也结转该项存货计提的存货跌价准备的余额 15 000 元,即个别财务报表 2×18 年 12 月 31 日个别报表内部购进商品的"存货跌价准备"项目的余额为零。因此,在 2×18 年 12 月 31 日,个别财务报表按照当期发生的商品跌价损失计提跌价准备。按照集团计提的跌价准备与个别报表计提的跌价准备的差额进行抵销。
　　借:存货——存货跌价准备　　　　　　　　　　　　　　　130 000
　　　贷:资产减值损失　　　　　　　　　　　　　　　　　　　130 000
(4) 2×18 年 12 月 31 日,计算下列相关内容:
乙公司个别财务报表中期末存货项目的账面价值 250 000 元(400 000-150 000),计税基础 400 000 元,递延所得税资产期末余额 37 500 元(150 000×25%)。
　　乙公司本期递延所得税资产变化的金额=3 7500(期末)-10 000(期初)=27 500(元)
合并财务报表中期末存货项目的账面价值 250 000 元,计税基础 400 000 元,递延所得税资产期末余额 37 500 元(150 000×25%)。
　　合并财务报表本期递延所得税资产变化的金额=37 500(期末)-10 000(期初)=27 500(元)
　　本期合并财务报表递延所得税资产调整数=27 500(合并变化量)-27 500(个别变化量)=0(元)
　　经过上述计算,由于乙公司个别财务报表本期递延所得税资产的变化量与合并报表本期递延所得税资产本期变化量均为 27 500 元,差异为零,所以,2×18 年无须编制抵销分录。

六、合并后的第二年连续年度内部长期资产交易的抵销

(一)内部交易形成的固定资产在以后年度持有期间的抵销处理

内部交易形成的固定资产在预计使用的以后各会计期间,对与未实现内部销售利润相关的抵销处理主要包括以下五个方面的内容:

第一,将内部交易形成的固定资产原值中包含的未实现内部销售利润及其对期初未分配利润的影响予以抵销。这是因为,首先,只要内部交易形成的固定资产仍为企业持有,没有进行处置,在个别财务报表的固定资产原值中就包含了未实现内部销售利润,必须将其抵销,才能在合并财务报表的合并数中反映企业集团固定资产累计折旧的实际金额。其次,上期抵销的内部交易形成的固定资产多计提的折旧额,抵减了上期的管理费用,增加了根据个别财务报表加总的本期净利润和期末未分配利润的合计数,求得上期合并期末未分配利润,而第二期根据个别财务报表加总的期初未分配利润合计数,并未调整上期累计折旧,必须将其抵销,在合并财务报表的合并数中才能反映企业集团该项固定资产的实际原值。最后,上期抵销的固定资产原值中包含的未实现内部销售利润,抵减了根据个别财务报表加总的营业利润、本期净利润和期末未分配利润的合计数,求得上期合并期末未分配利润,而第二期根据个别财务报表加总的期初未分配利润的合计数,仍包括固定资产原值中所含的未实现内部销售利润,必须将其抵销,才能使调整后的第二期期初未分配利润合并数与上期期末未分配利润合并数相符合。

第二,将以前会计期间内部交易形成的固定资产累计折旧额中包含的未实现内部销售利润及其对期初未分配利润的影响予以抵销。这是因为,首先,合并财务报表中合并固定资产原值减合并累计折旧等于合并固定资产净值,都不包含未实现内部销售利润。但是,第二期根据个别财务报表加总的累计折旧的合计数中却包含未实现内部销售利润,必须予以抵销,才能使得调整后的第二期期初未分配利润合并数与上期期末未分配利润的合并数相符合。

第三,上期抵销的递延所得税资产或递延所得税负债,由于调整上期所得税费用,使得上期期末未分配利润与本期期初未分配利润金额不一致,所以,应对本期期初未分配利润的影响进行抵销,编制抵销分录,借记"递延所得税资产"项目,贷记"期初未分配利润"项目;如果上期抵销的递延所得税负债,应借记"期初未分配利润"项目,贷记"递延所得税负债"项目。

第四,将由于内部交易固定资产包含的未实现内部销售利润而导致的当期多计提的折旧予以抵销。其原因同上,不再赘述。

第五,本期递延所得税资产或递延所得税负债的抵销。在不考虑固定资产计提减

值准备的情况下,个别财务报表中的固定资产项目的期末账面价值始终与其计税基础保持一致,从个别财务报表看,不会确认递延所得税资产和递延所得税负债。所以连续年度所得税的合并处理是在合并财务报表意义上的合并处理,本期期末合并财务报表确认递延所得税资产或递延所得税负债与其期初余额相比较:如果期末余额大于期初余额,应借记"递延所得税资产"项目,贷记"所得税费用"项目或借记"所得税费用"项目,贷记"递延所得税负债"项目;如果期末余额小于期初余额,应借记"所得税费用"项目,贷记"递延所得税资产"项目或借记"递延所得税负债"项目,贷记"所得税费用"项目。

在考虑固定资产计提减值准备的情况下,应按下列程序进行会计处理:①根据个别财务报表本期期末固定资产的账面价值与其计税基础产生的可抵扣暂时性差异,确认本期递延所得税资产的期末余额,并与其递延所得税资产的期初余额相比较,计算本期递延所得税资产的变化金额。②根据合并财务报表本期期末固定资产的账面价值与其计税基础产生的可抵扣暂时性差异,确认本期递延所得税资产的期末余额,并与其递延所得税资产的期初余额相比较,计算本期递延所得税资产的变化金额。③将合并财务报表本期递延所得税的变化金额减去个别财务报表本期递延所得税资产的变化金额,结果若为正数,在合并财务报表工作底稿中编制如下抵销分录,借记"递延所得税资产"项目,贷记"所得税费用"项目;计算结果如为负数,则编制相反的会计分录。

【例8-40】沿用例8-25和例8-26有关资料,内部交易形成的固定资产从2×17年1月份开始投入,其原值为1 000 000元,采用直线法计提折旧,固定资产预计使用5年,预计净残值为零。乙公司每年计提的折旧为200 000元(1 000 000÷5),含未实现内部销售利润40 000元[(1 000 000-800 000)÷5]。对企业集团而言,固定资产原值应为800 000元,每年计提折旧应为160 000元(800 000÷5)。个别财务报表上每年多计提折旧40 000元,若乙公司将固定资产用于企业管理部门,则每年多列支管理费用40 000元。合并后连续各年在编制合并财务报表时应编制如下抵销分录:

2×18年12月31日应编制的抵销分录如下:

(1)将上期抵销固定资产原值中未实现销售利润对本期期初未分配利润的影响抵销。

借:期初未分配利润 200 000
　　贷:固定资产——原值 200 000

(2)将上期抵销多计提的折旧对本期期初未分配利润的影响予以抵销。

借:固定资产——累计折旧 40 000
　　贷:期初未分配利润 40 000

(3)上期抵销的递延所得税资产对本期期初未分配利润的影响进行抵销。

借:递延所得税资产 40 000
　　贷:期初未分配利润 40 000
(4)将本期多计提的折旧进行抵销。
借:固定资产——累计折旧 40 000
　　贷:管理费用 40 000

(5)2×18年12月31日,计算下列相关内容:

乙公司个别财务报表中期末固定资产项目的账面价值600 000元(1 000 000-400 000),计税基础600 000元,不产生暂时性差异,所以递延所得税资产期末余额为零。乙公司本期递延所得税资产变化的金额为零。

合并个别财务报表中期末固定资产项目的账面价值480 000元(800 000-320 000),计税基础600 000元,递延所得税资产期末余额30 000元(120 000×25%)。

合并财务报表本期递延所得税资产变化的金额=30 000(期末)-40 000(期初)=-10 000(元)

本期合并财务报表递延所得税资产调整数=-10 000(合并变化量)-0(个别变化量)=-10 000(元)

依据上述计算结果,编制如下抵销分录:
借:所得税费用 10 000
　　贷:递延所得税资产 10 000

甲公司2×19年12月31日编制合并财务报表时,应在合并工作底稿中编制如下抵销分录:

(1)借:期初未分配利润 200 000
　　　贷:固定资产——原值 200 000
(2)借:固定资产——累计折旧 80 000
　　　贷:期初未分配利润 80 000
(3)借:递延所得税资产 (40 000-10 000)30 000
　　　贷:期初未分配利润 30 000
(4)借:固定资产——累计折旧 40 000
　　　贷:管理费用 40 000
(5)借:所得税费用 10 000
　　　贷:递延所得税资产 10 000

甲公司2×20年12月31日编制合并财务报表时,应在合并工作底稿中作如下抵销分录:

(1)借:期初未分配利润 200 000
　　　贷:固定资产——原值 200 000
(2)借:固定资产——累计折旧 120 000

```
        贷：期初未分配利润                                    120 000
   (3) 借：递延所得税资产              (40 000-10 000-10 000)20 000
        贷：期初未分配利润                                     20 000
   (4) 借：固定资产——累计折旧                                 40 000
        贷：管理费用                                           40 000
   (5) 借：所得税费用                                          10 000
        贷：递延所得税资产                                     10 000
```

以后年度的抵销以此类推。但应注意的是，以后年度抵销上期多计提的折旧的金额以及递延所得税资产的金额，应按以前各期多计提折旧和递延所得税资产抵销对本期期初未分配利润的累计影响数进行确定。

（二）内部交易形成的固定资产在处置时的抵销处理

内部交易形成的固定资产会因报废、毁损或出售而进行清理，在清理内部交易形成的固定资产的会计期间，购买企业的个别财务报表中，一方面反映固定资产账面价值的减少，另一方面还要反映清理固定资产的净收入或净支出，并以"营业外收入"或"营业外支出"列示于利润表。随着内部交易固定资产的清理，销售企业内部交易固定资产尚未实现的内部销售利润也需调整相关损益项目。下面仅以固定资产报废为例，说明固定资产在处置时的抵销处理。由于内部交易的固定资产有期满报废、提前报废和超期报废三种情况，因此，在编制合并财务报表时应区别情况进行抵销处理。

1. 内部交易固定资产期满报废的抵销处理。在内部交易固定资产期满报废的会计期间，购买企业转销了报废的固定资产原值、累计折旧和计提的减值准备，因此，在购买企业期末个别资产负债表的固定资产原值和累计折旧中不再包括该项已报废的内部交易的固定资产原值和累计折旧。但在内部交易固定资产报废的会计期末，在编制合并财务报表时仍需进行相应的抵销处理，原因在于：①销售企业个别利润表的期初未分配利润中包含该项固定资产交易的未实现内部销售利润，必须予以抵销，调整合并期初未分配利润，使之与上期合并期末未分配利润相衔接；②购买企业本期仍按包含未实现内部销售利润的该项固定资产原值计提了折旧，本期计提的折旧所包含的未实现内部销售利润也必须予以抵销，以调整累计折旧和折旧费用，从而使合并金额更符合企业集团的固定资产含义。在具体进行抵销处理时又有以下三种方法：

第一，比照内部交易固定资产正常使用会计期间的抵销方法进行抵销处理。在这种方法下，首先，抵销固定资产原值中包含的未实现内部销售利润，调减合并期初未分配利润；其次，抵销以前会计期间累计折旧中包含的未实现内部销售利润，调增合并期初未分配利润；再次，抵销当期计提折旧中包含的未实现内部销售利润，调整合并折旧费用和累计折旧;最后,抵销上述三笔抵销分录中的固定资产原值和累计折旧中包含的未实现内部销售利润,其目的是在合并财务报表工作底稿中消除已清理的固定资产的相关会计信息。

第二,比照正常持有会计期间的抵销方法,编制三笔抵销分录。但因该项固定资产原值和累计折旧在个别资产负债表上已不存在,在合并财务报表工作底稿中同样不应反映该项已清理的该项固定资产。因此,在编制抵销分录时,将"固定资产——原值"项目和"固定资产——累计折旧"项目用固定资产清理最终结果确认的"营业外收入"或"营业外支出"项目代替。

第三,仅编制一笔抵销分录,调减合并期初未分配利润和当期多计提的折旧费用。在这种方法下,内部交易固定资产清理报废的会计期末,仅在工作底稿中编制一笔抵销分录:借记"期初未分配利润"项目,贷记"管理费用""营业成本"等项目。这种方法实质上是将第一种方法的四笔会计分录进行合并形成的或第二种方法三笔会计分录合并形成的一种方法。

对于上述三种抵销方法举例说明如下。

【例 8-41】沿用例 8-40 资料,第五年乙公司将从甲公司购买的固定资产进行报废清理,清理净损失 3 000 元。2×21 年 12 月 31 日,假设不考虑所得税等因素,甲公司在合并工作底稿中应编制如下抵销分录:

方法 1:
(1)借:期初未分配利润 200 000
　　贷:固定资产——原值 200 000
(2)借:固定资产——累计折旧 160 000
　　贷:期初未分配利润 160 000
(3)借:固定资产——累计折旧 40 000
　　贷:管理费用 40 000
(4)借:固定资产——原值 200 000
　　贷:固定资产——累计折旧 200 000

方法 2:
(1)借:期初未分配利润 200 000
　　贷:营业外支出 200 000
(2)借:营业外支出 160 000
　　贷:期初未分配利润 160 000
(3)借:营业外支出 40 000
　　贷:管理费用 40 000

方法3：

借：期初未分配利润　　　　　　　　　　　　　　　　40 000
　　贷：管理费用　　　　　　　　　　　　　　　　　　　　40 000

2. 内部交易固定资产提前报废的抵销处理。如果内部交易固定资产提前报废，在购买企业个别财务报表上该项内部交易固定资产原值和累计折旧已不存在，无须再调整固定资产原值和累计折旧中包含的未实现内部销售利润。但是，在清理报废固定资产的会计期间，购买企业当期为该项固定资产计提的折旧中还包含未实现内部销售利润，因此，对于本期多计提的折旧费用，还应予以抵销。同时，在固定资产提前报废的会计期间，销售企业个别利润及利润分配表的期初未分配利润中，仍包含内部固定资产交易的未实现内部销售利润，也应将其予以抵销，调整合并期初未分配利润。内部交易固定资产提前清理报废，其固定资产原值中包含的未实现内部销售利润不能通过购买企业多计提折旧的形式而得以实现的部分，调整固定资产清理净损益。其具体抵销处理参照前述三种方法。

【例8-42】沿用例8-40相关资料，假设购买企业于第四年年末对内部交易形成的固定资产进行清理报废，该项固定资产清理净损失4 000元。假设不考虑所得税等因素，抵销分录如下。

方法1：

(1) 借：期初未分配利润　　　　　　　　　　　　　　　200 000
　　　贷：固定资产——原值　　　　　　　　　　　　　　　200 000
(2) 借：固定资产——累计折旧　　　　　　　　　　　　 120 000
　　　贷：期初未分配利润　　　　　　　　　　　　　　　　120 000
(3) 借：固定资产——累计折旧　　　　　　　　　　　　　40 000
　　　贷：管理费用　　　　　　　　　　　　　　　　　　　　40 000
(4) 借：固定资产——原值　　　　　　　　　　　　　　　200 000
　　　贷：固定资产——累计折旧　　　　　　　　　　　　 160 000
　　　　　营业外支出　　　　　　　　　　　　　　　　　　　40 000

方法2：

(1) 借：期初未分配利润　　　　　　　　　　　　　　　200 000
　　　贷：营业外支出　　　　　　　　　　　　　　　　　　200 000
(2) 借：营业外支出　　　　　　　　　　　　　　　　　　120 000
　　　贷：期初未分配利润　　　　　　　　　　　　　　　　120 000
(3) 借：营业外支出　　　　　　　　　　　　　　　　　　 40 000
　　　贷：管理费用　　　　　　　　　　　　　　　　　　　　40 000

方法 3：
借：期初未分配利润　　　　　　　　　　　　　　　　　　　　　80 000
　　贷：管理费用　　　　　　　　　　　　　　　　　　　　　　　40 000
　　　　营业外支出　　　　　　　　　　　　　　　　　　　　　　40 000

3. 内部交易固定资产超期使用报废的抵销处理。内部交易形成的固定资产超期使用，在预计使用年限的最后一个会计期间，由于仍然要按含未实现内部销售利润的固定资产原值计提折旧，需比照以前各会计期间编制抵销分录。在内部交易固定资产超期使用期间，由于不再计提折旧，所以不必编制当期计提折旧中包含的未实现内部销售利润的抵销分录。但是，由于固定资产仍处在使用过程中，在购买企业的个别资产负债表中仍反映含未实现内部销售利润的该项固定资产原值和累计折旧，因此，还必须将固定资产原值和累计折旧中包含的未实现内部销售利润予以抵销。

在超期使用的内部交易固定资产报废清理的会计期间，由于购买企业个别资产负债表中不再列示已报废的固定资产原值和累计折旧，所以，既不存在固定资产原值和累计折旧中包含的未实现内部销售利润的抵销问题，也不存在当期计提折旧中包含的未实现内部销售利润的抵销问题。也就是说，在超期使用内部交易固定资产进行清理报废的会计期间，无须进行任何抵销处理。

【例 8-43】沿用 8-40 有关资料，假设该项内部交易形成的固定资产在第七年报废清理，不考虑所得税等因素，则第五年和第六年在编制合并财务报表时，应在合并工作底稿中作如下抵销分录。

第五年的抵销分录：
(1) 借：期初未分配利润　　　　　　　　　　　　　　　　　　　200 000
　　　贷：固定资产——原值　　　　　　　　　　　　　　　　　　200 000
(2) 借：固定资产——累计折旧　　　　　　　　　　　　　　　　　160 000
　　　贷：期初未分配利润　　　　　　　　　　　　　　　　　　　160 000
(3) 借：固定资产——累计折旧　　　　　　　　　　　　　　　　　 40 000
　　　贷：管理费用　　　　　　　　　　　　　　　　　　　　　　 40 000

第六年的抵销分录：
(1) 借：期初未分配利润　　　　　　　　　　　　　　　　　　　200 000
　　　贷：固定资产——原值　　　　　　　　　　　　　　　　　　200 000
(2) 借：固定资产——累计折旧　　　　　　　　　　　　　　　　　200 000
　　　贷：期初未分配利润　　　　　　　　　　　　　　　　　　　200 000

第七年固定资产清理报废时，无须编制任何会计分录。

(三)内部交易形成的固定资产减值准备的抵销处理

内部交易形成的固定资产计提的减值准备的抵销处理可比照内部购销形成存货计提存货跌价准备的抵销进行。所不同的是,内部交易形成的固定资产的企业集团实际账面价值和购买企业的含未实现内部利润的账面价值是随着折旧计提和价值摊销逐年减少的,因此,应将内部交易形成的固定资产的可收回金额与其账面净额比较确定应补提或冲销的减值准备,进而确定应予以抵销的减值准备金额。

【例8-44】沿用例8-40有关资料,假设不考虑所得税等因素。2×17年12月31日,该项内部交易固定资产以销货方甲公司销售成本为基础计算的固定资产净值为640 000元(800 000-160 000),以购货方乙公司购买成本为基础计算的固定资产净值为800 000元(1 000 000-200 000),经测试该项固定资产可收回金额为700 000元。2×17年12月31日,乙公司为其计提的固定资产减值准备为100 000元(800 000-700 000)。2×18年12月31日,集团角度该项固定资产净值为480 000元,乙公司该项固定资产净值为600 000元,其可收回金额为450 000元,乙公司为其补提固定资产减值准备50 000元,从集团整体来看,该项固定资产发生减值,应计提减值准备30 000元(480 000-450 000)。

(1)2×17年12月31日,乙公司计提100 000元减值准备,但从集团整体来看并未发生减值,应将乙公司计提的减值准备全额抵销。编制的抵销分录如下:

借:固定资产——固定资产减值准备　　　　　　　　　　　　100 000
　　贷:资产减值损失　　　　　　　　　　　　　　　　　　　　　100 000

2×18年12月31日,应将长期抵销的减值准备对本期期初未分配利润的影响进行调整

借:固定资产——固定资产减值准备　　　　　　　　　　　　100 000
　　贷:期初未分配利润　　　　　　　　　　　　　　　　　　　　100 000

(2)2×18年12月31日,乙公司本期补提50 000元减值准备,但从集团整体来看只发生减值30 000元,应按二者计提的减值准备的差额进行抵销。编制的抵销分录如下:

借:固定资产——固定资产减值准备　　　　　　　　　　　　 20 000
　　贷:资产减值损失　　　　　　　　　　　　　　　　　　　　　 20 000

需要说明的是,由于2×18年12月31日该项内部交易形成的固定资产的可收回金额,既低于购买企业固定资产的净额,也低于集团意义固定资产的净额,经过2×18年的抵销处理,购买企业和集团的固定资产净额相同,以后年度该项固定资产发生减值时,二者计提的减准备不存在差异,无须编制抵销分录。

第五节　合并财务报表的特殊问题

一、母公司购入和出售子公司股份

以上各节,我们主要论述了当母公司通过一次性投资达到控股目的,且所持股份不发生变化情况下的合并财务报表的编制。在会计实务中,母公司也可以通过多次交易购入子公司股份,最终达到控股目的,通过多次交易实现控股合并已在前文进行了说明。在会计实务中,在达到控股目的后,出于加强控制力度、筹集资金以及拓展新的投资渠道等方面的原因,母公司也可能进一步购入子公司少数股东所持有的股份或出售子公司部分股权,但出售后的持股比例仍对子公司实施有效的控制。而这些都会引起对子公司持股比例和长期股权投资账面价值的变化,导致长期股权投资成本与享有子公司所有者权益份额差额变化以及投资收益确认等特殊问题。

(一)购入子公司少数股份

母公司购入子公司少数股份是指母公司在取得对子公司的控股权后,再次购入少数股东所持有的子公司普通股份,从而提高持股比例,相应减少少数股东持股比例,甚至将子公司变成母公司的全资子公司。由于这种股权转让实质是股东之间的权益性交易,所以,应按照以下权益性交易原则,分别母公司个别财务报表以及合并财务报表两种情况进行处理:

1. 从母公司个别财务报表角度,其自子公司少数股东处新取得的长期股权投资应当按照《企业会计准则第 2 号——长期股权投资》第四条的规定,以初始购买价款及其他必要支出、发行权益性证券的公允价值确定长期股权投资的入账价值。

2. 在合并财务报表中,子公司的资产、负债应以购买日(或合并日)开始持续计算的金额反映。

因购买少数股权新增加的长期股权投资成本与按照新取得的股权比例计算确定应享有子公司自购买日(或合并日)开始持续计算的可辨认净资产份额之间的差额,应当调整合并资产负债表中的资本公积(资本溢价或股本溢价),资本公积(资本溢价或股本溢价)的余额不足冲减的,调整留存收益。

【例 8-45】甲公司于 2×16 年 12 月 15 日以 2 800 万元取得对乙公司 80% 的股权,能够对乙公司实施控制,形成非同一控制下的企业合并。2×17 年 12 月 31 日甲公司又出资 550 万元自乙公司的其他股东处取得乙公司 10% 的股权。本例中甲公司、乙公司及乙公司的少数股东在交易前不存在任何关联方关系。

（1）2×16年12月15日，甲公司在取得乙公司80%股权时，乙公司可辨认净资产公允价值总额为3 200万元。

（2）2×17年12月31日，乙公司有关资产、负债的账面价值，以购买日开始持续计算的金额（对母公司的价值），以及在交易日的公允价值情况如表8-30所示。

表8-30　　　　　　　　　　乙公司购买日资料表　　　　　　　　　　单位：万元

项　目	乙公司的 账面价值	乙公司资产、负债 对母公司的价值
存货	500	550
应收款项	250	250
固定资产	1200	1 500
无形资产	600	900
其他资产	200	200
应付款项	150	150
其他负债	100	100
净资产	3 000	3 650

2×16年12月15日，乙公司净资产的公允价值为3 200万元，账面价值为3 000万元，差额200万元主要是存货增值50万元、固定资产增值150万元所致。2×17年12月31日乙公司净资产自合并日开始持续计算的金额3 650万元与合并日公允价值3 200万元的差额450万元，系固定资产持续增值150万元以及无形资产增值300万元。假设不考虑所得税等因素的影响。

（1）2×17年12月31日在个别报表确定甲公司长期股权投资成本。
　　　　　　　长期股权投资成本＝2 800+550＝3 350（万元）

（2）合并财务报表的处理。

①合并财务报表合并日商誉的确定。
　　　2×16年12月15日合并日形成的商誉＝2 800-3 200×80%＝240（万元）

②在合并财务报表中，乙公司的有关资产、负债应以对甲公司的价值进行合并。
　　2×17年12月31日新增10%股份现对应的乙公司净资产金额＝3 650×10%＝365（万元）

新增股权成本550万元与新取得股权比例确定应享有乙公司净资产份额365万元的差额185万元，不再确认为商誉，而应在合并资产负债表中调整所有者权益，首先冲减资本公积(股本溢价或资本溢价),若资本公积(资本溢价或股本溢价)的余额不足冲减的,冲减留存收益。

(二)母公司出售子公司股份

1. 不丧失控股权情况下出售部分子公司投资。母公司在拥有子公司绝大部分股权后,可能会因资金调度的需要,或者子公司经济效益不佳等原因,出售子公司部分股份,并仍使其持股比例在50%以上,从而既能对子公司实施有效的控制,又可以满足资金调度的需要。母公司出售其所持有的子公司部分股份,应区别母公司个别财务报表和合并报表进行处理:

(1)从母公司个别财务报表看,应作为处置长期股权投资进行会计处理,将出售股权投资取得的价款或对价的公允价值与所处置的长期股权投资账面价值的差额,作为投资损益,计入母公司当期个别利润表。

母公司出售子公司部分股份时,结转减少的长期股权投资账面价值是指"长期股权投资"账户的账面余额与"长期股权投资减值准备"账户余额的差额乘以出售比例所求得的金额,也可以按"长期股权投资"账户账面余额乘以出售比例,先计算求得处置该项股权投资的成本,再按比例计算出应转销的长期投资减值准备,最后将两者求差,计算出处置的股权投资账面价值。上述计算处置股权投资账面价值的方法可称为加权平均法。从理论上说,在母公司分次取得子公司绝大部分股份的情况下,在母公司出售子公司部分股份时,也可以按先进先出法或个别计价法计算出处置股权投资的成本。

(2)从合并财务报表来看,母公司出售子公司部分股份时,母公司仍能够对被投资单位实施控制,仍然为母公司的子公司,应纳入合并范围,并按权益性交易进行会计处理,其利得或损失不得计入当期损益,应调整所有者权益。因此,在合并财务报表中,应将出售长期股权投资取得的价款或对价的公允价值与所处置股权投资相对应享有子公司净资产份额的差额计入所有者权益中的资本公积(股本溢价或资本溢价),资本公积的余额不足冲减的,应调整盈余公积。

【例8-46】甲公司和乙公司为非同一控制下的企业。2×16年12月31日,甲公司持有乙公司70%股份时,长期股权投资成本4 500万元,甲公司尚未对该项股权投资计提减值准备。2×17年12月31日,甲公司出售其持有的乙公司股份15%,致使其对乙公司的持股比例降至55%,处置乙公司股份取得处置价款800万元。处置当日,乙公司自甲公司取得其70%股权之日持续计算的应纳入合并财务报表的净资产总额为5 200万元。处置部分股权后,甲公司仍能对乙公司实施控制。假设不考虑所得税等因素的影响。

甲公司有关会计分录如下:

(1)2×16年12月31日:

借：银行存款 8 000 000
　　贷：长期股权投资——乙公司 6 750 000
　　　　投资收益 1 250 000
(2) 乙公司合并财务报表。
　　调整增加的资本公积=(8 000 000-52 000 000×70%×15%)=2 540 000(元)
2×17 年 12 月 31 日，乙公司在合并工作底稿中应作如下调整和抵销分录：
借：投资收益 2 540 000
　　贷：资本公积 2 540 000

2. 丧失控股权情况下处置部分子公司投资。企业因处置部分股权投资丧失了对原有子公司控制权的，该被投资单位不再是母公司的子公司。在这种情况下，首先，应将出售股权投资取得的价款或对价的公允价值与所处置的股权投资账面价值，作为投资损益计入当期母公司的个别利润表；其次，对于处置后的剩余股权应当区分个别财务报表和合并财务报表进行相关会计处理。

(1) 在个别财务报表中，对于剩余股权，应当按其账面价值确认长期股权投资或其他相关金融资产。处置后的剩余股权能够对原有子公司实施共同控制或重大影响的，按成本法转为权益法的有关规定进行会计处理。

(2) 在合并财务报表中，应终止确认长期股权资产、商誉等的账面价值，并终止少数股东权益(含少数股东的其他综合收益)的账面价值。按照丧失控制权日的公允价值重新计量剩余股权，按剩余股权对被投资方的影响程度，将剩余股权作为长期股权投资或金融工具进行核算；处置股权取得的对价与剩余股权的公允价值之和，减去按原持股比例计算应享有原子公司自购买日开始持续计算的净资产账面价值份额与商誉之和，形成的差额计入丧失控制权当期的投资收益；与原子公司相关的其他综合收益、其他所有者权益变动，应在丧失控制权时转入当期损益。

二、子公司增发股票和分配股票股利

(一)子公司增发普通股股票

子公司为扩大生产经营，经批准增发普通股股票，一般有以下几种情况：①子公司按比例向拥有多数股权和少数股权的股东增发股票；②子公司仅向母公司增发股票；③子公司仅向外界少数股东增发股票。在第一种情况下，母公司对子公司持股比例不发生变化；在第二种和第三种情况下，则会影响母公司对子公司的持股比例。

1. 子公司仅向母公司增发股票。子公司增发的股票有时可能全部出售给母公司，以实现母公司增加对子公司投资份额的需要。由于母公司在子公司投资比例的提高，可能会导致母公司对子公司投资成本与其拥有子公司所有者权益份额之间的差额发生变化。也可以说,母公司为增加其拥有子公司所有者权益的份额与其为之所付出的代价之间会发生差额。对于这个差额,从理论上讲可以有三种处理方法:①确认为当期投资损失;②将其作为商誉;③将其作为资本公积。按国际财务报告准则和我国会计准则规定一般应选择第三种做法。

2. 投资方因其他投资方对其子公司增资而导致本投资方持股比例下降,从而丧失控制权但能实施共同控制或施加重大影响的处理。在这种情况下,由于少数股东持股比例增加,虽然母公司并未出售子公司股份,但是,也会引起母公司对子公司持股比例的减少。按照《会计准则解释第 7 号》的有关规定,投资方应当区分个别财务报表和合并财务报表进行相关会计处理:

(1)在个别财务报表中,应当对该项长期股权投资从成本法转为权益法核算。首先,按照新的持股比例确认本投资方应享有的原子公司因增资扩股而增加净资产的份额,与应结转持股比例下降部分所对应的长期股权投资原账面价值之间的差额,计入当期损益;然后,按照新的持股比例视同自取得投资时即采用权益法核算进行调整。

(2)在合并财务报表中,应当按照《企业会计准则第 33 号——合并财务报表》的有关规定进行会计处理。如果子公司增发股票的发行价格高于或者低于其已发行在外的股票的账面价值,母公司就会发生损益。对于这项损益的会计处理,从理论上讲也有三种处理方法:①确认为当期投资损失;②作为商誉处理;③作为资本公积处理。按国际财务报告准则和我国会计准则规定一般应选择第三种做法。

3. 子公司发行优先股等其他权益工具的,母公司合并利润表中的"归属于母公司股东的净利润"的确定问题的处理。子公司发行优先股等权益性工具,虽然不影响母公司对子公司的控股权,但会导致母公司合并利润表中"归属于母公司股东的净利润"项目的金额发生变化。子公司发行优先股后,母公司合并利润表中的"归属于母公司股东的净利润"应按照《企业会计准则解释第 7 号》的规定计算确定,主要内容有:

(1)子公司发行累积优先股等其他权益工具的,无论当期是否宣告发放股利,在计算列报母公司合并利润表中的"归属于母公司股东的净利润"时,应扣除当期归属于除母公司之外的其他权益工具持有者的可累积分配股利,扣除金额应在"少数股东损益"项目中列示。

(2)子公司发行不可累积优先股等其他权益工具的,在计算列报母公司合并利润表中的"归属于母公司股东的净利润"时,应扣除当期宣告发放的归属于除母公司之外的其他权益工具持有者的不可累积分配股利,扣除金额应在"少数股东损益"项目中列示。

企业的合并财务报表未按照上述规定列报的,应当对可比期间的数据进行相应调整。

(二)子公司分派股票股利

子公司分派股票股利时,虽然子公司所有者权益总额未发生变化,而且也不影响母公司长期股权投资的账面价值,但是,子公司所有者权益的结构发生了变化,从而引起母公司合并工作底稿中对子公司所有者权益抵销金额的变化,应区别个别财务报表和合并财务报表进行相应处理:

1. 从个别财务报表看,由于母公司收到股票股利时,不能确认投资收益,只在备查簿中登记入账,不作相应账务处理。

2. 从合并财务报表看,子公司分配股票股利后,母公司在编制合并财务报表工作底稿时,应按照分配股票股利后子公司所有者权益项目进行抵销处理,无须对子公司分配股票股利单独进行抵销处理。如果股票股利按市价结转,子公司所有者权益项目中"股本或实收资本""未分配利润""资本公积"项目同时发生变化;如果股票股利按面值结转,不会引起"资本公积"项目的变化。

三、间接控股和相互持股

本章以上所述控股关系,均是指企业集团内拥有控制权的母公司直接拥有子公司50%以上的股权,而在实务中,除直接控股外,还有以下多种复杂控股模式,如间接控股(又称垂直多层控股),又如相互持股(又称横向交叉持股)。复杂控股结构编制合并财务报表的特殊问题主要是与母公司长期股权投资直接有关的第一大类的抵销处理。下面分别论述间接控股和相互持股方式下,合并财务报表编制的特殊问题。

(一)间接控股

间接控股作为垂直多层控股的复杂控股模式,又有两种具体方式:一是母公司间接拥有子公司半数以上的股权,即母公司通过其直接控制的子公司而间接拥有其他子公司50%以上的股权,这种控股方式又称父子孙结构控股模式;二是母公司直接和间接拥有其他子公司半数以上的股权,即母公司以直接方式拥有其他企业50%以下股权,但同时通过间接方式拥有该企业一定数量的股权,两种方式合计共拥有该企业50%以上的股权,这种控股方式又称关联附属结构控股模式。

1. 父子孙结构控股模式。父子孙控股结构模式如图8-1所示。

图8-1 父子孙控股结构模式

从图8-1可以看出,在父子孙结构控股模式下,母公司甲通过直接控制的子公司乙间接持有孙公司丙半数以上股权。在这种控股模式下,虽然其合并财务报表编制方法和程序与直接控股基本相同,但是,由于涉及母公司直接控制的子公司和间接控制的孙公司的净利润和所有者权益的确认要按顺序完成,所以,合并财务报表的编制过程较为复杂。

(1)从个别财务报表看,母公司、子公司和孙公司应按自下而上(或自右向左)顺序确认净利润和所有者权益,分别编制各自财务报表。

首先,确定孙公司的本期净利润和期末所有者权益,编制孙公司个别财务报表。

其次,按子公司持有孙公司的股权比例,确定子公司拥有的孙公司净利润的份额,进而求得子公司当期净利润和期末所有者权益,编制子公司个别财务报表。

最后,再按母公司持有子公司的股权比例,确定母公司拥有的子公司净利润的份额,进而求得母公司当期净利润和期末所有者权益,编制母公司个别财务报表。

(2)母公司在编制合并财务报表时,也应分别抵销母公司对子公司、子公司对孙公司的长期股权投资以及与之相关的内部投资收益、提取盈余公积等项目。其合并财务报表编制方法和程序与直接控股基本相同。

2. 关联附属结构控股模式。关联附属结构模式如图8-2所示。

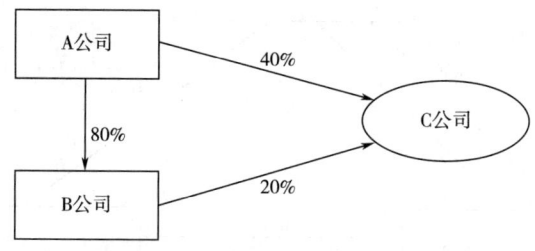

图 8-2 关联附股结构控股模式

从图8-2可以看出,在关联附属结构控股模式下,母公司A直接持有C公司40%股权,又通过直接控股的B公司间接持有C公司20%股权,于是,A公司直接和间接拥有C公司60%的股权。在这种控股模式下,合并财务报表编制方法和程序与父子孙控股结构模式不尽相同,主要表现在A公司和B公司对C公司的长期股权投资、拥有的C公司的内部投资收益等应合并抵销,而不能分别抵销。

(1)从个别财务报表看,其会计处理顺序如下:

首先,确定C公司的本期净利润和期末所有者权益,编制C公司个别财务报表。

其次,按A公司、B公司持有C公司的股权比例,分别确定A公司和B公司拥有的C公司净利润的份额,进而求得C公司少数股东损益。

再次,确定B公司本期净利润和期末所有者权益,编制B公司个别财务报表。

最后，按 A 公司持有 B 公司的股权比例，确定 A 公司拥有的 B 公司净利润的份额及 B 公司少数股东损益，进而求得 A 公司本期净利润和期末所有者权益，编制 A 公司个别财务报表。

(2) 从财务报表看，编制合并财务报表工作底稿时进行 A 公司、B 公司对 C 公司的抵销处理，以及 A 公司对 B 公司的抵销处理。

(二) 相互持股

相互持股作为横向交叉持股的复杂控股模式，是指企业集团内部各成员企业之间相互持有股份，具体表现为两种形式：一是母公司持有子公司绝大部分股权，子公司又持有母公司的少数股权，例如，母公司东方公司持有子公司西方公司 80% 股权，西方公司又持有东方公司 10% 股权；二是企业集团内某个子公司持有另一子公司的股权，例如，东方公司所属子公司西方公司持有东方公司另一子公司南方公司 60% 的股权，南方公司又持有西方公司 20% 的股权。相互持股模式如图 8-3 所示。

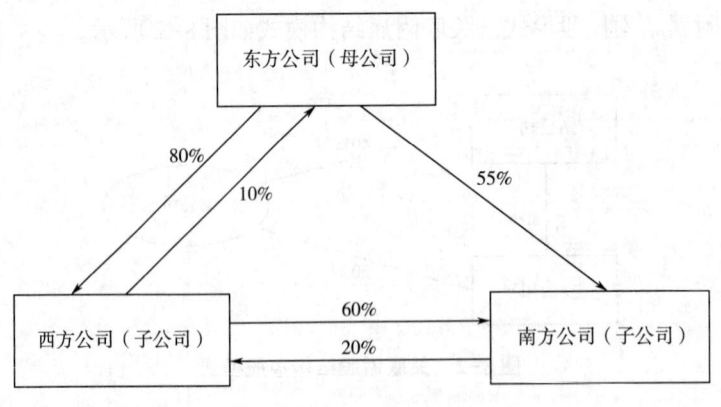

图 8-3 相互持股模式

下面仅以子公司持有母公司股权为例说明其抵销处理方法。

在编制合并财务报表时，企业集团内部成员之间相互持股，按照我国企业会计准则有关规定采用库藏股法进行会计处理。库藏股法，是将子公司持有母公司的股份，视为企业集团从少数股东那里收购股份，视同未发行在外的库藏股份，在编制合并财务报表时，将子公司对母公司的投资在合并财务报表上转为"库藏股"项目列示。在母公司理论下，合并财务报表体现以母公司为报告主体，合并过程只是以子公司的资产和负债取代母公司长期股权投资，因此，将子公司持有母公司的股份视为母公司库藏股份是合乎情理的。

在这种方法下，母公司在编制合并财务报表时，对于母公司持有子公司股份，与通常情况下母公司长期股权投资与子公司所有者权益的合并抵销处理相同。对于子公司持有的母公司份额,在编制合并财务报表时,应按照子公司取得母公司股权日所确定的长期股权投资的初始投资成本,将其转为合并财务报表中的库存股,作为所有者权益的减项,在合并资产负债表中所有者权益项目下以"减:库存股"项目列示;对于确认的投资收益,应进行抵销处理。

本章小结

合并财务报表编制涉及的内容较多、较复杂。合并财务报表编制依据的是母公司合并理论和实体公司合并理论,由于对少数股东权益和少数股东损益的处理方法不同,编制的合并财务报格式和内容均有所区别。我国合并财务报表编制是以母公司合并理论,即以控制作为合并范围的标准,对少数股东权益和少数股东损益的处理方法以实体公司合并理论为基础。合并财务报表是以母公司和子公司的个别财务报表及其相关资料为基础,依据重要性、一体化等原则,以编制调整分录和和抵销分录为核心内容,按照一定的程序以合并财务报表工作底稿为主要形式进行编制的。

合并日财务报表在非同一控制的情况下,涉及的主要会计核算内容有:在合并财务报表工作底稿中将被合并方的资产和负债由账面价值调整为公允价值;将母公司对子公司长期股权投资以及少数股东权益与子公司的所有者权益项目进行抵销,并确认合并商誉或合并损益,并且只编制合并资产负债表。同一控制的情况下,涉及的主要会计核算内容有:将子公司合并前的留存收益按照归属于母公司的份额,自资本公积转入盈余公积和未分配利润项目;将母公司对子公司长期股权投资(或少数股东权益)项目与子公司的所有者权益项目进行抵销,并编制合并资产负债表、合并利润表以及合并现金流量表。

合并当期合并财务报表在非同一控制的情况下,涉及的主要会计核算内容有:在合并财务报表工作底稿中将被合并方的资产和负债由账面价值调整为公允价值;将子公司各项资产和负债的公允价值与其账面价值的差额按规定进行摊销,对子公司净利润进行调整;将母公司长期股权投资由成本法调整为权益法;将母公司对子公司长期股权投资以及少数股东权益与子公司的所有者权益项目进行抵销,并确认合并商誉或合并损益;将母公司内部股权投资实现的投资收益与子公司利润分配各项目进行抵销;将集团内部交易有关项目进行抵销;分别编制合并资产负债表、合并利润表以及合并所有者权益表等。同一控制的情况下,涉及的主要会计核算内容有:将母公司长期股权投资由成本法调整为权益法;将母公司对子公司长期股权投资(或少数股东权益)项目与子公司的所有者权益项目进行抵销;将母公司内部股权投资实现的投资收益与子公司利润分配各项目进行抵销;将集团内部交易有关项目进行抵销,分别编制合并资产负债表、合并利润表以及合并所有者权益表、合并现金流量表。

合并后第一年或连续年度编制合并财务报表时,在非同一控制情况下,其核算内容除包括合并当期的核算内容外,还应对上期有关项目抵销对本期期初未分类利润的影响进行调整,使其与上期期末合并未分配利润的数额保持一致。在同一控制情况下,其核算内容除包括合并当期的核算内容外,还应对上期有关项目抵销对本期期初未分类利润的影响进行调整,使其与上期期末合并未分配利润的数额保持一致。

在编制合并财务报表时,由于合并财务报表上的资产和负债的账面价值与个别财务报表上的资产和负债的计税基础不一致,所以,应进行相关所得税合并处理。所得税合并处理主要包括以下两方面内容:一是由于内部债权债务及其减值准备的抵销,在合并财务报表上内部债权与债务不复存在,对个别财务报表确认的递延所得税,应在合并财务报表中予以抵销;二是由于合并财务报表确认的递延所得税与个别财务报表上确认的递延所得税产生差额,应按其差额,在合并财务报表中抵销递延所得税。在连续年度编制合并财务报表时,应根据上期调整递延所得税对本期期初未分配利润进行调整,并依据本期合并财务报表递延所得税的变化量与个别财务报表本期递延所得税的变化量,按照二者的差额,在合并财务报表中抵销递延所得税。

本章关键词

合并财务报表	consolidated financial statement
合并资产负债表	consolidated balance sheet
合并利润表	consolidated income statement
合并现金流量表	consolidated cash flow statement
合并所有者权益变动表	consolidated statement of changes in owner's equity
合并范围	consolidation scope
控制	control
母公司理论	parent company theory
实体理论	entity theory
一体性原则	oneness principle

重要性原则	materiality principle
合并日	acquisition date
合并日后	subsequent to acquisition
合并工作底稿	consolidated working sheet
少数股东权益	minority equity
少数股东损益	minority interest in profit and loss
抵销分录	elimination entry
内部交易	internal transaction
未实现内部销售损益	unrealized profit and loss of internal sales
交叉持股	cross-shareholdings
递延所得税	deferred income tax

思考与练习题

一、思考题

1. 不同的合并理论对合并财务报表的格式和内容有何影响?
2. 与个别财务报表编制方法相比,合并财务报表的编制有何特殊性?
3. 非同一控制下的控股合并,合并日为何只编制合并资产负债表?
4. 合并财务报表工作底稿中的各项目如何确定合并金额?
5. 非同一控制下合并当期长期股权投资由成本法调整为权益法的程序有哪些?
6. 合并当期通常抵销的项目有哪些?其中哪些项目需要调整期初未分配利润?
7. 连续年度编制合并财务报表时,内部应收款项的坏账准备如何抵销?
8. 合并当期在合并财务报表工作底稿中如何确定内部交易存货的跌价准备金额?
9. 连续年度编制合并财务报表时,如何抵销内部交易存货中未实现内部销售损益?
10. 母公司处置子公司部分股权但不丧失控制权,在合并财务报表中会计处理的内容有哪些?
11. 母公司处置子公司部分股权而丧失控制权,在合并财务报表中会计处理的内容有哪些?
12. 通过多次交易实现企业合并时,在合并财务报表工作底稿中会计核算的内容有哪些?
13. 在父子孙结构控股模式下,合并财务报表应抵销的内容有哪些?

14. 在关联附属控股模式下,合并财务报表应抵销的内容有哪些?
15. 子公司同时持有母公司股份时,在合并财务报表上如何反映?
16. 说明内部交易固定资产报废时应抵销的内容。
17. 合并当期内部应收款项的相关所得税如何抵销?
18. 连续年度编制合并财务报表时,内部交易存货的相关所得税如何抵销?

二、练习题

1.【目的】练习购并日合并财务报表的编制。

【资料】2×21年12月31日甲公司采用控股合并方式购买乙公司80%的股权,支付价款1 618 400元。甲、乙两公司为非同一控制下的企业,所得税税率为25%。甲、乙两公司购并日编制的个别资产负债表及乙公司净资产公允价值资料见表1。

表1　　　甲、乙公司购并日个别资产负债表及乙公司净资产公允价值　　　单位:元

资产负债表项目	甲公司	乙公司	乙公司净资产公允价值
银行存款	76 500	50 000	50 000
应收票据	440 500	30 000	30 000
应收账款	840 000	210 000	210 000
存货	1 440 000	360 000	400 000
长期股权投资	2 003 000	300 000	300 000
固定资产	7 000 000	1 500 000	1 700 000
无形资产	400 000	100 000	120 000
资产合计	12 200 000	2 550 000	2 810 000
短期借款	640 000	160 000	160 000
应付账款	908 000	227 000	227 000
长期借款	1 560 000	300 000	300 000
长期应付款	1 000 000	340 000	340 000
股本	4 400 000	600 000	
资本公积	2 000 000	610 000	+260 000
盈余公积	692 000	173 000	=1 783 000
未分配利润	1 000 000	140 000	
负债及所有者权益合计	12 200 000	2 550 000	2 810 000

另外,甲公司应收账款中有 200 000 元为应收乙公司货款,未计提坏账准备。

【要求】

(1)分配合并差额并确认商誉。

(2)编制购买日合并财务报表的调整分录和抵销分录。

(3)编制合并工作底稿。

2.【目的】练习购并日合并财务报表的编制。

【资料】2×21 年 12 月 31 日甲公司采用控股合并方式购买乙公司 80% 的股权,支付价款 926 400 元,所得税税率为 25%。甲、乙两公司购并日编制的个别资产负债表及乙公司净资产公允价值资料见表 2。

表 2　　　　　甲、乙公司购并日资产负债表及乙公司净资产公允价值　　　　单位:元

资产负债表项目	甲公司	乙公司	乙公司净资产公允价值
银行存款	76 500	50 000	50 000
应收票据	1 440 500	30 000	30 000
应收账款	840 000	210 000	210 000
存货	1 440 000	360 000	210 000
长期股权投资	1 003 000	300 000	300 000
固定资产净额	7 000 000	1 500 000	1 300 000
无形资产	400 000	100 000	120 000
资产合计	12 200 000	2 550 000	2 220 000
短期借款	640 000	160 000	160 000
应付账款	908 000	227 000	227 000
长期借款	1 560 000	300 000	300 000
长期应付款	1 000 000	340 000	340 000
股本	4 400 000	600 000	−330 000 = 1 193 000
资本公积	2 000 000	610 000	
盈余公积	692 000	173 000	
未分配利润	1 000 000	140 000	
负债及所有者权益合计	12 200 000	2 550 000	2 220 000

另外,甲公司应收账款中有 200 000 元为应收乙公司货款,未计提坏账准备。

【要求】

(1)分配合并差额并确认损益(或负商誉)。

(2)编制购并日合并财务报表的调整分录和抵销分录。

(3)编制合并工作底稿。

3.【目的】练习非全资子公司情况下购并日后第一年合并财务报表的编制。

【资料】2×18 年 12 月 31 日 A 公司以 2 000 000 元购买 B 公司 80%的股权;购并日 B 公司所有者权益账面价值为 2 200 000 元,公允价值为 2 340 000 元。2×19 年 A 公司和 B 公司个别会计报表见表 3 和表 4。A 公司对 B 公司长期股权投资余额为 2 000 000 元。A 公司固定资产未计提减值准备。差额分配表见表 5。所得税税率为 25%。

表 3　　　　　　　　　A 公司、B 公司资产负债表

2×19 年 12 月 31 日　　　　　　　　　单位:元

资　产	A 公司	B 公司	负债及所有者权益	A 公司	B 公司
货币资金	7 000 000	700 000	短期借款	200 000	100 000
公允价值计量且变动计入当期损益的金融资产	400 000		应付票据	100 000	20 000
应收票据	224 000	400 000	应付账款	2 400 000	750 000
应收账款	1 800 000	900 000	预收账款	100 000	
预付账款	600 000	500 000	应付工资	100 000	
存货	2 000 000	1 700 000	应付福利费	100 000	
长期股权投资			应付股利	2 000 000	50 000
对 B 公司投资	3 716 000		长期借款	2 000 000	
债权投资			应付债券		1 980 000
对 B 公司债权投资	840 000		长期应付款	1 000 000	
其他债权投资	20 000	100 000	实收资本	8 000 000	2 000 000
固定资产	5 000 000	2 200 000	资本公积	200 000	200 000
减:累计折旧	1 000 000	700 000	盈余公积	1 800 000	400 000
固定资产净值	4 000 000	1 500 000	未分配利润	2 000 000	900 000

续表

资　产	A 公司	B 公司	负债及 所有者权益	A 公司	B 公司
减:减值准备	660 000	100 000			
固定资产净额	3 340 000	1 400 000			
在建工程		600 000			
无形资产	50 000	100 000			
其他资产	10 000				
资产总计	20 000 000	6 400 000	负债及所有者权益计	20 000 000	6 400 000

表4　　　　　　　　　A 公司、B 公司利润及利润分配表

2×19年　　　　　　　　　　　　　　　　　　　　单位:元

项　目	A 公司	B 公司
一、营业收入	16 100 000	6 800 000
减:营业成本	10 060 000	3 600 000
税金及附加	200 000	80 000
管理费用	700 000	200 000
销售费用	790 000	320 000
财务费用	400 000	200 000
资产(或信用)减值损失	300 000	200 000
加:投资收益	2 150 000	10 000
二、营业利润	5 800 000	2 210 000
加:营业外收入	300 000	230 000
减:营业外支出	100 000	40 000
三、利润总额	6 000 000	2 400 000
减:所得税	2 000 000	300 000
四、净利润	4 000 000	2 100 000
加:期初未分配利润	1 000 000	

续表

项 目	A 公司	B 公司
五、可供分配的利润	5 000 000	2 100 000
减:提取盈余公积	800 000	400 000
对所有者分配股利	2 200 000	800 000
六、未分配利润	2 000 000	900 000

表 5　　　　　　　　　　差额分配表　　　　　　　　　　单位:元

项 目	合并价差构成	当年摊销金额	尚待摊销金额
应收账款	−20 000	−20 000	0
存货	60 000	60 000	0
固定资产	100 000(年限 5 年)	20 000	80 000
商誉	128 000		128 000
合计	268 000	60 000	208 000

2×19 年 A 公司和 B 公司个别财务报表补充资料如下:

(1)A 公司向 B 公司销售产品,不含税销售价格 1 000 000 元,增值税税率 13%。该批产品销售成本 600 000 元。B 公司已将从 A 公司购入的产品作为管理用固定资产使用,该项固定资产使用年限 5 年,2×19 年 9 月 20 日投入使用,按直线法计提折旧,不考虑净残值。

(2)B 公司向 A 公司销售产品,不含税价格 2 000 000 元,增值税税率 13%,该批产品销售成本 1 200 000 元。

(3)A 公司 2×19 年 1 月 1 日按面值购买 B 公司 2×19 年 1 月 1 日发行的 3 年期公司债券 800 000 元,年利率 5%,每年年末计息,到期一次还本付息。

(4)A 公司、B 公司均按应收款项余额 10% 计提坏账准备。A 公司应收账款余额中 700 000 元为应收 B 公司销货款;A 公司预收账款中有 60 000 元为预收 B 公司销货款。

(5)B 公司应收账款中有 800 000 元为应收 A 公司销货款;B 公司应收票据中有 50 000 元为应收 A 公司销货款。

(6)A 公司期末存货中,有从 B 公司购货 2 000 000 元尚未对外销售的 40%。

(7)B 公司财务费用中,有当年发行公司债券的利息支出 100 000 元,不符合资本化条件。

(8) A 公司投资收益中，有从 B 公司购入的公司债券利息收入 40 000 元。

(9) A 公司期末存货中，有从 B 公司购货 2 000 000 元尚未对外销售的 40%，其可变现净值为 40 万元，A 公司为其计提了存货跌价准备。

【要求】

(1) 编制 2×19 年年末调整分录和抵销分录。

(2) 编制 2×19 年合并工作底稿，求出合并财务报表各项目的合并数。

4.【目的】练习非全资子公司情况下购并日以后各年合并财务报表的编制。

【资料】沿用第 3 题资料。上期期末内部交易存货在本期全部对外实现销售。A 公司对 B 公司长期股权投资余额为 2 000 000 元。2×20 年 A 公司、B 公司个别会计报表资料见表 6 和表 7。所得税税率为 25%。

表 6　　　　　　　　　A 公司、B 公司资产负债表

2×20 年 12 月 31 日　　　　　　　　　　　　　　单位：元

资产	A 公司	B 公司	负债及所有者权益	A 公司	B 公司
货币资金	3 048 000	400 000	短期借款	85 000	20 000
公允价值计量且其变动计入当期损益的金融资产	500 000		应付票据	260 000	10 000
应收票据	400 000	500 000	应付账款	1 000 000	40 000
应收账款	3 800 000	1 080 000	预收账款	200 000	
预付账款	800 000	600 000	应付工资	55 000	10 000
存货	3 000 000	1 800 000	应付福利费	30 000	20 000
长期股权投资			应付股利	3 000 000	200 000
对 B 公司投资	4 192 000		长期借款	1 170 000	
债权投资			应付债券		2 200 000
对 B 公司债权投资	880 000		长期应付款	800 000	
其他债权投资	22 000	110 000	实收资本	8 500 000	2 000 000
固定资产	5 000 000	2 200 000	资本公积	100 000	200 000
减：累计折旧	1 500 000	1 000 000	盈余公积	2 800 000	800 000
固定资产净值	3 500 000	1 200 000	未分配利润	3 000 000	1 000 000

续表

资　产	A公司	B公司	负债及所有者权益	A公司	B公司
减:减值准备	720 000	100 000			
固定资产净额	2 780 000	1 100 000			
在建工程	1 000 000	800 000			
无形资产	500 000	90 000			
其他资产	78 000	20 000			
资产总计	21 000 000	6 500 000	负债及所有者权益总计	21 000 000	6 500 000

表7　　　　　　　　　A公司、B公司利润及利润分配表

2×20年　　　　　　　　　　　　　　　单位:元

项　目	A公司	B公司
一、营业收入	18 200 000	6 500 000
减:营业成本	11 150 000	3 310 000
税金及附加	220 000	90 000
管理费用	150 000	150 000
销售费用	540 000	250 000
财务费用	350 000	150 000
资产(或信用)减值损失	900 000	50 000
加:投资收益	2 100 000	10 000
二、营业利润	6 990 000	2 510 000
加:营业外收入	80 000	130 000
减:营业外支出	40 000	40 000
三、利润总额	7 030 000	2 600 000
减:所得税	2 030 000	600 000
四、净利润	5 000 000	2 000 000
加:期初未分配利润	2 000 000	900 000
五、可供分配的利润	7 000 000	2 900 000

续表

项 目	A公司	B公司
减:提取盈余公积	1 000 000	400 000
对所有者分配股利	3 000 000	1 500 000
六、未分配利润	3 000 000	1 000 000

2×20年A公司和B公司个别财务报表补充资料如下：

(1)B公司2×20年从A公司购入的产品作为固定资产继续使用并计提折旧。

(2)A公司、B公司继续对B公司2×19年发行的3年期债券计提利息。

(3)A公司2×20年从B公司购入的产品已全部实现对外销售。

(4)A公司向B公司销售产品一批，不含税价格3 000 000元，增值税税率13%，该批产品销售成本2 100 000元。

(5)A公司应收账款中有20 000元为应收B公司销货款；A公司预收账款中有100 000元为预收B公司购货款。

(6)B公司应收账款中有800 000元为应收A公司销货款。

(7)B公司存货中有当年从A公司购货3 000 000元中的60%。

(8)B公司当年从A公司购货3 000 000元中形成存货部分的可变现净值为1 300 000元。

【要求】

(1)编制调整分录和抵销分录。

(2)编制合并工作底稿,求出合并财务报表各项目的合并数。

5.【目的】练习掌握处置对子公司的投资而丧失控制权的会计处理。

【资料】甲公司2×20年6月30日从非关联方取得了乙公司60%的股权,支付的现金为9 000万元。甲公司取得乙公司60%股权后,能够对乙公司的财务和经营政策实施控制,2×21年1月1日,甲公司处置了乙公司40%的股权,取得处置价款为8 000万元(剩余20%股权的公允价值为4 000万元),丧失了对乙公司的控制,但能够对乙公司实施重大影响。2×21年1月1日,按甲公司取得乙公司投资日确定的乙公司各项可辨认资产、负债的公允价值持续计算的乙公司净资产为107 00万元,其中:累计实现净利润600万元,其他权益工具投资公允价值累计增加100万元,无其他所有者权益变动。甲公司按净利润的10%提取法定盈余公积。

【要求】

(1)个别报表中编制甲公司处置日对子公司的投资,以及对剩余股权相关的会计分录。

(2) 合并报表中编制相关的会计分录。

6.【目的】练习掌握多次交易实现同一控制下的企业控股合并的会计处理与计算。

【资料】2×20年12月1日,甲公司取得乙公司10%的股权作为其他债权投资,取得时支付现金2 300万元,2×20年12月31日其公允价值为2 350万元。2×21年1月31日,甲公司以定向增发股票的方式购买同一集团内另一企业持有的乙公司45%的股权。为取得该股权,甲公司增发2 000万股普通股,每股面值为1元,每股公允价值为5.3元;支付发行费用50万元,原10%股权在该日的公允价值为2 350万元。取得该股权时,相对于最终控制方而言的乙公司可辨认净资产账面价值为23 000万元,甲公司所在集团最终控制方此前合并乙公司时确认的商誉为200万元,其中:股本10 000万元,资本公积4 000万元,盈余公积960万元,未分配利润8 040万元。进一步取得投资后,甲公司能够对乙公司实施控制。假定甲公司和乙公司采用的会计政策、会计期间相同。甲公司按净利润的10%提取法定盈余公积,不考虑所得税等因素且甲公司有足够的资本公积(股本溢价)。

【要求】

(1) 编制2×20年12月1日至2×21年1月31日甲公司个别报表有关会计分录。

(2) 计算2×21年1月31日(合并日)合并商誉。

(3) 编制合并日合并报表中的调整分录和抵销分录。

进一步思考

2016年6月7日,长园集团与上海和鹰实业发展有限公司等16名股东签订股份转让协议,以18.8亿元人民币收购上海和鹰机电科技股份有限公司(后更名为长园和鹰)80%股权,并在收购协议中作如下约定:长园和鹰合并报表后的净利润于2016年、2017年分别不少于1.5亿元和2亿元,如果在这两年内净利润低于3.5亿元,长园和鹰应按协议约定的数额对长园集团进行业绩补偿4 851万元。2016年7月28日,长园和鹰成为长园集团控股子公司。自2016年8月起,长园集团将长园和鹰纳入合并报表范围。长园和鹰属于高科技企业,主营软性材料裁剪方案,主要产品有数控裁剪机、自动铺布机和Euratex吊悬系统,是国内少数具有完整自主知识产权、实现规模化量产数控裁剪设备制造商之一。长园和鹰被收购后经营方向变为提供智能工厂解决方案的企业。长园和鹰在结束2016年和2017年业绩补偿期后,2018年的净利润出现严重下滑,同期下降79.2%,从而引起上交所的关注,要求其对此现象进行解释说明。2020年5月31日,长园和鹰收到证监会调查通知单,其涉嫌业绩造假被立案侦查。主要内容有:

1. 采用虚构收入手段造假。2015年12月,长园和鹰在未签订书面合同的情况下,与泰国客户仅口头约定客户将货物卖出以后再付款,未销售不用付款。该批货物出口报关后一直存储于该公司租赁的海外仓库中,直至2018年8月1日运至国内。由此导致2016年虚增收入847.41万余元,虚增2016年和2017年应收账款847.41万元。2016年6月至11月,长园和鹰分别与多家柬埔寨公司签订产品销售合同,并按照合同金额确认了收入。经调查,柬埔寨公司只是协助免税清关,不存在针对合同的付款义务。仅此一项就虚增2016年度营业收入5 662.91万元,虚增2016年度利润总额3 954.7万元。

2. 采用提前确认收入手段造假。2016年10月至12月以及2017年12月,长园和鹰分别与4家越南代理商签订销售合同,合计金额536.08万美元。合同均约定,代理商在将产品销售给终端客户之后才对该公司产生相应的付款义务,在代理商付清全部货款之前,该公司对上述设备拥有所有权。经调查,在业绩承诺期内上述4家代理商仅于2017年向终端客户销售了183.44万美元的吊挂产品,但长园和鹰在合同签订当年却提前全额确认了收入,虚增2016年度利润总额2 270.76万元,虚减2017年度营业收入565.96万元,虚减2017年度利润总额432.37万元。

3. 采用重复开票、重复确认收入违规手段造假。2017年,长园和鹰的子公司向13家国内企业销售裁床、铺布机、吊挂等产品,经调查,在上述销售中,通过重复开具发票,继而重复确认收入,仅此操作就虚增2017年利润总额287.51万元。2017年,长园和鹰与多家客户签订了9份销售合同,经调查,对于上述合同中已开发票确认收入的产品,该公司在2017年年底编制财务报表时再次作为已发货但未开票项目调增收入,通过重复确认收入,虚增2017年利润总额202.31万元。

4. 采用签订"阴阳合同"手段造假。2017年8月至11月,长园和鹰的子公司上海和鹰租赁与长园和鹰另一家子公司和鹰设备签订设备购销合同,并为客户提供相应的融资租赁服务。在与租赁客户签订21份融资租赁合同中,每份合同均有高价、低价两个版本,21份高价版融资租赁合同总金额为10 043.20万元(其中和鹰租赁从和鹰设备采购设备的成本共8 511.15万元,36个月融资租赁利息共1 532.05万元),而低价版融资租赁合同总金额仅为2 900.80万元,除价格外其余合同内容完全相同。该公司依据高价版合同,按照合同全部商品已发货确认了2017年销售商品收入。但经调查,其与客户实际按照低价版合同结算支付,且合同约定商品并未全部发货。由此虚增2017年度营业收入5 259.17万元,虚增2017年度利润总额3 059.17万元。

5. 采用违规手段确认建造合同收入手段造假。2016年6月，长园和鹰公司与客户签订金额为1.5亿元的HBFS不落地智能工厂销售合同，约定向其提供服装不落地智能工厂系统项目整厂解决方案。长园和鹰按照完工百分比法确认了2016年度、2017年度该项建造合同收入。经调查，该工程项目已经处于停工状态，该建造合同结果不能可靠估计，不应采用完工百分比法确认合同收入。虚增2016年营业收入4 531.16万元和利润总额4 531.16万元，虚增2017年营业收入1 538.26万元和利润总额635.72万元。2016年11月，长园和鹰与客户签订金额为1.72亿元的SHFL科技女装智能柔性生产线系统集成服务总包合同，约定向SHFL提供女装智能柔性生产线系统集成项目总体解决方案。经调查，该工程项目已处于停工状态，建造合同结果不能可靠估计，不应采用完工百分比法确认合同收入。虚增2017年度营业收入6 291.57万元、利润总额6 291.57万元。

6. 虚假陈述。长园集团控股子公司长园和鹰财务造假，导致长园集团2016年、2017年年度报告中披露的财务数据存在虚假记载，主要表现为：2016年合并利润表虚增营业收入约1.5亿元，虚增利润总额1.23亿元，分别占公开披露的长园集团当期营业收入、利润总额(追溯调整前)的2.56%、5.21%；2017年合并利润表虚增营业收入约2.1亿元，虚增利润总额1.8亿元，分别占公开披露的长园集团当期营业收入、利润总额(追溯调整前)的2.82%、14.85%。两年累计虚增营业收入约3.6亿元，虚增利润总额3亿余元。长园集团近几年经营业绩出现明显波动。2016年净利润大幅下滑78%，2017年出现亏损，2019年亏损额接近9亿元。2019年3月，长园和鹰原董事长尹智勇因挪用资金、职务侵占被刑事立案。2020年10月23日，长园集团已于当日收到深圳证监局《行政处罚决定书》([2020]7号)及《市场禁入决定书》([2020]1号)，深圳证监局决定对长园集团给予警告，并处以50万元罚款；对尹智勇给予警告，并处以30万元罚款；对史忻、刘瑞、许晓文、鲁尔兵、黄永维、倪昭华给予警告，并分别处以20万元罚款。此外，深圳证监局还决定对尹智勇采取10年证券市场禁入措施，对史忻采取5年证券市场禁入措施，对刘瑞采取3年证券市场禁入措施。行政处罚决定书的下达，标志着证监会对本案现已调查、审理终结。

请依据案例资料，思考下列问题：

(1)案例中的长园和鹰公司违背了哪些会计信息质量要求及职业操守？

(2)案例中虽然是子公司财务造假，上市公司长园集团是否存在问题？有哪些问题？

(3)长园集团合并财务报表涉及信息违法违规，是否存在商业诚信问题？是否应承担民事赔偿责任？

第九章

上市公司信息披露

上市公司信息披露主要包括年度报告、中期报告、临时报告、招股说明书、募集说明书、上市公告书和收购报告书等,本章从上市公司信息披露的意义入手,主要介绍上市公司信息披露的基本框架和信息披露的相关要求。本章内容对应的是《公司法》《证券法》《上市公司信息披露管理办法》等法律法规以及《企业会计准则第 32 号——中期财务报告》《企业会计准则第 36 号——关联方披露》等。通过本章的学习,要求了解上市公司信息披露的意义、上市公司信息披露的法规规定、上市公司信息披露的主要内容,熟悉上市公司年报信息披露框架,掌握上市公司信息披露的要求及对虚假陈述的处罚,理解上市公司关联方交易的披露、承诺事项的披露等内容。

第一节 上市公司信息披露的意义

由于资源固有的稀缺性,人们总是期望有限的资源能够创造最大的价值。因此,对于投资者和债权人等会计信息使用者而言,可靠、相关的会计信息能够帮助他们进行投资和信贷决策,也决定着社会资源的有效分配和利用,进而提升资本市场流动性、提高生产率、促进社会和经济良性发展;反之,虚假的会计信息不仅不利于资源的合理配置,更会导致资本市场资源配置功能的丧失以及一连串的不良后果。安然、世通、银广夏、蓝田股份、万福生科、康得新、康美药业等会计造假案例,给我们提供了前车之鉴。

由于信息的使用者并不直接参与企业的实际经营,信息的提供者(企业管理层)对于企业的经营活动拥有得天独厚的信息优势,且会计信息的提供者(企业管理层)的实际行动不易被信息使用者所观测,因此二者之间不可避免地存在信息不对称的情况。信息不对称主要来源于逆向选择和道德风险。

逆向选择是指市场交易的一方如果能够利用多于另一方的信息使自己受益而对方受损,信息劣势的一方难以顺利地做出合理决策,于是价格便随之扭曲,并失去了平衡供求、促成交易的作用,进而导致市场效率的降低。企业管理者(内部人)较之外部信息使用者(如投资者、债权人等)拥有得天独厚的信息优势,掌握更多公司经营状况和未来前景的信息,很可能通过扭曲或操纵信息披露等手段来获得个人利益。因此,投资者和债权人对信息的真实性会产生怀疑,为保障自身利益、降低损失发生的可能性,在决策时会格外谨慎。如果大部分公司的信息披露失真,投资者和债权人出于自我保护的目的,很可能对高质量的信息披露也报以类似的怀疑态度。如果将外部投资者投入资金、债权人发放贷款视为契约达成的时间点,逆向选择源于事前的信息不对称。俗语"买的没有卖的精"就是信息不对称导致逆向选择行为的经典诠释。

道德风险是在信息不对称条件下,不确定或不完全合同使得负有责任的经济行为主体不承担其行动的全部后果,在最大化自身效用的同时,做出不利于他人行动的现象。道德风险产生于事后的信息不对称。现代企业中,由于所有权与经营权的分离,股东和债权人无法直接有效地观测到管理者的努力情况和工作效率,管理层出于个人利益,有可能消极工作,并将企业经营状况的恶化归结于外部不可控因素的影响。

高质量的信息披露能够通过将内部信息真实、可靠地转化为外部信息的方式,减少因内部管理者与外部信息使用者的信息不对称带来的不良影响,对微观主体及宏观管理具有重要意义,主要表现为以下四方面。

一、有助于投资者的投资决策

随着现代企业制度的建立,资本市场的进一步完善与发展,上市公司与社会各方面的经济联系越来越密切,造就了一大批投资人和债权人,他们不直接参与上市公司的生产经营活动,不能直接从中获得所需经济资源、经济义务等方面的财务信息,尽管财务报告提供的信息主要是过去经营成果和财务状况的反映和总结,但它是用来判断上市公司在剧烈的市场竞争中生存、成长、扩展能力必不可少的资料,对于预测未来该公司的发展前景十分必要。这些资料都必须在上市公司定期公布的财务报告中披露,投资者、债权人需要了解公司的财务状况,分析公司偿债能力、盈利能力、融资能力,将其作为投资、信贷、融资等决策的依据。

二、有助于反映管理层受托责任履行情况

上市公司两权分离,使股东与公司管理部门之间成为委托与受委托关系。股东把资本投入公司的目的在于保值和增值,在其委托经营管理期间,为了确保自己的利益,确保投入资本的完整和增值,随时都想了解管理部门对受托经济资源的经营管理情况,而财务报告能够较全面、系统、连续、综合地跟踪反映公司投入经济资源的渠道、性质、分布、运用效果,从而有助于评价公司的财务状况和经营业绩,以及管理部门对受托经济资源的经营管理责任的履行情况。财务报告这方面的作用不仅明显,而且是其他资料不可替代的。

三、有助于帮助公司改善经营管理

相关利益集团是公司各种经济资源的提供者,公司的生存发展必需依赖他们的贡献、配合、协作。公司管理部门的主要职责在于鼓励、激发各种相关利益集团保持或扩大对本公司的贡献,协调公司与相关利益集团以及各利益集团之间的关系。这种协调与激励不仅要凭借管理人员有创见的管理和有效地利用受托的各种经济资源,还应定期向相关利益集团全面、系统、连续、客观地报告对受托经济资源的管理、利用情况,以及所创造的效益和分配情况。所以财务报告在改善公司经营管理,协调公司与其相关利益集团的关系,促进公司快速、稳定发展等方面发挥着不可替代的重要作用。

同时,公司披露的信息会形成企业巨大的外部压力。企业经营状况不佳的信息披露后,常会引起股票价格的波动,一般是诸多小股东抛售股票,从而影响广大股东的利益。这样,公司董事会、股东会就会为保持自身的利益而采取必要的改进措施,甚至进行公司内结构性的调整,这对公司的自我完善起了极大的促进作用。

公开披露信息也在实现企业"优胜劣汰"方面发挥着作用。上市公司经营状况持续不佳,很有可能成为被"收购"的对象,被其他公司所兼并,而要"收购"对方股票的公司,也要将其收购过程的各类信息对外披露。这样,市场经济中的"优胜劣汰"在企业披露的信息中被揭示殆尽,这无疑是促使上市公司艰苦敬业、尽责经营的强大制约力量。

四、有助于国家宏观调控与管理

上市公司是国民经济中的重要细胞,国民经济管理部门可以将各个上市公司的财务报告所提供的信息资料进行汇总。一方面,分析、考核国民经济总体运行情况,从中发现存在的问题,对宏观经济运行做出相应的判断,为国民经济宏观调控提供依据。同

时,政府经济管理部门可以利用各上市公司财务报告提供的财务信息资料,及时掌握微观经济单位(企业、公司等)的经营管理情况,从而对他们的生产经营和经济活动进行检查分析,制定经济发展战略和政策,实现经济和社会目标,加速社会经济资源的合理有效配置,促进社会经济健康稳定的发展。

上市公司对外信息披露是其筹资、投资、分配的需要,是上市公司树立自身形象的媒介,也是其介入社会经济活动的重要途径之一。

第二节 上市公司信息披露的框架

一、上市公司信息披露相关管理规定

(一)上市公司信息披露的法规规定

目前我国涉及上市公司信息披露的法律、法规及规章主要有《中华人民共和国公司法》(以下简称《公司法》)、《中华人民共和国证券法》(以下简称《证券法》)、《上市公司信息披露管理办法》、《公开发行证券的公司信息披露内容与格式准则第1号——招股说明书》、《公开发行证券的公司信息披露内容与格式准则第2号——年度报告的内容与格式》等。除此之外,上海证券交易所和深圳证券交易所结合监管实践,出台了多项信息披露管理规定,如:《上海证券交易所上市公司自律监管规则适用指引第1号——重大资产重组》《上海证券交易所上市公司高送转信息披露指引》《上海证券交易所上市公司自律监管规则适用指引第5号——行业信息披露》《深圳证券交易所上市公司自律监管指引第3号——行业信息披露》《深圳证券交易所资产支持证券临时报告信息披露指引》等。

(二)上市公司信息披露的主要内容

根据上述有关规定,上市公司信息披露的内容基本涵盖了企业的重要信息,包括年度报告、中期报告、招股说明书、募集说明书、上市公告书、要约收购报告书和临时报告等。

1. 年度报告。年度报告指公司整个会计年度的财务报告及其他相关文件,包含年度报告正文和年度报告摘要两部分。其中,年度报告正文包含:重要提示、目录和释义;公司简介和主要财务指标;管理层讨论与分析;公司治理;环境和社会责任;重要事项;股份变动及股东情况;优先股相关情况;债券相关情况;财务报告。年度报告摘要包括:重要提示;公司基本情况;重要事项。根据《公司法》《证券法》规定,在中华人民共和国

境内公开发行股票并在证券交易所上市的股份有限公司(以下简称"上市公司")应当按照中国证监会发布的《公开发行证券的公司信息披露内容与格式准则第2号——年度报告的内容与格式》的要求编制和披露年度报告。公司年度报告中的财务报告应当经符合《证券法》规定的会计师事务所审计,审计报告应当由该所至少两名注册会计师签字。

2. 中期报告。中期报告指以中期为基础编制的财务报告。中期是指短于一个完整的会计年度的报告期间。中期报告包括一季度报告、半年度报告和三季度报告。根据有关规定,公司半年度报告中的财务报告可以不经审计,但中国证监会和证券交易所另有规定的除外。

3. 招股说明书。招股说明书指股份公司公开发行股票时,就募股事宜发布的书面通告。我国上海证券交易所、深圳证券交易所和北京证券交易所均对本交易所首次公开发行股票并上市的公司做出了具体的披露要求。一般而言,招股说明书包含的内容有:封面、书脊、扉页、目录、释义;概览;本次发行概况;风险因素;发行人基本情况;业务和技术;同业竞争与关联交易;董事、监事、高级管理人员与核心技术人员;公司治理;财务会计信息;管理层讨论与分析;业务发展目标;募集资金运用;股利分配政策;其他重要事项;备查文件等。

4. 募集说明书。募集说明书指企业为了筹集资金,依据有关法律法规,结合发行人的实际情况编制的债券募集说明书。一般而言,募集说明书包含的内容有:声明;重大事项提示;释义;风险提示及说明;发行概况;募集资金运用;发行人基本情况;财务会计信息;发行人及本次债券的资信状况;增信机制;税项;信息披露安排;投资者保护机制;本次债券发行的有关机构及利害关系;发行人、中介机构及相关人员声明;备查文件等。

5. 上市公告书。上市公告书指发行人于股票上市前,向公众公告发行与上市有关事项的信息披露文件。一般而言,上市公告书包含以下内容:重要声明与提示;股票上市情况;发行人、股东和实际控制人情况;股票发行情况;财务会计资料;其他重要事项;上市保荐机构及其意见等。

6. 要约收购报告书。要约收购报告书指以要约收购方式增持被收购上市公司股份的收购人披露的文件。要约收购报告书包含的内容有:封面、书脊、扉页、目录、释义;收购人的基本情况;要约收购目的;要约收购方案;收购资金来源;后续计划;对上市公司的影响分析;与被收购公司之间的重大交易;前六个月内买卖上市交易股份的情况;专业机构的意见;收购人的财务资料;其他重大事项;备查文件等。

7. 临时报告。临时报告指披露可能对上市公司交易价格产生较大影响的重大事件的报告,具体包括:大额赔偿责任;计提大额资产减值准备;出现股东权益为负值;主要债务人出现资不抵债或者进入破产程序,公司对相应债权未提取足额坏账准备;新公布的法律、行政法规、规章、行业政策可能对公司产生重大影响;开展股权激励、回购股份、重大资产重组、资产分拆上市或者挂牌;法院裁决禁止控股股东转让其所持股份,任一股东所持公司百分之五以上股份被质押、冻结、司法拍卖、托管、设定信托或者被依法限制表决权等,或者出现被强制过户风险;主要资产被查封、扣押或者冻结;主要银行账户被冻结;上市公司预计经营业绩发生亏损或者发生大幅变动;主要或者全部业务陷入停顿;获得对当期损益产生重大影响的额外收益,可能对公司的资产、负债、权益或者经营成果产生重要影响;聘任或者解聘为公司审计的会计师事务所;会计政策、会计估计重大自主变更;因前期已披露的信息存在差错、未按规定披露或者虚假记载,被有关机关责令改正或者经董事会决定进行更正;公司或者其控股股东、实际控制人、董事、监事、高级管理人员受到刑事处罚,涉嫌违法违规被中国证监会立案调查或者受到中国证监会行政处罚,或者受到其他有权机关重大行政处罚;公司的控股股东、实际控制人、董事、监事、高级管理人员涉嫌严重违纪违法或者职务犯罪被纪检监察机关采取留置措施且影响其履行职责;除董事长或者经理外的公司其他董事、监事、高级管理人员因身体、工作安排等原因无法正常履行职责达到或者预计达到三个月以上,或者因涉嫌违法违规被有权机关采取强制措施且影响其履行职责;中国证监会规定的其他事项等。

二、上市公司年报信息披露框架

根据《公司法》《证券法》规定,在中华人民共和国境内公开发行股票并在证券交易所上市的股份有限公司应当按照中国证监会制定的相关规定编制年度报告。中国证监会于2021年修订并发布的《公开发行证券的公司信息披露内容与格式准则第2号——年度报告的内容与格式》强调:"该准则是对公司年度报告信息披露的最低要求,对投资者作出价值判断和投资决策有重大影响的信息,不论本准则是否有明确规定,公司均应当披露。"该准则具体规定了年报审计、披露内容、披露时间、披露责任等方面的要求。

关于年报审计,准则规定:"公司年度报告中的财务报告应当经符合《证券法》规定的会计师事务所审计,审计报告应当由该所至少两名注册会计师签字。"

关于披露内容,准则规定:"公司可以结合自身特点,以简明清晰、通俗易懂的方式披露对投资者特别是中小投资者决策有用的信息,但披露的信息应当保持持续性,不得选择性披露。"此外,准则还规定:"本准则某些具体要求对公司确实不适用的,公司可以根据实际情况在不影响披露内容完整性的前提下做出适当修改,并说明修改原因。由于国家秘密、商业秘密等特殊原因导致本准则规定的某些信息确实不便披露的,公司可以不予披露,但应当在相关章节详细说明未按本准则要求进行披露的原因。中国证监会和证券交易所认为需要披露的,公司应当披露。公司在编制和披露年度报告时应当严格遵守国家有关保密的法律法规,不得泄露国家保密信息。"

关于披露时间,准则规定:"公司应当在每个会计年度结束之日起四个月内将年度报告全文在证券交易所的网站和符合中国证监会规定条件的报刊依法开办的网站披露,将年度报告摘要在证券交易所的网站和符合中国证监会规定条件的报刊披露。公司可以将年度报告刊登在其他媒体上,但不得早于在证券交易所的网站和符合中国证监会规定条件的媒体披露的时间。"

关于披露责任,准则规定:"年度报告内容应当经公司董事会审议通过。公司董事、高级管理人员应当对年度报告签署书面确认意见,说明董事会的编制和审议程序是否符合法律、行政法规和中国证监会的规定,报告的内容是否能够真实、准确、完整地反映公司的实际情况。监事会应当对董事会编制的年度报告进行审核并提出书面审核意见。监事应当签署书面确认意见。董事、监事无法保证年度报告内容的真实性、准确性、完整性或者有异议的,应当在董事会或者监事会审议、审核年度报告时投反对票或者弃权票。董事、监事和高级管理人员无法保证年度报告内容的真实性、准确性、完整性或者有异议的,应当在书面确认意见中发表意见并陈述理由,公司应当披露。公司不予披露的,董事、监事和高级管理人员可以直接申请披露。董事、监事和高级管理人员按照前款规定发表意见,应当遵循审慎原则,其保证年度报告内容的真实性、准确性、完整性的责任不会因发表意见而当然免除。"

上市公司的年度报告包括年度报告正文和年度报告摘要两部分。

(一)年度报告正文

年度报告正文主要由以下内容构成:重要提示、目录和释义;公司简介和主要财务指标;管理层讨论与分析;公司治理;环境和社会责任;重要事项;股份变动及股东情况;优先股相关情况;债券相关情况;财务报告。年度报告摘要包括:重要提示;公司基本情况;重要事项。

1. 重要提示、目录和释义。公司董事会、监事会及董事、监事、高级管理人员保证年度报告内容的真实、准确、完整,不存在虚假记载、误导性陈述或重大遗漏,并承担个别和连带的法律责任。公司负责人、主管会计工作负责人及会计机构负责人(会计主管人员)保证年度报告中财务报告的真实、准确、完整。如有董事、监事、高级管理人员对年度报告内容存在异议或无法保证其真实、准确、完整,年度报告重要提示中应当声明:××无法保证本报告内容的真实、准确、完整,并陈述理由,请投资者特别关注。同时,单独列示未出席董事会审议年度报告的董事姓名及原因。如执行审计的会计师事务所对公司出具了非标准审计报告,年度报告重要提示中应当声明:××会计师事务所为本公司出具了带有强调事项段、持续经营重大不确定性段落、其他信息段落中包含其他信息未更正重大错报说明的无保留意见、保留意见、否定意见或无法表示意见的审计报告,本公司董事会、监事会对相关事项已有详细说明,请投资者注意阅读。如年度报告涉及未来计划等前瞻性陈述,同时附有相应的警示性陈述,年度报告重要提示中应当声明该计划不构成公司对投资者的实质承诺,投资者及相关人士均应当对此保持足够的风险认识,并且应当理解计划、预测与承诺之间的差异。创业板、科创板公司上市时未盈利的,在实现盈利前,应当提示公司未盈利的情况。

公司应当提示需要投资者特别关注的重大风险,并提示投资者注意阅读。公司应当提示经董事会审议的报告期利润分配预案或公积金转增股本预案。公司应当对可能造成投资者理解障碍以及具有特定含义的术语作出通俗易懂的解释,年度报告的释义应当在目录次页排印。

年度报告目录应标明各章节的标题及其对应的页码。公司应当披露备查文件的目录。

2. 公司简介和主要财务指标。公司简介部分,应当披露如下内容:公司的中文名称及简称,外文名称及缩写(如有);公司的法定代表人;公司董事会秘书及证券事务代表的姓名、联系地址、电话、传真、电子信箱;公司注册地址及历史变更情况,公司办公地址及其邮政编码、公司网址、电子信箱;公司披露年度报告的证券交易所网站和媒体名称及网址,公司年度报告备置地;公司股票上市交易所、股票简称和股票代码;其他有关资料;公司聘请的会计师事务所名称、办公地址及签字会计师姓名;公司聘请的报告期内履行持续督导职责的保荐机构或财务顾问的名称、办公地址以及签字的保荐代表人或财务顾问主办人的姓名,以及持续督导的期间。

主要财务指标部分,公司应当采用数据列表方式,提供截至报告期末公司近 3 年的主要会计数据和财务指标,包括但不限于:总资产、营业收入、归属于上市公司股东的净利润、归属于上市公司股东的扣除非经常性损益的净利润、归属于上市公司股东的净资产、经营活动产生的现金流量净额、净资产收益率、每股收益。此外,公司还应当采用数据列表方式,分季度提供营业收入、归属于上市公司股东的净利润、归属于上市公司股东的扣除非经常性损益后的净利润、经营活动产生的现金流量净额。上述财务指标或其加总数与公司已披露半年度报告相关财务指标存在重大差异的,应当说明主要原因。

3. 管理层讨论与分析。公司管理层应当对业务经营信息和财务报告数据,以及报告期内发生和未来将要发生的重大事项,进行讨论与分析,以有助于投资者了解其经营成果、财务状况及未来可能的变化。公司可以运用逐年比较、数据列表或其他方式对相关事项进行列示,以增进投资者的理解。披露应当遵守以下原则:披露内容应当具有充分的可靠性、相关性和关联性,鼓励公司披露管理层在经营管理活动中使用的关键业绩指标,讨论与分析应当从业务层面充分解释导致财务数据变动的根本原因及其反映的可能趋势,公司应当保持业务数据统计口径的一致性、可比性,语言简明清晰、通俗易懂,力戒空洞、模板化。

公司应当披露的内容包括:报告期内公司所处行业情况,公司从事的业务情况,核心竞争力(包括核心管理团队、关键技术人员、专有设备、专利、非专利技术、特许经营权、土地使用权、水面养殖权、探矿权、采矿权、独特经营方式和盈利模式、允许他人使用自己所有的资源要素或作为被许可方使用他人资源要素等)的重要变化及对公司所产生的影响,还应分析报告期内的主要经营情况,并应当披露对报告期内的主要经营情况产生重大影响以及未来会产生重大影响的事项。此外,公司应当对未来发展进行展望,讨论和分析公司未来发展战略、下一年度的经营计划以及公司可能面对的风险,鼓励进行量化分析。

4. 公司治理。公司应当披露公司治理的基本状况,控股股东、实际控制人在保证公司资产、人员、财务、机构、业务等方面独立性的具体措施,介绍报告期内召开的年度股东大会、临时股东大会的有关情况,公司具有表决权差异安排的应当披露该安排在报告期内的实施和变化情况,董事、监事和高级管理人员的情况,报告期内召开的董事会有关情况,董事会下设专门委员会的成员情况,报告期内召开董事会会议次数、召开日期、会议内容、提出的重要意见和建议以及其他履行职责的情况,监事会在报告期内的监督活动中发现公司存在风险的公司应当披露监事会就有关风险的简要意见、监事会会议召开日期、会议届次、参会监事以及临时报告披露网站的查询索引等信息(若未发现公司存在风险,公司应当披露监事会对报告期内的监督事项无异议),母公司和主要子公司的员工情况,报告期内利润分配政策,股权激励计划、员工持股计划或其他员工激励措施在报告期的具体实施情况,内部控制制度建设及实施情况,对子公司的管理控制情况,按照规定要求披露内部控制自我评价报告的公司还应当提供披露相关信息的网站查询索引等。

5. 环境和社会责任。属于环境保护部门公布的重点排污单位的公司或其主要子公司,应当根据法律、行政法规、部门规章及规范性文件的规定披露主要环境信息,鼓励公司自愿披露有利于保护生态、防治污染、履行环境责任的相关信息,自愿披露在报告期内为减少其碳排放所采取的措施及效果。鼓励公司结合行业特点主动披露积极履行社会责任的工作情况,鼓励公司积极披露报告期内巩固拓展脱贫攻坚成果、乡村振兴等工作具体情况。

6. 重要事项。一般而言,年度报告中应当披露的重要事项包括17个方面的内容,如表9-1所示。

表 9-1　　　　　　　　　　　重要事项的内容

序号	内容
1	承诺事项履行情况
2	控股股东及其他关联方对上市公司的非经营性占用资金情况
3	违规对外担保情况
4	董事会对最近一期"非标准审计报告"相关情况的说明
5	董事会、监事会、独立董事(如有)对会计师事务所本报告期"非标准审计报告"的说明
6	与上年度财务报告相比,会计政策、会计估计变更或重大会计差错更正的情况说明
7	与上年度财务报告相比,合并报表范围发生变化的情况说明
8	聘任、解聘会计师事务所情况
9	年度报告披露后面临退市情况
10	破产重整相关事项
11	重大诉讼、仲裁事项
12	处罚及整改情况
13	公司及其控股股东、实际控制人的诚信状况
14	重大关联交易
15	重大合同及其履行情况
16	其他重大事项的说明
17	公司子公司重大事项

7. 股份变动及股东情况。公司应当披露证券变动情况、股东和实际控制人情况、股份回购在报告期的具体实施情况,以及报告期内召开的年度股东大会和临时股东大会的有关情况。

8. 优先股相关情况。发行优先股的公司披露年度报告时,应当以专门章节披露优先股有关情况,包括:公司应当披露截至报告期末近3年优先股的发行与上市情况,包括公开发行或向特定对象发行(非公开发行)的发行日期、发行价格和票面股息率、发行数量、上市日期、获准上市交易数量、终止上市日期、募集资金使用及变更情况等;报告期内优先股的利润分配情况,包括股息率及分配金额、是否符合分配条件和相关程序、股息支付方式、股息是否累积、是否参与剩余利润分配等。

9. 债券相关情况。公开发行企业债券、公司债券以及银行间债券市场非金融企业债务融资工具的公司披露年度报告时,应当以专门章节披露债券相关情况。

10. 财务报告。公司应当披露审计报告正文和经审计的财务报表。财务报表包括公司近两年的比较式资产负债表、比较式利润表和比较式现金流量表,以及比较式所有者权益(股东权益)变动表和财务报表附注。编制合并财务报表的公司,除提供合并财务报表外,还应当提供母公司财务报表,但中国证监会另有规定的除外。财务报表附注应当按照财政部、中国证监会制定的有关财务报告的规定编制。

(1)资产负债表。根据《企业会计准则第30号——财务报表列报》规定:"资产和负债应当分别流动资产和非流动资产、流动负债和非流动负债列示。对于同时包含资产负债表日后一年内(含一年,下同)和一年之后预期将收回或清偿金额的资产和负债单列项目,企业应当披露超过一年后预期收回或清偿的金额。资产满足下列条件之一的,应当归类为流动资产:预计在一个正常营业周期中变现、出售或耗用;主要为交易目的而持有;预计在资产负债表日起一年内变现;自资产负债表日起一年内,交换其他资产或清偿负债的能力不受限制的现金或现金等价物。流动资产以外的资产应当归类为非流动资产,并应按其性质分类列示。被划分为持有待售的非流动资产应当归类为流动资产。负债满足下列条件之一的,应当归类为流动负债:预计在一个正常营业周期中清偿;主要为交易目的而持有;自资产负债表日起一年内到期应予以清偿;企业无权自主地将清偿推迟至资产负债表日后一年以上。流动负债以外的负债应当归类为非流动负债,并应当按其性质分类列示。被划分为持有待售的非流动负债应当归类为流动负债。"

根据企业财务报告格式规定,资产负债表中的资产类至少应当单独列示反映下列信息的项目:货币资金;交易性金融资产;应收票据;应收账款;预付款项;存货;持有待售资产;债券投资;其他债权投资;长期股权投资;其他权益工具投资;投资性房地产;固定资产;生物资产;无形资产;递延所得税资产等。资产负债表中的负债类至少应当单独列示反映下列信息的项目:短期借款;交易性金融负债;应付票据;应付账款;预收账款;合同负债;应付职工薪酬;应交税费;持有待售负债;长期借款;应付债券;预计负债;递延收益;递延所得税负债等。资产负债表中的所有者权益类至少应当单独列示反映下列信息的项目:实收资本(或股本);资本公积;其他综合收益;盈余公积;未分配利润。在合并资产负债表中,应当在所有者权益类单独列示少数股东权益。

(2)利润表。根据《企业会计准则第30号——财务报表列报》规定:企业在利润表中应当对费用按照功能分类,分为从事经营业务发生的成本、管理费用、销售费用和财务费用等。利润表至少应当单独列示反映下列信息的项目:营业收入;营业成本;税金及附加;管理费用;销售费用;财务费用;投资收益;公允价值变动损益;资产减值损失;非流动资产处置损益;所得税费用;净利润;其他综合收益各项目分别扣除所得税影响后的净额;综合收益总额。在合并利润表中,企业应当在净利润项目之下单独列示归属于母公司所有者的损益和归属于少数股东的损益,在综合收益总额项目之下单独列示归属于母公司所有者的综合收益总额和归属于少数股东的综合收益总额。

(3)现金流量表。根据《企业会计准则第31号——现金流量表》规定,现金流量表应当分别经营活动、投资活动和筹资活动列报现金流量。现金流量应当分别按照现金流入和现金流出总额列报。企业应当采用直接法列示经营活动产生的现金流量。经营活动,是指企业投资活动和筹资活动以外的所有交易和事项。直接法,是指通过现金收入和现金支出的主要类别列示经营活动的现金流量。投资活动,是指企业长期资产的购建和不包括在现金等价物范围的投资及其处置活动。筹资活动,是指导致企业资本及债务规模和构成发生变化的活动。企业应当在附注中披露将净利润调节为经营活动现金流量的信息。

(4)所有者权益变动表。根据《企业会计准则第30号——财务报表列报》规定:所有者权益变动表应当反映构成所有者权益的各组成部分当期的增减变动情况。综合收益和所有者的资本交易导致的所有者权益的变动,应当分别列示。所有者权益变动表至少应当单独列示反映下列信息的项目:综合收益总额,在合并所有者权益变动表中还应单独列示归属于母公司所有者的综合收益总额和归属于少数股东的综合收益总额;会计政策变更和前期差错更正的累积影响金额;所有者投入资本和向所有者分配利润等;按照规定提取的盈余公积;所有者权益各组成部分的期初和期末余额及其调节情况。

(5)财务报表附注。附注是对在资产负债表、利润表、现金流量表和所有者权益变动表等报表中列示项目的文字描述或明细资料,以及对未能在这些报表中列示项目的说明等。附注应当披露财务报表的编制基础,相关信息应当与资产负债表、利润表、现金流量表和所有者权益变动表等报表中列示的项目相互参照。

(二)年度报告摘要

1. 重要提示。公司应当在年度报告摘要显要位置刊登如下(但不限于)重要提示:

"本年度报告摘要来自年度报告全文,为全面了解本公司的经营成果、财务状况及未来发展规划,投资者应当到××网站仔细阅读年度报告全文。"如有个别董事、监事、高级管理人员对年度报告内容的真实性、准确性、完整性无法保证或存在异议,重要提示中应当声明:"××董事、监事、高级管理人员无法保证本报告内容的真实性、准确性和完整性,理由是……请投资者特别关注。"如有董事未出席董事会,应当单独列示其姓名。如果执行审计的会计师事务所对公司出具了非标准审计报告,重要提示中应当增加以下陈述:"××会计师事务所为本公司出具了带有强调事项段、持续经营重大不确定性段落、其他信息段落中包含其他信息未更正重大错报说明的无保留意见、保留意见、否定意见、无法表示意见的审计报告,本公司董事会、监事会对相关事项亦有详细说明,请投资者注意阅读。"创业板、科创板公司上市时未盈利的,在实现盈利前,应当提示公司未盈利的情况。公司应当提示董事会决议通过的本报告期利润分配预案或公积金转增股本预案。

2. 公司基本情况。公司应当以简易图表形式披露公司股票简称、股票代码、股票上市交易所、公司董事会秘书及证券事务代表的姓名、办公地址、电话、电子邮箱。此外,应当对报告期公司从事的主要业务进行简要介绍,包括报告期公司所从事的主要业务和主要产品简介、行业发展变化、市场竞争格局以及公司行业地位等内容。公司还应当采用数据列表方式,提供截至报告期末公司近3年的主要会计数据和财务指标,报告期末及年报披露前一个月末公司普通股股东总数、表决权恢复的优先股股东总数(如有)及持有特别表决权股份的股东总数(如有)、前10名股东情况、以方框图形式披露公司与实际控制人之间的产权及控制关系,所有在年度报告批准报出日存续的债券情况等。

3. 重要事项。公司应当根据重要性原则,披露报告期内公司经营情况的重大变化,以及报告期内发生的对公司经营情况有重大影响和预计未来会有重大影响的事项。公司年度报告披露后存在退市风险警示或终止上市情形的,应当披露导致退市风险警示或终止上市情形的原因。

第三节 上市公司信息披露的要求

作为连接上市公司与财务会计报告信息使用者的纽带,投资者、债权人、政府及其有关部门和社会公众赖以决策的重要依据,高质量的信息披露发挥了至关重要的作用。上市公司作为现代市场经济的重要市场主体,存在着企业"外部"和企业"内部"之间资源委托与受托经营的关系,客观上要求上市公司向市场披露有关信息,以帮助投资者、债权人和其他财务信息使用者做出合理决策,为公司各级管理部门的管理、国家进行宏观调控提供相关信息,由此决定了上市公司信息披露要求严、容量大、范围广。

一、上市公司信息披露的要求

上市公司信息披露对于信息使用者的相关决策至关重要。为提高信息披露的及时性,保护投资者的权益,我国证监会于2021年3月18日发布的《上市公司信息披露管理办法》规定:依法披露的信息,应当在证券交易所的网站和符合中国证监会规定条件的媒体发布,同时将其置备于上市公司住所、证券交易所,供社会公众查阅;信息披露文件的全文应当在证券交易所的网站和符合中国证监会规定条件的报刊依法开办的网站披露,定期报告、收购报告书等信息披露文件的摘要应当在证券交易所的网站和符合中国证监会规定条件的报刊披露。

从以上规定可以看出,我国监管机构不断推动信息披露的及时性和公平性,降低信息披露成本,推行公告传递的电子化、网络化和无纸化。

二、上市公司虚假陈述的处罚

基于信息披露的重要性,我国《企业会计准则——基本准则》规定了八项会计信息质量要求:客观性、相关性、可理解性、可比性、实质重于形式、重要性、谨慎性、及时性。我国证监会也要求公司应当以简明清晰、通俗易懂的方式披露信息,披露对投资者特别是中小投资者决策有用的信息,但披露的信息应当保持持续性,不得选择性披露。

为更好地维护市场秩序,强化资本市场中的法律监督作用,近年来我国陆续修订完善相关法律法规,不断强化信息披露的重要性,大幅提高虚假陈述的违法成本,制度手持法律的利剑让上市公司财务造假行为无处遁形,让违法人员无处躲藏,从根本上解决违法成本低的痼疾、顽症。

(一)《证券法》对虚假陈述的规定

2019年12月28日第十三届全国人民代表大会常务委员会第十五次会议审议通过了修订后的《证券法》,于2020年3月1日正式执行。新修订的《证券法》中对信息披露虚假陈述作出了详细的规定。

1. 禁止欺诈披露。《证券法》第五条规定:"证券的发行、交易活动,必须遵守法律、行政法规;禁止欺诈、内幕交易和操纵证券市场的行为。"

2. 禁止虚假披露。《证券法》第八十五条规定:"信息披露义务人未按照规定披露信息,或者公告的证券发行文件、定期报告、临时报告及其他信息披露资料存在虚假记载、误导性陈述或者重大遗漏,致使投资者在证券交易中遭受损失的,信息披露义务人应当承担赔偿责任;发行人的控股股东、实际控制人、董事、监事、高级管理人员和其他直接责任人员以及保荐人、承销的证券公司及其直接责任人员,应当与发行人承担连带赔偿责任,但是能够证明自己没有过错的除外。"

3. 禁止虚假鉴证。《证券法》第一百六十三条规定:"证券服务机构为证券的发行、上市、交易等证券业务活动制作、出具审计报告及其他鉴证报告、资产评估报告、财务顾问报告、资信评级报告或者法律意见书等文件,应当勤勉尽责,对所依据的文件资料内容的真实性、准确性、完整性进行核查和验证。其制作、出具的文件有虚假记载、误导性陈述或者重大遗漏,给他人造成损失的,应当与委托人承担连带赔偿责任,但是能够证明自己没有过错的除外。"

(二)最高人民法院对虚假陈述的规定

为更好地发挥人民法院和监管部门的协同作用,依法保护投资者合法权益,维护公开、公平、公正的资本市场秩序,促进资本市场健康发展,2021年12月30日最高人民法院审判委员会第1 860次会议通过了《最高人民法院关于审理证券市场虚假陈述侵权民事赔偿案件的若干规定》(以下简称"新司法解释"),对信息披露虚假陈述做出了更加详细具体的规定。

1. 界定了虚假陈述的概念。新司法解释第四条指出:"信息披露义务人违反法律、行政法规、监管部门制定的规章和规范性文件关于信息披露的规定,在披露的信息中存在虚假记载、误导性陈述或者重大遗漏的,人民法院应当认定为虚假陈述。虚假记载,是指信息披露义务人披露的信息中对相关财务数据进行重大不实记载,或者对其他重要信息作出与真实情况不符的描述。误导性陈述,是指信息披露义务人披露的信息隐瞒了与之相关的部分重要事实,或者未及时披露相关更正、确认信息,致使已经披露的信息因不完整、不准确而具有误导性。重大遗漏,是指信息披露义务人违反关于信息披露的规定,对重大事件或者重要事项等应当披露的信息未予披露。"

2. 规定了虚假陈述的处罚。新司法解释第五条对《证券法》第八十五条提及的"未按照规定披露信息"的判定给出了详细解释,并对相应处罚作出了规定。"未按照规定披露信息",是指信息披露义务人未按照规定的期限、方式等要求及时、公平地披露信息。信息披露义务人"未按照规定披露信息"构成虚假陈述的,依照新司法解释承担民事责任;构成内幕交易的,依照《证券法》第五十三条的规定承担民事责任;构成《公司法》第一百五十二条规定的损害股东利益行为的,依照该法承担民事责任。

(三)虚假陈述的案例分析

"康美案"是新《证券法》实施以来,财务造假触发特别代表人诉讼的第一案。中国

证监会行政处罚决定书(康美药业股份有限公司、马兴田、许冬瑾等22名责任人员)中指出,康美药业存在四项违法事实:

第一,虚增利润。该公司2016年至2018年共计三年的年度报告和2018年半年度报告中均存在虚假记载,虚增营业收入、利息收入及营业利润。"2016年年度报告虚增营业收入89.99亿元,多计利息收入1.51亿元,虚增营业利润6.56亿元,占合并利润表当期披露利润总额的16.44%。2017年年度报告虚增营业收入100.32亿元,多计利息收入2.28亿元,虚增营业利润12.51亿元,占合并利润表当期披露利润总额的25.91%。2018年半年度报告虚增营业收入84.84亿元,多计利息收入1.31亿元,虚增营业利润20.29亿元,占合并利润表当期披露利润总额的65.52%。2018年年度报告虚增营业收入16.13亿元,虚增营业利润1.65亿元,占合并利润表当期披露利润总额的12.11%。上述违法事实,有康美药业2016年年度报告、2017年年度报告、2018年半年度报告、2018年年度报告、营业收入明细账、各类业务收入汇总表、录入发票明细、应收账款余额明细表、关于经营业务收入的情况说明、金税记录、捷科系统数据、税务信息查询结果、会计凭证、相关银行账户资金流水、记账凭证及原始凭证、情况说明、询问笔录等证据证明,足以认定。"

第二,虚增货币资金。该公司2016年和2017年年度报告、2018年半年度报告中存在虚假记载,虚增货币资金。"2016年1月1日至2018年6月30日,康美药业通过财务不记账、虚假记账,伪造、变造大额定期存单或银行对账单,配合营业收入造假伪造销售回款等方式,虚增货币资金。通过上述方式,康美药业2016年年度报告虚增货币资金22 548 513 485.42元,占公司披露总资产的41.13%和净资产的76.74%;2017年年度报告虚增货币资金29 944 309 821.45元,占公司披露总资产的43.57%和净资产的93.18%;2018年半年度报告虚增货币资金36 188 038 359.50元,占公司披露总资产的45.96%和净资产的108.24%。上述违法事实,有康美药业2016年年度报告、2017年年度报告、2018年半年度报告、账银差异余额确认表、银行流水、银行对账单、银行存款日记账、余额差异调节表、资金划转明细、询问笔录等证据证明,足以认定。"

第三,虚增实体资产。该公司2018年年度报告中存在虚假记载,虚增固定资产、在建工程、投资性房地产。"康美药业在2018年年度报告中将前期未纳入报表的亳州华佗国际中药城、普宁中药城、普宁中药城中医馆、亳州新世界、甘肃陇西中药城、玉林中药产业园等6个工程项目纳入表内,分别调增固定资产11.89亿元、在建工程4.01亿元、投资性房地产20.15亿元,合计调增资产总额36.05亿元。经调查,2018年年度报告调整纳入表内的6个工程项目不满足会计确认和计量条件,虚增固定资产11.89亿元、在建工程4.01亿元、投资性房地产20.15亿元。上述违法事实,有康美药业2018

年年度报告、2018年审计报告、设计图纸、合规性证明、竣工验收监理评估报告、国有土地使用证、规划建筑设计方案、工程质量竣工验收监督记录表、国有建设用地使用权出让合同、补充协议、施工总承包工程合同、装修工程合同、工程结算报告、营业执照、情况说明、委托支付函、记账凭证、银行流水、询问笔录等证据证明,足以认定。"

第四,遗漏重大信息。该公司2016年至2018年三年的年度报告中存在重大遗漏,未按规定披露控股股东及其关联方非经营性占用资金的关联交易情况。"2016年1月1日至2018年12月31日,康美药业在未经过决策审批或授权程序的情况下,累计向控股股东及其关联方提供非经营性资金11 619 130 802.74元用于购买股票、替控股股东及其关联方偿还融资本息、垫付解质押款或支付收购溢价款等用途。根据2005年《证券法》第六十六条第六项和《公开发行证券的公司信息披露内容与格式准则第2号——年度报告的内容与格式》(证监会公告〔2016〕31号、证监会公告〔2017〕17号)第三十一条、第四十条的规定,康美药业应当在相关年度报告中披露控股股东及其关联方非经营性占用资金的关联交易情况,康美药业未在2016年年度报告、2017年年度报告和2018年年度报告中披露前述情况,存在重大遗漏。上述违法事实,有康美药业2016年年度报告、2017年年度报告、2018年年度报告、银行流水、银行存款日记账、资金划转明细等证据证明,足以认定。"根据有关法律规定,相关责任人也受到了法律的严惩。

我国上市公司披露年报的内容和格式主要由证监会规定。2021年,证监会修订并发布了《公开发行证券的公司信息披露内容与格式准则第2号——年度报告的内容与格式》。相关披露框架在本章前文已有介绍。本节将以重大事项内容为例,详细介绍重要事项中的关联方交易、公司实际控制人、股东、关联方、收购人以及公司等承诺相关方作出的承诺事项的相关披露。

三、关联方交易的披露

(一)关联方关系的判断标准

关联方关系及其交易是财务报表附注中需要披露的重要内容。关联方关系是指有关联的各方之间存在的内在联系。当一方控制、共同控制另一方或对另一方施加重大影响,以及两方或两方以上同受一方控制、共同控制或重大影响的,构成关联方。

根据我国企业会计准则,某企业的关联方主要包括:该企业的母公司;该企业的子公司;与该企业受同一母公司控制的其他企业;对该企业实施共同控制的投资方;对该企业施加重大影响的投资方;该企业的合营企业;该企业的联营企业;该企业的主要投资者个人(能够控制、共同控制一个企业或者对一个企业施加重大影响的个人投资者)及与其关系密切的家庭成员;该企业或其母公司的关键管理人员(有权力并负责计划、指挥和控制企业活动的人员)及与其关系密切的家庭成员(在处理与企业的交易时可能影响该个人或受该个人影响的家庭成员);该企业主要投资者个人、关键管理人员或与其关系密切的家庭成员控制、共同控制或施加重大影响的其他企业。具体包括:该企业的母公司;该企业的子公司;与该企业受同一母公司控制的其他企业;对该企业实施共同控制的投资方;对该企业施加重大影响的投资方;该企业的合营企业;该企业的联营企业;该企业的主要投资者个人(能够控制、共同控制一个企业或者对一个企业施加重大影响的个人投资者)及与其关系密切的家庭成员;该企业或其母公司的关键管理人员(有权力并负责计划、指挥和控制企业活动的人员)及与其关系密切的家庭成员(在处理与企业的交易时可能影响该个人或受该个人影响的家庭成员)。

仅与企业存在下列关系的各方不构成企业的关联方:与该企业发生日常往来的资金提供者、公用事业部门、政府部门和机构;与该企业发生大量交易而存在经济依存关系的单个客户、供应商、特许商、经销商或代理商;与该企业共同控制合营企业的合营者。此外,仅仅同受国家控制而不存在其他关联方关系的企业,不构成关联方。

需要强调的是,在判断是否存在关联方关系时,应当看其关系的实质,即在处理与公司的交易时,是否存在着有碍公平交易的因素、交易结果是否影响投资者和债权人的利益等。比如,不能仅因为两个或多个企业有同一名关键管理人员,就将其作为关联方,除非该关键管理人员能同时对这些企业实施控制、共同控制或重大影响,不能仅因为共同控制某合营企业,就将各合营者作为关联方。

在不存在关联方关系的情况下,公司间发生交易时,往往会从各自的利益出发,一般不会轻易接受不利于自身的交易条款。这种在对交易各方相互了解的、自由的、不受各方之间任何关系影响的基础上商定条款而形成的交易,视为公平交易。公司对外提供的财务报告一般是建立在公平交易基础上的,但在存在关联方关系时,关联方之间的交易可能不是建立在公平交易的基础上的。因为关联方之间交易时,不存在竞争性的、自由市场交易的条件,而且交易双方的关系常常以一种微妙的方式影响交易。在某些情况下,关联方之间通过虚假交易可以达到经营管理当局所需要的目标,即使关联方交易是在公平交易基础上进行的,重要关联方交易的披露也有用,因为它提供了未来可能再发生,而且很可能以不同形式发生的交易类型的信息。

(二)关联方交易的类型

关联方交易,是指关联方之间转移资源、劳务或义务的行为,而不论是否收取价款。资源或义务的转移是关联方交易的主要特征,通常情况下,在资源或义务转移的同时,风险和报酬也相应转移。关联方之间资源或义务的转移价格是了解关联方交易的关键,一般而言,关联方交易能在一般商业条款中使参与双方受益。一般商业条款是指那些不会比与非关联方交易可望合理收益更多或更少的商业条款。母公司与子公司之间的交易在使用其他条款没有有利之处时,经常以这种条款进行。但在某些情况下,关联方交易是为了使交易的一方受益而进行的,例如,某一公司的董事可能影响销售给他本人的一项资产的价格,使之低于市价,或是一方为另一方提供便利而参与交易。

关联方在确定价格时可能有一定程度的弹性,而在非关联方之间的交易中没有这种弹性,非关联方之间的价格是公平价格。国际会计准则提供了关联方交易中确定价格的几种方法,如可比不可控价格、转售价格、成本加利润法等。但在有些情况下,如果不存在关联方关系,交易就不会发生,如子公司销售给母公司的产品按照成本计价,因为如果母公司不买这些产品,子公司的产品可能就没有买主,在这种情况下,关联方之间的交易采取按成本计价的方法;在另外某些情况下,关联方之间的交易采取不计价的方法,例如,免费提供管理服务等。

关联方交易的类型包括:①购买或销售商品。②购买或销售商品以外的其他资产。例如,母公司出售给其子公司的设备或建筑物、出售联营企业给其子公司等。③提供或接受劳务。④担保。担保是指法律为确保特定的债权人实现债权,以债务人或第三人的信用或者特定财产来督促债务人履行债务的制度。它是一种承诺,是对担保人和被担保人行为的一种约束。担保一般发生在经济行为中,如被担保人到时不履行承诺,一般由担保人代被担保人先行履行承诺。⑤提供资金(贷款或股权投资)。⑥租赁。⑦代理。代理主要是依据合同条款,一方可为另一方代理某些事务,如代理销售货物,或一方代另一方签订合同等。⑧研究与开发项目的转移。存在关联方关系时,有时某一企业所研究与开发的项目会由于一方的要求而放弃或转移给其他企业。例如,B公司是A公司的子公司,A公司要求B公司停止对某一新产品的研究和试制,并将B公司研究的现有成果转给A公司最近购买的、研究和开发能力超过B公司的C公司继续研制。⑨许可协议。⑩代表企业或由企业代表另一方进行债务结算。⑪关键管理人员薪酬。

值得注意的是:上述关联方交易类型的例子只是各种交易形式的一部分,判断是否属于关联方交易,应以交易是否发生为准,而不以是否收取价款为前提。例如,A公司为B公司的母公司,B公司将某项专有技术无偿提供给A公司使用,A公司由于使用了B公司的专有技术而打开了产品的销路,利润大幅度增长。在这项交易中,虽然B公司没有就A公司使用其自有技术而收取价款,但是交易已经存在,因为此事项对A公司的财务状况和经营成果产生了较大的影响,应当将其作为关联交易。

(三)关联方关系披露的类型

根据《企业会计准则——关联方交易》规定,关联方交易披露应遵循如下原则:

企业无论是否发生关联方交易,均应当在附注中披露与母公司和子公司有关的下列信息:母公司和子公司的名称。母公司不是该企业最终控制方的,还应当披露最终控制方名称。母公司和最终控制方均不对外提供财务报表的,还应当披露母公司之上与其最相近的对外提供财务报表的母公司名称。母公司和子公司的业务性质、注册地、注册资本(或实收资本、股本)及其变化。母公司对该企业或者该企业对子公司的持股比例和表决权比例。关联方交易应当分别关联方以及交易类型予以披露。类型相似的关联方交易,在不影响财务报表阅读者正确理解关联方交易对财务报表影响的情况下,可以合并披露。企业只有在提供确凿证据的情况下,才能披露关联方交易是公平交易。企业与关联方发生关联方交易的,应当在附注中披露该关联方关系的性质、交易类型及交易要素。交易要素至少应当包括:交易的金额;未结算项目的金额、条款和条件,以及有关提供或取得担保的信息;未结算应收项目的坏账准备金额;定价政策等。

根据《公开发行证券的公司信息披露内容与格式准则第 2 号——年度报告的内容与格式》规定,对于某一关联方,报告期内累计关联交易总额在 3 000 万元以上且占公司报告期末净资产值 5%以上(科创板公司披露标准为报告期内累计关联交易总额在 3 000 万元以上且占公司报告期末总资产或市值 1%以上)的,应当按照发生关联交易的不同类型分别披露。关联交易类型主要有六大类,分别是:①与日常经营相关的关联交易;②资产或股权收购、出售发生的关联交易;③公司与关联方共同对外投资发生的关联交易;④公司与关联方存在债权债务往来或担保等事项;⑤公司与存在关联关系的财务公司、公司控股的财务公司与关联方之间存在的存款、贷款、授信或其他金融业务;⑥其他重大关联交易。

(四)关联方交易披露的案例分析

唐山冀东水泥股份有限公司是在原河北省冀东水泥厂的基础上,1994 年 5 月由河北省冀东水泥集团公司独家发起、以定向募集方式正式设立、组建的股份制企业。1996 年冀东水泥 A 股股票在深圳证券交易所上网发行并挂牌上市,是中国北方最大的水泥生产商和供应商。本部分将结合冀东水泥 2021 年年度报告,介绍关联方交易相关的信息披露。

1. 与日常经营相关的关联交易,如表 9-2 所示。

2. 公司与关联方共同对外投资发生关联交易,如表 9-3 所示。

3. 公司与存在关联关系的财务公司、公司控股的财务公司与关联方之间存在的存款、贷款、授信或其他金融业务,如表 9-4 所示。

第九章 上市公司信息披露

表9-2 冀东水泥2021年年报中披露的与日常经营相关的关联事项

关联交易类型	关联交易方	关联关系	关联交易内容	关联交易定价原则	关联交易价格（万元）	关联交易金额（万元）	占同类交易金额的比例(%)	获批的交易额度（万元）	是否超过获批额度	关联交易结算方式	可获得的同类交易市价（万元）	披露日期	披露索引
采购商品	北京金隅集团股份有限公司受同一母公司控制的其他企业	受同一母公司控制的其他企业	采购设备备件及材料	市场价	118 749.74	118 749.74	4.56	144 891	否	现金、承兑汇票	118 749.74	2021年1月27日	2021年1月27日，《中国证券报》、《证券时报》和巨潮资讯网（http://www.cninfo.com.cn）
销售产品	北京金隅集团股份有限公司受同一母公司控制的其他企业	受同一母公司控制的其他企业	销售产品及材料	市场价	146 943.89	146 943.89	4.09	164 844	否	现金、承兑汇票	146 943.89	2021年1月27日	2021年1月27日，《中国证券报》、《证券时报》和巨潮资讯网（http://www.cninfo.com.cn）

续表

关联交易类型	关联交易方	关联关系	关联交易内容	关联交易定价原则	关联交易价格（万元）	关联交易金额（万元）	占同类交易金额的比例（%）	获批的交易额度（万元）	是否超过获批额度	关联交易结算方式	可获得的同类交易市价（万元）	披露日期	披露索引
接受劳务	北京金隅集团股份有限公司	受同一母公司控制的其他企业	接受工程劳务	市场价	78 134.46	78 134.46	44.66	126 872	否	现金、承兑汇票	78 134.46	2021年1月27日	2021年1月27日，《中国证券报》、《证券时报》和巨潮资讯网（http://www.cninfo.com.cn）
合计				无	—	343 828.09	—	436 607	—	—	—	—	—
大额销货退回的详细情况													
按类别对本期将发生的日常关联交易进行总金额预计的，在报告期内的实际履行情况（如有）	经公司第八届董事会第三十六次会议审议，并经2020年度股东大会批准，本公司2021年与受同一母公司控制的其他企业日常经营性关联交易预计金额为445 527.00万元。（具体内容详见本公司于2021年1月27日发布在《中国证券报》、《证券时报》和巨潮资讯网（http://www.cninfo.com.cn/）的关联交易公告）本公司2021年与受同一母公司控制的其他企业实际发生日常经营性关联交易354 699.99万元，在批准的范围之内												
交易价格与市场参考价格差异较大的原因（如适用）	交易价格与市场参考价格无较大差异												

表 9-3　冀东水泥 2021 年年度报告中披露的与关联方共同对外投资发生关联交易

共同投资方	关联关系	被投资企业的名称	被投资企业的主营业务	被投资企业的注册资本（万元）	被投资企业的总资产（万元）	被投资企业的净资产（万元）	被投资企业的利润（万元）
北京金隅新型建材产业化集团有限公司	控股股东的全资子公司	陕西金隅加气装配式部品有限公司	轻质建筑材料制造、建筑砌块制造与销售	20 000	19 978.36	19 968.73	31.27
被投资企业的重大在建项目的进展情况（如有）	无						

表 9-4　冀东水泥 2021 年年度报告中披露的与存在关联关系的财务公司的往来情况

存款业务

关联方	关联关系	每日最高存款限额（万元）	存款利率范围	期初余额（万元）	本期发生额		期末余额（万元）
					本期合计存入金额（万元）	本期合计取出金额（万元）	
北京金隅财务有限公司	受同一母公司控制的其他企业	600 000	1.15%~1.495%	406 096.77	9 064 216.28	9 104 127.98	366 185.07

贷款业务

关联方	关联关系	贷款额度（万元）	贷款利率范围	期初余额（万元）	本期发生额		期末余额（万元）
					本期合计贷款金额（万元）	本期合计还款金额（万元）	
北京金隅财务有限公司	受同一母公司控制的其他企业	500 000	3.40%~3.8%	52 878	90 450	115 853	27 475

授信或其他金融业务

关联方	关联关系	业务类型	总额（万元）	实际发生额（万元）
北京金隅财务有限公司	受同一母公司控制的其他企业	授信	500 000	-25 403
北京金隅财务有限公司	受同一母公司控制的其他企业	委托贷款	37 565	37 865

4. 其他重大关联交易。2021年3月31日,冀东水泥召开第九届董事会第三次会议,审议通过《关于公司吸收合并金隅冀东水泥(唐山)有限责任公司并募集配套资金暨关联交易方案的议案》《关于〈唐山冀东水泥股份有限公司吸收合并金隅冀东水泥(唐山)有限责任公司并募集配套资金暨关联交易预案〉及其摘要的议案》等相关议案,同意公司向金隅集团发行股份吸收合并金隅冀东水泥(唐山)有限责任公司(以下简称"金冀水泥")并募集配套资金。同日,公司与金隅集团、金冀水泥签署吸收合并协议,与北京国管中心签署股份认购协议(具体内容详见公司于2021年4月1日在《中国证券报》《证券时报》及巨潮资讯网上发布的相关公告)。

2021年6月25日,公司召开第九届董事会第五次会议,审议通过《关于公司吸收合并金隅冀东水泥(唐山)有限责任公司并募集配套资金暨关联交易方案的议案》《关于〈唐山冀东水泥股份有限公司吸收合并金隅冀东水泥(唐山)有限责任公司并募集配套资金暨关联交易报告书(草案)〉及其摘要的议案》等相关议案,标的资产以经北京市国资委核准的评估结果为作价依据,公司按照12.78元/股的价格向金隅集团发行1 065 988 043股股份吸收合并金隅冀东水泥(唐山)有限责任公司,同时募集配套资金50亿元用于项目建设及偿还债务、补充流动资金。同日,公司与金隅集团、金冀水泥签署吸收合并协议之补充协议,与金隅集团签署业绩补偿协议(具体内容详见公司于2021年6月26日在《中国证券报》《证券时报》及巨潮资讯网上发布的相关公告)。

2021年7月29日,公司召开2021年第二次临时股东大会,审议批准公司吸收合并金隅冀东水泥(唐山)有限责任公司并募集配套资金暨关联交易方案及相关议案(具体内容详见公司于2021年7月30日在《中国证券报》《证券时报》及巨潮资讯网发布的《2021年第二次临时股东大会决议公告》)。2021年10月11日,公司召开第九届董事会第九次会议,审议通过《关于调整公司吸收合并金隅冀东水泥(唐山)有限责任公司并募集配套资金暨关联交易方案的议案》《关于本次交易方案调整不构成重大调整的议案》等相关议案,募集配套资金总额由不超过50亿元调整为不超过20亿元;募集资金用途调整为补充流动资金和偿还债务(具体内容详见公司于2021年10月12日在《中国证券报》《证券时报》及巨潮资讯网上发布的相关公告)。

2021年11月3日,公司吸收合并金隅冀东水泥(唐山)有限责任公司并募集配套资金暨关联交易事项获得中国证监会核准批复(具体内容详见公司于2021年11月4日在《中国证券报》《证券时报》及巨潮资讯网发布的《关于吸收合并金隅冀东水泥(唐山)有限责任公司并募集配套资金暨关联交易事项获得中国证监会核准批复的公告》)。

2021年12月16日,公司吸收合并金隅冀东水泥(唐山)有限责任公司并募集配套资金暨关联交易中向金隅集团发行的1 065 988 043股股份在深圳证券交易所上市(具体内容详见公司于2021年12月15日在《中国证券报》《证券时报》及巨潮资讯网发布的《吸收合并金隅冀东水泥(唐山)有限责任公司并募集配套资金暨关联交易实施情况暨新增股份上市公告书》及其相关公告)。

2022年1月14日,公司吸收合并金隅冀东水泥(唐山)有限责任公司并募集配套资金暨关联交易中因募集不超过20亿元配套资金向特定对象发行的178 571 428股股份在深圳证券交易所上市(具体内容详见公司于2022年1月13日在《中国证券报》《证券时报》及巨潮资讯网发布的《吸收合并金隅冀东水泥(唐山)有限责任公司并募集配套资金暨关联交易之募集配套资金非公开发行股票发行情况报告书》《吸收合并金隅冀东水泥(唐山)有限责任公司并募集配套资金暨关联交易实施情况暨新增股份上市公告书》及其相关公告)。

此外,公司还专门披露了重大关联交易临时报告披露网站相关查询渠道。

四、承诺事项的披露

根据《公开发行证券的公司信息披露内容与格式准则第2号——年度报告的内容与格式》规定:"公司应当披露报告期内履行完毕的,以及截至报告期末尚未履行完毕的,由公司实际控制人、股东、关联方、收购人以及公司等承诺相关方作出的以下承诺事项(包括但不限于):股权分置改革承诺、收购报告书或权益变动报告书中所作承诺、资产重组所作承诺、首次公开发行或再融资所作承诺、股权激励时所作的承诺,以及其他对公司中小股东所作承诺。公司董事会应当说明上述承诺事项在报告期内的履行情况,详细列示承诺方、承诺类型、承诺事项、承诺时间、承诺期限、承诺的履行情况等。承诺超期未履行完毕的,应当详细说明未完成履行的原因及下一步的工作计划。"

例如,冀东水泥在2021年年度报告中关于承诺事项作出了如下披露:"截至2021年12月31日,本公司尚有已签订但未支付的大额合同52 825千元,全部为本期承诺但尚未履行完毕的支出,为水泥窑协同处置污泥改(扩)建项目和水泥窑协同处置综合固废及余热发电循环产业项目,预计在2022年履行支付义务。除上述承诺事项外,截至2021年12月31日,本公司无其他重要承诺事项。"

本章小结

作为连接上市公司与财务会计报告信息使用者的纽带,投资者、债权人、政府及其有关部门和社会公众赖以决策的重要依据,高质量的信息披露能够通过将内部信息真实、可靠地转化为外部信息的方式，减少因内部管理者与外部信息使用者的信息不对称带来的不良影响，对微观主体及宏观管理具有重要意义，主要表现在有助于投资者的投资决策、有助于反映管理层受托责任履行情况、有助于帮助公司改善经营管理、有助于国家宏观调控与管理四个方面。基于信息披露的重要意义，本章介绍了年度报告公司信息披露相关管理规定，并阐述了我国上市公司信息披露的基本框架。在此基础之上，以年度报告为重点，介绍了年度报告信息的披露框架和相关要求，详细介绍了上市公司年度报告信息披露的框架。上市公司年度报告包括年度报告正文和年度摘要两部分，本章介绍了这两部分涵盖的主要内容。此外，本章介绍了上市公司信息披露的要求，介绍了《证券法》和《最高人民法院关于审理证券市场虚假陈述侵权民事赔偿案件的若干规定》中关于信息披露虚假陈述相关的法律规定，介绍了康美药业虚假陈述的案例。本章还介绍了年度报告中关联方及其交易的披露部分，阐述了关联关系的判断标准、关联方交易的类型、关联方关系披露的配型，并结合具体案例进行了分析。此外，本章还介绍了年度报告中重大承诺事项的披露。

本章关键词

上市公司	listed company
信息披露	information disclosure
年度报告	annual report
中期报告	interim report
关联方交易	related party transaction

思考题

1. 虚假会计信息对资本市场有何危害？
2. 虚假信息披露对投资者有何危害？请举出中国资本市场实例予以说明。
3. 关联方交易主要有几种类型？
4. 未如实披露关联方交易对信息使用者的危害是什么？
5. 请简述国际财务报告准则的关联方范围。

进一步讨论

中国证监会于 2021 年 5 月 14 日宣布,依法对康美药业违法违规案作出行政处罚及市场禁入决定,对康美药业责令改正,给予警告,并处以 60 万元罚款。对 21 名责任人员处以 10 万元至 90 万元不等罚款,对 6 名主要责任人采取 10 年至终身证券市场禁入措施。

与此同时,相关中介机构涉嫌违法违规行为正在行政调查审理程序中。证监会已将康美药业及相关人员涉嫌犯罪行为移送司法机关。

康美药业主要存在四项违法事实:第一项是 2016 年至 2018 年共计三年的年度报告和 2018 年半年度报告中均存在虚假记载,虚增营业收入、利息收入及营业利润;第二项是 2016 年和 2017 年年度报告、2018 年半年度报告中存在虚假记载,虚增货币资金;第三项是 2018 年年度报告中存在虚假记载,虚增固定资产、在建工程、投资性房地产;第四项是 2016 年至 2018 年三年的年度报告中存在重大遗漏,未按规定披露控股股东及其关联方非经营性占用资金的关联交易情况。

康美药业有预谋、有组织,长期、系统实施财务欺诈行为,践踏法治,对市场和投资者毫无敬畏之心,严重破坏资本市场健康生态。证监会最终认定,2016 年至 2018 年期间,康美药业虚增巨额营业收入,通过伪造、变造大额定期存单等方式虚增货币资金,将不满足会计确认和计量条件工程项目纳入报表,虚增固定资产等。同时,康美药业存在控股股东及其关联方非经营性占用资金情况。上述行为致使康美药业披露的相关年度报告存在虚假记载和重大遗漏。

证监会表示,将始终保持高压态势,用足用好法律赋予的职责,综合运用行政处罚、刑事追责、民事赔偿及诚信记录等追责体系,对财务造假等行为重拳出击。

请根据上述案例,回答下列问题:
1. 康美药业虚假信息披露对资本市场有哪些危害?
2. 康美药业的虚假陈述违背了哪些会计人员职业道德?
3. 作为会计专业学生,对本案例产生了哪些思考?

主要参考文献

[1] 中国注册会计师协会. 会计[M]. 北京:中国财政经济出版社,2021.
[2] 耿建新,戴德明. 高级会计学[M]. 7版. 北京:中国人民大学出版社,2016.
[3] 刘永泽,傅荣. 高级财务会计[M]. 7版. 大连:东北财经大学出版社,2021.
[4] 王竹泉,等. 高级财务会计[M]. 上海:立信会计出版社,2013.
[5] 张宏亮. 高级财务会计[M]. 4版. 北京:清华大学出版社,2020.
[6] 石本仁. 高级财务会计[M]. 4版. 北京:人民邮电出版社,2019.
[7] 武玉荣,赵天燕. 高级会计[M]. 北京:首都经济贸易大学出版社,2013.
[8] 尚洪涛,栾甫贵,张茵. 高级财务会计[M]. 北京:机械工业出版社,2021.